U1012088

新中国政治发展历程丛书
杨海蛟主编

新中国法治建设历程

亓 光 著

世界知识出版社

图书在版编目（CIP）数据

新中国法治建设历程 / 杨海蛟主编，亓光著. —北京：世界知识出版社，2011.6

（新中国政治发展历程丛书）

ISBN 978-7-5012-4064-7

Ⅰ. ①新… Ⅱ. ①杨… ②亓… Ⅲ. ①社会主义法制—建设—研究—中国 Ⅳ. ①D920. 0

中国版本图书馆CIP数据核字（2011）第068236号

责任编辑 罗养毅
责任出版 刘 喆
责任校对 马莉娜

书　　名 **新中国法治建设历程**
Xinzhongguo Fazhi Jianshe Licheng

出版发行 世界知识出版社
地址邮编 北京市东城区干面胡同51号（100010）
网　　址 www.wap1934.com
经　　销 新华书店
排　　版 北京世知文化创意有限公司
印　　刷 北京京科印刷有限公司
开本印张 980×680毫米 1/16 22¼印张
字　　数 310千字
版次印次 2011年10月第一版 2011年10月第一次印刷
标准书号 ISBN 978-7-5012-4064-7
定　　价 32.00元

版权所有 侵权必究

目 录

新中国的政治建设与政治发展（总序）

杨海蛟

新中国成立60年来，在中国共产党的领导下，经过全国各族人民的艰苦奋斗和共同努力，取得了令世人瞩目的辉煌成就，中国社会经历了一场广泛而深刻的历史性变革，发生了翻天覆地的变化。形成了经济快速发展，科技不断进步，文化日益繁荣，综合国力极大增强，国际地位明显提升，人民群众的生活水平大幅度提高，民主建设进程加快，法治更加完备的局面。从理论与实践的结合上，全面回顾新中国政治建设和政治发展的光辉历程，总结其经验教训，展望未来的美好前景，具有重大的历史和现实意义。

众所周知，新中国所取得的进步不仅是全方位、多领域的，而且是一个不断探索和创新的过程，由于没有现成的理论指导，也缺乏成功的经验可借鉴，在一定时期还出现过曲折，呈现出一定的阶段性。以改革开放起始为界，可划分为人们常说的前30年和后30年，前后30年是一个连续不断的过程。伴随着中国经济、社会发展的历史进程，新中国的政治建设与政治发展呈现出以下几个发展阶段。

第一个阶段，开创奠基、奋斗创业阶段（1949年10月至1956年）。这一阶段，从根本上改变了旧中国政治的性质和面貌，肃清国民党反动军队的残余势力，进行了全国规模的镇压反革命运动，建立了军管会，依据《中华人民共和国土地法》完成了土地制度的改革，废除了地主阶级封建剥削的土地私有制，维护了社会政治稳定；建立了共产党领导的多党合作与政治协商制度，中国共产党成为全国范围的执政党，经过政党整风和开展“三反”运动，教育了广大党员干部。根据中国的基本国情，运用马克思主义关于无产阶级专政的国家学说，创立了工人阶级领导的以工农联盟为基础的人民民主专政的国家政权，以及确立了建立在民主集中制基础上的人民代表大会制度，人民真正成为国家和社会的主人。与此同时，启动了以宪法为主体的新中国的法制建设；成立了国务院，创立的新的政治体系逐步完善；随着全国人民代表大会的召开，中国人民政治协商会议作为统一战线组织，依据《中国人民政治协商会议章程》就有关国家政治组织和人民民主统一战线的重要事项进行协商；从根本上确立了民族之间的平等关系，出台了一系列维护少数民族权利的政策，并使民族区域自治成为中国的一项基本政治制度，有效地保障了少数民族当家作主的权利，促进了民族平等和民族发展；在国营企业建立了工厂管理委员会和职工代表会议，充分发挥人民代表会议和各界民主人士的在重大决策中的作用，保障了人民民主权利的具体实现；坚持和平共处五项原则处理对外关系，抗美援朝、保家卫国反侵略战争的胜利，提高了中国的国际地位，通过一系列的外交活动和政策，显示了中国的重要作用，争取了有利的国际环境。这一阶段可谓一路凯歌，为今后的政治建设和政治发展奠定了基础。

第二阶段，积极探索、曲折发展阶段（1956年至1966年5月）。这个阶段充分体现出了探索性的特点。1955年底，毛泽东提出以苏为鉴，探索适合本国国情的社会主义建设的重大问题。1956年4月毛泽东的《论十大关系》明确必须走自己道路的根本思想，论述了中央与地方、汉族与少数民族、党与非党、中国与外国的关系等一系列政治社会生活中必须处理的重大关系问题。同年9月召开的八大，提出全国人民的重要任务是集中力量发展社会生产力，强调要坚持民主集中制和集体领导制度，发展党内民主和人民民主，反对个人崇拜，加强党的统一和团结，团结一切可以团结的力量，争取世界持久和平等几个方面的要求，为新时期社会主义事业以及党的建设等方面指明了方向；1956年全国基本上完成了生产资料的社会主义改造，社会主义制度在中国建立起来，同时真正开始了探索中国自己建设社会主义的道路。1957年毛泽东提出了必须正确区分和处理社会主义社会两类不同性质的矛盾，提出了在人民的政治生活中，判断言论行为是非的六条标准，其中最重要的是社会主义道路和党的领导。1957年针对党已经成为全国范围内的执政党，在全党进行一次普遍、深入的反对官僚主义、宗派主义和主观主义的整风运动。与此同时，坚持独立自主，反对霸权主义，进一步提高了中国的国际地位。在积极探索政治建设和政治发展的同时，也出现了曲折，主要是反右斗争扩大化和“左倾”思想严重化，党和国家民主生活出现不正常现象，甚至导致了“文化大革命”的全面爆发。

第三个阶段，严重挫折、徘徊前进阶段（1966年5月至1978年12月）。史无前例的“文化大革命”，将以阶级斗争为纲推向了极端，是一场对党和国家政治形势做出错误估计的情况下，以防止资本主义复辟，维护党的纯洁性为出发点的持续十年之久的运动，给国家政治生活带来了极大的冲击和灾难，基本破坏了新中国建立起来的政治体系以及党和国家政治生活中的领导制度与民主集中制原则，削弱了党的领导和组织纪律，民主法制遭到践踏。在“文化大革命”期间，派性斗争严重，个人崇拜狂热，全国陷入一片混乱，给党和国家和各族人民带来严重的灾难。甚至打断了新中国政治发展的进程，幸得一大批老一辈无产阶级革命家艰苦卓绝的工作，使党和政府的一些工作制度得以运行，国家的本质未出现质的变化。此外，外交工作在困境中谋发展，在毛泽东“三个世界”划分的基础上，不但实现了中华人民共和国恢复联合国的合法席位，而且与许多国家建立了邦交关系。

粉碎“四人帮”的伟大胜利，挽救了党和社会主义事业，广大干部群众以极大热情拨乱反正，在揭发江青反革命集团罪行的基础上，开始平反文革期间的冤假错案，整顿党和国家的组织体系、组织和领导制度，恢复党和国家的政治生活正常化和民主法制工作。然而，由于当时仍坚持“以阶级斗争为纲”、“无产阶级专政继续革命”理论以及“两个凡是”的错误原则，政治建设和政治发展尚处于徘徊状态。1978年，全国范围内开展了关于真理标准的大讨论，冲破了“两个凡是”的束缚，政治建设进入一个崭新的历史时期。

第四个阶段，恢复重建、开启改革阶段（1978年8月至1989年6月）。党的十一届三中全会，是新中国建立以来具有历史意义的转折点。经过思想上的拨乱反正，恢复了正确的思想路线，停止了“以阶级斗争为纲”的口号，作出了将党和国家的工作重心转移到社会主义现代化建设上来的战略决策，提出发展社会主义民主，加强社会主义法制，维护安定团结的政治局面。此时，大范围地平反冤假错案，有步骤地解决新中国成立以来的历史遗留问题，确立了改革开放的方针，提出社会主义现代化建设是我们当前最大的政治，坚持四项基本原则是实现四个现代化的根本前提。《关于党内政治生活的若干准则》重申了党的许多重要政治原则，历时三年的整党，全党在思想、作风、组织、纪律方面，积累了正确处理党内矛盾的经验；《党和国家领导制度的改革》的讲话拉开了党和国家领导制度改革的序幕，对政治体制改革的必要性、目标、内容、原则、突破口、步骤等内容进行了详细的论述和部署；在当时的历史条件下，党和国家特别提出要走自己的路，建设有中国特色社会主义民主政治、以改革推进中国民主政治的发展，着力恢复和完善社会主义民主政治的若干制度，重视社会主义法制建设，使改革成果得以保障，逐步实现了政治生活的有序化、制度化；与此同时，创造性地提出“一国两制”方针，继续坚持独立自主的外交政策，反对霸权主义和强权政治。

第五个阶段，与时俱进、开拓创新阶段（1989年7月至2003年）。在这个阶段，党和国家面对国内外各种挑战和压力，从大局上处理好改革、发展与稳定的关系，大力加强党的建设，强化执政意识，加强党的执政地位，提高执政本领，增强党的阶级基础，扩大党群众基础，加强党风廉政建设，反对腐败，坚持两手抓，全面进行了“三讲”教育，保持党的先进性、纯洁性，增进党的团结，扩大党内民主，提升党员干部的党性修养和政治素质。通过政治体制改革，坚持和完善各项政治制度，逐步健全了科学民主决策机制和办事高效、运转协调、行为规范的行政管理体制；全面实施依法治国，建设社会主义法治国家的基本方略，社会主义民主的制度化、规范化、秩序化不断加强，提出要把加强党的领导、人民当家作主和依法治国有机统一起来，以宪法为核心的中国特色社会主义法律体系初步形成，国家政治、经济、文化、社会生活的基本方面基本做到了有法可依；尊重和保障人权入宪，人权事业得到根本改善；在苏联解体、东欧剧变，国家间力量对比发生重大变化的情况下，挫败了国际敌对势力和平演变的图谋，继续坚持独立自主的外交政策，积极发展同一切国家的友好关系，在和平共处五项原则的基础上改善和发展同西方发达国家的关系，把维护国家的独立和主权，促进世界和平和发展，作为外交政策的基本原则，积极参与多边外交，推动公正合理的国际政治经济新秩序的建立；坚持反对霸权主义、强权政治，建立以互惠、互利、平等协作为核心的新安全观，积极致力于发展不结盟、不对抗、不针对第三方国家的对外关系，建立了发展面向21世纪双边关系的基本框架，为建设中国特色社会主义争取良好的国际环境和周边环境，成功地实现了香港、澳门回归祖国。

第六个阶段，继往开来、奋勇前进阶段（2003年至今）。党的十六大提出全面建设小康社会的奋斗目标，将发展社会主义民主政治，建设社会主义政治文明作为小康社会的重要目标，社会主义政治建设与政治发展迈出了新的步伐。以改革创新精神全面推进党的建设新的伟大工程，着力加强党执政能力建设，发展党内民主、切实保障党员权利，通过保持共产党员先进性教育活动，建立健全保持共产党员先进性的长效机制；强化党内监督，特别是坚持标本兼治、综合治理、惩防并举、注重预防，建立健全社会主义市场经济体制相适应的教育、制度、监督并重的惩治和预防腐败体系，提出努力建设马克思主义执政党的任务和任务。把发展作为党执政兴国的第一要务，坚持以人为本，实现全面、协调和可持续发展，政治建设与政治发展为作为全面协调发展的重要内容，为实现科学发展提供了政治保障；进一步完善人民代表大会制度，保证人大代表依法行使权利；积极推进行政体制改革，通过转变职能、理顺关系、优化结构、提高效率等，形成责权一致、分工合理、决策科学、执行顺畅、监督有力的行政管理体系。按照建立服务型政府的要求，探索大部制改革；加强中国共产党领导的多党合作和政治协商制度建设，巩固和扩大新世纪新阶段的统一战线，推进了政协职能的制度化、规范化和程序化；扩大公民有序政治参与，切实保障公民政治权利，基层民主建设进一步加强，基层群众自治组织不断发展、群众自治范围不断扩大，并且将基层群众自治制度纳入中国特色社会主义政治制度。中国特色社会主义法律体系基本形成，依法治国基本方略全面实施，社会主义法治国家建设取得重大进展，公民有序政治参与不断扩大，人权事业稳步发展，爱国统一战线持续壮大。坚持独立自主的和平外交政策，积极参与国际事务，推动国家不论大小、强弱，平等参与国际事务，推动不同文明间的交流沟通，主张互利共赢，倡导世界多样性，积极推动各国间开展协商对话，共同应对地区冲突和全球化问题，不断加强人大、政协、军队、地方和民间团体的对外交流，增进中国人民和各国人民的相互了解和友谊，高举和平、发展、合作的旗帜，坚持和平发展道路，以更加开放自信、理性务实的外交方式为推动和谐世界作出了自己的贡献。

60年来，新中国的社会主义政治建设和政治发展取得了辉煌的成就，积累了宝贵的经验，可以概括为几个方面。

一、党的建设成绩斐然，执政能力和执政水平不断提高

中国共产党作为中国工人阶级的先锋队和中华民族的先锋队，作为中国各项事业的领导核心，自身的建设状况如何直接影响着党的事业和国家、民族的前途命运。在60年的执政历程中，共产党之所以能始终把握时代的脉搏，保持在中国革命、建设和改革事业中的领导核心地位，引领中国朝着政治发展的方向不断前进，主要得益于适应不同历史时期形势的变化，时刻注重自身的建设。

60年来，中国共产党坚持以马克思主义为指导，坚持理论与实际

相结合的马克思主义学风，反对本本主义和教条主义，在实践中坚持理论创新，在不同的发展阶段为马克思主义理论体系不断丰富适应时代特征的新内容，用发展的马克思主义武装全党、教育人民和指导实践，从而丰富和发展马克思主义，实现了马克思主义中国化的历史性飞跃。以毛泽东为代表的领导集体，推进马克思主义同中国实际的结合，创造性地提出和实施了一系列新思想和新观念，丰富了毛泽东思想。以邓小平为核心的第二代领导集体，通过总结建国以来正反两方面的经验，开启了改革开放的伟大历史进程；根据时代主题与国内外形势的变化，解放思想，一切从实际出发，确立了“一个中心，两个基本点”的基本路线，解决了“什么是社会主义，怎样建设社会主义”的一系列重大理论和实践问题，创立了邓小平理论。以江泽民为核心的第三代领导集体，经受住了国内外一系列严峻考验，根据新的时代条件和国情、党情的特点，与时俱进，开拓创新，在改革开放与社会主义现代化建设新的伟大实践中，解决了“建设一个什么样的党，如何建设这样一个党”的问题，创立了“三个代表”重要思想。以胡锦涛为总书记的党中央高举邓小平理论和“三个代表”重要思想伟大旗帜，坚持立党为公，执政为民，求真务实，锐意进取，在全面推进社会主义经济建设、政治建设、文化建设、社会建设、生态建设和党的建设的同时，着眼于国际国内环境的新变化，推进理论创新，科学地回答了新世纪新阶段面临的“为什么发展”“发展为了谁”“依靠谁发展”和“怎样发展”以及“建设一个什么样的社会，怎样建设这样一个社会”等重大问题，实现了马克思主义的新飞跃。60年来，中国共产党不断开拓马克思主义理论发展的新境界，赋予当代马克思主义鲜明的实践特色、民族特色和时代特色。在全党范围内陆续开展的全面整党、“三讲”、先进性教育和学习与实践科学发展观活动，把全党的理想、信念统一到对党的基本纲领、基本路线和基本政策与方针的科学认识和自觉实践上来，增强了党的生命力、战斗力和凝聚力，从而保持了党自身的先进性与纯洁性。

60年来，中国共产党时刻牢记自己的宗旨，把党的最高纲领和最低纲领结合起来，适时制定和坚持党的基本路线。经过反复探索，从巩固社会主义制度、发挥社会主义优越性的高度，结合社会主义初级阶段的特点、中国社会所面临的主要矛盾和基本国情，制定了社会主义初级阶段的基本路线，并坚持其稳定性。改革开放和社会主义现代化取得的辉煌成就，说明了坚持党的基本路线的必要性和重要性。

60年来，中国共产党已经成为一个党员数量众多、年龄、知识、专业、干群比例结构合理的马克思主义政党组织。基层党组织的覆盖面不断扩大，凝聚力和战斗力显著提升，各级党组织的战斗堡垒作用不断增强。尤其是通过深化改革，逐步创造了一个公开、平等、竞争、择优的用人环境，建立了一套干部能上能下、能进能出、充满活力的管理机制，形成了一套法制完备、纪律严明的监督体系。广大领导干部的素质也得到了全方位的提高，整个干部队伍呈现出生机勃勃、人才辈出、后继有人的局面。

60年来，党的作风建设取得了明显实效。高度重视长期执政条件下实践党的宗旨的问题，引导广大党员干部特别是领导干部树立正确的世界观、人生观、价值观和权力观、地位观、利益观，党的作风建设与制度建设有机地统一起来，以充分发扬优良传统、提出新的作风要求和形成制度保障相结合的实践工作，取得了凝聚党心、民心，确保党的执政基础的效果。在党的作风建设中，党风廉政建设和反腐败工作也取得了重大成绩。在不同的历史时期，面对各种复杂的问题，党从战略的高度认识反对腐败工作的重要性、紧迫性和艰巨性，坚决同腐败作斗争，一贯坚持依法严肃处理了大量的腐化堕落分子，教育和挽救了一大批党员干部，赢得了人民群众的衷心拥护和爱戴，为中国特色社会主义事业创造了清正廉洁的社会政治环境，初步探索出一条有中国特色的反腐倡廉道路。

与此同时，党内民主不断得到发扬，并逐步实现制度化。党内民主已经深入到党内政治生活的方方面面。民主集中制建设取得的新进展，极大地增强了全党贯彻和执行民主集中制的自觉性，党内民主带动社会民主，促进了整个中国社会主义民主政治的发展。

党的建设提高了党的执政能力和执政水平。新中国成立以来，特别是改革开放以来，党对此形成了较为清楚的认识，即以党的执政能力建设为重点，全面加强和改进党的思想、组织、作风和制度建设和反腐倡廉建设保持和发展党的先进性，实现科学执政、民主执政、依法执政，不断提高党的执政能力，进一步把党建设成为立党为公、执政为民、求真务实、改革创新，艰苦奋斗、清正廉洁，富有活力、团结和谐的马克思主义政党。60年来，执政的中国共产党坚持把思想理论建设放在首位，不断提高全党马克思主义水平。把推进党的建设伟大工程同推进党领导的伟大事业紧密结合起来。保证党始终成为社会主义事业的坚强领导核心，始终走在时代前列。保持党同人民群众的血肉联系，以改革创新精神增强党的生机活力。从严治党，提高了管党治党水平。通过不懈努力逐步增强了驾驭社会主义市场经济的能力、发展社会主义民主的能力、建设社会主义先进文化的能力、构建社会主义和谐社会的能力、应对国际局势和处理国际事务能力。党的科学判断形势、应对复杂局面、依法执政、总揽全局的能力正在不断提高，经受住了国际风云变幻的严峻挑战，应对新形势、新问题的经验更加丰富，把握时代发展机遇的能力明显增强。近年来从容应对国内外重大自然灾害以及重大事件，充分彰显了党的执政能力和水平。

二、社会主义民主建设逐步制度化、规范化和程序化，有中国特色社会主义的民主制度进一步健全和完善

社会主义民主是中国社会主义政治建设与政治发展事业的题中应有之义，人民民主是社会主义的生命、本质要求和内在属性。社会主义民主的本质是人民当家作主。新中国成立60年来，党和国家一直致力于保障人民群众当家作主的主人翁地位，为找到“民主新路”进行了积极有益的探索。新中国成立初期，就建立了一系列民主制度。“文化大革命”结束之后，总结“文化大革命”的惨痛教训，在领导人民推进改革开放和社会主义现代化建设的进程中，中国共产党和中国人民义无反顾地重新踏上了继续探索社会主义民主政治建设的道路。

经过30多年的不懈努力，民主建设在理论和实践方面均取得突破性进展。在吸取“文化大革命”十年间“大民主”的实践给社会主义民主政治发展事业带来的深刻教训的基础上，探索一条适合中国国情的社会主义民主政治建设道路，共产党的领导、人民当家作主和依法治国有机统一，人民在党的领导、支持和组织下当家作主，实现民主的制度化、法治化和程序化。形成了这样的共识：无政府主义倾向的“大民主”并不符合民主的基本价值；西方世界所倡导的自由主义民主价值观并不利于中国式民主的发展。60年来，以人民民主专政、人民代表大会制度等一系列社会主义民主政治制度在发展过程中不断完善，各项政治制度基本上保障了公民的各种权利，使其具有广泛性和真实性，彰显和保障了中国特色社会主义民主政治的真正价值，充分发挥了中国特色社会主义政治制度保障人民民主的优越性。

以马克思主义无产阶级专政的理论为指导，从中国实际出发建立的新型的具有中国特色的、符合中国国情的，以工人阶级领导的以工农联盟为基础的人民民主专政的国家制度，其目的是争取和团结一切可以团结的力量，最大限度地孤立和打击极少数反动阶级和破坏社会主义的分子，是在人民内部实行最广泛的民主和对敌对势力和敌对分子实行专政的有机统一。人民群众成为国家和社会的主人，切实享有宪法、法律规定的各项民主权利，通过各种途径和形式管理国家和社会事务、经济文化事业，实现了人民当家作主。

建立在民主集中制基础上的人民代表大会制度，是社会主义民主在中国的主要标志和人民当家作主的基本形式，其充分实现了最广泛的人民民主，吸引广大人民群众参加国家管理，提高了工作效率，确保国家重大决策的合法性与科学性，巩固社会主义制度和国家的统一以及安定团结的政治局面。历史证明，人民代表大会制度具有巨大的优越性和强大的生命力。在人民代表大会制度的创立和发展过程中，中国的选举制度不断完善，不但保证和加强了人大代表的人民性和代表性，扩大了直接选举的范围、差额选举保证人民群众充分行使民主权利，而且逐步实行城乡按相同人口比例选举人大代表，更加体现出权利平等原则，提高了选举的民主程度。

中国共产党领导的多党合作和政治协商制度作为中国社会主义政治制度的独特优势之一，有利于加强和改善执政的中国共产党的领导，充分调动各方面的积极性，扩大和发扬社会主义民主，维护社会长期稳定，巩固爱国统一战线，实现祖国统一。中国共产党领导的多党合作和政治协商制度在60年的发展历程中也取得了巨大成就。这一制度以根本大法的形式得到了确认。中国共产党与各民主党派"长期共存、互相监督、肝胆相照、荣辱与共"的过程中，共产党与各民主党派的合作关系的政治原则和政治基础更加稳固，中国共产党的领导地位和各民主党派的参政议政地位都得到了巩固和强化。

民族区域自治制度，不仅有利于保障少数民族的自治权利，而且有助于促进民族地区的经济发展和社会全面进步，以及全国的均衡、协调发展与各民族的共同繁荣，维护各民族的团结与国家的统一。60年来在持续发展中不断健全和完善，少数民族权利得到保障。《中华人民共和国宪法》把民族区域自治作为一项政治制度在国家根本大法中固定下来。民族区域自治制度的进一步发展和完善，不仅进一步保障了少数民族的各项权利，而且促进了少数民族地区的经济社会的发展和少数民族地区人民生活水平的迅速提高，各项社会事业全面进步。平等、团结的民族关系得到了巩固和加强，各民族共同繁荣的理想初步实现，促进了中国整体政治经济发展和社会主义和谐社会的建设。

基层群众自治制度有利于广大人民群众直接行使民主权利，依法直接行使行使民主选举、民主决策、民主管理、民主监督的权利，实行自我管理、自我服务、自我教育、自我监督，提高基层群众提高参与意识和民主素质。时至今日，基层社会群众自治制度已经成为当代中国最直接、最广泛的民主实践，业已成为中国政治制度体系的重要组成部分和逐步扩大人民民主的重要形式。

三、人权事业不断推进，公民权利得到保障

人权事业是社会主义民主政治的基本范畴。60年来，中国人民在

党和政府的领导下，以国家主人翁的姿态，不但消灭贫穷落后，而且在建设富强、民主、文明、和谐国家的道路上不断发展，充分实现了人权的崇高理想，中国人权状况发生了翻天覆地的变化。

国家的独立和主权是一国人民享有人权的根本前提。新中国成立后，迅速荡涤旧社会遗留下来的污泥浊水，建立了促进和保护人权的基本社会政治制度，使国家和社会的面貌焕然一新，实现和捍卫了真正完全的国家独立，为人权的发展创造了必不可少的前提；废除了压迫人民的旧制度、旧习俗，扫除损害人民身心健康的社会丑恶现象，为新中国的人权发展扫清障碍，促进社会经济的发展和人民享受人权水平的不断提高，尤其是经济社会的发展为人权的进步奠定了重要的物质基础。

中国政府根据人权的普遍性原则和中国的具体国情，在依法保障人民的公民权利和政治权利的同时，极大程度地提高了人民享受经济、社会、文化权利的水平，使中国的人权状况实现了历史性跨越，走出了一条中国特色的人权发展道路。党的十五大将“人权”概念写入党的全国代表大会的政治报告，将尊重和保障人权确定为共产党执政和党领导民主建设的一项重要目标。2004年以来，“尊重和保障人权”先后载入《宪法》、国家“十一五”发展规划纲要和《中国共产党章程》，成为党和政府治国理政的一项重要原则。人民的生存权和发展权得到前所未有的保障，中国经济、社会发展突飞猛进，13亿中国人的生活水平得到了大幅提高，实现了从贫困到温饱和从温饱到小康的两次历史性跨越。人民生活质量显著提高，贫困人口显著减少，人均预期寿命大幅度提高，已达到中等发达国家水平。与此同时，公民权利和政治权利在民主与法制的轨道上得到了不断扩大和有效保障，公民的各项权利有了坚强的法律保障。新中国积极稳妥地推进政治体制改革，公民的民主权利切实得到保障，坚持发展为了人民，发展依靠人民，发展成果由人民共享，通过发展经济、社会、文化事业，着力解决各项人民群众最关心、最直接、最现实的重大问题，极大地改善了人民的经济、社会、文化权利状况。

在积极维护和促进国内人权发展的同时，中国还积极参与联合国人权领域的活动，努力推动国际人权事业的发展，已批准或加入了包括《经济、社会和文化权利国际公约》《公民权利和政治权利国际公约》等数十个有关人权问题的国际公约和文书，并通过立法、行政和司法等手段负责任地履行了公约所规定的义务。事实证明，新中国的司法人权、劳动权利、公民宗教信仰自由权利、少数民族权利、计划生育人权以及残疾人权利等各项人权保障已经取得了巨大的进步。

四、依法治国基本方略全面落实，法治更加完备

政治的首要价值目标就是在人类的公共生活中建立有效的秩序。要确保国家稳定、建立良好秩序，离不开法治。法治作为人类进步和政治文明的标志，是衡量一个社会是否实现现代化的重要参数。社会主义在本质上应该实行法治，人民民主制度的任何一个层面均依赖于法治。人民的基本权利，国家政治生活的民主制度和运作程序，经济生活的民主化、社会生活的民主自治等，都需要法制加以确认和保障。建国初期，面对各项社会改革，法制建设为多种形式的民主参与提供了依据。以《共同纲领》为依据，先后公布实施了一系列法律法规，奠定了新中国建国初期法律制度的基础。“文化大革命”结束之后，邓小平提出必须使民主制度化、法律化，使这种制度和法律不因领导人的改变而改变，不因领导人的看法和注意力的改变而改变。真正做到有法可依，有法必依，执法不严，违法必究。经过多年的法治建设，基本上取得如下成效。

第一，确立了依法治国，建设社会主义法治国基本方略，法律体系基本形成。截至目前为止，全国人民代表大会及其常务委员会已经制定了229件现行有效的法律，涵盖了全部七个法律部门；对形成中国特色社会主义法律体系起支架作用的基本的法律，以及改革、发展、稳定急需的法律，大多已经制定出来。与法律相配套，国务院制定了近600件现行有效的行政法规，地方人民代表大会及其常务委员会制定了7000多件现行有效的地方性法规，民族自治地方的人民代表大会制定了600多件现行有效的自治条例和单行条例。国务院有关部门以及省、自治区、直辖市和较大的市的人民政府还制定了大量规章。

第二，中国共产党依法执政能力显著增强。作为中国社会主义事业的领导核心，中国共产党不断增强科学执政、民主执政、依法执政的自觉性和坚定性。党的十六大第一次提出了“依法执政”的口号。党的十七大明确提出“依法治国是社会主义民主政治的基本要求”，强调指出“要坚持科学立法、民主立法，完善中国特色社会主义法律体系”，同时，从加强宪法和法律实施、推进依法治政、深化司法体制改革、加强政法队伍建设、深入开展法制宣传教育、尊重和保障人权、党组织和党员的自觉守法等七个方面阐明了全面落实依法治国基本方略的具体路径。

第三，促进经济发展与社会和谐的法治环境不断改善。按照建立社会主义市场经济的要求，加强经济立法，完善宏观调控，依法禁止任何组织或个人扰乱社会经济秩序，建立健全了一系列促进经济发展、维护市场秩序、实现社会公平正义的法律和制度，初步形成了社会主义市场经济的法律制度，各项社会保障体系得到不断完善和发展。

第四，依法行政和公正司法水平不断提高。通过建立健全行政执法和司法的组织法制和工作机制，保证了行政和司法机关按照法定权限和程序行使权力、履行职责。行政立法和制度建设进一步加强，各类公开办事制度不断完善，法治政府建设不断推进。深化司法体制改革，建立完善死刑核准制度、再审制度、执行制度、人民陪审员制度、法官制度、公开审判制度、未成年人审判制度，建立公正、高效、权威的司法制度。

此外，对权力的制约和监督得到加强。不断建立健全决策权、执行权、监督权既相互制约又相互协调的权力结构和运行机制，已建立起比较完善的监督体系和监督制度，监督合力和实效不断增强。多年来，中国积极推动在全体公民中树立法治观念，国家坚持不懈地开展法制教育和公民意识教育，努力使全社会形成学法、守法、用法的良好风尚。公民的法律意识和维权观念不断加强，依法治国观念已日益深入人心，自觉学法、守法、用法的社会氛围正在形成，客观上促进了社会主义法制社会的建设。

五、行政体制不断科学、合理、完善

新中国成立以来，党和政府为建立和完善结构合理、人员精干、灵活高效的党政机关进行了坚持不懈的努力，进行过多次精兵简政。党的十一届三中全会之后，邓小平深刻分析了中国行政体制改革的必要性，明确指出了中国行政体制改革的目标，系统地阐明了中国行政体制改革的主要内容，科学地提出了中国行政体制改革的原则和方法。①在新的历史时期，党中央不断丰富和发展了邓小平中国特色社会主义行政体制改革的思想，把理论和实践不断向前推进。党的十七大报告指出，要加快行政管理体制改革，建设服务型政府；党的十七届二中全会通过的《关于深化行政管理体制改革的意见》，对行政管理体制改革的指导思想、基本原则、总体目标和主要任务作出重大部署，这是党的历史上第一份系统阐述行政管理体制改革的中央全会文件，是今后较长一个时期深化行政管理体制改革的纲领性文献。2008年3月，随着《国务院机构改革方案》在十一届全国人大一次会议上通过，新一轮的行政管理体制改革正式拉开了帷幕。根据党的十七大的精神，这次改革的总体目标是打造服务、责任、法治、廉洁、高效政府：按照全面建设小康社会和构建社会主义和谐社会的奋斗目标，全面建立和不断完善适应社会主义市场经济体制、民主政治体制与和谐社会要求、职能转变到位、政府规模适度、组织结构优化、人员素质优良、权责一致、分工合理、决策科学、执行顺畅、监督有力的中国特色的行政管理体制，切实建立一个以人为本、施政为民的服务政治，权责明晰、监督到位的责任政府，法律完备、行为规范的法治政府，清正透明、精干有力的廉洁和高效政府。②

---

① 刘文光：《邓小平对中国行政体制改革理论的重要贡献》，《理论界》，2005年第7期。

② 袁曙宏：《加快推进行政管理体制改革》，《国家行政学院学报》，2007年第6期。

中国行政体制改革在中央政府的积极主导和推动下以“下放权力、转变职能”为重点，自上而下，逐步向纵深推进，取得了巨大成就。政府机构改革取得重大成效，基本解决了机构庞大、人员臃肿的弊端。根据精简、统一、效能的原则，经过六次大规模的政府机构改革，实现了中央到地方的全方位体制改革。国务院各部门从1982年的100个减少为28个，地方政府的机构改革也陆续推进，初见成效，撤乡并镇，精简基层政府规模和干部数量。建立起符合国情的公务员制度，积极推进干部人事制度改革。1993年，国务院颁布实施《国家公务员暂行条例》，使中国公务员管理工作迈向法制化轨道；2005年颁布的《中华人民共和国公务员法》，成为公务员队伍建设和管理走向法制化轨道的重要标志。在各级政府机构改革中，按照公开、公平、择优、竞争的原则，一批优秀年轻干部脱颖而出，改变了政府机关人员结构，提高了整体素质。政府职能转变取得显著成果。1998年，九届全国人大一次会议明确把政府职能定为三项：宏观调控、社会管理和公共服务。政府对市场经济活动的干预从微观控制转变为宏观调控，干预手段也从主要依靠行政指令转变为依靠法律、经济手段。尽管由于社会主义市场经济体制刚刚建立，宏观调控和市场监管体制还不完善，但应当说，以转变政府的经济管理职能为主要内容的政府职能转变的主要任务已基本完成。[①]行政审批制度改革正深入推进，大幅度减少行政审批，规范审批行为，强化监督机制。与此同时，政务公开的不断推行，行政管理方式不断创新。政府通过多种渠道，向公众发布有关政务信息，同时建立和完善公众听证制度和民众信访制度，扩大公众监督政府的途径，使政府活动向“阳光行政”发展，从而有利于建立高效、廉洁的政府。与此同时，行政法制建设取得重大进展。对保证政令畅通，促进廉政建设，改善行政管理，提高行政效能，防止或纠正违法或者不当的具体行政行为，保护公民、法人和其他组织的合法

---

① 范恒山：《深化中国行政体制改革的重点》，《科学社会主义》，2006年第6期。

权益，促使行政机关依法行政具有重要意义。[1]

经过多年努力，政府职能转变迈出重要步伐，市场配置资源的基础性作用显著增强，社会管理和公共服务得到加强；政府组织机构逐步优化，公务员队伍结构明显改善；科学民主决策水平不断提高，依法行政稳步推进，行政监督进一步强化；廉政建设和反腐败工作深入开展。从总体上看，中国的行政管理体制基本适应经济社会发展的要求，有力保障了改革开放和社会主义现代化建设事业的发展。[2]

六、对外政策、对外关系成果卓著，创造了有利的国际环境

新中国成立60年来，根据时代主题、国际环境和国内形势的发展变化，不断调整外交政策，中国的国际地位和国际威望大大提高，中国的外交政策受到国际社会的普遍赞赏，同时也为国内建设创造了良好的外部环境。新中国成立初期认真执行“另起炉灶”、“打扫干净屋子再请客”、“一边倒”三大政策，使旧中国的屈辱外交得以荡涤，新中国崭新的独立自主外交形象在短短不到一年里得以建立。[3]中国首倡的和平共处五项原则，至今仍是世界公认的处理国家间关系的基本准则。在中国政府的努力下，第一届亚非会议成功召开，形成了“求同存异”的万隆精神。根据国际局势的变化，中国及时调整自己的外交策略方针，从“一条线，一大片”战略发展为“两个拳头打人”，反帝反修，坚决捍卫自身的安全与独立。

改革开放使中国外交进入新的历史时期，外交政策发生了重大调整。党和国家已清醒地认识到和平与发展成为时代主题，中国必须高举反对霸权主义和强权政治的大旗，实行“韬光养晦，有所作为”的战略方针，善于守拙，决不当头；面对复杂局势，“冷静观察，稳住阵脚，沉着应付”；作为负责任的大国，实行不结盟政策，不卷入任何

---

① 胡良俊:《中国行政体制改革的回顾与展望》,《山东行政学院山东省经济管理干部学院学报》，2004年11月第6期

② 《关于深化行政管理体制改革的意见》，第1版，人民日报，2008年3月5日。

③ 《四十年的回顾与思考》，第149页，中共中央党校出版社，1991年版。

军事或政治集团，对于国际问题的是非曲直以中国人民和世界人民的根本利益出发考虑问题，决定自己的方针和政策，我们的朋友遍天下；作为第三世界的一员，永远把第三世界作为自己外交的立足点，永远不称霸；重申以和平共处五项原则处理国家间关系，不以意识形态和社会制度画线，尊重各国人民自己的选择，在外交中平等互利，维护国家利益；外交要服务于国内现代化建设，首先把自己国内的事情办好等。在一系列正确的外交方针的指引下，在东欧剧变、苏联解体造成的国际共产主义运动的低谷中，稳住了阵脚，扩大了阵地。

在新的发展阶段，坚持独立自主的和平外交政策，推进全方位外交。中国与所有大国都建立了不同形式的伙伴关系，各领域交流与合作日益深化，促使后冷战时代的稳定合作的国家间关系。在巩固已有邦交友好同时，开拓建设新的外交关系，大力推进区域合作，参与地区多边政治安全对话与合作，周边环境得到很大改善。中国同发展中国家的政治经济合作和传统友谊得到巩固和充实。积极参与国际事务，对维护国际和地区和平稳定与发展作出积极贡献。北京申奥和上海申博成功，中国加入世贸组织，博鳌亚洲论坛成立等，中国外交呈现全方位发展的新格局。①

近年来，以胡锦涛为总书记的党中央审时度势，纵览全局，提出了“和谐世界”的国际战略理论。受到国际社会的高度关注和积极评价。党的十七大强调高举和平、发展、合作旗帜，奉行独立自主的和平外交政策，始终不渝走和平发展道路，始终不渝奉行互利共赢的开放战略，坚持在和平共处五项原则的基础上同所有国家发展友好合作，推动建设持久和平、共同繁荣的和谐世界。目前，中国外交处在大发展的历史时期，正按照胡锦涛在第十一次驻外使节会议上提出的要求，不断开创外交工作新局面，更好维护国家主权、安全、发展利益，更好营造良好国际环境和有利外部条件，努力使中国在政治上更有影响

---

① 李肇星：《新时期外交工作的宝贵精神财富——学习江泽民同志外交思想体会》，人民日报，2006年9月30日。

力、经济上更有竞争力、形象上更有亲和力、道义上更有感召力。开展各种形式的对外文化交流活动，扎实传播中华优秀文化，提升外交能力，显示了新时期外交工作的新思路。

60年来，新中国外交经受了国际风云变幻的严峻考验，取得了举世瞩目的成就。同世界各国的友好合作全面发展，建交国已从新中国成立初期的18个增加到现在的171个。中国积极参与多边外交各个领域的活动，共参加130多个政府间国际组织，缔结300多项多边条约，在国际事务中的作用日益增大，我们坚定维护国家主权、安全和发展利益，外部环境总体上更加有利。中国的综合国力显著增强，国际地位大幅提高，正在为推进世界和平与发展的崇高事业作出越来越大的贡献。[①]通过各种政治、外交、军事等手段，同发达国家关系全面发展，同周边国家睦邻友好不断深化，同发展中国家的传统友谊更加巩固，积极推进建设持久和平、共同繁荣的和谐世界，国际地位和影响不断提高，在国际社会享有崇高威望，外交战略更趋灵活成熟，处理危机、应对挑战、维护国家和人民利益的能力不断增强，在国际政治舞台上扮演着更加重要的角色，发挥着前所未有的重要作用，政治建设与政治发展的外部环境持续改善。

七、各种政治关系日趋协调，基本上形成稳定和谐的政治局面

社会和谐是人类社会的不懈追求和价值选择，也是中国共产党孜孜以求的战略目标。社会和谐是中国特色社会主义的本质属性，是国家富强、民族振兴、人民幸福的重要保证。新中国建立初期，在社会和政治生活中所设置的制度、制定的政策和采取的措施，其中一个目的就是协调各种关系，实现社会关系的和谐。改革开放从某种意义上讲也在于通过利益的调整，理顺各种关系，缓和解决社会矛盾和冲突，维护和谐稳定的局面。通过不懈努力，中国的各种政治关系在改革中逐步实现了稳定和和谐。

---

① 杨洁篪:《中国外交正处在大发展的历史时期》，人民日报，2009年9月5日。

具体来看，各种政治关系在发展中实现和谐的现状表现为：

第一，阶级阶层关系逐步协调。在庞大而复杂的现实政治关系网络中，阶级阶层关系占有极为重要的地位，它影响着其他政治主体之间的关系。因此，阶级阶层政治关系的变化对于政治稳定的影响也就更为深刻和广泛。新中国成立时，中国还是一个包括资产阶级在内的各革命阶级联合专政的共和国。“三大改造”完成以后，作为整体的阶级已经不存在。党的八大通过的政治决议宣布“中国的无产阶级同资产阶级之间的矛盾已经基本上解决”①。据此，毛泽东提出了关于正确处理人民内部矛盾的学说，把正确处理人民内部矛盾作为国家政治生活的主题，坚持人民民主，团结一切可以团结的力量，调动一切积极因素。目的就是造成一个既有集中又有民主，又有纪律又有自由，又有统一意志、又有个人心情舒畅、生动活泼的那样一种政治局面。

十一届三中全会之后，特别是伴随着市场经济的确立和完善、经济关系的调整和变革，中国的社会组织形式、就业方式、利益关系和分配方式日益多样化，由此决定了阶级和阶层也日益多样化。从原有阶级中分化出许多新的阶层，而且这些新的社会阶层目前尚没有完全定型，处在变化发展之中。党和政府从改革开放初期就开始认真对待新阶层问题，采取了种种措施来化解各种冲突和矛盾。首先，对新阶层的政治地位予以确认，认为他们是中国特色社会主义事业的建设者，也是构建社会主义和谐社会的重要力量。其次，通过建立、健全公正合理的利益分配和利益协调机制，化解利益冲突，适应中国社会结构和利益格局的发展变化，形成科学有效的利益协调机制、诉求表达机制、矛盾调处机制和权益保障机制。再次，随着新阶层利益要求和政治参与积极性的提高而共享政治资源，扩大其政治参与。复次，改革一系列与现阶段阶级阶层政治关系发展不相适应的相关政治体制，制定了一系列方针和措施。根据不同历史时期中国阶级阶层社会结构的演变情况，科学评估各时期、各领域、各阶级阶层的状况和彼此关系，

① 薄一波:《若干重大决策与事件的回顾》上，第548页，中共中央党校出版社，1991年版。

听取各阶级阶层的利益诉求、协调其利益关系，使得无论是作为中国国家政权基础力量的阶级，还是改革开放进程中出现的新阶层，都能享有平等的政治权利，以彼此合作的良好关系共同成为积极的社会主义事业的参与者和建设者。同时，在注重克服原有社会结构中存在的不合理的城乡分割体制障碍和地区发展严重不平衡的过程中，先后推动了西部开发、振兴东北老工业基地和中部崛起战略的实施，加强了宏观调控政策的力度，使城乡间、地区间协调发展成为新时期社会关系结构调整的一项重要成果。通过对良好道德观念的宣传和核心价值观的教育，充分发挥其在凝聚力量、引领风尚、教育人民方面的重大作用，把它们转化为广大群众的愿望、要求和自觉行为，在全社会形成统一的指导思想、共同的理想信念、强大的精神支柱和基本的道德规范；通过改革一系列与现阶段阶级阶层政治关系发展不相适应的相关政治体制，制定了一系列方针和措施，有力地保障了阶级阶层之间关系的和谐发展，也进一步促进了社会政治的稳定进步。

第二，中央与地方关系日趋规范。中国是单一制的国家，新中国成立之后，为了集中、动员有限的资源搞建设、办大事，曾经建立了高度集中的体制，在当时发挥了重要作用。同时中央政府十分重视调整和改善中央与地方的关系，把加强中央集中调控与发挥地方主动积极性有效地结合起来，强调在坚持民主集中制原则的基础上，处理好中央与地方的关系。

改革开放以后，对中央与地方关系的调整包括财权与事权从中央向地方的下放，这种关系的调整前后经历了三个阶段：第一阶段是纵向的权力下放。第二阶段重点是进行财权关系的调整，包括调整财税关系、产权关系、资源配置关系和社会事业管理权限。但是，中央权力下放同时也带来了一些负面效应，最显著的特征是中央宏观调控经济的能力弱化，中央财力下降。在此背景下，以分税制为主要内容的中央与地方关系改革被提上议事日程，改革进入第三阶段。分税制从制度上明确了中央和地方在财权与事权方面的权限。通过三个阶段中央和地方关系的调整，既维护和巩固了中央的权威和领导力，也增强了地方的自主性，调动了中央和地方两个积极性，焕发了国家的生机。通过对中央和地方关系的调整，既维护和巩固了中央的权威和领导力，也增强了地方的自主性，调动了中央和地方两个积极性。随着党和国家西部大开发、振兴东北老工业基地和中部崛起战略的实施以及宏观调控政策的出台和落实，地区发展不平衡状况正得以逐步改变。

第三，国家与社会出现协调发展的局面。国家与社会的关系不仅是政治学研究的重要内容，而且是当代政治发展理论关注的一个焦点问题。摆正国家与社会的关系，是中国政治社会发展和现代化建设的必然要求，而且在某种程度上直接影响中国社会主义现代化建设的进程。

建国初期，为了尽快恢复生产摆脱贫穷落后的状态，加速实现工业化，中国效仿苏联建立了高度集权的中央计划管理体制。这种体制将整个国家和社会、个人和组织都纳入到党和国家一体化的权力结构模式之下。这种关系模式大大提高了国家的组织和动员能力。但其缺点也很明显，社会缺乏自主性，流动性差，内部分化不明显，各种社会组织无法得到正常发育，致使社会权力相对萎缩，社会组织和个人几乎都成了国家权力的附属物。改革开放以来，中国对国家与社会的关系进行了一系列调整，在政府和社会组织的关系上，政府将管理权适当下放给各种经济组织和社会组织，加强政府对社会事务的宏观调控，各种经济组织和社会组织有了自主权，增强了活力。国家与社会关系呈现出适度分离、科学合理、有序规范的趋势，彼此的权责范围在实践中不断明晰，社会自我管理、自我服务与国家政治管理和提供公共产品互相促进，日益呈现出协调合作、互相促进、共同发展的趋势。国家与社会关系正处于良性平稳的发展之中，人民的民主权利、社会团体、中介组织在国家政治生活中的地位得到了确认和重视，国家与社会的新型协调关系正在逐步形成。

此外，政党关系持续和谐。历史证明，中国共产党和各民主党派之间亲密友党、相互合作和政治协商的关系逐步制度化、法律化，执政的中国共产党与各参政党和谐发展。民主党派不仅成为中国爱国统一战线的一支重要力量，也成为中国维护安定团结、促进社会主义现代化建设和祖国统一的重要力量；民族关系趋于团结稳定。经过多年的不懈努力，民族区域自治建设取得了巨大成就，巩固和发展了平等、团结、互助、和谐的社会主义民族关系，真正做到了民族团结、经济持续发展和社会稳定。开辟出社会主义国家民族关系和谐的新境界。

此外在“一国两制”方针指导下，香港、澳门相继回归祖国，雪洗了百年丧权辱国的历史。海峡两岸关系克服重重阻力，向着趋向统一的良性方向发展。

站在新的历史起点上，直面前进道路上的各种挑战，明确发展的方向和任务，中国的政治建设与政治发展应当从以下几个方面努力：

第一，面对发展主题的挑战，坚持以科学发展观为指导，促进经济社会全面发展进步。在充分肯定建国以来所取得的发展成就和当前良好的发展势头的同时，我们同时必须认识到，任何发展绝对不是一蹴而就的，不能希图通过某项制度创新或者改革而毕其功于一役。目前，在经济上，中国还面临着可持续发展资源短缺、资源配置和分配体系不尽合理、市场机制不够有序健全、防范经济风险能力有待提高等一系列严峻挑战；在政治上，发展社会主义民主、理顺政治关系、改革行政管理体制、改善公共政策系统、预防和惩治各种腐败现象、保持社会稳定政治等问题，也对党和国家的应对能力提出了新的要求；在社会文化领域，处理好日益多元的社会结构中阶级阶层关系、培育与国家政权和谐互动的公民社会力量以及如何做到营造符合“双百”方针的社会主义文化氛围、使先进积极的文化成为社会文化的主流等，特别是如何坚持社会主义的核心价值体系，坚持马克思主义在意识形态领域的指导地位，都是摆在我们面前亟待解决的课题。应对这些挑战，发展才是硬道理，是解决一切问题的根本所在，这是任何时候、任何情况下都不能动摇的根本原则；同时，发展又是在科学发展观指导下的经济社会全面协调可持续发展，中国特色社会主义政治建设与政治发展事业在其中显然也与其他各项事业的发展保持着密不可分和互相促进的关系。

政治建设与政治发展作为社会发展的组成部分和重要内容，应当为经济社会的发展规定价值取向、提供规范、合理、公平正义的制度保障、源源不断的动力资源、社会整合的机制。但是由于经济发展与社会发展的阶段性，决定了政治建设与政治发展也必须根据经济发展状况和社会发展目标所需条件要求来设计自身发展的具体目标和任务。当前，由于中国政治建设与政治发展相对不足，政治体制供给匮乏，机制有待健全，以及出现的政治权力腐败、权力主体行为错位、地方保护主义、中央调控政策在现实中有所扭曲、公民政治态度冷漠等现象。诸如此类不仅违背政治有效合理运行的发展规律，也严重阻碍政治建设与政治发展以及社会发展的顺利进行。要改变这种状况，应当依靠民众的同意和社会的共识来管理社会，以增强其政治合法性；从立法、司法等方面加强法制建设，逐步建立社会主义法治国家；通过村务公开、镇务公开、厂务公开、党政职能部门实行的“两公开一监督”制度、实行人大会议旁听制度、警务公开、检务公开和审判公开制度、实施政府上网工程等政务公开化措施，提升政治的透明度；通过民主选举、强化各级人民代表大会及其常委会对“一府两院”工作的监督、加强行政系统和司法系统内部监督和责任制约束、加大舆论监督的力度等，强化政府官员的责任感；建立责任型政府。提供各种优质高效的服务，增强政府对公民民主权利要求的回应性；通过基层民主、党内民主和党外民主等多种形式，扩大公民的政治参与；通过政府机构改革、行政审批制度改革等，不断提高政府的效能和效率；较好地从大局上处理改革、发展、稳定的关系，并通过社会政策和措施，不断保持长期的、动态的政局稳定；建立和创新各种制度，防止权力腐败，提升党和政府的廉洁程度；以人为本，通过缩小收入差距，保护弱势群体利益，消除歧视性待遇，促进机会平等等，以促进公平的、可持续经济社会发展。

政治建设与政治发展在推动、保障社会发展过程中，应当为自身价值目标的实现而不懈努力，这既是社会发展之必然，也是政治建设与政治发展规律使然。只要我们切实处理好政治发展与社会发展以及

其他一系列事业发展的关系，中国特色社会主义政治建设与政治发展事业就能克服一切困难，不断迈上新的台阶。

第二，面对国际风云变幻的挑战，坚定不移地走中国特色社会主义政治发展道路。新中国建国60年来，中国所处的国际环境和整个国际共产主义运动的形势都发生了很大变化。改革开放以来特别是冷战结束后，我们所面对的来自外部环境方面的挑战体现出了一系列新特征：国际政治总体格局在两极格局瓦解的基础上开始出现一超多强的架构，多极化趋势日趋明显，但多极世界的正常秩序尚未完全确立，以西方世界为首的霸权主义和强权政治以及恐怖主义、分裂主义、宗教极端主义等共同构成了对中国社会主义政治发展事业的严峻威胁；经济全球化成为不可逆转的潮流，是消极回避还是积极适应、融入大潮成为决定中国社会主义建设事业发展前途的重要选择；开放条件下社会主义政治发展必须直面西方世界的消极文化渗透侵蚀、国内外敌对势力意识形态领域内推动的和平演变，以及社会文化多元化所带来的挑战；此外，党和政府还肩负着在新形势下捍卫国家主权独立和领土完整，维护国家统一的重任。

国际风云变幻对我们最重要的一个现实挑战就是中国在复杂多变的国际环境中如何实现和平崛起。当今的世界是一个开放的世界，中国的发展离不开世界。“一球两制”是当今世界的一个基本特征，意识形态和制度上的差别，决定了资本主义国家必然要想方设法把社会主义国家纳入资本主义的轨道，就决定了他们必然抱着怀疑、敌视、延缓、西化社会主义国家的态度去制定一系列阻止社会主义国家发展的战略。资本主义世界对社会主义认识的一种普遍心理，不是把社会主义看成是一种积极的社会形态，而是看成人类社会发展的一个“变种”，他们把社会主义看成独裁、集权、不自由的代表，因而他们从骨子眼里仇恨社会主义，而把资本主义看成人类历史上最美好的和最后的制度。同时西方世界大多带有一种民族的偏见与傲慢、西方种族的那种优越感，对非西方国家本身就持一种排斥态度。这种意识形态和民族心理的差别决定了社会主义与资本主义斗争的不可避免性、长期性与艰巨性。社会主义与资本主义必将长期共存，短时期内不存在谁吃掉谁。中国作为发展中的社会主义国家，闭关锁国没有出路，必须学会与资本主义打交道。当前中国所处的国际环境并不太平，西方国家想方设法挤占国际空间，对我奉行既接触又遏制的双重战略，支持反分裂势力、鼓动周边国家挑起领土、领海争端，想方设法延缓我崛起的速度和时间。怎么才能既处理好和资本主义的关系，又维护中国国家主权和民族独立，在维护中国国家主权完整与独立的同时，在建立一个和谐世界之间寻找一个有力的支撑点和平衡点，这是一个非常重大的挑战。

实践证明，要适应外部环境的改变，首要的是坚定不移地走中国特色社会主义政治发展道路，这是中国人民在60年来的实践中探索出的引领中国实现现代化的唯一正确道路。历史上，那些罔顾本国国情、照搬外来政治发展模式的个案无一例外地招致了失败；现实中，中国特色社会主义政治发展道路焕发的生机和激发的动力更是不容否认的。必须在维护中国国家主权完整与独立、在建立和谐世界的过程，坚持中国共产党的领导、坚持社会主义。中国共产党是建设有中国特色社会主义事业的领导核心，中国共产党的性质和宗旨决定了必须坚持党的领导。同时，现阶段政治建设和政治发展的艰巨任务决定了必须始终坚持党的领导的必要性。60年的政治建设与政治发展无论是发展社会主义民主，还是建设社会主义法治国家，都是通过党的政治、思想、组织领导实现的。作为中国的执政党和中国特色社会主义事业的领导核心，只有在她的带领下才能保持全民族的凝聚力，实现社会主义现代化的宏伟目标。要坚持党的领导，其一，必须旗帜鲜明地宣示我们坚持党的领导的坚强决心，同各种反对党的领导、妄图乱党乱国的错误倾向进行坚决的斗争；其二，必须与时俱进地改善党的领导，提高党的执政能力和执政水平，加强对党员干部的监督，加强反腐败问题建设，加强党的领导干部队伍建设。提高党和政府在人民群众中的形象和威信。

要保持正确的政治方向，还意味着中国的政治发展必须坚持社会主义制度。不同性质和类型的政治发展具有不同的本质属性，不同性质的国家的政治发展具有不同的目标体系和价值选择。中国是共产党领导的人民当家作主的社会主义国家，其本质要求和内在属性决定了，中国特色的建设发展必须有利于加强和巩固党的领导，有利于社会主义制度优越性的发挥，有利于最广大人民群众当家作主权利的实现，如果在这些问题上发生了动摇或出现了问题，就背离了中国社会主义政治发展的初衷。60年来，之所以能取得辉煌成就的一个重要原因，就在于始终毫不动摇地坚持了社会主义的原则，建立和巩固了中国特色社会主义经济、政治、文化、社会以及各方面的制度和体制，为社会主义中国的国家统一、民族团结、经济发展、文化繁荣、民主进步、社会和谐奠定了制度基础，中国获得了从未有过的长期快速稳定发展，经受住了20世纪80年代末90年代初国内严重政治风波与国际上东欧剧变、苏联解体的严重考验，战胜了来自政治、经济、社会领域和自然界的各种困难和挑战。我们可以毫无疑问地讲，社会进步、文化昌明、人民当家作主的国家离不开社会主义制度这个最基本的前提条件，放弃和削弱了社会主义制度，必然造成国家和民族的灾难和倒退。

同时由于政治发展是一个自主的多样性发展过程，每个国家都有自己独特的国情，历史背景、经济发展水平、政治文化传统、人口素质也各不相同，所以政治建设与发展的起点、模式、道路也应是多样化的。中国是一个拥有13亿人口的发展中大国，仍然处于并将长期处于社会主义初级阶段，人口多、底子薄，生产力发展水平不高，民主与法制的基础比较薄弱，中国的政治建设和政治发展既不能急于求成，更不能不顾国情，盲目走西方民主政治发展道路，而是要始终立足中国的基本国情，坚持从实际出发，循序渐进，稳步推进。在经济全球化、政治多极化、文化多样化、社会信息化进程不断加快的新形势下，既要以更加开放的胸襟，借鉴人类政治文明的有益成果，又绝对不照抄照搬别的国家的模式搞东施效颦，生搬硬套西方模式。苏联、东欧国家政治体制改革教训以及拉美国家移植西方政治体制带来的政权更迭，军事政变频繁，导致经济始终低增长与负增长；非洲效仿西方政治体制引起的混乱和冲突，给非洲各民族带来深重的灾难，足以让我们警觉。

第三，面对现实政治生活中遇到的新情况、新矛盾和新问题，以正确的原则、科学的精神、坚决的态度和谨慎的方法，有领导、有组织、有步骤地不断深化政治体制改革，以改革的精神予以解决。众所周知，中国社会主义政治发展道路并不是一条坦途，其中还存在着来自多方面的障碍和阻力，需要应对一系列困难和挑战。首先，作为一个有着悠久封建主义的国家，在社会主义政治发展过程中必须克服来自历史传统中消极的制度、关系、文化等的影响，让改革和发展创造出的新制度、新关系、新文化能够尽快在中国土壤里扎根；其次，在政治体制改革的过程中，如何做到在保持社会主义各项制度性质不动摇的同时，选准制约发展的政治体制加以突破，是一项需要坚持有所为有所不为的坚定信念、运用科学严谨的分析方法、动员集中社会各方面力量共同参与的系统工程；再次，在改革中处理好本国现时经验与传统、外来经验的关系，眼前局部利益与长远全局利益的关系，处理好改革创新与发展稳定之间的关系，需要审慎态度与政治智慧的完美结合；再次，在中国特色社会主义政治发展的过程中，尤其是既不能抽象地谈论民主，更不能机械地照抄照搬西方的民主，而是要根据我们自己实际情况逐步推进社会主义民主发展进程；最后，随着经济社会的发展，同中国经济社会发展的新形势相比，同保障人民权利、维护社会公平正义的新要求相比，中国政治体制还有一些不适应的地方，必须坚定不移地通过深化政治体制改革予以坚决。然而，政治体制改革事关党和国家工作全局，事关广大人民的根本利益，必须按照党的十七大作出的战略部署，从以下几个方面深化政治体制改革：坚持发挥党总揽全局、协调各方的领导核心作用。从提高党的执政能力、巩固党的执政地位、履行党的执政使命的高度，改进和完善党的领导方式和执政方式，提高党科学执政、民主执政、依法执政水平，保证党领导人民有效治理国家，使党始终成为中国特色社会主义事业的坚强领导核心；切实保证国家一切权力属于人民。扩大人民民主，健全民主制度，丰富民主形式，拓宽民主渠道，从各个层次、各个领域扩大公民有序政治参与，推进决策科学化、民主化，保证人民依法实行民主选举、民主决策、民主管理、民主监督，保障人民享有更多切实的民主权利，保障人民的知情权、参与权、表达权、监督权；全面落实依法治国基本方略。加快建设社会主义法治国家，树立社会主义法治理念，弘扬法治精神，坚持科学立法、民主立法，完善中国特色社会主义法律体系，加强宪法和法律实施，推进依法行政，坚持执法为民，深化司法体制改革，实现国家各项工作法治化，维护社会公平正义，完善制约和监督机制，建立健全决策权、执行权、监督权既相互制约又相互协调的权力结构和运行机制，完善各类公开办事制度，切实保障人民的经济、政治、文化、社会权益。

需要指出的是，无论如何改革，人民民主专政的阶级基础绝对不能边缘化，而且也绝对不能实行“三权分立”和西方的两党制和多党制，因为这些制度在中国既无政治基础和社会基础，也无经济基础和阶级基础，如果不顾国情，违背人民的根本利益，照搬“三权分立”，西方式的多党制和两党制，必然会从根本上动摇人民当家作主的政治地位，动摇中国政治稳定的根基，导致社会混乱，人民遭殃。因此，必须充分发挥社会主义政治制度的特点和优势，坚持中国的基本政治制度不动摇，坚定不移地走中国特色社会主义政治发展道路。

第四，面对社会结构和利益格局变化的挑战，切实保障人民群众根本利益，营造和谐社会氛围。随着改革开放的不断深入和社会主义现代化进程的加快，社会问题和社会矛盾凸显、社会风险的可能性增大是一个现实的挑战。经过60年的发展，中国的社会结构发生了翻天覆地的变化，伴随着这种社会发展而来的是国内社会问题和社会矛盾的增多，直接影响着中国特色社会主义的进一步发展。根据以往其他国家现代化进程的经验，可以认为中国社会已经进入到一个高风险状态，如果不重视处理好各种社会问题，就可能会阻断中国的社会主义现代化进程。而应对这种高风险状态的一个重要要求就是在改革中协调各种政治关系，重点解决贫富差距拉大和民生两大问题。当前，在中国经济社会飞速发展，社会结构日益多元化、各种经济政治社会关系更趋复杂的条件下，评判我们政治发展成效的一个重要标准就是看是否能使政治发展的成果惠及全体人民，使全体人民平等地享有各项政治经济社会文化权利，能否实现政治和谐与政治稳定，为有利于最广大人民群众利益的经济社会的发展提供有效的政治保障。从根本上将政策制定的立足点放在人民利益上，维护人民群众的各项权利。把人民拥护不拥护、赞成不赞成、高兴不高兴、答应不答应作为制定各项方针政策的出发点和落脚点。同时应当加强制度建设，从制度上保证人民群众主体地位，尽快建立完善利益协调机制、民主参与机制、权益表达机制等关系到人民群众切身利益的制度保障，防止和杜绝那种与民争利的行为，把为人民群众谋取最大利益作为党的最高利益，坚持全心全意为人民服务，最大限度地彰显其人民性的本质，真正保障人民主体地位。始终坚持人民的根本利益至上，从社会主义政治发展的本质和关键出发，将人民积极参与的力量吸引到政治建设与政治发展进程中来，那种轻视人民力量、排斥群众参与的态度和工作方法只能起到适得其反的消极作用。

具体而言，应当以经济体制改革保证持续的经济发展，为解决社会结构方面的问题创造物质基础；加强政府在规划利益分配格局、协调社会关系和提供公共服务方面的能力，及时有效地改革那些不利于保障人民群众根本利益的体制；通过基层民主建设使广大人民群众参与到和谐社会构建过程中来，发挥好国家和社会两个方面的积极性；依靠有力的宏观调控和社会政策，防止两极分化，逐渐缩小城乡间、地区间的发展差距，维护公民平等权利，保证全体人民共同享有改革发展的成果；从加强政府和执政党建设入手，提高人民群众对于政府和政策的满意度，使不同社会群体之间的矛盾通过制度内合法途径得以解决，达至保持长期、动态的社会稳定的目标。

第五，面对社会多元化负面影响的挑战，始终坚守意识形态阵地。改革开放以来，中国社会朝着日益多元化方向发展已经是一个有目共睹和不可逆转的趋势，社会多元化的积极影响是增强了社会的活力，创造了实现更高层次的政治稳定和政治和谐的可能性，但与此同时，多元化的负面影响也是显而易见的，可概括为以下几个方面：其一，建立在社会结构不尽合理基础上的多元化在得到大多数社会成员支持方面存在障碍，如果不同阶级阶层之间、不同社会群体之间、城乡之间、地区之间因人为原因造成的差距过大，多元化的社会就不可能长期稳定发展。国内外部分学者将这种与分化悬殊同步发展起来的多元化社会描述为一种断裂的社会，这并不完全是危言耸听。能否解决好多元化的合理社会结构基础问题，能否避免某些利益集团化的群体独占改革发展的成果，能否切实地保护好弱势群体的相关权益，是最终决定社会多元化是否成为中国发展事业福音的根本点所在；其二，社会多元化必然造成意识形态领域斗争局面的复杂化。国内敌对势力也从没有放松过颠覆和破坏的活动，近年来，在意识形态领域里出现了一些杂音、噪音，从迎合西方世界破坏中国改革发展事业的新自由主义思潮，到试图动摇党的领导地位的民主社会主义思潮，再到竭力抹杀新中国成立60年来的成就、抹黑新中国历史的历史虚无主义及其自由史学思潮，还有借某些政策领域的问题挑动对党和政府的不满情绪，直至直接配合境外势力需要，煽动破坏和谐稳定的大好局面，各种的敌对势力和敌对分子纷纷粉墨登场。从社会发展的大方向看，这是社会多元化过程中难以回避的消极现象，同时也从一个侧面说明了放松意识形态领域的工作将带来多么严重的后果。

具体而言，在意识形态领域坚持以马克思主义为指导主要面临两个方面的挑战，一方面是西方新自由主义。新自由主义并非中国本地产物，而是西方社会的产物，其基本主张是政治上学习西方基本政治制度、高举抽象的民主、自由、人权、法制、理性，主张对中国政治制度进行彻底改革。经济上主张完全的市场自由经济，取消政府的干预，建立自由平等的统一市场。这种社会思潮是西方经济社会发展的翻版，主张中国社会发展要向西方学习，只有坚持借鉴西方社会发展理论，中国社会发展才有出路。尽管这种思潮没有直接提出要全盘西化，但是它以慢慢蚕食方式占领马克思主义意识形态地位，改变着人们的思维，必须高度警惕它的蔓延，特别是对青年一代的影响。另一方面的挑战则来自于教条主义。这种社会思潮利用人们对社会改革开放时期出现的一些问题的情绪，如腐败、贫富分化差距拉大等问题否认改革开放，否认社会主义市场经济，要求回到计划经济时代，回到本本的马克思主义，这种思潮表面上看是在坚持马克思主义，实际上是在教条地、僵化地坚持本本的马克思主义。这两种社会思潮都对马克思主义意识形态地位形成了极大的冲击。对于这两种社会思潮，我们一定要保持警惕，如果任其泛滥，中国特色社会主义道路就有可能中断。

因此，目前一项重要任务就是要旗帜鲜明地坚持社会主义核心价值体系，面对经济成分多样化、社会思想价值观念多样化以及经济全球化、政治多极化、文化多元化的挑战，坚决反对指导思想的多元化，坚持马克思主义在意识形态领域的指导地位，坚持中国特色社会主义理论体系不动摇。因为这个理论体系，坚持和发展了马克思主义、毛泽东思想，凝聚了几代中国共产党人带领中国人民不懈探索的智慧，是马克思主义中国化的最新成果，具有鲜明的实践特色、民族特色和时代特色，已经显示了强大的生命力和巨大的指导作用。与此同时，还必须坚决抵制新自由主义、民主社会主义，反对以西方的民主、自由、平等、人权等作为普世价值，充分认清其危害性。综合运用各种手段，同各种错误思潮和破坏活动进行坚决的斗争，防止让它们干扰我们的指导思想和改革开放以及社会主义现代化建设事业。树立起足够的自信，使意识形态领域里的主流声音始终嘹亮。

当然，在坚守意识形态领域阵地的过程中，工作的根本重心还在于社会主义事业的全面发展进步。只有在发展问题有效解决的前提下，党和政府的合法性基础才能得到充分保证，意识形态领域的工作也才能得以顺利开展。

第六，面对随着社会主义民主建设进程加快，政治参与不断扩大的挑战，大力加强公民文化建设，培养公民的参与意识和参与能力。随着社会主义市场经济体制的建立和社会主义民主政治的不断发展，公民正在自主地参与社会生活，并逐渐成为社会生活的主体。社会变革又对人的发展和文化的进步提出了新的要求。只有通过加强社会主义民主建设，才能促进社会的整体文明。公民文化建设不但是一项社会工程，而且是公民德性的自发塑成。为此，要培养和形成公民强烈的主体意识，使其具备良好的参与意识并积极行使自己的权利，应具有契约观念和诚信意识，具有较强的政治认同感、公民认同感，养成较高的政治素养，以理性、合理、有序的方式进行政治参与，而不是动辄诉诸极端的行为。实际上，中国特色社会主义政治发展，最重要的是两大因素：一是民主制度层面的因素，二是公民文化层面的因素。这两大要素相辅相成、缺一不可，在中国现阶段尤其需要整体把握、共同推进。需要指出的是，文化是比制度更深层次的东西，文化一旦形成，就会在人们的内心深处沉淀，成为人们自觉的习惯，公民文化一旦形成，可以为制度提供强有力的支撑，巩固政治建设和政治发展的成果。公民文化包括自主意识、公平意识、平等意识、法制意识以及和谐价值追求的政治人文精神，它是推动中国经济社会向更高层面的公平正义发展的强大精神支撑和精神动力。因此，党的十七大报告强调，要"加强公民意识教育，树立社会主义民主法治、自由平等、公平正义理念"，这是发展中国特色社会主义民主政治的重要精神基础。只有如此，才能确实夯实中国政治建设和发展的根基，从容应对各种挑战。

新中国的政治建设与政治发展气势磅礴，成就辉煌，前景美好，对其进行回顾、总结和展望，理应是政治学者的使命和职责。正因为如此，我们斗胆选择了此主题展开研究，以我们的研究成果作为庆祝中华人民共和国60华诞的一份献礼。

序言

新中国的法治建设作为中国特色社会主义现代化建设的重要组成部分，是社会主义政治文明建设的主要环节和中国特色社会主义政治建设与发展的重要内容与战略目标。因此，对新中国的法治建设进行全面、系统的回顾和总结，无疑具有重大的理论价值和现实意义。

社会主义法治建设是中国共产党人探索、形成和发展"依法治国基本方略"的系统工程。新中国成立以来，法治建设的状况和水平作为不同时期和社会条件下经济、政治、文化和社会情况的晴雨表，它的发展和进步是社会主义民主政治建设的历史缩影。1999年第九届全国人民代表大会第二次会议通过的《中华人民共和国宪法修正案》第五条第一款规定"中华人民共和国实行依法治国，建设社会主义国家。"这是继江泽民在中央领导同志法制讲座上提出"依法治国是党领导人民治理国家的基本方略，是发展社会主义市场经济的客观需要，是社会文明进步的重要标志，是国家长治久安的重要保障"，在党的十五大提出"依法治国，是党领导人民治理国家的基本方略，是发展社会主义市场经济的客观需要，是社会文明进步的重要标志，是国家长治久安的重要保障"[①]之后，首次将社会主义法治国家作为宪法规范的内容写入国家的根本大法。在此之后，依法治国基本方略便成为我国社会主义法治建设和发展的内在动力和基本原则。为此，党的十六大提出"发展社会主义民主政治，建设社会主义政治文明，是全面建

① 《江泽民文选》(第2卷)，北京：人民出版社，2006年版，第29页。

设小康社会的重要目标。必须在坚持四项基本原则的前提下，积极稳妥地推进政治体制改革，扩大社会主义民主，健全社会主义法制，建设社会主义法治国家，巩固和发展民主团结、生动活泼、安定和谐的政治局面”[①]，继而，党的十七大从法治建设与民主政治的关系角度进一步提出“全面落实依法治国基本方略，加快建设社会主义法治国家”，并且明确指出“依法治国是社会主义民主政治的基本要求。要坚持科学立法、民主立法，完善中国特色社会主义法律体系。加强宪法和法律实施，坚持公民在法律面前一律平等，维护社会公平正义，维护社会主义法制的统一、尊严、权威。推进依法行政。深化司法体制改革，优化司法职权配置，规范司法行为，建设公正高效权威的社会主义司法制度，保证审判机关、检察机关依法独立公正地行使审判权、检察权。加强政法队伍建设，做到严格、公正、文明执法。深入开展法制宣传教育、弘扬法治精神，形成自觉学法守法用法的社会氛围。尊重和保障人权，依法保证全体社会成员平等参与、平等发展的权利。各级党组织和全体党员要自觉在宪法和法律范围内活动，带头维护宪法和法律的权威。”[②]这些论述，不仅确立了依法治国基本方略的地位和内涵，而且系统、全面地提出了社会主义法治建设的目标、内容和途径，对于通过中国特色社会主义法治建设，推进中国特色社会主义政治发展具有重要的指导意义。

一

从某种意义上讲，法治是现代化社会的组织形式和治理国家的方略，是人类社会进步和文明的标志，是衡量一个社会是否现代化的重要参数。

法治是一个具有悠久历史的命题。法治思想最早起源于古希腊。

---

① 《江泽民文选》(第3卷)，北京：人民出版社，2006年版，第553页。

② 胡锦涛:《高举中国特色社会主义伟大旗帜，为夺取全面建设小康社会新胜利而奋斗》，北京：人民出版社，2007年版，第30—31页。

最早对法治概念进行完整、系统表述的是古希腊的亚里士多德，他曾这样指出："法治应该包括两重意义：已成立的法律应获得普遍的服从，而大家所服从的法律又应该本身是制定良好的法律"[①]。在他看来，"法治优于一人之治"。亚里士多德认为，人治会受情欲的影响，而唯有法治才是一种理性的统治，"人在达到完美境界时，是最优秀的动物，然而一旦离开法律和正义，他就是最恶劣的动物"[②]。为了避免出现人治可能导致的不良后果，不少思想家开始将目光转向了依靠法律进行治理。正如柏拉图所指出的："如果有人根据理性和神的恩惠的阳光指导自己的行动，他们就用不着法律来支配自己；因为没有任何法律或秩序能比知识更有力量……但是现在找不到这样的人，即使有也非常少；因此，我们必须作第二种最佳选择，这就是法律和秩序。"[③]古希腊时期的法治理论产生了重要的影响，并为后世的许多思想家所继承和发展。启蒙思想家洛克在亚里士多德法治理论的基础上提出了法治的原则，并进一步提出了资产阶级的分权理论，强调君主和政府只能按照法律进行统治。卢梭则强调了法治对于民主国家的必要性，认为法律是治国的根本依据，一个国家如果不以法律为治，就不会有政治上的自由和平等，必然导致专制的政治。他认为，凡是实行法治的国家，无论它的政体如何，都可以叫做共和国；反过来也一样，凡是共和国都必须实行法治，"国家构成的基本要素不是官员而是法律"[④]。在中国传统文化中，法治的思想比较薄弱，春秋战国时期的商鞅、管仲和韩非子等最早提出了法治，《管子·明法》中有："以法治国，则举措而已"，《商君书·任法》中记载："任法而治国"，《韩非子·心度》中有："治民无常，唯以法治"的说法。可见，在我国古代，法治主要是作为一种统治阶级的牧民之术。需要注意的是，东西方两种法治的

① 亚里士多德：《政治学》，北京：商务印书馆，1983年版，第199页。
② 亚里士多德：《政治学》，北京：商务印书馆，1997年版，第9页。
③ 转引自《西方法律思想史资料选编》，北京：北京大学出版社，1983年版，第27页。
④ 谷春德、吕世伦：《西方政治法律思想史》，沈阳：辽宁人民出版社，1986年版，第390页。

内涵是大相径庭的。现代意义的法治是资本主义在反对封建专制的过程中提出并发展起来的，是资产阶级革命以后，新兴的资产阶级在批判封建君主专制（即人治）的基础上逐步形成和确立起来的。资产阶级在与封建专制主义的斗争中，“针对封建主义的君主专制和中央集权，资产阶级提出立法、行政、司法‘三权分立’的主张；针对封建主义的皇帝是最高立法者，资产阶级提出搞普选制、议会制，立法权由议会行使；针对封建主义的法外专横，资产阶级提出了‘法无文明不为罪’；针对封建主义的法律公开维护以皇权为中心的等级与特权，资产阶级提出了‘法律面前人人平等’；针对封建主义的‘王权至上’，资产阶级提出了‘法律至上’。”法治是一种坚持“法律的统治而非人的统治”[①]，是与人治相对立的治理国家的方略。人治推崇长官意志和个人权威，维护专制体制；而法治宣扬人民民主，实行共和体制。所以，正如潘恩所说：“在专制政府中国王便是法律，在自由国家中，法律便应该成为国王。”[②]现代法治所蕴涵的一般原则包括：法律必须体现人民主权，必须是人民根本利益和共同意志的反映；以宪法为核心的法律拥有至高无上的地位；法律必须承认、尊重和保护人民的权力和自由；法律对任何人都一律平等，谁都不享有超越法律的特权；司法独立和律师自由。

法治是一个具有独立范畴的文明形态。理解法治，尤其是现代法治，就必须认识到法治是一个多元的综合结构。因此，在法治的发展历史中，它常常与其他观念和制度相模糊。在现代法治观念中，人治、法制和德治与法治具有密切联系，彼此相互影响，但并不相同。人治是奴隶社会和封建社会普遍采用的治国方式，意指少数掌权者个人意志至上。人治在政治上表现为专制，往往利用法制来加强专制统治，王权绝对高于法律。作为两种截然不同的治国方式，法治与人治的区别在于：1. 在国家的治理依据上，法治主张普遍的理性意志至上；而

① 诺内特：《转变中的法律与社会》，北京：中国政法大学出版社，1994年版，第59页。
② 潘恩：《常识》，北京：商务印书馆，1961年版，第20页。

人治主张特殊的权力意志至上[①]，法治强调法律的合法性和合理性，强调法律的效力与政治权威的适度分离，“法律如欲成为法律，不能仅仅表示一个权威机关的意志，这个权威之所以令人尊重，不能仅仅是因为它是根据自己所能运用的强制权力；反之法律必须符合某些更为正当有效的东西”。[②]2．在治理国家的方式上，人治是以个人的权威为依据来对权力和权利进行控制和分配的体制，主张因人而异，对人的行为进行具体的指引；法治则是以法的权威、标准、程序为依据对权利和权力进行分配和控制的体制，利用普遍的法律对人的行为作一般性的指导。3．从产生的结果来看，在治理国家过程中，人治必然产生专横和独裁，损害大多数人的利益，而法治则有可能避免类似情况的出现。因此，法治和人治的区别不在于有无法律的存在，而是在于法律在国家治理中是否享有至高无上的权威地位以及各种问题和矛盾的解决是否以法律的规定和标准为依据进行的。因此，我们可以认为，法治与人治的分界点就是：当法律与当权者的个人意志发生冲突时，是法律高于个人意志，还是个人意志凌驾于法律之上；或者说，是“人依法”还是“法依人”[③]。其次，法治与法制的关系：1．法治是法的统治，依法而治的意思，一般是动态和静态的统一，既包含依照法律治理国家的动态过程，也包括治理国家所遵循的各种法律这一静态规则；而法制则多为静态的概念，是法律及其相关制度的总称，侧重于法的静态方面；2．法治的进行要求前提必须是“良法之治”，即在治理国家中所依据的法律必须是在民主基础上制定出来的代表大多数人利益和意志的法律。而法制则既包含良法也包含“恶法”；3．作为治理国家的方式，法治的对立面是人治，而法制作为一种制度则是相对于经济制度、文化制度等来说的；此外，法治与民主政治有必然的联系，法治是民主政治的要求，而法制则同民主政治没有必然的联系。邓小

① 程竹汝：《政治文明——历史维度与发展逻辑》，上海：上海人民出版社，2004年版，第258页。

② 龚祥瑞：《比较宪法与行政法》，北京：法律出版社，1985年版，第320页。

③ 郭道晖：《民主·法制·法律意识》，北京：人民出版社，1988年版，第27页。

平对法治的内涵给予了准确的概括，即“有法可依，有法必依，执法必严，违法必究”。可以说，有“法制”未必有“法治”，而有“法治”必有“法制”。在此基础上，我们应该认识到法治发展是一个历史过程，法治的出现需要法制的准备，没有法制同样也不会产生法治。因此，法制探索的过程是法治发展的有机组成部分。可见，法制既不同于法治，又内含于法治，两者具有逻辑和历史的一贯性。最后，法治与德治的关系。早在依法治国基本方略提出伊始，党和国家领导人就清醒地认识到“加强社会主义法制建设，要同加强思想道德文化建设紧密结合起来。”[①]江泽民在庆祝中国共产党成立八十周年大会上的重要讲话中更加清楚地指出：“要把依法治国同以德治国结合起来，为社会保持良好的秩序和风尚营造高尚的思想道德基础。”[②]以德治国，又称德治，是社会主义精神文明建设的实践内容。德治，主要是针对国家建设中的精神文明建设、道德建设和文化建设，集中体现在意识形态的治理之中。法治与德治既有区别，又具有密切的关系。1. 法治和德治属于不同的建设维度，但二者在政治文明建设中却建立了密切的联系。例如，法治包含了多种维度，法治理念是法治建设的基本内容和内在要求，而理念建设也属于精神文明建设，是以德治国力求实现的重要的思想建设之一。2. 法治与德治彼此相互渗透，互相影响。法治指向权利，道德指向义务；法治强调他律，道德强调自律；法治依赖规则，德治依赖习俗；法治是单一的、稳定的，德治是多元的、动态的；等等。上述这些区别不是绝对的，在法律的制定、法治社会的塑造和法治精神的构建中，德治的建设要素会成为法治建设的要素；而在道德界限不及或者模糊的地方，善良习俗逐渐固化和规范化的地方，法治的机制就成为德治实现的有效机制。3. 法治是一种理性文化，而德治来源于一种感性文化，二者具有文化基础上的差异。强调理性的法治能够克服德治体系内一些情绪化、偏私性甚至人治意志的倾向；

① 《江泽民文选》（第2卷），北京：人民出版社，2006年版，第643页。
② 《江泽民文选》（第3卷），北京：人民出版社，2006年版，第278页。

而重视感性的德治则能够帮助法治建设形成法治共同体，构建法治认同的环境基础，使得法治能够更好地符合与利用好本土资源。总之，法治是政治文明的基本形式，而德治则是政治文明的道德形态，是政治文明与其他文明形态的胶合剂与媒介体。

法治是一个关于政治发展的综合性范畴。法治建设不等于法律建设，也不等同于法制建设。法治是一项政治生活中的系统工程，与一定时期和社会条件下的政治意识、政治制度、政治行为具有密切的关系。从法律系统的发展而言，法治意味着法律之治、人民主体（统治阶级的法律意志）、有限政府、社会自治和程序中立。但是这些要素并不是孤立的，无法脱离特定的社会政治实际而存在。旧中国的法治探索之所以无法实现法治建设的中国化，无法实现中国的法治文明化，其根本原因就在于他们所探求的“法治国家”只有法治之形式，而没有法治之实质，更没有符合中国实际的法治国家的国家观、社会观和人民观。因此，旧中国的法治建设的起始就已经决定了它的最终失败。

众所周知，法治是社会进步的重要标志，也是现代政治文明的基本特征。法治作为政治文明的制度形态和秩序形态，不仅是政治文明丰富内涵的集中体现，而且还是承载政治文明成果的载体。法治的实现程度可以认为是政治文明的实现程度。而政治文明的实现程度取决于法治的实现程度。它要求政治活动的开展和政治权力的行使必须在法律规定的范围内进行，这样才能使政治行为更为有序和高效，才能有利于克服政治生活中的不文明行为。只有实行法治的国家才能使民主更加真实、更加健全，才能使人们的政治活动向着更加文明的方向发展。这就说明法治建设与政治发展之间具有密不可分的关系，任何脱离特定国家政治发展的法治建设都是空洞的。新中国法治建设的经验表明：社会主义法治建设必须坚持中国特色社会主义政治发展道路，中国特色社会主义政治发展道路是中国共产党带领全国各族人民，经过长期奋斗和实践找到的正确道路。也即在政权制度上，实行人民民主专政和人民代表大会制度；在政党制度上，实行中国共产党领导的多党合作和政治协商制度；在少数民族聚居地区，实行民族区域自治制度；在城乡社区，实行基层群众自治制度等。这条道路既有科学的指导思想，又有严谨的制度安排，既有明确的价值取向，又有有效的实现形式和可靠的推动力量，集中体现了中国特色社会主义民主政治的特点和优势。只有在中国特色社会主义政治道路上，坚持围绕上述制度建设的法治化，才能够构建社会主义法治国家的牢固基础和宏伟框架。只有坚持中国特色社会主义政治发展道路，我国的法治建设方能科学安排法治建设的不同要素、设计法治发展的必要机制。我们认为，系统地认识法治，特别是新中国成立以来的法治建设，把握政治发展的科学理论和中国道路是一个重要的认识论和方法论基础，是提升我们对于社会主义法治国家的认识水平，是全面落实依法治国基本放方略的立足点和突破口。

二

新中国的社会主义法治建设问题是中国特色社会主义政治发展中的重大理论问题和实践问题。能否正确地认识这个问题并且切实加强法治文明的建设，事关社会主义优越性的发挥和社会主义的前途命运。对于新中国的社会主义建设而言，法治是一个历久常新的问题。之所以"说它是一个老问题，因为这个问题，马克思列宁主义经典作家都有过明确的阐述，党中央结合我国的实际情况也都有明确的指示。但它又是一个新问题，因为在'四人帮'横行时期，严重地破坏了社会主义法制"[1]，而且随着改革开放逐渐深入，出现了一些新问题、新关系、新观念，需要法治建设与时俱进、持续发展。回顾新中国的法治建设，有几个基本问题需要我们密切关注和认真思考。

第一，如何认识新中国法治建设探索和发展的一贯性和阶段性。新中国的法治建设是中国探索法治文明进程中的有机组成部分，我们需要批判地审视传统中国社会的法文化和近代中国的法治探索，但是

---

① 《王惠岩文集》(第2卷)，北京：中国大百科全书出版社、党建读物出版社，2007年版，第224页。

新中国的法治建设不能割裂与它们的历史联系。新中国成立后，中国共产党领导中国人民成功地开辟了中国特色社会主义道路，并适应经济建设、政治建设、文化建设、社会建设不断发展的客观要求，坚持党的领导、人民当家作主和依法治国有机统一，坚持以人为本，弘扬法治精神，树立民主法治、自由平等、公平正义理念，建立和完善中国特色社会主义法律体系，全面实施依法行政，深化司法体制改革，完善权力制约和监督机制，保障公民的合法权益，维护社会和谐稳定，不断推进各项工作法治化。我们认为，62年来，探索、推动中国特色社会主义法治建设的核心主题始终没变，即运用马克思主义基本原理，结合中国的国情，探索和解决什么是社会主义法治，如何建设社会主义法治国家的问题。这一思想主题的一贯性决定了新中国法治建设的一贯性，决定了新中国的法治建设必定始终指向“什么是社会主义法治、如何建设社会主义法治国家”的主题，这是由中国特色社会主义政治发展道路的性质和特征决定的。当然，历史主题的一贯性并不意味着新中国法治建设的线性发展。事实上，新中国的法治建设是在一个目标和一个主题的指引下，通过不同阶段的探索和建设，逐渐实现法治建设的科学认知，不断趋向社会主义法治文明。从法治进步的意义上，新中国的法治建设大致可以分为四个阶段：第一个阶段是废除国民党反动法统，批判旧中国的旧法制，创立社会主义新法制的新秩序、新理念，形成并建设人民民主法制。在这一时期，国家革故鼎新，完成了社会主义改造，摒弃了剥削阶级的旧法制思想，制定了中华人民共和国的根本大法，依法创立了国家的政权制度和政府运行的法律制度，完成了司法改造运动，初步建立起新中国的法学教育、研究体系，等等。第二个阶段是拨乱反正，确立实践是检验真理的唯一标准，树立法律权威是中国社会主义现代化建设的根本原则和实践目标。在这一时期，国家法治建设百废待兴，尤其是法律体系、法律制度和法律认同亟待提升。为此，完成了现行宪法的修改，恢复了国家政治运行的法制化，加速建设社会主义法律体系，推行了“经济建设和法制建设两手抓”，克服了国内外反动势力的破坏，坚定了走有中国特色社会主义政治发展道路、不断加强社会主义法制建设的决定和实践力度，建立健全了司法机构、行政执法机构和法律服务机构，重建完善了法学、政治学等法治教育体系，等等。第三个阶段是形成依法治国基本方略的准备阶段，国家确立了依法治国基本方略，努力建设社会主义法治国家；加强立法工作，社会主义法律体系初步形成；全面推进依法行政，依法行政成为依法治国的主要环节；积极运用法治方式实现国家统一和维护国家主权，妥善处理国际经济政治关系[①]；等等。第四个阶段是全面实施依法治国基本方略，加快建设社会主义法治国家，科学规划法治建设新格局，实现法治建设新发展，确立了党依法执政的基本方式，形成有中国特色的社会主义法律体系，不断深化全民普法，认真培育社会主义法治理念，有效地实现了依法治国、依法执政、依法行政三位一体推进，司法体制改革和司法公正建设日新月异，良好的法治环境不断生成，等等。当然，我们的法治建设也经历了徘徊和低潮时期，甚至产生某些严重挫折。但是，这些问题并不能掩盖新中国法治建设的伟大成就，也为我们当前和以后的法治国家发展提供了宝贵的经验教训。进步的阶段和挫折的时期都应该是新中国社会主义法治建设的组成部分，是其发展状况的时代反映，是依法治国基本方略形成和完善的客观体现。因此，社会主义法治建设的一贯性和阶段性非但并不矛盾，而且是彼此密切联系，有机统一的综合体。

第二，如何理解新中国法治建设的基本特点。62年来，新中国的法治建设既经历坎坷和曲折，更取得了辉煌与成就。不论是艰苦探索时期，还是蓬勃发展阶段，新中国的法治建设具有一些基本共性和内在特点。其一，阶级性。马克思在《贫困的哲学》中指出："当文明一开始的时候，生产就开始建立在级别、等级和阶级的对抗上，最后建立在积累的劳动和直接的劳动的对抗上，没有对抗就没有进步，这是文明直到今天所遵循的规律。"[②]正因为法治具有阶级属性，因此任何

① 参见曹康泰：《新中国60年法治建设的探索与发展》，求是，2009年第14期。

② 《马克思恩格斯全集》（第4卷），北京：人民出版社，1958年版，第104页。

复杂的法治形态都可以通过阶级分析的方法予以剖析和说明。如果抹煞了法治建设的阶级性，那么就等于舍弃了法治文明本身，也就意味着将无法科学地认识和说明法治国家。新中国的法治建设是社会主义类型的法治建设，是经过无产阶级革命和建设而建立起来的社会主义法治文明，是现代法治的先进形态。新中国的法治建设是中国人民在中国共产党的领导下，在人民群众享有不同形式的生产资料所有权和支配权的基础上，通过法律制度、法律规范和法律机制来享有管理国家和社会事务的治理形式，是以党的领导、人民当家作主和依法治国三者有机统一为核心的社会主义法治文明。法律在社会主义法治建设中不再是阶级统治和压迫的暴力压迫和意识形态压迫的工具，而是人民自主管理国家的有效途径；法治和法治理念的阶级基础是工人阶级，这就保证了其本质的先进性和利益代表的最广泛性。离开这一基础属性，新中国法治建设的一切成果将不复存在。其二，复杂性。法治不是一种独立的政治治理模式，也不是一种孤立的法律制度结构，更不是现代政治文明的唯一载体。它的存在既离不开政治发展和其自身发展的历史，也无法脱离特定时代的社会背景和经济、政治、文化结构，因此它的建设发展是各种客观要素、历史传统和先进经验的综合体，是复杂的社会政治现象。对此，西方纯粹法学派的代表人凯尔森也不得不承认："法是人的行为的一种秩序。一种'秩序'是许多规则的一个体系。法并不意味着像有时所说的一个规则，它是具有那种我们理解为体系的统一性的一系列规则。如果我们将注意力局限于个别的孤立的规则，那就不可能了解法的性质。将法律秩序的各个特殊规则联结起来的那些关系，对法律的性质来说，也是必不可少的。只有在明确理解构成法律秩序的那些关系的基础上，才能充分了解法的性质。"[①]新中国的法治建设始终紧紧依靠中国发展的基本国情和基本矛盾，根据社会主义社会生产的发展需要而不断改革提升法治建设的结

① 凯尔森:《法与国家的一般理论》，沈宗灵译，北京：中国大百科全书出版社，1996年版，第3页。

构和水平。在战略上，新中国的法治建设实现了党的领导、人民当家作主和依法治国有机统一；在结构上，新中国的法治建设构筑了依法治国、依法执政和依法行政的有机统一；在内容上，新中国的法治建设包含了法治理念、法律体系、法治政府、司法体制和人权保护等多维内容；在发展上，新中国的法治建设融入了社会主义经济建设、政治建设、文化建设和社会建设四位一体的发展布局中；在前景上，新中国的法治建设成为了科学发展观指引下的文明、开放和进步的政治文明载体。这些得益于法治建设体系的复杂性，更得益于复杂体系内目标、结构、动力和方法各要素的有序排列、互动发展。因此，社会主义法治建设的复杂性既是多元性的体现，又是一体化的表征，更是层次性和进步性的指代。其三，民族性。西方历史法学学派的代表人物萨维尼曾经指出："对于法律来说，一如语言，并无决然断裂的时刻；如同民族之存在和性格中的其他一般性取向一般，法律亦同样受制于此运动与发展。此种发展，如同其最为初始的情形，循随同一内在必然性规律。法律随着民族的成长而成长，随着民族的壮大而壮大，最后，随着民族对于其民族性的丧失而消亡。……民族的共同意识乃是法律的特定居所；……只有通过历史，才能与民族的初始状态保持生动的联系，而丧失了这种联系，也就丧失了每一民族的精神生活最为宝贵的部分……。"[①]而对于社会主义社会而言，列宁也肯定"一切民族都将走到社会主义，这是不可避免的，但是一切民族的走法却不完全一样，在民主的这种或那种形式上，在无产阶级专政的这种或那种类型上，在社会生活各方面的社会主义改造的速度上，每个民族都会有自己的特点。"[②]显然，作为社会主义和法治文明的交汇和载体，社会主义法治建设也具有明显的民族性。新中国法治建设的历史证明，任何抛弃本国国情，盲目照抄照搬他国法治模式的尝试，必然会陷入

---

① 萨维尼：《论立法与法学的当代使命》，许章润译，北京：中国法制出版社，2000年版，第8、86页。

② 《列宁全集》（第28卷），北京：人民出版社，1990年版，第163页。

法治思想和制度选择的混乱，阻碍中国的法治进步，甚至在世界法治文化之林中失去自立之地。现时代，强调新中国法治建设的民族性，就是要突出我国法治建设的中国实际，即“要坚持从我国国情出发，总结自己的实践经验，同时借鉴人类政治文明的有益成果，绝不照搬西方政治制度的模式。”[①]只有把握清楚了中国法治的本土资源、自身特色和自我定位，才能够全面落实依法治国基本方略，进而加快建设社会主义法治国家。其四，动态性。不同社会形态和同一社会形态的不同发展阶段，法治建设都与一定的社会经济、文化发展阶段相联系，以一定的经济、政治、文化和社会发展状况为基础。这意味着，不同社会结构因素的发展变化，必然导致法治建设发生变化。对于法治建设而言，这种动态变化既体现为法治建设按量递增，而且也可能表现为法治要素的结构性调整甚至缩减。新中国的法治建设十分明显地体现为动态性特征。在其发展历史中，既有高速发展时期，也有低潮挫折时期；既有制度确立和增长时期，也有制度修正和调整情况；既有不同建设要素的突飞猛进，也有各个发展要素的协调并进；既有法制探索的量变递增带来的理念、制度和行为的变化，又有依法治国基本方略的引发的法律体系、依法行政、司法体制改革的量变发展。总之，新中国的法治建设是在摸索和思考中不断推进的，始终处于同社会主义政治文明和社会主义现代化建设的动态协调发展的良性探索之中。

第三，如何看待法治建设过程的“两个主要阶段”。新中国已经成立62年了，在时间发展的意识中，人们自然而然地会将新中国发展的前后两个主要阶段进行比较。这种比较是经验和规律总结的需要，是新的建设和发展需要的重要对比参数。从中国特色社会主义事业的高度来观察和思考的，正确地认识前后两个主要阶段的关系问题需要把握住三个基本点，即新中国62年，不是两个主要阶段的简单相加，而是从一个平台到另一个新平台的历史的发展过程；不能用后一个阶段否定前一个阶段：实现从新民主主义到社会主义的历史性转变，为

① 《江泽民文选》(第3卷)，北京：人民出版社，2006年版，第553—554页。

改革开放和现代化建设提供了重要的政治前提和制度基础；不能用前一个阶段否定后一个阶段：改革开放开辟中国特色社会主义道路，使中国人民、社会主义中国、中国共产党的面貌焕然一新。[①]对于新中国的法治而言，这意味着我们必须坚持依法治国基本方略不动摇，坚持建设社会主义法治国家不动摇。而坚持“两个不动摇”就需要我们将新中国的法治建设看做是一个完整的法治发展的历史过程，是在法治探索的螺旋式发展结构中逐渐进步并最终实现依法治国基本方略的历史过程，是在依法治国基本方略的指引下不断深化各项法治建设内容，加快建设社会主义法治国家的过程。坚持“两个不动摇”就要求我们不能用改革开放以来的法治建设成就否定新中国成立之初30年的法制成就，应该客观地认识到没有人民民主法制的建设就没有社会主义法治国家，没有社会主义法律思想的树立就没有依法治国基本方略的正确选择，没有社会主义法律制度的伟大创建就没有社会主义法治文明的当代成果，没有法制建设的徘徊与踯躅，就没有坚持建设社会主义法治国家的坚强决心。坚持“两个不动摇”同样要求我们不能用建国之初法治建设的特点掩盖改革开放以来法治建设的新变化与新创建，必须认识到改革开放以来的法治建设是奠定“依法治国基本方略”的现实基础，是党和国家在总结前30年法制建设的成就、规律和经验的基础上逐渐形成的社会主义法治建设的先进观念、有效制度和有效机制的综合体，是社会主义法治文明的时代代表，是世界法治文明的最新成就。客观而科学地看待前后两个主要阶段的发展，需要我们更加注意法治建设的群众基础，即从人民群众的根本利益尤其是弱势群体的法律保障入手，更新和完善法治理念的公平感；需要我们更加注意法治建设的制度完善，即利用法律制度的规范性和强制性与人治遗毒、官僚主义和腐败现象进行更加坚决的斗争。需要我们更加注重中国法治建设的国际化，即自信而广泛地与世界各国进行法治建设的经

① 参见中央党校中国特色社会主义理论体系研究中心：《怎样看待新中国两个30年》，求是，2009年第14期。

验交流和理论探讨，将社会主义法治的先进理念、制度优势和群众认同介绍给全世界，既批判西方法治的普世主义，又维护社会主义法治建设的发展环境。前后两个30年的变化，恰恰说明了新中国的法治建设是承前启后、不断进步的文明化过程，它们共同构成了我国未来法治建设中最应依赖的法治模式、法治文化和法治传统。

第四，正确的认识和处理社会主义法治建设、社会主义政治建设与中国特色社会主义政治发展道路的关系问题。新中国法治建设表明：社会主义法治建设、社会主义政治建设与中国特色社会主义政治发展道路之间存在着不可分割的内在联系。1.. 社会主义政治建设是核心。党的十七大明确提出，"要按照中国特色社会主义事业总体布局，全面推进经济建设、政治建设、文化建设、社会建设，促进现代化建设各个环节、各个方面相协调，促进生产关系与生产力、上层建筑与经济基础相协调。"[①]社会主义政治建设是这一总体布局的一部分，社会主义政治建设的核心是社会主义民主政治，而目标是建设社会主义政治文明。党和国家领导人一再强调民主政治在国家建设发展中的根本地位，明确指出"人民民主是社会主义的生命。发展社会主义民主政治是我们党始终不渝的奋斗目标"[②]；而社会主义政治文明是党的领导、人民当家作主和依法治国的有机统一的优良状态，是积极稳妥地推进政治体制改革，发展中国特色民主政治，巩固民主团结、生动活泼、安定和谐的政治局面的必然结果，"建设社会主义政治文明，是社会主义现代化建设的重要目标。"[③]始终坚持社会主义政治建设的正确方向，塑造社会主义政治建设的合格主体，完善社会主义政治建设的体系内容，推进社会主义政治建设的发展进程，发现社会主义政治建设的新生动力，运用社会主义政治建设的合理机制，是实现上述"一个

① 胡锦涛：《高举中国特色社会主义伟大旗帜，为夺取全面建设小康社会新胜利而奋斗》，北京：人民出版社，2007年版，第15—16页。

② 胡锦涛：《高举中国特色社会主义伟大旗帜，为夺取全面建设小康社会新胜利而奋斗》，北京：人民出版社，2007年版，第28页。

③ 《江泽民5·31重要讲话学习读本》，北京：中共中央党校出版社，2002年版，第5页。

奋斗目标”和“一个重要目标”的必然选择。2. 中国特色社会主义政治发展道路是社会主义政治建设必然选择。社会主义政治建设不是静态的。其根本目标是建设社会主义政治文明和发展社会主义民主政治，坚持和完善社会主义民主制度，扩大人民民主和基层民主建设，改革和完善党的领导和执政方式，改革和完善决策机制，深化管理体制改革、推进司法体制改革，深化干部人事制度改革，加强对权力的制约与监督，维护社会政治稳定与和谐，等等，这些都是中国特色社会主义政治发展道路形成过程中探求、实践和实现的具体内容。中国特色社会主义政治发展道路是中国特色社会主义道路的有机组成部分，是在党的坚强领导下，坚持正确的政治方向，立足我国政治建设和民主发展的基本情况，围绕上述核心建设任务，逐步探索、勇于开拓、整合经验、不断推进的科学的实践总结。其之所以是完全正确且能够领导中国民主政治建设发展进步，关键就在于我们既坚持社会主义政治建设的阶级本质和根本政治制度，又根据我国政治生活的实际和时代特征赋予其鲜明的中国特色。因此，建设社会主义民主政治、发展社会主义政治文明，就是要不断完善和发展中国特色社会主义政治发展道路。3. 社会主义法治建设是社会主义政治建设和中国特色社会主义政治发展道路的建设内容和发展目标，发展社会主义政治文明必须要有社会主义法治建设的保障。社会主义法治建设是社会主义政治生活的一种治理模式，准确地说，是社会主义政治文明表现出来的先进的现代治理模式。社会主义法治建设追求社会主义法治文明，而社会主义法治文明既是社会主义政治文明的一种具体表现形式，而且也是社会主义政治建设制度化、法律化和规范化的追求目标。社会主义法治建设的方式方法反映了社会主义民主政治建设对程序化、稳定化和普遍性的内在需要。这一切都说明了一个问题，即社会主义法治建设是社会主义政治建设的具体建设内容。同时，发展社会主义政治建设，不但能够形成社会主义法治文明，而且能够影响社会主义政治文明的建设成效。简言之，依法治国是社会进步、社会文明的一个重要标志，是我们建设社会主义现代化国家的必然要求。这就意味着社会主义法治主体的理性化是社会主义政治主体文明的现实趋向，社会主义法治理念是社会主义政治意识文明的直接体现，社会主义法律制度的健全性是社会主义制度文明的具体形式，社会主义法律机制的系统化是社会主义政治行为文明的有效载体，社会主义法治环境是社会主义政治关系文明的社会条件。除此以外，法治建设的上述内容不但具有抽象的文明化形态，而且能够在现实中保障社会主义政治建设的平稳运行，例如，法治精神可以塑造公民意识，法律制度可以完善社会制度，守法公民可以增强政治稳定，法治行为则可以实现政治互谅和公平博弈，等等；这一切也都是社会主义政治建设意图实现的内容，是社会主义政治文明建设的具体目标。

三

既然法治是现代政治文明的标志，那么任何政治建设都必须实现政治的法治化。实现政治的法治化，就是要真正根据法治精神和法治原则，构筑建立在尊重人的人格、尊严、自由、进取精神和合理要求基础上的法律体系，明确定位各社会主体的法律地位和作用，规定各种社会关系，规范各种社会行为，保证各种国家制度合理有序运行，不断强化社会主体的法律意识，形成良好的法治环境。

站在新中国历史发展的新起点，我们必须认识到法治建设处于举足轻重的地位，它是中国人民经过62年的艰辛探索而发现的一条正确的政治治理模式和制度发展道路，是社会主义政治文明实践基础和发展动力，是中国特色社会主义理论体系的理论组成部分，是社会主义新风尚、新道德和公民意识进步的最佳载体。正因为如此，更应该必须把法治放在全局性、战略性地位，把法治作为深入贯彻落实科学发展观的基本方式，把法治作为发展社会主义民主政治的根本保障。把法治作为构建社会主义和谐社会的牢固基石。[①]历史在发展，时代在前进。经过新中国成立62年来特别是改革开放33年来的探索，法治建

① 袁曙宏:《在新的历史起点谋划和推进法治建设》，人民日报,2008年12月17日，第7版。

设已经深深地融入我国政治发展的整体建构中，成为推动中国特色社会主义政治发展不可或缺的力量。面对未来，坚定不移地发展中国特色社会主义法治建设，有利于我们坚持走中国特色社会主义政治发展道路，有利于我们充分认识我国社会主义初级阶段的基本国情，有利于我们深刻认识社会主义政治发展的时代性、长期性、艰巨性和复杂性，有利于维护党的领导及其执政方式的转变，有利于塑造公民的法治精神和理性思维，有利于我们更加健康和持续地发展社会主义市场经济，有利于贯彻落实科学发展观。简而言之，法治建设是抓手，是实践点，是动力来源。法治建设得愈全面，法治文明就越成熟；而法治文明愈成熟，政治文明便越能够体现社会主义政治建设的优越性；社会主义政治建设进程愈快，人民民主建设就愈加完善，党的领导、人民当家作主和依法治国的有机统一就越具有现实性。

当前，全面实施依法治国基本方略，加快建设社会主义法治国家的任务十分艰巨。这就要求我们必须继续巩固中国特色社会主义法律体系，认真总结和推广形成这一体系过程中的宝贵经验，进一步落实和加快推进依法行政建设，按照人民法院《司法体制改革第三个五年规划》的要求认真落实具体的司法体制改革内容，健全司法制度、保障司法权威、实现司法公正，不断落实、贯彻和发展国家尊重和保障人权的宪法原则；在此基础上，通过法治建设的各种形式，增强公民正确的法治意识、形成公民严格的守法观念、培育公民坚定地法治精神、塑造公民普遍的法治认同，实现法治建设从政府推进向社会演进的历史转变进而实现国家、社会协调一致共促法治文明的良好局面。

正如《中国的法治建设》白皮书宣告的，中国人民正在全面落实依法治国基本方略，加快建设社会主义法治国家。这是一场由中国共产党领导的、13亿中国人民共同参与的、史无前例的伟大社会实践。有着悠久历史和灿烂文明的中华民族，正在民主与法治的道路上阔步前进，努力开创人类政治文明发展的新境界。我们相信，社会主义法治建设的道路必将越走越宽，建设社会主义法治国家的步伐一定越走越快，发展社会主义法治文明的信念必定更加坚定！

本书的作者亓光同志是我的学生，他是一个乐观的、善于思考和勇于尝试的年轻人。对于一个青年人而言，系统地思考和论述62年的法治建设是一个很大的挑战。在本书中，作者较为全面地回顾了我国法治建设和政治发展的时代历程，从法治理念、党的执政水平、法律体系建设、人权事业发展、司法制度公正和法治政府形成等6个方面概括总结了新中国成立以来我国法治建设的具体成就和科学的经验，并在此基础上进行了一些思考。当然，书中的某些论述还不够精当、提法有待推敲，语言仍需精练。

是为序。

第一章

新中国法治建设的历史进程

本章将全面回顾新中国成立以来法律变迁和法治建设的历史发展过程。回顾这段历史，不仅是一种历史素材的展现，更是一种历史反思的叙述。众所周知，看待历史的视角不同，得出的结论也就难免会出现分歧，正如柯林伍德所言："历史是什么，它是关于什么的，它如何进行，又是为了什么，这些问题从某种程度上来说，不同的人会以不同的方式来回答。"[①]诚然，不论是从理论发展角度，还是从制度变迁视角，新中国的法治建设都是一个一贯的过程，是一个确立法治理念、塑造法治精神、构建法治结构的统一过程。本章分为三节，分别叙述法治建设的初建与探索时期、法治建设的重塑与形成时期和法治建设的发展与完善时期等三大阶段，并且按照历史的线索，结合各个时期法治建设的特殊背景、不同路径和具体实践，尽可能客观真实地描述中国特色社会主义法治理论和法治国家的形成和发展的全过程。

① R. G. 柯林伍德:《历史的观念》，尹锐、方红、任晓晋译，北京：光明日报出版社，2007年版，第7页。

第一节　法治建设的初建与探索时期（1949—1978年）

中国的法治建设，或言之法治探索经历了一个过程，旧中国缺乏法治文化的土壤的根源在于中国社会的经济模式和历史传统，在人治传统和自然经济的双重影响下，法治不但缺乏产生的必要条件，而且不具备发生发展的必要需求。事实上，“清末时期延续几千年之久的有治人无治法的封建人治被历史‘红灯’禁行。清末历史红灯亮后，近代中国被迫进行法制改革，仿行宪政、以图法治，然而改制的结果是，虽然完成了法律样式的转型，但法治未成正果”[①]，究其原因可以发现，近代中国法治建设更加偏重“移植”。此种“移植”更多地倾向于“形式法治”，即倾向于学习、仿制和引进西方的立法程序、法律体系结构和法律条文设计。在清末和民国时期，“形式法治”获得了一定的发展，正如有的学者所言，“我们立法上所采纳的，全套是西洋最新的法律制度。”[②]“形式法治”的繁荣并不能掩盖中国法治建设的建设短板和发展瓶颈：在法律制度方面，资产阶级的法律制度带有明显的阶级性，在现代法治[③]中并非先进的形态；在法律体系方面，西方大陆法系和英美法系的单向输入，不但二者彼此之间存在相互掣肘，而且与中华法系的立法体系存在较大差距；而在法治理念方面，西方的法文化、法精神缺乏中国文化土壤的培育基础；等等。显然，形式法治的产生

① 李交发等:《法治建设论纲》(上)，湘潭大学学报(哲学社会科学学报),1997年第5期，第100页。

② 陈添辉:《民初至一九四九年之法制变化——以民法之制度及施行为例》，转引自王新清、赵旭光:《我国法治建设的路径选择》，中国青年政治学院学报,2008年第6期，第75页。

③ 所谓现代法治，指的是符合现代法治理念的先进法治体系。现代法治理念是一个多元文明的产物，是不同地区、文化交锋下的法治化的表述；而现代法治是在诸多现代法治理念中最具有实践性、普遍性和先进的“构建体系”。我们认为，现代法治的主要形态包括资本主义法治和社会主义法治。

非但不能等同于中国法治建设，而且也不能代表中国法治建设尤其新中国法治建设的前进方向。

历史证明，社会主义法治国家是新中国法治建设和政治发展的根本目标和正确方向。新中国的法治建设是伴随着社会主义革命和建设过程发展起来的。必须看到，“中国共产党在中华人民共和国成立以后的历史，总的说来，是我们党在马克思列宁主义、毛泽东思想指导下，领导全国各族人民进行社会主义革命和社会主义建设并取得巨大成就的历史。社会主义制度的建立，是我国历史上最深刻最伟大的社会变革，是我国今后一切进步和发展的基础”。[①]党的十七大也明确指出，包括法治建设成就在内一切中国特色社会主义建设成就，都“是在以毛泽东同志为核心的党的第一代中央领导集体创立毛泽东思想，带领全党全国各族人民建立新中国、取得社会主义革命和建设伟大成就以及艰辛探索社会主义建设规律取得宝贵经验的基础上进行的。新民主主义革命的胜利、社会主义基本制度的建立，为当代中国一切发展进步奠定了根本政治前提和制度基础”。[②]回顾新中国法治建设，必须铭记这段历史的初创阶段和摸索时期，客观地展示和记述中国法治建设的历史性变化。

有些同志提出，在这个近30年的时间里，中国的法治建设处于停滞阶段，法制构建的成效甚小，而法治观念的确立也屡屡受挫。因此，他们认为这一阶段并非建设社会主义法治国家的应计之阶段。这种观点的确具有一定的历史依据和理论合理性，也广受认同。但是，是否仅仅因为“法治”作为一种标志性的政治产物的缺失而否定这一阶段所有的法制建设的努力呢？退言之，即便是法制遭到严重破坏的十年动乱，是否也能为我们今日之法治建设提供些许“反面”经验呢？法治建设不仅仅是一种制度进步，更是一种制度选择，而制度选择就需

① 《中国共产党中央委员会关于建国以来党的若干历史问题的决议》，北京：人民出版社，1981年版，第7页。

② 胡锦涛：《高举中国特色社会主义伟大旗帜，为夺取全面建设小康社会新胜利而奋斗》，北京：人民出版社，2007年版，第7页。

要试错的过程；法治建设不仅仅是一种政治架构，更是一种政治进步，而政治进步必然是螺旋式进步的过程；法治建设不仅仅是一种体制建设，更是一种观念建设，而观念建设存在反思和建构的双重路径。中国的法治建设不是“被证明的缺失”，而是制度选择、历史文化和社会条件的“综合缺失”，这种缺失不可能在瞬间或者很短的时间内被克服、超越或者新建一种“先进文明”。正因为如此，中国法治建设不是“从一个成功走向另一个成功”，而是在艰苦的探索中，在不断扬弃自我的过程中，发现法治、探索法治、建设法治进而完善法治。一言以蔽之，今日之“依法治国”，是在肯定“人民民主法制”和批判昔日“法制空场”的基础上，形成的一种进步的“政治合题”。据此，我们认为，法治建设的初建与探索时期可以大致分为两个基本阶段，即人民民主法制的初建阶段和社会主义法制的徘徊阶段。

一、人民民主法制的初建阶段（1949—1956年）

准确地讲，人民民主法制的初建并非是在新中国成立后才开始的。在新中国成立之前，随着资产阶级革命和“新文化运动”的展开，法律思维成为一种现代化的标志，许多旧中国的有识之士和知识分子纷纷主张“变法”、“立宪”、“师夷长技以制夷”。在此影响下，一些从西方留学归来或者主张积极学习西方政治制度的政治家和学者形成了一个相对集中、知识水平较高的“法律精英群体”，试图通过顶层革命和健全法系而改革政制。客观地看，这一时期中国已经开始出现了法治萌芽，至少人们开始认识到代替“人治”的封建专制主义的武器是建构“法治国”。只不过，在这里“中国法律近代化，就其内容而言，是通过法律移植，摒弃传统的法律理论和法律体系，而吸收西方法律原则，仿效西方法律制度，进而建立一个以西方近代法律学说为内核，以西方近代化法律制度为框架的法律体系”。[①]但是历史已经

① 张德美：《探索与抉择——晚清法律移植研究》，北京：清华大学出版社，2003年版，第8页。

证明，不论沿袭西方的大陆法系还是英美法系，抑或制定了所谓“法律理念先进”的“六法全书”，旧中国的法制建设是不成功的，“法律的完备”并没带来“法制的进步”，也就无所谓法治的产生。正如有的学者指出的：“这种法律移植是全盘照搬式的法律移植，在这个移植过程中，没有经过实验，没有选择和取舍，没有考虑中国社会对它是否适应，只是一味地照抄照搬。”①

与此同时，中国共产党人清醒地认识到旧中国法治之落后，并不在于法典之缺失，而在于旧中国法典之本质不具备承载中国法治启蒙之重任。早在1939年，毛泽东同志会见美国记者埃德加·斯诺时，便直言不讳地指出：“中国不是一个有宪法可循的、民主的、团结的国家，而且缺乏法治。”因此，在新民主主义革命胜利之时，中国共产党人就业已意识到中国需要一部科学、先进、有效而可行的宪法，需要法制。作为党的第一代领导集体的核心和领袖，毛泽东同志在《新民主主义的宪政》一文中明确地提出了中国需要走宪政之路，他高瞻远瞩地指出实现民主事实，就必须制定一部国家的根本大法，即“民主宪法”。正因为如此，在新中国即将成立之时，谢觉哉就提醒新中国的法律工作者要将法治建设和政治发展联系起来，从国家政权的高度认识法律工作、法制建设，由此便道明了人民民主法制建设的根本属性和基本指向，他指出：

“我们知道，要正确了解国家的概念，才能正确了解法律的概念。国家是一个阶级压迫另一个阶级的工具。法律是行使国家权力的一个工具。哪个阶级当权，就由哪个阶级体现本阶级利益的一套法律。我们建立人民民主专政的国家。就得有我们的一套新的法律。

……应该看到，社会已经大变。由于掌握政权的阶级变了，而引起了社会各方面发生根本的变化。因而，我们的法律观，也必然要随之改变。在打碎旧的国家机器的同时，要废除旧法律以及司法制度，

---

① 王新清、赵旭光：《我国法治建设的路径选择》，中国青年政治学院学报，2008年第6期，第75页。

建立崭新的有利于加强和巩固人民民主专政的法律和司法制度。我们不要落后于时代。眼睛要向前看，要面对现实。”①

对于建国初期（1949—1956）这一段的法制建设，党的八大对其进行了阐释，其明确指出这个时期法制建设的目的在于“为了巩固我们的人民民主专政，为了保卫社会主义建设的秩序和保障人民的民主权利，为了惩治反革命分子和其他犯罪分子，我们目前在国家工作中的迫切任务之一，是着手系统地制定比较完备的法律，健全我们国家的法制。”②而之所以要实现人民民主法制，是因为新中国社会主义建设整体规划的需要，是斗争在新时期转变处理方式的需要，是公民权利诉求的需要，一言以蔽之是“社会主义法治建设萌发”的需要。由此可见，新中国的法治建设是在“新法制”取代“旧法制”的过程中开启自己的探索之路，它主要包含了三个方面的内容，即法律思想的批判升华、立法体系的革新重建以及司法等相关法律制度的初步建设。

首先，人民民主法制的初创依赖于法律思想的批判升华。新中国成立伊始，法制与法治之间是否存在区别是一个被忽视的论题。从观念史的角度分析，法治抑或法制不是一种决然分离的思想，它是一种扩大了的“合理政制论题”，其不仅包括法律思想和法律制度，而且包括与这些制度和思想相关的政治、经济、科学、社会等多个领域的思想与思维模式。在某种意义上，法治区别于法制不是概念符号本身的区别，而是一种制度发展为文化之后所必然要求的表达方式的提升，换言之，是精确化表述的需要。新中国成立之时，国家经济、政治、社会、民族等事务百废待兴，许多旧制度亟待祛除，提出人民民主法制在思想上的批判升华是相对于那种固有的、陈腐的且带有旧社会落后的统治阶级意蕴的“法律思想”而言的。从新中国法治建设的全局来看，这个时期的“新法制”思想无疑是“法治观念”在中国的重生，是人民民主法制初创时期的核心要义。

① 《谢觉哉文集》，北京：人民出版社，1989年版，第642—643页。

② 《刘少奇选集》（下卷），北京：人民出版社，2004年版，第253页。

建国前夕，毛泽东就曾经抨击过蒋介石集团妄图挟持所谓的“法统”的幻想，指出必须在思想上彻底废除“旧法统”的妄想，才能实现中国之新生，他指出：“‘神圣的宪法不由我而违反，民主宪政不因此而破坏，中华民国的国体能够确保，中华民国的法统不致中断’——确保中国反动阶级和反动政府的统治地位，确保这个阶级和这个政府的‘法统不致中断’。这个‘法统’是万万‘中断’不得的，倘若‘中断’了，那是很危险的，整个买办地主阶级将被消灭，国民党匪帮将告灭亡，一切大中小战争罪犯将被捉拿治罪。”[①]在中国共产党人看来，一切所谓的“先进法律体系”都不是所谓旧中国法统存续的借口，因为这些“先进性”本来就不存在。1949年2月，中共中央在《关于废除国民党六法全书与确定解放区的司法原则的指示》中明确指出：“法律是统治阶级公开以武装强制执行的所谓国家意识形态。法律和国家一样，只是保护一定统治阶级利益的工具。国民党的六法全书和一般资产阶级法律一样，以掩盖阶级本质的形式出现，但是实际上既然没有超阶级的国家，当然不能有超阶级的法律。六法全书和一般资产阶级法律一样，以所谓人人在法律面前一律平等的面貌出现，但是实际上在统治阶级与被统治阶级之间、剥削阶级与被剥削阶级之间、有产者与无产者之间、债权人与债务人之间，没有真正共同的利害，因而也不能有真正平等的法权。”[②]可见，以人民民主法制为核心的新法制取代的不是具体的旧法制体系下的法律文件或者立法精神，而是彻底、全面否定上述文件和精神背后的阶级本质和路径局限。对于社会主义的法治建设而言，那些隶属于资产阶级的法治观念和立法思想都可以被称之为“恶法”的“吹鼓手”，所谓“恶法胜于无法”，“这句话在马克思主义者看来，只有这样解释才有意义，即某一时期，人民感觉没有法律，便基于他们自己的意思与要求，制定出一种法律来，虽然

① 《毛泽东选集》(第4卷)，北京：人民出版社，1991年版，第1382页。

② 中国法学会：《毛泽东思想关于民主和法制的理论》，西安：陕西人民出版社，1991年版，第57—58页。

这种法律不是很完善的，但可以适用，决不是沿袭旧的法律。……若是一切因袭旧的，以为即使反动的法律总比没有法律好，那何必要革命呢？”[①]事实证明，人民民主法制构建的法律思想必须在彻底批判陈旧法律体系和思想的基础上才有可能实现自我突破。

那么，中国是否需要法制？究竟需要建设什么样的法制呢？这是在解构“旧法制”之后摆在新法制建设面前的一种重要使命。谢觉哉一针见血地指出：“我们不要资产阶级的法治，但我们却要我们的法治。”[②]对此，中国共产党人也进行了广泛而积极的思考，董必武就曾经指出法制对于社会主义国家的重要性，其认为“我们的法制体现了我们国家最大多数人的意志。法制有什么作用？没有它行不行？上面说过没有它是不行的。……人类从进行文明社会以后，说到文明，法制要算一项，虽不是唯一的一项，但也是主要的一项。简单地说，国家没有法制，就不能成为一个国家”。[③]由此，1950年的第一届全国司法工作会议更加明确地提出“确立新民主主义的法治观念与道德观念”。随着彻底批判旧法制思想的深入，人们日益认识到“法律是一种上层建筑，这种上层建筑的形成和发展，对摧毁旧基础、巩固新基础有巨大的作用。不知道运用法律这个武器，无形中就会削弱国家权力的作用”[④]；既然“法律不是什么人脑里产生出来的，更不是抄袭异国就可作用，而是统治者的实践，经过若干次证明其有益才成的……那么，人民的法律，就必由人民积累的分析着的实践，才能初见完成。……（而）马克思主义法律观的普遍真理，……，是我们建设法律的方针。”[⑤]在此基础上，人们自然而然地开始思考和讨论“何谓法制”，或言之“何谓人民民主法制”。在这一时期，关于这方面的讨论

---

① 《董必武选集》，北京：人民出版社，1985年版，第271—272页。

② 本句话出自谢觉哉在1949年1月司法训练班上的讲话稿，据程燎原考证，该句话最早的确是使用了“法治”这个词，而在后来正式刊印的文稿中却改成了“法制”。参见：程燎原：《从法制到法治》，北京：法律出版社，1999年版，第4页注释①。

③ 《董必武选集》，北京：人民出版社，1985年版，第451—452页。

④ 《董必武选集》，北京：人民出版社，1985年版，第350页。

⑤ 《谢觉哉文集》，北京：人民出版社，1989年版，第655—656页。

十分热烈，全社会的人民群众尤其是知识分子都积极地投身到这场讨论中，经过研究、讨论和学习，法制的内涵渐渐清晰起来，概括起来即可表述为“我们的人民民主法制，是工人阶级领导的人民群众通过国家机构表现出来的自己的意志，是我们国家实现人民民主专政的重要工具。”①

伴随着新法制思想和理念的产生、发展，许多人不但开始认识到了法制的重要性，而且能够清楚地区分新旧法制在本质上的根本差异。既然新法制具有先进性而且能够代表和维护无产阶级的根本利益，那么就需要千方百计地去创建、完善和发展新法制理念。这体现在两个重要方面：其一，关于“人治”和“法治”关系的讨论；其二，反思新中国初期法制建设工作的得失。从学理角度来看，前者更加侧重于法治的文化理解，而后者则倾向于法治的制度反思，两者相互联系、互相补充。在人治与法治的关系讨论方面。新中国成立之后，在政治运行和政治学研究两个层面体现出了共同进步的趋势，即在前者，党和国家的领导人开始认识并明确主张必须将人民民主和法制建设相结合，实现真正的法制；在后者，全国政治学者和法学研究者以极大的热情讨论分析我国人民民主法制的群众基础，批判封建的人治传统和资产阶级虚伪的人本论调，阐明了法治取代人治的现实路径和渐进完备的过程。对此，毛泽东曾经通俗易懂地告诫党的领导干部，他指出：“一定要守法，不要破坏革命的法制。法律是上层建筑。我们的法律，是劳动人民自己制定的。它是维护革命秩序，保护劳动人民利益，保护社会主义经济基础，保护生产力的。我们要求所有的人都遵守革命法制，并不是只要你民主人士守法。”②显然，只有党的领导干部去除了“一言堂”、“官本位”、“无法守司”的错误观念，中国的法制建设才会体现出自己应有的作用，法治理念才会得以彰显。历史证明，对于这个问题，其后的很长一段时间里党和国家的领导人缺乏正确的判

① 《董必武选集》，北京：人民出版社，1985年版，第406页。

② 《毛泽东选集》(第5卷)，北京：人民出版社，1977年版，第358—359页。

断，直接导致国家法制建设的举步维艰。不难发现，此时的人治与法治的分析基本上停留在守法、民主与法制的关系的层面上，而一些学理研究则从思想史的角度批判了中国古代传统政治中的人治流毒。这些论断都是为了说明人民民主法制如何超越旧法制，真正实现“人民的法律”。革除几千年的“人治”毒瘤并非一朝一夕之力，是一个渐进的过程，因此此时法制建设的核心就体现为“进一步改善国家的政治生活；进一步用法制来保障人民民主权利和正常的社会生活；就需要更加合法和及时地有效地进行肃清反革命残余和其它犯罪分子的斗争；就需要在国家国力工作上更有秩序，一方面逐步发展和建立分级责任制和民主管理的方法；另一方面要加强国家领导的监督和必要的集中统一，以便更有效地发挥群众的积极性和创造性”。①事实上，这也就是当时我国人民民主法制在去除旧法制思想，尤其是人治传统方面，做出的基本判断和主要策略。

其次，人民民主法制的初创彰显于立法体系的革新重建。毋庸置疑，新中国成立后的近十年时间是社会主义法治建设在法律体系创立和完善过程中的第一个“黄金时期”，它是这一时期新中国法治建设的集中体现。在人民民主法制初生探索之际，党和国家投入了极大的热情、精力和人员配备，在极短的时间基本完成了创设新中国法律体系的艰巨使命。

对于新中国的法治建设而言，法律体系的构建是一项紧迫的工作。既然国民党政权时期的法律已经不再适用，那么新中国就必须建立自己的社会主义法律体系。在具体实践中，其必然体现为立法工作的逐渐加强和全面铺开。建国前夕，董必武在分析新民民主主义的国家政权问题时，就曾经指出：“建立新的政权，自然要创建法律、法令、规章、制度。我们把旧的打碎了，一定要建立新的。否则就是无政府主义。如果没有法律、法令、规章、制度，那新的秩序怎样维持呢？因此新的建立后，就要求按照新的法律规章办事。这样新的法令、

① 陶希晋:《新中国法制建设》，天津：南开大学出版社，1988年版，第62页。

规章、制度，就要大家根据无产阶级和广大劳动人民的意志和利益来拟定。”[①]这表明，中国共产党人很早就已经开始重视立法工作。

对于人民民主法制时期的立法工作而言，必须有一个指导纲领和立法典范。这就需要一部能够表明新中国国家性质、政治本质和法律独特性的“宪法文本”。在现实中，这个重要的宪法文本正是1949年9月29日在全国政协第一次会议上通过的《中国人民政治协商会议共同纲领》(下文简称《共同纲领》)，在此后长达五年的时间里，《共同纲领》充分体现了临时宪法的地位，“建国初期的一切法制都是以它为基础”[②]。对此，毛泽东在订立《共同纲领》时就已清楚地指出：“我们的会议齐心一志，按照新民主主义的原则，制定了……中国人民政治协商会议共同纲领，……中国的历史，从此开辟了一个新的时代。”[③]正因为如此，我们才说“《共同纲领》的通过，又成为团结全国人民建设新民主主义中国的大宪章。……这说明，在中国人民革命胜利后，党和人民选择的通过人民共和国走上社会主义的道路，是完全正确。”[④]在这次会议上，同时还制定了《中国人民政治协商会议组织法》、《中国华人民共和国中央人民政府组织法》，这两部也是我国最早的国家政权机关的组织法，是新中国法律体系建设内宪法法律部门的最初组成部分。《共同纲领》对于我国的政权性质和诸多法律问题进行了较为详尽的规定，许多条文和立法精神体现在了日后的“五四宪法”和各项立法工作中。值得注意的是，《共同纲领》明确指出，“中华人民共和国废除束缚妇女的封建制度。妇女在政治的、经济的、文化教育的、社会的各方面，具有与男子平等的权利。实行男女婚姻自由”，“注意保护母亲、婴儿和儿童的健康”。之所以会在《共同纲领》中专门对一个部门法的具体立法事项进行规定具有复杂的历史和社会

① 《董必武选集》，北京：人民出版社，1985年版，第218页。

② 《董必武选集》，北京：人民出版社，1985年版，第407页

③ 《毛泽东选集》(第5卷)，北京：人民出版社，1977年版，第9页。

④ 薄一波：《若干重大决策与事件的回顾》(上卷)，北京：中共中央党校出版社，1991年版，第30页。

现实原因，简而言之，“严峻的社会现实和反封建任务”[①]决定了“临时宪法”必须“越位”立法。随后，新婚姻法的立法工作被首先放到议事日程中。经过严密的立法研究、调查，1950年4月13日中央人民政府通过了《中华人民共和国婚姻法》；同月16日《人民日报》配发社论《实行新民主主义的婚姻制度》；4月30日，中共中央发出通知，要求各级党委和全党同志认真研究婚姻法，保证正确执行婚姻法；同日，中央人民政府颁发命令决定《中华人民共和国婚姻法》于1950年5月1日起公布实行。至此，新婚姻法的立法工作告一段落，完全实现了新中国立法史上的首部实体法。新婚姻法的颁布实施标志着我国已经开始独立自主地进行立法工作，其从制定通过、贯彻学习到颁行实施的高效率和高质量也在新中国立法史上留下了浓墨重彩的一笔。在此之后，中央人民政府、最高人民法院以及政务院及其各部委在各自管辖范围之内针对全国性的具体法律事务进行了相应法规的制定，颁行了一些规章、决议、规定、通则及办法等。这些法规规章的制定在一定程度上弥补了中央政府委员会、最高人民法院等国家机关工作的合法性渊源，对于解决新中国成立初期复杂的经济、政治、社会问题，应对全局性和地区性战略发展及防止反革命分子的破坏起到了不可估量的法律震慑作用。

当然，这些工作的开展对于社会主义的人民民主法制的建构而言，是一种具体化和表征化的立法工作，而最为重要的立法工作则是制定中华人民共和国宪法（以下简称《五四宪法》）。董必武在评价这部宪法时认为：“一九五四年九月召开的我国第一届全国人民代表大会第一次会议，制定了中华人民共和国宪法。这部宪法是共同纲领的发展，

---

① 1949年以前，在我国社会占据统治地位的是野蛮落后的封建婚姻家庭制度，男女双方无论是婚姻缔结还是婚姻解除均无自由可言，“父母之命、媒妁之言”是基本的婚姻缔结形式，男尊女卑是基本的性别状态。女子既没有人身权，又没有财产权，只能依附于男子，“从一而终”、“三从四德”乃是基本妇道，而丈夫则有“休妻”之权和纳妾之权。……如果不从根本上对旧的封建婚姻家庭制度予以废除，势必严重影响公民的基本幸福与社会稳定以及全国人民参加社会主义革命和建设的积极性。参见李龙:《新中国法制建设的回顾与反思》，北京：中国社会科学出版社，2004年版，第298页。

是我们国家的根本法。它体现了我党在过渡时期的总路线的要求，明确地规定了实现社会主义改造和社会主义建设的方法和步骤。从此，走社会主义道路成为家喻户晓的行动指南。我国法治建设也由此进入了一个新的阶段。依据宪法，重新制定了一些有关国家机关和国家制度的各项重要法律、法令。"[①]《五四宪法》的颁行是新中国法治建设历史上具有划时代意义的重要立法[②]，"这部宪法以人民民主和社会主义两大原则为统领，规定了我国的国体、政体、国家机构、公民基本权利和义务等。此后，根据宪法制定了《全国人民代表大会组织法》、《国务院组织法》、《人民法院组织法》、《人民检察院组织法》和《地方各级人民代表大会和地方各级人民委员会组织法》等一批基本法律和重要法规。"[③]总体看来，这部宪法至少具有以下几个主要特点：首先，这部宪法是一部社会主义类型的宪法，是向社会主义社会转变过程当中具有根本意义的过渡型宪法；其次，这部宪法是依据我国反帝、反封建和反对官僚资本主义的胜利事实，以及人民当家作主和社会主义改造的现实而制定的宪法；再次，这部宪法不仅仅是一部国家宪法，而且也是对于类似中国这样的后发民族国家具有普遍借鉴意义的宪法，是一部民族性和国际性并存的社会主义宪法。事实上，之所以《五四宪法》具有异乎寻常的重要地位，获得了普遍的赞扬，就是因为"这个宪法（草案）正确地总结我国的历史经验。这个宪法（草案）是我

---

① 《董必武选集》，北京：人民出版社，1985年版，第408页。

② 《五四宪法》的立法过程是社会主义人民民主法制的典范。即便忽略1954年之前的立法准备活动，我们也能清晰地认识到党和国家对这部根本大法的重视程度。1954年3月23日，宪法起草委员会举行第一次会议，提出宪法草案并对其进行说明；1954年6月11日，中华人民共和国宪法起草委员会第七次全体会议通过了《中华人民共和国宪法草案》；1954年6月14日，《中华人民共和国宪法草案》公布，全国共有一亿五千万多人参加了为期两个多月的讨论；1954年6月21日和6月22日，《人民日报》分别配发社论：《为建设社会主义社会而奋斗的宪法》、《我国的宪法是属于社会主义类型的宪法》；1954年9月9日，中央人民政府委员会第34次会议通过了修正后的《中华人民共和国宪法草案》；1954年9月15日，全国人民代表大会第一次会议举行，全体代表一致通过《中华人民共和国宪法》，并决定当日正式公布施行。正因为如此，《五四宪法》当之无愧地是一部先进的、科学的和民主的宪法。

③ 张文显：《改革开放时期的中国法治建设》，社会科学战线，2008年第9期，第1—2页。

国人民利益和人民意志的产物，是我们国家发生了巨大变化的产物。人民称赞这个宪法（草案），还因为它正确地吸收了国家的经验，……我们的宪法（草案）不只是我国人民革命运动的产物，而且是国际社会主义运动的产物”。[①]历史已经证明，《五四宪法》“是全国各族人民长期共同奋斗获得了伟大胜利的一个成果，但是这并不是说，宪法颁布以后，宪法所规定的任何条文就都会自然而然地实现起来。……宪法一方面总结了我们过去的奋斗，另一方面给了我们目前的奋斗以根本的法律基础，它在我们国家生活的最重要的问题上，规定了什么样的事是合法的，或者是法定必须执行的，又规定了什么样的事是非法的，必须禁止的。在宪法颁布以后，违反宪法规定的现象并不会自行消灭，但是宪法给了我们一个有力的武器，使我们能够有效地为消灭这些现象而斗争。……我们只有经过艰苦的奋斗和顽强的工作，经过不断的努力的学习，克服横在我们面前的种种困难，才能达到我们的目的”。[②]

在《五四宪法》通过之后，围绕着新宪法的立法精神和原则，全国人大和中央人民政府开始着手制定各项基本法律，其中以刑法和民法的制定最为重要，立法工作的起步也较早。在通过《五四宪法》之后，全国人大第一次会议旋即根据宪法通过并公布了《关于中华人民共和国现行法律、法令继续有效的决议》，该决议规定：“所有从1949年10月1日中华人民共和国建立以来，由中央人民政府制定、批准的现行法律、法令，除开同宪法相抵触的意外，一律继续有效。”[③]之所以专门对此进行规定，是因为我国的刑事立法和民事立法虽然没有直接进行法典的立法编纂，但是却已经体现在建国初期不同时期和不同情况下的立法活动中。众所周知，新中国第一部刑法典是1979年的《中华人民共和国刑法》，而今适用的是1997年的新刑法；不过，在

① 《刘少奇选集》（下卷），北京：人民出版社，2004年版，第145页。

② 《关于中华人民共和国宪法草案的报告》，人民日报，1954年9月16日，第3版。

③ 第一届全国人民代表大会第一次会议：《关于中华人民共和国现行法律、法令继续有效的决议》，人民日报，1954年9月27日，第1版。

1949年—1956年之间我国的刑事立法根据当时具体情况的要求业已全面展开，其主要表现在不同的法律、法令之中。例如，在镇压反革命运动期间，中央人民政府和最高人民法院等颁行了许多关于惩治反革命活动的法规、条令，例如1950年最高人民法院下达的《关于镇压反革命活动的指示》，1951年中央人民政府颁布的《惩办反革命条例》；在土地改革过程中，通过明确农民权利和惩戒不法地主，率先在农业活动和乡村生活中应用了许多刑事立法的规定性条款，再如1950年中央人民政府颁行的《中华人民共和国土地改革法》就针对新中国的土地所有、土地（及其地上附着物）保护和农民权利维护等方面进行了法律规定，对于“侵犯上述权利者，应受法律制裁”①；而在反对贪污贿赂工作中，党和国家制定了一系列法规、法令以惩戒腐败分子和不法资本家，例如，1951年人民政协全国委员会制定的《关于增产节约运动与反贪污、反浪费、反官僚主义斗争的指示》，1952年政务院制定的《中央节约监察委员会关于处理贪污浪费及克服官僚主义错误的若干规定》，1952年政务院通过的《中华人民共和国惩治贪污条例》等。不容否认，这一时期新中国的刑事立法工作对于改变旧中国人治流弊和实现惩罚程序司法化具有极为深远的意义，“法律终于取代了历次政治运动中赤裸裸的暴力、批评与自我批评、说服斗争等革命时期的统治策略，成为解决政治问题的方式。”②为了配合刑事司法工作的合法展开，加强国家刑事诉讼的程序性和合法性，1956年全国人大成立了起草刑事诉讼法的工作班子，其目标是尽快制定出《中华人民共和国刑事诉讼法（草案）》。1956年党的八大充分重视了在反革命运动逐渐凸显了刑事法制问题，对于刑事司法的斗争及其策略进行了具体阐述，认为其中许多关于死刑和刑罚的设计至今仍旧具有先进性：

在今后，我们的公安机关、检察机关和法院仍然必须同反革命分

① 张希坡：《中华人民共和国刑法史》，北京：中国人民公安大学出版社，1996年版，第147页。

② 强世功：《法律移植、公共领域与合法性——国家转型中的法律（1840—1949）》，北大法律评论，第3卷第2辑，2001年版。

子和其他犯罪分子进行坚决的斗争。……这一斗争必须严格地遵守法制，并且应当经常根据目前的新情况，进一步实行宽大政策。党中央委员会认为，除极少数的罪犯由于罪大恶极，造成人民的公愤，不能不处死刑以外，对于其余一切罪犯都应当不处死刑，并且应当在他们服刑的期间给以完全人道主义的待遇。凡属需要处死刑的案件，应当一律归最高人民法院判决或者核准。这样，我们就可以逐步地达到完全废除死刑的目的，而这是有利于我们的社会主义建设的。[①]

建设社会主义法治国家，必须实现依法治国，而依法治国的实现则必须建立起完备的社会主义法律体系，这是依法治国的法制条件。对于新中国的人民民主法制建设而言，其意义与使命恰在于此。《五四宪法》的制定解决了新中国的国家性质和法制道路问题，刑事法律的逐步展开适应了新中国成立初期国家需要政治稳定和社会转型对强制措施方面的需要，除此以外，人民民主法制建设还进行了一些有益的探索和实践。在民事立法方面，党和国家在民政工作开展的过程中，逐渐形成了一些关于民事主体、民事权利以及民事活动方面的规定、保障和调整的法规、法令；并在此基础上初步意识到民事立法工作的必要性，1954年全国人大常务委员会法律室开始研究制定民法草案，这意味着新中国民法立法工作正式从幕后走向了台前。此外，新中国的成立直接影响到了中国作为一个主权国家在国际以及国家间活动的地位问题，这就必然决定了新中国需要尽快了解和加入一些国际组织和国际公约，这一时期该项工作主要以国际公约的承认为主，例如1952年7月13日，周恩来外长代表我国政府宣布承认《改善战地武装部队伤者病者境遇之公约》、《改善海上武装部队伤者病者及遇难者境遇之公约》、《关于战俘待遇之公约》、《关于战时保护平民之公约》以及《关于禁用毒气或类似毒品及细菌方法作战协定书》，等等。承认

① 《刘少奇选集》(下卷)，北京：人民出版社，2004年版，第254—255页。

这些国际公约[①]意味着国际法已经成为社会主义人民民主法制建设必不可少的一环。与此同时，军事立法工作以军事授勋、军事作战条例、军队建设以及军地关系为落脚点，填补了相关立法领域的空白，丰富了新中国的立法体系。这些立法工作之所以意义重大，并不在于相关立法在立法成熟度上先进性，而更多地在于其对于社会主义法制建设的开创性意义。

除此以外，新中国的法律体系先后陆续创设和完善了经济及社会发展相关法律法规和条例、国家及地方政府机构组织相关法规条例、国家监察制度相关法律法规、兵役相关法律法令、外交外事活动相关法律法规、人事制度相关法规条例，等等。与此同时，关于立法权限、法律解释等事关法律体系建构的基础性工作，全国人大也先后进行了相关说明和决议。例如，1955年6月23日，全国人民代表大会常务委员会第17次会议通过了关于解释法律问题的决议[②]；同年7月，第一届全国人民代表大会第二次会议在北京举行，大会决议通过了《中华人民共和国第一届全国人民代表大会第二次会议关于授权常务委员会制定单行法规的决议》，由此全国人大常委会开始有权制定法律法规，此举也为我国法律体系加快建构和立法体系的不断完善起到了推进器的作用。随着社会主义法律体系在内容上的不断丰富，法律、法规和相关条例的迅速发展，国务院法制局和中华人民共和国法律汇编编辑委员会编辑出版了《中华人民共和国法律汇编》，由法律出版社陆续出版至今。

当然，抛开时间分段上的割裂性不论，新中国初期的立法工作依旧比较稚嫩，法律体系的构建只不过刚刚起步。对于社会主义法治国家所需要的法律体系而言，其应是由各种互相协调一致的法律部门组

---

① 1956年11月5日，第一届全国人民代表大会常务委员会第50次会议，批准了日内瓦公约的议案以及前述4个国际条约，并对上述四个公约若干条款做了保留。

② 该决议指出，一、凡关于法律、法令条文本身需要进一步明确界限或作补充规定的，由全国人民代表大会常务委员会分别进行解释或用法令加以规定。二、凡关于审判过程中如何具体应用法律、法令问题，由最高人民法院审判委员会进行解释。

成的统一整体。社会主义法律体系的建立客观上要求应当有相当数量的法律、法规，并且这些法律、法规可按一定的标准划分为不同的法律部门，各个法律部门应内部和谐、外部协调一致，这是整个法律体系的基础[①]，也是法治国家的现实基础。显然，人民民主法制建设过程中的社会主义法律体系不但在体系建设上比较落后，而且在具体部门法的制定方面仍旧没有较为完备的立法建设，这些都是摆在党和国家领导人面前的重要工作，是下一阶段加速我国社会主义法制建设的切入点。从立法模式角度分析，新中国的人民民主法制建设在立法体系的构建中抛弃了先前由日本移植而来的大陆法系传统，而日益学习、贴近甚至模仿苏联法制的立法体系模式。“事实上，我国1954年宪法的制定在某种程度上说，就是以苏联1936年宪法为蓝本制定的，……比较我国1954年宪法和苏联1936年宪法，就会清楚地看到两个宪法从宪法体制到宪法规定的政权体系是多么相似。”[②]非但如此，或者也因为根本大法的接近性，新中国成立后的立法工作在立法原则、理论和模式上彻底依附于苏联，成为名副其实的“苏联模式”。这种影响是交互的，即不但影响了立法体系的建构，而且更多地影响了可以左右立法体系建构的立法者、法学家以及法科学生，这就超出了法制模式的临摹，而成为一种法治观念的灌输，正如有的学者所言:“建国后不久，有些高等院校的法律系主要是或者完全是学习苏联的。不只是教学计划、教学组织和教学方法，即各种法律专业课的讲授内容，也完全是苏联的。苏联的法学专家们，为我们教育学生，同时也为我们培养教员。”[③]

再者，人民民主法制的初创还体现在法律制度和机制的构建与探索过程中。众所周知法制建设是法治建设的基础与前提，而法律体系的建立则是这一基础的现实基础。之所以法律体系是法制建设的现实

① 肖扬:《依法治国论》，北京：法律出版社，1997年版，第51页。

② 蔡定剑:《历史与变革》，北京：中国政法大学出版社，1999年版，第249页。

③ 陈守一:《法学研究与法学教育论》，北京：北京大学出版社，1996年版，第4页。

基础，一方面这说明了完善的法律体系是法制建设的先决要务，另一方面也说明了法制建设的成败与否不仅关涉立法而且与如何适用法律有关。因此，法制至少意味着一国的法律和制度的总称，而且又代表了一切社会关系的参与者严格、平等地执行和遵守法律和制度，依法进行活动的现代政治生活的基本方式。无论如何，法制的逻辑之本在于一个能够“使得法律运转起来”的“结构模式”，这也就是一国法制的制度选择与机制设计。

由此推理，“社会主义法制，是由社会主义国家机关创制的、体现工人阶级领导的全体人民意志的法律和制度以及一切国家机关、武装力量、各政党和各社会团体、各企事业组织和公民严格按照这种法律和制度进行活动的方式的统一体”。[①]对于社会主义法制建设而言，法律创立（具体立法工作）是一切法制工作的起点，在法律创立工作的整个过程中法律体系的建构将具体的法律文本通过法律调整的社会关系的不同而划分如不同的法律部门，当这些法律部门相对独立并且系统化之后法律体系就形成了一种较为完备的潜在的制度模式。之所以称之为“潜在的制度模式”，是指制度构建不仅仅是一些工具性安排的堆砌，而且需要发现和形成特定的制度价值，对于社会主义法制建设而言，就是社会主义法律体系与社会主义法制观念的结合。社会主义法制所体现的制度需要和制度安排可以按照其属性和位阶的高低分为根本制度、基本制度和具体制度等，这些制度共同构成了法制建设的制度环境。在这里，特定的制度环境形成后，必然需要且要求改变既有的法律体系中的不合理的组成部分，并且在完善法律体系的过程中更加倾向于法制作用的实践化，即包括公民守法、守法活动在内的“法的运行”。此时，具体的立法、执法和司法就不再如同最初的法律体系形成过程时较为直接，而更加趋向于在法制体系的架构和逻辑内不断完成自我批判和自我生成，其具体地表现为法律的制定、实施、监督等一系列的活动和过程。它是立法、执法、守法和法律监督

① 王天木:《社会主义法制》，理论导刊，1987年第1期，第35页。

等内容的有机统一体。在这个有机统一体内，法制机制成为实现法制观念、体现制度要求和具体法律活动的载体，通俗地说，就是依法办事机制。这具体表现为以下两个方面：

1.确立了国家的根本政治制度，国家一切权力属于人民，建立人民民主专政。如上所述，社会主义法制就是工人阶级和广大劳动人民根据自己的意愿，通过社会主义法律体系的确认而确立起来的政治生活模式。那么，社会主义法制及其确立的各种政治制度必须是反映社会上绝大多数人的根本利益和根本意志的，即无产阶级和广大人民群众的根本利益和根本意志。如何确保不同的制度设计都能符合无产阶级和广大人民群众的根本利益和根本意志？这是一个本质问题。因为社会主义法制是具有阶级性和人民性，而且是阶级性和人民性的有机统一，所以社会主义法制的根本属性就能够符合无产阶级和广大人民群众的根本利益和根本意志。在这里，我们通过宪法的形式将这一先进性加以确认则确立了国家的基本政治制度，且以此为据设计各种经济、政治和社会的具体制度。人民代表大会制度的设计是一个逐步产生和成熟的过程。早在新中国建立之前，毛泽东就曾经将“人民代表大会制度”作为各革命阶级联合专政政权的基本政治制度，他在《新民主主义论》中提到“中国现在可以采取全国人民代表大会、省人民代表大会、县人民代表大会、区人民代表大会直到乡人民代表大会的系统，并由各级代表大会选举政府”[①]；其后，他又指出人民代表大会应该以民主集中制为组织原则，由各级人民代表大会决定大政方针、选举各级政府；他认为，如此设计，人民代表大会制度[②]“既能表现广泛的民主，使各级人民代表大会有高度的权力。又能集中处理国事，使各级政府能够集中地处理各级人民代表大会所委托的一切事物，并

① 《毛泽东选集》(第2卷)，北京：人民出版社，1991年版，第677页。

② 在原文中，毛泽东同志是针对新民主主义革命胜利后的政权组织进行的论述，他认为“新民主主义的政权组织，应该采取民主集中制，各级人民代表大会决定大政方针，选举政府”。

保障人民的一切必要的民主活动。”[①]新中国成立前夕，华北临时人民代表大会成为建国前夕对全国范围实行人民代表大会制度的地区尝试，成为了人民代表大会制度的第一个“试点”，尽管“它是一个临时性的，也是华北一个地区的，但是，它将成为全国人民代表大会的前奏和雏形”。[②]新中国建立之后，党和国家面临的法制建设重要工作是恢复法律，改造司法机关以及针对对敌斗争、土地改革和“三反”“五反”等具体工作的需要而制定相关法律机制。这些工作既是首要之务，又是基础之务。确立人民代表大会制度，在现实中需要对该项制度的具体效果进行机制选择修正和结果试错改革。而在逻辑上则既是基础法制建设完善的结果，又是国内政治发展到社会主义本质属性确实得以体现的产物。舍此，既不能符合人民代表大会的本质要求，也不能体现出人民代表大会作为社会主义国家基本政治制度的优越性。正因为如此，人民代表大会制度的形式是根据其本质属性实现程度的成熟与否而逐渐完善。毛泽东在评价人民政协对于社会主义新中国的意义时候，曾经指出“现有的中国人民政治协商会议是在完全新的基础之上召开的，它具有代表全国人民的性质，它获得全国人民的信任和拥护。因此，中国人民政治协商宣布自己执行全国人民代表大会的职权。”[③]而随着人民民主专政的国家政权建设的加强，人民民主法制在不断完善自身的同时，也越发需要从法律制度上确认国家的基本政治制度。随着社会主义三大改造的顺利完成，新中国的社会成员的阶级成分和政治认识产生了较大的变化和进步，这时，人民代表大会制度已具备成为基本政治制度的逻辑合理性和在全国确立其根本制度地位的现实必要性。全国人民代表大会是人民代表大会制度的重要载体形式，通过全国人民代表大会及其代表的选举、议政和表决等具体方式，使得人民代表大会制度得以实现为更广大的人民群众认识、理解、接

① 《毛泽东选集》（第3卷），北京：人民出版社，1991年版，第1057页。

② 《董必武政治法律文集》，北京：法律出版社，1986年版，第22页。

③ 《建国以来毛泽东文稿》（第1册），北京：中央文献出版社，1987年版，第5页。

受并自觉地参与国家大政方针的制定，这是人民民主通过大民代表大会制度最为有效的表现方式。1952年，全国政协常委会举行扩大的第43次会议。会议就中共提议定期召开全国人民代表大会和地方各级人民代表大会并开始起草选举法和宪法草案等准备工作的建议交换了意见；中共中央的建议得到了各党派各团体负责人的一致拥护。1953年1月13—14日，中央人民政府委员会第20、21次会议讨论关于召开人民代表大会问题，会议成立了中华人民共和宪法起草委员会，进行宪法起草工作；成立了选举法起草委员会，并通过了《关于召开全国人民代表大会及地方各级人民代表大会的决议》。1953年2月11日，中央人民政府委员会举行23次会议，会议通过了《中华人民共和国全国人民代表大会及地方各级人民代表大会选举法》，3月1日公布《选举法》。《选举法》颁行之后，全国各地方热烈有序、积极广泛的进行了人民代表的选举工作。谢觉哉在《人民民主政权的巩固与发展》一文中，对各级人民代表大会及其代表的产生进行了较为系统的说明。据他统计和记录——“全国进行基层选举的单位共为214800个，参加投票的选民278093100人，占登记的选民总数百分之85.88%，选民中妇女参加投票的占妇女选民总数84.01%，革命老根据地参选比例更高，有达到98.8%”。①

……

“截至1953年3月中央人民政府公布中华人民共和国全国人民代表大会及地方各级人民代表大会选举法时止，全国已有1/3以上的县、2/3以上的市人民代表会议代行了人民代表大会的职权，有的人民代表会议一开始就代行了省人民代表大会职权。同时据10个省及内蒙古自治区的368个县代表产生的统计，选举的占87.04%，推选的占9.79%，邀请的占5.93%”。②

根据五年以来国家机关工作的经验和各级各界人民代表会议的经

① 《谢觉哉文集》，北京：人民出版社，1989年版，第867页。

② 《谢觉哉文集》，北京：人民出版社，1989年版，第870页。

验，对将实行人民代表大会制度作为我们国家的基本政治制度做出了详尽的说明。1954年9月15日，中华人民共和国第一届全国人民代表大会第一次会议在北京胜利召开，这次大会的召开标志着人民代表大会制度的正式确立，标志着新中国的基本政治制度的正式确立，标志着人民民主通过宪法具备了立宪主义上的法治价值。由此，“我国的一切国家权力开始由全国人民普选产生的全国人民代表大会集中行使了。这是我国政治进一步民主化的伟大成就。……（而且）人民代表大会所以能够真正实现人民的意志，是因为它真正行使着人民所付托给它的至高无上的权力。我们的全国人民代表大会有权决定国家一切大事，它所通过的法律、法令和一切决议，任何国家机关和工作人员都必须在它的监督下严格执行”。[①]历史证明，“人民代表大会制度所以能够成为我国的适宜的政治制度，就是因为它能够便利人民行使自己的权利，能够便利人民群众经常经过这样的政治组织参加国家的管理，从而得以充分发挥人民群众的积极性和创造性。”[②]正因为如此，毛泽东同志在第一届全国人民代表大会第一次会议上才骄傲地宣告：“我们这次会议具有伟大的历史意义。这次会议是标志着我国人民从一九四九年建国以来的新胜利和新发展的里程碑，这次会议所制定的宪法将大大地促进我国的社会主义事业。”[③]

2.完成了新中国成立初期的社会主义司法改革。人民司法作为建设人民民主法制的根本手段，实现了群众路线指引下的司法工作。新中国的成立揭开了人民民主法制建设的帷幕，是中国“旧法制观念”和“腐朽法制”向社会主义法治国家转变的第一阶段。众所周知社会主义法律体系的建构是实现人民民主法制乃至社会主义法治国家的首要之务，和基本政治制度及其他制度创立的基本条件。在上述工作不断创立和推进的同时，如何使得人民民主法制的观念和制度更加

① 《中国人民民主制度的新阶段》，人民日报，1954年9月15日，第1版。

② 《刘少奇选集》（下卷），北京：人民出版社，2004年版，第156页。

③ 《毛泽东选集》（第5卷），北京：人民出版社，1977年版，第132—133页。

深得人心，如何才能通过具体的行动实现宣传法律和教育群众，如何能够高效合法地维护人民群众的实际权益，这些都成为人民司法改革和重建的主要任务。新中国创立之初的人民司法，具有一个重要的特征，即司法工作囊括了司法审判工作、日常司法工作、监察审计工作甚至法制宣传教育工作等多项任务。这与法制建设起步时期的具体情况是分不开的，而且农村司法经验与城市司法工作的衔接尚需磨合。从另外一种角度看，这种“界限模糊”的司法工作实际上也实现了许多突破。新中国成立伊始，新中国司法工作“在各级人民政府统一领导和广大人民积极支持下，为了保卫人民民主革命的成果，镇压反革命的活动，巩固新社会的秩序，推动各种社会改革及保护人民合法权益，进行了一系列的工作；同时，在工作进程中不断地进行了并进行着本身的改革与建设，获得了巨大的成绩与丰富的经验，因而日益显示了人民司法制度的优越性。”[①]早在人民政协第一届会议召开的时候，《共同纲领》中就已经将司法工作纳入到社会主义国家政权建设的范围之内，《共同纲领》的第七条明确规定：“废除国民党反动政府一切压迫人民的法律、法令和司法制度，制定保护人民的法律、法令，建立人民司法制度。”从1949年到1952年的几年里，在上述正确指导原则的指引下，新中国的人民司法工作在革旧迎新工作中不断实现稳步前进。这体现在以下几个方面：（1）依靠人民群众，切实捍卫国家的纲领、政策和法令，维护了人民群众的根本利益，保障了人民群众对反革命势力和反革命分子的“有领导、有计划、有秩序”的正义斗争，包括对反革命势力、反革命分子、惩治贪污腐败分子、打击了封建婚姻制度[②]；（2）通过各种改造旧社会制度与建立社会秩序的群众运动，继承和发扬了二十余年来国内历次革命战争和抗日战争时期人民民主政权司法工作的优良传统，进一步创造了并继续创造着“依靠人民、

① 史良：《三年来人民司法工作的成就》，人民日报，1952年9月23日，第1版。

② 从1949年到1952年，司法机关惩处了大量的反革命分子、反动地主、汉奸、国民党特务、间谍、不法奸商等反革命势力的破坏分子，处决和处理如刘青山、张子善等贪污腐化分子。

联系人民、便利人民”的组织形式和工作方法。各级人民法院创造了人民陪审制、集体调解、就地审判、巡回审判、问事处、人民接待室等[①]司法工作的正确方法与合理制度；（3）创立了人民法庭制度。为了更好地完成“三反”、“五反”等人民运动，政务院在1952年3月24日和1952年3月30日分别颁行了《关于“五反”运动中成立人民法庭的规定》、《关于“三反运动中成立人民法庭的规定”》，同年4月11日，北京市人民法庭首次开庭，在4月15日最高人民法院颁发了《人民法庭办案试行程序》，在一系列的相关法令和司法实践之后，人民法庭制度基本形成较为成熟人民法庭运行的正常程序。

更为重要的是，各级人民司法机关为了保持和提高其纯洁性，进行了全国范围的司法改革运动。[②]1952年8月13日，政务院第148次政务会议批准《关于彻底改造和整顿各级人民法院的报告》，报告提出：“须在各级人民政府统一领导和有关部门配合下，动员群众，从上而下地、有计划有步骤地开展一个反旧法观点和改革整个司法机关的运动”。这场司法改革运动的主要内容包括四个基本领域，即清除旧司法人员、肃清旧司法思想、纠正旧司法作风、发展政法教育。之所以在新中国成立初期就进行这样一场重大的司法改革运动，其最为根本的原因在于人民民主法制的建立需要在旧法制被否定，新法律体系迅猛建设的同时，弄清了什么样的司法工作人员才能够合格适用法律，加之新中国成立以来各项变革运功中司法机关频发的政治错误、组织混乱和思想落后等问题集中爆发，这一切都要求新生的社会主义政权认真审视和思考司法工作的“社会主义改造”。经过1952年夏到1953年2月底的集中改革，司法改革取得基本成功。其一，在司法审判岗位上，旧司法人员基本被清除，“大批非党的司法工作者（尤其是审判人员）调出司法机关之外，有的被派到医院去担任事务及X光挂号登记工作；有的被派到火葬场做杂务，有的被派往房管处等机关去工作；

---

① 史良：《三年来人民司法工作的成就》，人民日报，1952年9月23日，第1版。

② 史良：《三年来人民司法工作的成就》，人民日报，1952年9月23日，第1版。

有的被派到中小学当教员；有的在家赋闲。”[①]其二，司法工作人员通过司法改革中学习、批判与斗争，逐渐成长为合格的社会主义司法人员，更加适应审判工作，董必武在《论加强人民司法工作》中总结了建国以来的司法工作经验，并特别强调了司法改革运动对司法队伍改造的基本经验，提出了配合大规模经济建设开展司法工作的任务，由此，司法人员的改造由去除旧思想面向更加现实和重要的社会主义建设。其三，改善司法工作作风，逐步实现了较为优良的人民法院的工作作风，即“便利群众、联系群众、依靠群众，……它绝不单凭诉状、供词与辩论来进行审判，而着重于实地的调查研究，了解案情的全部真相和充分证据，然后才依法判决。……常常根据各种不同案情的需要，而采取必要的就地审判、巡回审判、人民陪审等审判方式；坚决废弃反动与落后的主观武断的审判方式。”[②]其四，加强法学教育尤其是司法工作人员的培训与教育，在司法改革中政法教育的机构、师资和教材提供了新的探索和措施，通过正规的大学法律系，政法干部学校及政法干部轮训班强化了司法工作人员队伍的法治素养、政治意识、法律能力和司法技能。据统计，到1954年，除了北京政法学院、华东政法学院、中央政法干校外，又陆续创办或恢复了中南政法学院、西南政法学院、西北政法干部学校、中国人民大学法律系、吉林大学法律系（东北人民大学——笔者注）、武汉大学法律系、北京大学法律系、复旦大学法律系和西北大学法律系等。

经过司法改革之后，我国司法工作逐渐步入正轨，迈上了较为科学和快速的发展阶段。首先，司法结构日益完善。1954年第一届全国人大第一次会议选举董必武为最高人民法院院长，同年高克林、张志让、马锡五被任命为最高人民法院副院长。其次，司法工作不断系统化。1954年底，最高人民法院和司法部召集省市以上人民法院院长和司法厅局长举行全国司法座谈会，学习和贯彻了《中华人民共和国人

① 杨兆龙：《法律界的党与非党之间》，文汇报，1957年5月8日。

② 《加强与巩固人民革命的法制》，人民日报，1951年6月5日，第1版。

民法院组织法》；1956年初，最高人民法院联合司法部召开第三届全国司法工作会议，会议研究解决在我国社会主义革命已取得决定性胜利的新形势下，人民法院审判反革命分子和其他重大刑事犯罪分子的政策界限。再次，司法审判工作逐步向科学化、专业化发展。1955年，司法部法医研究所成立（原最高人民法院华东分院法医研究所）在对待反革命分子的司法权问题上，1955年底，最高人民法院联合最高人民检察院、司法部下达了《关于判处徒刑的反革命分子准许上诉的通知》，此举切实体现了我国公民诉讼权利向“法律面前人人平等”做出了有益的尝试；同年，针对一段时期以来的民事、刑事审判工作情况，最高人民法院进行了各级人民法院的研讨活动，对刑事、民事案件审理程序进行了初步总结。1956年，司法部在一些地区的人民法院开展了先进审判经验的介绍、宣传和借鉴运动。

伴随司法工作的不断进步，新中国律师制度也迎来了新生。1956年3月，中华人民共和司法部举办了第一次全国律师工作座谈会，会议讨论了律师组织建设方针和律师工作任务，对于人民律师工作提出了不断强化的建议。会议同时决定在1956年内实现全国范围内律师数量和有效提升，以更加便利、合宜地为人民群众进行法律服务。为了响应这次会议的号召，北京市律师协会筹备委员会和北京市法律顾问处相继成立，上海也成立律师协会筹备会，并设置6个法律顾问处。

与此同时，一些政法类的学术组织蓬勃发展，为法治思想的传播和法制建设的深化做出了应有的贡献。1949年10月，国际民主法律工作者协会在意大利罗马举行第4届大会，中国新法学研究会筹备会致电该组织并申请入会，并且最终顺利成为该团体的集体会员。同年11月，中国新政治学研究会和中国新法学研究会在北京成立。1950年1月，中国新法学研究院在北京成立，沈钧儒任院长。1951年7月，新法学研究院并入中央政法干部学校。1951年底，新法学研究会筹备会与新政治学研究会筹备会合并成立为中国政治法律学会筹备会。1953年，在董必武的主持下，新政治学研究会和新法学研究会合并，成立中国政治法律学会，同年4月1日该会会刊《政法研究》创刊。在党和国家的领导、指导和鼓励下，上述学术机构参加了一些国际民主法律学会的学术活动和官方交流，不但活跃了国内的法学研究氛围，还培养和提高了司法工作人员特别是法务人员的理论水平，对其后的法制完善和法治探索产生了积极而深远的影响。在此基础上，1955年8月，中国政法学会邀请有关专家学者，对法律科学研究工作问题进行研讨，成立了刑法、民法、国家法及行政法等3个研究组。1956年元月，《政法译丛》创刊。1956年8月，世界国际法协会接纳中国政治法律学会为这个协会的成员。

二、社会主义法治建设的徘徊与踯躅阶段（1957年—1978年）[①]

任何类型的法治，都是一种从理念——制度——理念（新的更高认知层次的理念）的发展过程。这个发展过程不是直线型的。准确地说，在理念生成、制度形成和新理念产生的每个环节中都存在着各种认知、诉求和模式之间的斗争。非但如此，在上述三个阶段之间并不是一种跃迁式的转化，而是一种波浪形的“演进”过程。之所以称之为“演进”过程，其实质是指在法治建设的各个环节和阶段的衔接、发展和升华过程中，有些法治理念和法制设计会存在不同的缺陷或者彼此之间相互抵触，因而，法治建设会产生低估和“削平”的状况，而这些状况并不会影响整个法治建设过程的逐步扩展和普及。社会主义法治建设也遵循这一规律。在这一发展过程中，人民民主法制建设的迅猛发展初步完善了社会主义法律体系、形成了一些符合社会主义法制要求的制度安排和组织形式，使得法制目标在成为党和国家政治生活的基本要素的同时，也有利于“法律主治”的概念成为决策者判断和行动的原则性指南。但是，由于党内一些领导人对于法治问题的认识不足、制度安排中法律主导作用的欠缺、传统政治文化中的法治

① 在既往的研究中，这段时期常常被一笔带过或者忽略不计，我们认为，这段法制建设的低潮时期只有客观地审视才能获得准确的批判。法治建设是一个完整的历史过程，历史的缺失本身就意味着法治精神的自我怀疑。因此，我们在这里对这段历史进行了一些阐述，通过史料揭露问题，以期更好说明法治建设发展时期的来之不易和路径走向的历史原因。

理念的淡薄以及社会主义法制建设初期的“激进性”等原因[①]，在经过新中国成立之初人民民主法制建设的快速发展期之后，中国的法治建设出现了一个较长时间的低潮时期[②]。对此，党中央在回顾这段历史之时做出了中肯、客观而全面的评价：

新中国建立的时间不长，我们取得的成就只是初步的。由于我们党领导社会主义事业的经验不多，党的领导对形势的分析和对国情的认识有主观主义的偏差，“文化大革命”前就有过把阶级斗争扩大化和在经济建设上急躁冒进的错误。后来，又发生了“文化大革命”这样全局性、长时间的严重错误。这就使得我们没有取得本来应该取得的更大成就。忽视错误、掩盖错误是不允许的，这本身就是错误，而且将招致更多更大的错误。[③]

从人民民主法制的初创到踯躅和徘徊，这个时期可以分为两个分阶段，即人民民主法制建设的徘徊时期（1957年—1965年）和社会主义法治建设踯躅时期（“文化大革命”时期）。

党的八大在新中国法治建设的历史上具有特殊的地位。一方面，党的八大展示了新中国成立以来人民民主法制建设的伟大成就和基本经验，提出了法制建设的重要性；另一方面，党的八大的政治决议，

---

① 对这段时期法治建设迟滞的诸多原因分析中，前三点是基本共识。我们认为，必须要重视社会主义法制建设初期的激进性原因。所谓激进性原因，其一是指国家的人民民主法制建设本身与国家的经济发展水平、法治文化层次和公民法律认知状况不相吻合，例如提出制定社会主义民法的设想就过去超前；其二是指在人民民法制建设过程中产生的正确认识与现实需要之间存在矛盾关系，而决策者和建议者（尤其是浸染过较为西化法治思想的学者）对待这一矛盾的策略差异加大了上述矛盾，而导致政治权力脱离法治可控的范围而成为一种“反法治”的工具，这个责任既是决策者的，也是建议者的，而不应简单地归咎于任何一方。从某种意义上讲，我们提出的激进性原因就是一种法治建设不完备性的极端表现，但它也应是一体两面的。

② 我们认为，这段时间的社会主义法治建设不应简单定义为停滞阶段。准确地讲，从1957年到“文化大革命”开始之前的这段时间里，社会主义的法律体系等工作仍在艰难的环境慢速发展，在某些法律制度遭到破坏的同时，国家的基本政治制度仍在维持。

③《中国共产党中央委员会关于建国以来党的若干历史问题的决议》，北京：人民出版社，1981年版，第10—11页。

包括对于法制工作的认识，在其后的贯彻执行中出现了较大的偏差。薄一波曾这样指出："八大展示的探索成果，在经济领域以外的，要算董必武同志关于法制建设的观点最为重要。他在大会的发言认为，在废除旧的《六法全书》之后，要逐步完备我国的法制，写出我们自己的《六法全书》。要制定刑法、民法、诉讼法、劳动法、土地使用法等一系列法律。他明确提出了党政职能分开的原则，认为加强民主与法制建设，可以使党和政府的活动做到'有法可依'，'有法必依'。在群众运动一个接着一个的年代，他对法制建设认识达到这样高的境界，是很可贵的。"[①]这说明，党在八大召开之时已经明确了法制建设的重要地位，尤其重要的是，党的八大明确提出发展社会主义民主政治必须依靠社会主义法制建设，只有社会主义法制建设的不断完善才能够保障人民民主的切实实现。此时，党对于法制建设的基本认识比较科学，提出了将"人民民主法制"作为社会主义法制建设的工作目标和任务的正确判断，正如董必武在党的八大上的报告所指出的："我们人民民主法制所以有力量，是由于它是在摧毁旧法制的斗争中产生的。中国人民经历了长期的曲折的革命道路，深知旧法制是旧中国占统治地位的少数人压榨广大劳动人民的一套很精巧的机器，所以在全国解放初期，党和政府根据共同纲领中关于废除国民党的旧法制和建立人民的新法制的规定，曾经领导人民进行了摧毁旧法制的斗争，并且在一九五二年开展司法改革运动，严格地批判了旧法观点和旧法作风，划清了新旧法制的界限。很明显，在这个基础上建立和发展起来的人民民主法制，是真正表现人民意志的和为人民服务的法制。"[②]人民民主法制建设向社会主义法治国家的转变是一个复杂的、循序渐进的过程。对此，党和国家的决策者们具有较为清醒的认识。从某种意义上看，从1956年下半

① 薄一波：《若干重大决策与实践的回顾》（上卷），北京：中共中央党校出版社，1993年版，第496页。

② 《董必武选集》，北京：人民出版社，1985年版，第410页。

年到1957年上半年这段时间里，法治发展所应具有的制度批判精神或多或少地体现在党和国家领导人和决策者的政治规划中，这无疑是具有进步意义的。例如，董必武在党的八大上就针对人民民主法制建设过程中的顽疾和缺陷，指出：

“为了进一步加强人民民主法制，党必须注重法制思想教育，使党员同志知道国法和党纪同样是必须遵守的，不可违反的，遵守国法是遵守党纪中不可缺少的部分，违反国法就是违反了党纪。……

为了进一步加强人民民主法制，还必须适当加强司法机关的组织，尤其是要适当加强检察机关的组织。……。律师制度是审判工作中保护当事人诉讼权利不可缺少的制度。公证制度是认证机关团体和公民法律行为的一种良好制度。这两种制度都应该予以加速推行。……。

……

进一步加强人民民主法制，更重要的还在于加强党对法制工作的领导”。[①]

周恩来总理在1957年第一届全国人民代表大会第四次会议上的《政府工作报告》也指出了当时法制建设的基本状况和首要之务，他指出：

“……现在生产资料私有制的社会主义改造已经基本完成，社会主义所有制已经确立，国家在各方面工作的实践中也取得了一定经验，这就使我们有可能在总结过去经验的基础上，在整理过去已有法规的同时，制定社会主义的各种法律，例如刑法已经有了初步草案，民法和治安管理处罚条例也在由有关方面草拟中。”[②]

1957年1月27日，毛泽东在省、市自治区党委书记会议上将法制问题作为当前国家工作的七点主要内容进行了阐释，他指出革命的法制应该被遵守而不是被破坏，并且提出肃反工作不应和法制工作相冲

① 《董必武选集》，北京：人民出版社，1985年版，第420—421页。

② 周恩来：《第一届全国人民代表大会第四次会议——政府工作报告》，人民日报，1957年6月27日，第1版。

突，而是既要坚持肃反，又要遵守法制。有的学者评论指出："正如任何一个国家的任何时代都会有一定的法制一样，从1957年到1965年，新中国法制并未完全停止发展或者彻底取消。"[①]正因为如此，虽然人民民主法制建设的发展速度开始放缓，但是法制工作尚未彻底停滞，而是在徘徊中艰难地探索着自己的出路。

首先，法律体系建设工作。这一阶段法律体系建设特点是一些重要的法规、规章逐步完善，但是法律制定相对迟缓。在这段时间里[②]，全国人民代表大会仅仅制定了一部法律文件，即1960年第二届全国人大第二次会议表决通过的《1956年到1967年全国农业发展纲要》。在基本法律制定方面，1957年，全国人大常委会在第77次会议上，听取并通过了法案委员会关于《中华人民共和国刑法草案》的说明，并且决定将刑法草案发给全国人民代表大会代表征求意见。同年第一届全国人大第四次会议通过了《关于死刑案件由最高人民法院判决或者核准的决议》。随后，国务院通过了《中华人民共和国治安管理处罚条例草案》，并决定将该草案提交全国人大常委会审议批准，同年10月22日，全国人大常委会第81次会议讨论通过了该条例，并予当日颁布施行。1957年9月，最高人民法院草拟了《民事案件审判程序（草稿）》，这是新中国最早的民事诉讼法草案的雏形，而《刑事诉讼法草案（草稿）》也在当年拟成。在其他法规制定工作中，国务院起到了坚持推进法制建设的主导作用。1957年及其后的一段时间内，国务院先后制定或经全国人大审议通过了许多法规，填补了经济工作、政府工作和其他工作中大量的政策性空白，从而使得国家各项政治工作更加符合法制要求，这些重要的法规包括《中华人民共和国人民警察条例》、《中华人民共和国消防监督条例》以及《国务院关于加强消防工作的指示》、《中华人民共和国户口登记条例》、《国务院关于改进商业

① 何峻：《新中国社会主义法治进程回眸》，党的文献，1999年第5期，第43页。

② 不包括全国人大常委制定和通过的法律。此外，除去1975年制定的宪法，这段时间可以延续到1976年为止。

管理体制的规定》、《中华人民共和国国境卫生检疫条例》、《中华人民共和国农业税条例》、《中华人民共和国工商统一税条例》等。但是，法律制定的缓慢逐渐带来新中国民主与法制建设的诸多问题，也直接影响了社会主义政治发展道路的前景。为此，毛泽东针对五年来党和国家在法治建设中存在的认识不足和实践不力等问题，指出“不仅刑法要，民法也需要，现在是无法无天。没有法律不行，刑法、民法一定要搞。不仅要制定法律，还要编案例”。[①]根据这个指示[②]，1962年中，修改刑事诉讼法草案小组办公室成立，刑事诉讼法的立法工作又重新开始运转；次年4月，《中华人民共和国刑事诉讼法草案（初稿）》完成撰写工作。

这一时期，国家通过法律的规范形式，有理、有力和有节地进行了国际纠纷的商讨，在不断完善我国国际法体系和健全国际法功能的同时，捍卫了国家主权和领土完整。尤其是在针对中印边界问题上，全国人大、国务院、外交部先后制定法律、法规和条例，表明主权、戳穿了西方国家妄图瓜分中国领土的邪恶用心。这一切都体现出了新中国法制进步所带来的巨大进步。在斗争中，我国按照国际法基本原则和相关惯例，对中印边界等国土问题进行了和平协商。在斗争中，针对西方国家的无理侵犯，中国政法学会于1961年8月1日致函国际法协会，抗议该协会妄图制造“两个中国”的阴谋，决定退出国际法协会。与此同时，我国与许多的第三世界国家——尤其是亚非拉国家——建立外交关系，更加广泛的外事活动在一定程度上促使我国国际法研究和实践得以保存，并不断完善。

其次，法律制度建设工作。这一阶段中，创新性的法律制度已经开始迅速减少，较为重要的是1958年8月开始正式实行的劳动教养制度，尽管该制度至今仍旧争议不断，但在当时的法制设计中确实起到

① 俞建平、赵昆坡等：《建国以来法制建设记事》，石家庄：河北人民出版社，1986年版，第163页。

② 这里也多少显示出了法治缺失的问题，国家法律制定问题必须经由个别领导人的认可方能开展，这已经意味着法治建设低潮时期——踯躅时期——的到来。

一定积极的作用。与此相应，一些业已确立的法律制度工作开始遭受冲击，一些新生或者较为先进的法律制度设计先后停止。律师制度建设方面，1956年司法部决定建立健全律师制度，到了1957年6月，该项制度的取得了长足的进步。各种律师服务机构蓬勃发展，全国建立了19个律师协会，成立了800多个法律顾问处；律师队伍建设初见成效，2500多名专职律师开始执业，而兼职律师的数量也达到了300多名。但不久，律师制度便被取消而夭折了。公证制度与律师制度具有类似的命运，在召开了全国公证会议之后，到1957年底，全国设立了51个公证处，有1200个市、县法院开始受理公证业务，培养了近千名专制公证人员，处理公证案件29万多件；但是，这些建设成果随后便因为公证制度的撤销而全部清除。

再次，政法机关的自身建设工作。1959年，第二届全国人民代表大会第一次会议在北京举行，大会决定任命谢觉哉为最高人民法院院长，张鼎丞为最高人民检察院检察长，不过在这届大会上通过了撤销司法部、监察部的决议，政法机构的撤并工作正式上升到了中央政法机关。同年5月中旬，全国司法、检察、公安机关的先进工作者大会在京召开，大会决议坚决贯彻“服从党委领导、依靠人民群众、参加生产劳动，为全党全国中心工作服务”的政法工作路线，随着反右运动扩大化的趋势日益恶化，法律虚无主义的错误思想甚嚣尘上。从此开始，国家的政法机关开始从基层遭到不同程度的破坏。1958年，从县级政法机构开始，公、检、法三个机关开始合署办公，成立公安政法部；这一错误安排在短时期内迅速向上扩展，1960年检察机关合并于公安机关，而中央政法三机关也最终合署办公。

根据党和国家的统一安排，这一时期司法机关针对战争罪犯的特赦问题进行了卓有成效的工作，体现了人民民主专政对于基本人权的重视。经过长时间的准备工作，1960年11月19日，第二届全国人民代表大会常务委员会第32次会议讨论了关于特赦确实已经改恶从善的蒋介石集团和伪满洲国的战争罪犯的建议。该决议认为“对于经过一定期间的改造，确实改恶从善的蒋介石集团和伪满洲国的战争罪犯，实行特赦。”但是，司法、检察和公安机关的上述工作已经从兼顾各项司法工作转向集中处理反革命分子（以及“右派分子”）和解决特赦罪犯工作，工作重心的转移不但反映了现实政治对于司法工作的影响，也使得民事、刑事、诉讼法的实践、研究和制定工作基本被忽视。针对上述问题，时任最高人民法院院长的谢觉哉认真地反思政法工作，特别是法院工作的问题，1962年的年初和年中，他分别在湖南和内蒙古调研，对全国政法机关提出要“想一想”、“再想一想”。他在《再谈想一想》一文中深刻地指出当时政法工作，特别是司法工作，存在着矛盾判别不明、量刑过重、刑罚随意性过大、审判作风粗糙、司法干部量少质弱等重大问题。他告诫全党、全国司法战线的工作人员必须认真思考政权消亡问题、民主专政问题、法院做什么工作的问题、独立审判的问题、政策与法律协调的问题、两类矛盾的问题、劳动改造的问题、案件增多的问题，提出既要考虑清楚一些法治发展的根本性问题，例如社会主义法制建设的性质属性、根本矛盾等问题，又要关注法制工作中的细节问题，例如投机倒把的确定、旧法观点判定、变相捕人、集训（变相拘留）、“三少”政策执行不力、刑罚过长等问题，将二者统一在科学和文明的司法工作之内，将学习政治理论和法学理论作为提高司法工作水平的重要途径，由此实践、巩固和发展宪法对于司法机关的政治和历史使命。[①]正是由于老一辈无产阶级革命家和法学家的努力，司法机关内部逐步进行了一些自我反思和革新建设，在多方努力和积极组织后，1963年最高人民法院召开了关于刑事审判工作的经验、审判方法等业务工作的研讨。次年，在第三届全国人大第一次会议上，即将卸任的最高人民法院院长谢觉哉向大会作最高人民法院工作报告，该报告提出了民事审判工作的十六字方针——依靠群众、调查研究、就地解决、调解为主[②]。

---

① 《谢觉哉文集》，北京：人民出版社，1989年版，第1099—1119页。

② 该原则最初为十二字方针。1958年8月21日，毛泽东同志在北戴河会议上，根据正确处理人民内部矛盾理论，结合民事审判工作的工作实践，总结提出了民事审判工作的“十二字方针”，即调查研究、就地解决、调解为主。

在具体案例研究中，这一时期对法治建设的宪法基础具有比较重要意义的判例是“毕鸣岐代表案”，该案的争议之处在于作为人大代表的毕鸣岐是否能够因为民事纠纷而被人民法院传唤。为此，全国人民代表大会常务委员会办公厅于1957年11月初复函天津市中级人民法院，函文指出：“经全国人民代表大会法案委员会讨论，认为我国宪法第三十七条的规定，在于保护全国人民代表大会代表的人身自由不受侵犯，以便利其执行代表职务。但民事案件并不涉及限制人身自由问题，因而不属于宪法第三十七条规定的范围。毕鸣岐代表因民事纠纷被诉，法院可以依法传唤，无需经过全国人民代表大会常务委员会许可。”这一判例是我国宪法判例史上较早、较为重要的案例，代表了我国宪法规范在实际运用中的发展。

值得庆幸的是，在这段时间内我国的法学研究和法治研究在艰难中取得不小的进步。1957年11月，中国科学院成立“法学研究所筹备委员会”，张友渔任主任；次年10月1日，在董必武的直接关心下，中国科学院法学研究所正式宣告成立，张友渔担任首任所长。1961年，中国政法学会和中国科学院法学研究所联合召开了“国家和法的理论”编写提纲讨论会，这标志着国家和法的问题这一法治建设的基本问题仍旧能够获得政治认可且业已成为当时法学研究的基本问题。1964年，根据我国处理国际关系问题的现实和理论需要，中国科学院国际法研究所正式成立。[①]

可以说，从1957年到1965年之间，人民民主法制虽然取得一些新的成果，但是在很多方面已经出现了严重挫折，法作为一种理念和一种工具的矛盾性被“法作为一种统治技艺”的统治性彻底取代。从某种意义上，法律仍旧是国家治理和政治发展过程中的基本手段，但是这种已经失去了“法”作为一种政治治理模式而存在的意义，而逐渐

① 该所于1969年被撤销。

沦为一种"人治"的工具。[①]正如有的学者指出,"建国以后,政党组织技术和法律程序技术之间的征服与反征服的斗争实际上基于对革命或阶级斗争形势本身的判断,由此形成了两种不同的治理策略:一种就是基于疾风暴雨式的阶级斗争(即革命)已经完成的背景下形成的'通过法律的治理'策略;而另一种就是基于'千万不要忘记阶级斗争'这一判断的'通过运动的治理'策略。'通过运动的治理'可以说是一种'无法的治理',但正是这种'无法的治理'将'法律治理化'推向了极点,即'无法的治理'恰恰是'法无所不在的治理',这种法就是最原始的作为暴力的法,由此导致了'惩罚社会'的兴起以及'惩罚弥散化。'"[②]因而,法治的破坏不仅仅是人民民主法制建设的衰退所表现出来的巨大问题,而更本质地体现为一种对"尊重法律"观念的彻底打压,这样一来,"文化大革命"时期法制凋敝、法治沉沦也就不足为奇了。

从1966年5月到1976年10月的"文化大革命",使党、国家和人民遭到建国以来最为严重的挫折和损失。这种损失不但是经济方面的,而且是政治方面,准确地说,是一种错误的政治决策带来的国家整体性失灵。"历史已经判明,'文化大革命'是一场由领导者错误发动,被反革命集团利用,给党、国家和各族人民带来严重灾难的内乱。"[③]这场内乱,不仅仅是"人祸",更是政治制度"非法"、"去法"的必然结果。对于这次内乱,制度的缺失就是法制的缺失。日后,党和国家在反思这段历史时客观地指出:

"在共产主义运动中,领袖人物具有十分重要的作用,这是历史已经反复证明和不容置疑的。但是国际共产主义运动史上由于没有正确

---

① 应该指出,此时的人治与传统人治不应等同,其不是一种统治本质的体现,而是一种国家政治权力运行方式——治理策略——的选择结果,这意味着此种"人治"不简单地是社会主义法治建设过程中的对立面,而且也应将其看作是社会主义法治建设的参照系。、

② 强世功:《法制与治理——国家转型中的法律》,北京:中国政法大学出版社,2003年版,第136页。

③《中国共产党中央委员会关于建国以来党的若干历史问题的决议》,北京:人民出版社,1981年版,第25页。

解决领袖和党的关系问题而出现过一些严重偏差，对我们党也产生了消极的影响。中国是一个封建历史很长的国家，我们党对封建主义特别是对封建土地制度和豪绅恶霸进行了最坚决最彻底的斗争，在反封建斗争中养成了优良的民主传统；但是长期封建专制主义在思想政治方面的遗毒仍然不是很容易肃清的，种种历史原因又使我们没有能把党内民主和国家政治社会生活的民主加以制度化，法律化，或者虽然制定了法律，却没有应有的权威。这就提供了一种条件，使党的权力过分集中于个人，党内个人专断和个人崇拜滋长起来，也就使党和国家难于预防和制止'文化大革命'的发动和发展。"[①]

不难发现，上述这些评价已经提出"文化大革命"及其这一时期内法治建设的踯躅甚至挫折能够作为当前社会主义法治建设的"反面教材"。能够表现为法治进步过程中普遍的螺旋式发展内的低潮期。这个低潮期为日后的法制恢复和法治建设起到一种"警示作用"，从实践角度，我们应该彻底反思以下几个方面的内容。

第一，法治信仰和法制理念被彻底否弃。"文化大革命"发动之前，我国的法治信仰和法制理念在人民民主法制建设的高速发展时期有所体现，但由于"法律虚无主义"的错误影响，刚刚萌生的法制理念被领袖指示所代替，而法治信仰的塑成则遥遥无期。例如，1967年夏天，作为国家政法机构领导人的谢富治公开在公安部全体工作人员大会上喧嚣"砸烂公检法"。这一错误认识和言论，不但导致公检法部门工作的广大干部受到残酷迫害，而且导致刚刚经历法治启蒙的中国人民失去对法治建设的信心，从而更无法治信念可称。

第二，法律体系和法律制度被全盘否定。这一时期，国家的法律生活完全停止，立法工作和法律体系建设彻底停顿，一些既有的法律或被否定撤销，或毫无效力。国家的司法机关完全停止运行。为了将"文化大革命"的错误方针合法化，树立所谓的宪法权威，1970年中

---

①《中国共产党中央委员会关于建国以来党的若干历史问题的决议》，北京：人民出版社，1981年版，第33页。

共中央开始研究讨论修改宪法的问题，并于1975年1月召开的第四届全国人大第一次会上通过，史称“75宪法”，这部宪法是在错误的思想方针指导下制定的一部不符合我国社会主义建设需要、违背宪法基本原则和抛弃法治主义的宪法。而1969年人民检察院被撤销则是开展社会主义法制建设以来在制度、机构建设上最大倒退。

第三，公民权利和自由民主被践踏。公民权利和自由民主是法治国家的基本要素和表现，而在这一时期，上述二者基本成为空谈甚至被无情的践踏。在这个十年里，在没有经过合法程序的情况下，出现了大量冤假错案。1967年，林彪、江青反革命集团炮制了《关于在无产阶级文化大革命中加强公安工作的若干规定》①，这也是大量冤假错案出现和形成全国“白色恐怖”的所谓合法性来源。其后，包括原国家主席刘少奇和原最高人民检察署检察长李六如，最高人民法院原副院长吴溉之、监察部原部长钱瑛、公安部原副部长徐子荣、王昭等大批党、政和司法机关的领导干部被无辜迫害。

邓小平曾经说过，“文革”也有一“功”，就是它提供了反面教训。没有“文革”的错误就难有今天的改革开放。这也是我们的宝贵财富。而在某些具体工作方面，这一阶段的法制建设由于客观环境和具体事项的需要而出现了一些新变化和新发展。如在战犯特赦工作方面，到1975年，最高人民法院特赦了全部293名在押战争罪犯；同时，我国司法机关将在押的95名国民党武装特务和49名武装特殊船员全部宽大释放，从而宣告自1962年到1965年之间逮捕的美蒋武装特务及其船员处理完毕。在外交工作中，我们在坚守国际法的基础上，广泛建立国家间的友好邦交，实现了外交工作的较快进步。1971年10月25日，第26届联合国大会以压倒性优势通过决议，决定恢复中华人民共和国在联合国的一切合法权利，并将蒋介石集团的代表从联合国及其所属机构中驱逐出去，这也意味着中华人民共和国作为一个独立且唯一代表中国主权的国际法的主体地位。

① 这一错误决定于1979年12月经公安部申请建议，党中央批准撤销。

无论如何，文化大革命的十年是新中国法治建设过程中最为黑暗的十年，我们几乎无法寻找到法治信念存在的痕迹，也无法坚持既有的法制成果，尤其严重的是，这一段徘徊和踯躅时期直接推迟了法制建设向法治建设这一历史性转变。面对严峻和复杂的法制建设困境，面对日益薄弱的法治环境，新中国的法治能否逆势而上，能否实现破茧，能否成为建设社会主义政治文明的重要力量，这些问题在这段时期里成为了困扰中国人民的大问题。正因为如此，改变这一现状，就必须改变“法律虚无主义”的错误观点，就必须认识到法治首先是一个制度问题，是建立在法制完善的发展过程和基础之上的，而“制度问题更带有根本性、全局性、稳定性和长期性”①；而维护制度的上述属性，实现社会主义民主政治，就“必须使民主制度化、法律化，使这种制度和法律不因领导人的改变而改变，不因领导人的看法和注意力的改变而改变”。②这不但是社会主义法治建设这段徘徊和踯躅时期带给我们的经验教训，更是社会主义法治建设应该一以贯之的基本原则和未来走向。

第二节　法治建设的重塑与形成时期（1978—1997年）

经过了初生、探索和低潮时期的新中国法治建设，在1978年迎来了新生。1978年，党的十一届三中全会的召开不但开启了中国特色社会主义现代化建设的新时期，而且标志着中国法治建设的重新起步。“从那时以来，中国共产党和中国人民以一往无前的进取精神和波澜壮阔的创新实践，谱写了中华民族自强不息、顽强奋进新的壮丽史诗，中国人民的面貌、社会主义中国的面貌、中国共产党的面貌发生了历

① 《邓小平文选》(第2卷)，北京：人民出版社，1994年版，第333页。
② 《邓小平文选》(第2卷)，北京：人民出版社，1994年版，第146页。

史性变化。”[1]法治建设，见证了新时期在改革开放过程中全国各项事业的快速发展，并且在经济体制改革、政治体制改革双头并进的同时实现了法制建设向法治形成的历史转变，实现了社会主义法治国家建设的与时俱进。在不断完善社会主义法律体系、基本法律制度的同时开始培育法治精神、催生法治思想，积极探索和论证司法体制改革的可能性，从而为正式确立社会主义法治国家和提出依法治国基本方略提供了重要的思想准备。1978年到1997年，既是全面恢复法制的20年，又是法治萌发的20年；既是彻底反思和不断摸索社会主义法治建设的20年，又是积极探索和勇于开创依法治国新理念的20年；既是人民民主法制重新焕发生机的20年，又是法治建设不断推动社会主义政治文明建设的20年。正是因为这个20年的艰苦努力和不懈求索，社会主义法治建设才得以走进社会主义政治生活。可以说，这个时期的法治建设已经逐渐明确了法治的内涵和属性，认清了法治的要求和中心任务，是新中国法治建设这一完整过程中重塑法制和形成法治的特殊时期。其至少完成了两个基本工作，即重新恢复了人民民主法制的政治地位，而且完成了依法治国基本方略和依法执政基本方式正式确立的条件准备。因此，这一时期的法治建设是围绕着上述基本线索而展开的，是一个系统且相对完整的法治建设阶段。

为了更加清楚地展示这段历史，我们认为可以将社会主义法治建设的重塑和形成时期分为三个具体阶段，即社会主义法制建设的恢复与重塑阶段（1978—1982年），社会主义法治建设的萌芽和摸索阶段（1982—1992年），社会主义法治建设的形成和初创阶段（1992—1997年）。

一、社会主义法制建设的恢复与重塑阶段（1978—1982年）

一般认为，党的十一届三中全会标志着社会主义法制建设的全面

---

① 胡锦涛：《高举中国特色社会主义伟大旗帜，为夺取全面建设小康社会新胜利而奋斗》，北京：人民出版社，2007年版，第6页。

恢复。这是有理论和实践的客观事实为依据的。但是，人们往往忽略了一个重要事件。众所周知，“砸烂公、检、法”是“文化大革命”期间法制挫折的集中写照，而人民检察院的撤销则是这一口号提出后中国法律制度建设史上最荒唐的事件。从某种意义上说，人民检察院的撤销不但是一个政法机构的消亡而是整个国家“无法无天”的直接表现。因此，恢复法制首先就必须纠正这一重大错误。为此，1978年2月，第五届全国人民代表大会第一次会议[①]决定重新设置人民检察院，并任命黄火青为最高人民检察院检察长。这标志着社会主义法制建设在实践层面的重建工作正式重新开始。

全面肃清“反法制思潮”和“法律虚无主义”的贻害，必须首先统一全党、全国各族人民的思想，要从思想上确认法制建设的重要性，让人们认识到只有法制才可能确保社会主义伟大事业的顺利前进，只有法制才可能实现社会主义民主政治，只有法制才能保证公民的基本权利不受侵犯。为此，党的十一届三中全会专门对法制问题[②]作出决议，决议指出：

“为了保障人民民主，必须加强社会主义法制，使民主制度化、法律化，使这种制度和法律具有稳定性、连续性和极大的权威，做到有法可依、有法必依、执法必严，违法必究。从现在起，应当把立法工作提到全国人民代表大会及其常务委员会的重要议程上来。检察机关和司法机关要保持应有的独立性；要忠实于法律和制度，忠实于人民利益，忠实于事实真相，要保证人民在自己的法律面前人人平等，不允许任何人有超于法律之上的特权。”[③]

显然，法律制度化、法律权威化、法律稳定化，法律体系完善化，

---

① 当然，这次会议还通过了《中华人民共和国宪法修正草案》(史称“78宪法”)以及《关于修改宪法的报告》，但是由于这部宪法的时代局限性，以及受到文革思想遗留的非法治理念的影响，“78宪法”是一部不完整且存在重大问题的宪法，故而不应作为新时期法治建设起点的标志。

② 这一问题实际是在阐述民主与法制问题时候被专门论及的。

③ 《三中全会以来重要文献选编》(上)，北京：人民出版社，1982年版，第11页。

法制机构健全化以及法制本质和“法律面前人人平等”的正确法治理念业已成为当时法制建设恢复时代的基本任务。在党和国家提出全面恢复法制工作之时，新时期的法制建设主要在两个方面实现了较大的跨越。

第一个方面，新时期法制建设的恢复体现在开始确立法律的权威，开始在制度、机制等各个法制工作层次和领域实现“人治”向“法治”的初步转向。这又体现在以下两个基本任务的探索和工作中。

1. 大规模立法工作加快社会主义法律体系的完善进程。加强社会主义法制，必须否定“法律虚无主义”，也就是说，必须加强立法工作、加快完善法律体系。党的十一届三中全会明确了立法工作的重要性，这是一个历史性的认识。之所以称其为历史性的认识，是因为它的提出彻底颠覆了此前倡行的“个人崇拜”和“领袖之法”。邓小平明确指出，“现在的问题是法律很不完备，很多法律还没有制定出来。往往把领导人说的话当作‘法’，不赞成领导人说的话就叫做‘违法’，领导人的话改变了，‘法’也就跟着改变。所以，应该集中力量制定刑法、民法、诉讼法和其他各种必要的法律，……经过一定民主程序通过，……现在立法的工作量很大，人力很不够，因此法律条文开始可以粗一点，逐步完善。有的法规地方可以先试搞，然后经过总结提高，制定全国通行的法律。修改补充法律，成熟一条就修改一条，不要等待‘成套设备’。总之，有比没有好，快搞比慢搞好。此外，我们还要大力加强对国际法的研究。”[①] 作为“有法可依”的必然要求，从1979年起，新中国成立后第二次加速立法工作全面展开。1979年2月，叶剑英委员长提出我国法制建设的五点考虑，并指出人大常委会应该加快组织研究拟定或修改我国的刑法、刑事诉讼法、民法、婚姻法和相关经济法规，以促进完善我国的法制。同年11月，第五届全国人民代表大会常务委员会第十二次会议通过了《关于中华人民共和国建国

① 《邓小平文选》(第2卷)，北京：人民出版社，1994年版，第146—147页。

以来制定的法律、法令效力问题的决议》①，这也是我国第二次对于法律清理问题进行决议，其同时也意味着新时期立法工作的全面恢复。这个决定，对于完备和加强社会主义法制，保障和发展安定团结的政治局面，促进社会主义现代化建设事业的发展，是十分必要的。

上述正确的认识直接反映到了新时期的法律体系的重建之中。1979年2月，第五届全国人大常委会第6次会议表决通过了《中华人民共和国逮捕拘留条例》、《中华人民共和国森林法》；经过五届人大常委会的精心准备，1979年6月，在第五届全国人大第二次会议上，大会通过了关于修改宪法若干规定的决议，并且表决通过了7部重要法律，分别为《地方各级人民代表大会和地方各级人民政府组织法》（1979年7月4日公布）、《全国人民代表大会和地方各级人民代表大会选举法》（1979年7月4日公布）、《中华人民共和国人民法院组织法》（1979年7月5日公布）、《中华人民共和国人民检察院组织法》（1979年7月5日公布）、《中华人民共和国刑法》（1979年7月6日公布）、《中华人民共和国刑事诉讼法》（1979年7月7日公布）、《中华人民共和国中外合资经营企业法》（1979年7月8日公布）②；随后，第五届全国人大常委会原则通过了《中华人民共和国环境保护法（试行）》并且宣布地方各级革命委员会更名为人民政府。与此同时，全国人大及其常

---

① 该决议指出，“从一九四九年十月一日中华人民共和国建国以来，前中央人民政府制定、批准的法律、法令，从一九五四年九月二十日第一届全国人民代表大会第一次会议制定中华人民共和国宪法以来，全国人民代表大会和全国人民代表大会常务委员会制定、批准的法律、法令，除了同第五届全国人民代表大会制定的宪法、法律和第五届全国人民代表大会常务委员会制定、批准的法令相抵触的以外，继续有效。”

② 1979年9月9日，中共中央发出《关于坚决保证刑法、刑事诉讼法切实实施的指示》。指示根据党的十一届三中全会的路线、方针和政策，从发展社会主义民主、健全社会主义法制的高度，总结了过去司法工作正反两方面的经验，针对现实情况，提出了一系列必须严格依法办事的原则和规定。参见俞建平、赵昆坡等:《建国以来法制建设记事》，石家庄：河北人民出版社，1986年版，第212页。

委会开始着实制定民事诉讼法[①]和民法[②]。而在1980年召开的第五届全国人大第三次会议上，由于许多重要的法律法规得以通过颁行，例如《中华人民共和国国籍法》、《中华人民共和国婚姻法》、《中华人民共和国中外合资经营企业所得税法》、《中华人民共和国个人所得税法》；更为重要的是，这次会议不但修改了宪法第四十五条，而且还决议成立中华人民共和国宪法修改委员会[③]，这标志着我国第四次修宪的正式开始。次年年底，第五届全国人大第四次会议召开，会议通过了《中华人民共和国经济合同法》、《中华人民共和国外国企业所得税法》，在原则上通过了《中华人民共和国民事诉讼法》，1982年年初该法经全国人大常委会修改后公布并于1982年10月1日开始施行；不久《中华人民共和国海洋环境保护法》、《中华人民共和国商标法》、《中华人民共和国文物保护法》和《中华人民共和国食品卫生法（试行）》正式通过颁行。

1982年对于中国法治建设，尤其是立法工作而言，是极其重要的一年。这一年，新中国成立以来的第四部宪法正式颁行。1982年4月的下旬，宪法修改委员会第三次会议正式通过了《中华人民共和国宪法修改草案》，并批准了全国人大常委会的《关于提请公布〈中华人民共和国宪法修改草案〉交付全国各族人民讨论的建议》。这次讨论经历近半年的时间，讨论至该年的8月31日结束。两个月以后，宪法修改委员会在北京举行第五次全体会议，通过决议将宪法修改草案和该草案的说明报告提交第五届全国人大第五次会议审议。1982年12月4日，第五届全国人民代表大会第五次会议通过了《中华人民共和国

① 1979年10月4日，《中华人民共和国民事诉讼法》起草小组进入起草阶段。

② 1979年11月3日，全国人大常委会法制委员会成立民法起草小组。该起草小组的第一次会议组成了杨秀峰、陶希晋等7人的中心小组，负责起草工作。1981年全国人大常务委员会法制委员会召开会议讨论了《中华人民共和国民法（草案）》第二稿的修改问题。参见俞建平、赵昆坡等:《建国以来法制建设记事》，石家庄：河北人民出版社，1986年版，第214—215页、第243页。

③ 宪法修改委员会主任为叶剑英，副主任为宋庆龄、彭真。同年9月15日，委员会举行一次会议，决定成立了以胡乔木为秘书长的秘书处。

宪法》(史称“82宪法”),并于同日公布施行[①]。新宪法的颁布实施带来了新时期法制建设的新高潮,带来一系列的法治研究的新成果和新见解,为法制建设向法治建设的思想转变和模式变迁提供了较为完备的论证。[②]“在我国宪法史上,82宪法被公认为是最好的一部宪法,它是1978年宪法的继承和发展,……充分体现了宪法的时代特征和中国共产党与时俱进的优秀品质,为我国的改革开放和社会主义现代化建设事业提供了有力的宪法保障,同时也为我国的法治建设明确了目标和基本框架。”[③]

而在立法权限方面,82宪法也做出了重要改变。国务院开始有权根据宪法和法律制定行政法规,并同时规定,国务院的各部、委可以根据法律和行政法规制定部门规章。而经过1979年地方组织法的筹备,82宪法同样确认了地方立法权限的问题,并且从省、自治区的立法权限开始逐步扩展至省会市、较大的市的地方性立法权限的确认。今天看来,这是完善社会主义法律体系的重要之举。

2. 法制机构健全化保障法制工作的顺利恢复。在立法机关建设方面:1979年第五届全国人大常委会第六次会议决定设立全国人大常委会法制委员会,协助人大常委会开展法制工作,并选举彭真为主任。与此同时,检察与司法机关也开始迅速整顿,并积极探讨检察和司法

---

① “82宪法”公布施行后,相关配套的宪法性法律纷纷进行了修改并重新颁布施行,如,《中华人民共和国全国人民代表大会组织法》、《中华人民共和国国务院组织法》,等等。

② 82宪法通过后,为与中国社会发生的变革相适应,全国人民代表大会又先后四次对宪法的部分内容和条款作了修改。1988年的宪法修正案规定,国家允许私营经济在法律规定的范围内存在和发展;土地的使用权可以依照法律的规定转让。1993年的宪法修正案规定,国家实行社会主义市场经济;中国共产党领导的多党合作和政治协商制度将长期存在和发展。1999年的宪法修正案规定,国家实行依法治国,建设社会主义法治国家;国家在社会主义初级阶段,坚持公有制为主体、多种所有制经济共同发展的基本经济制度,坚持按劳分配为主体、多种分配方式并存的分配制度。2004年的宪法修正案规定,国家鼓励、支持和引导非公有制经济的发展,并对非公有制经济依法实行监督和管理;公民的合法的私有财产不受侵犯,国家依照法律规定保护公民的私有财产权和继承权;国家尊重和保障人权等。上述内容参见国务院《中国的法治建设》白皮书。

③ 李伯超:《82宪法与中国的法治建设》,湘潭大学社会科学学报,2003年第1期,第37页。

工作的基本路径和新方法、新思维。在经过多年的人民检察制度的空白后，党和国家决定恢复重建人民检察院，这标志着整个司法机构全面重建的开始；1979年年中，北京市高级人民法院举办了自1957年以来第一次在职干部学习司法业务训练班，开始摸索司法工作的专业化。同年下半年，最高人民法院和各省、市、自治区高级人民法院开始建立经济审判庭。1980年7月30日到8月9日，司法部召开了全国司法行政工作会议，这是我国自新中国成立以来第一次专门性的司法行政工作会议。伴随着司法机关的逐步恢复和重新完善，其他配套的重要司法机构和制度也开始了重建之旅，1979年4月，作为律师制度恢复的标志，北京市律师协会正式成立；到1980年，全国各个大中城市和部分交通沿线的县恢复成立了200多个法律顾问处，2000多名人民律师开始全面提供法律服务[①]；这一年的年末，司法部召开了第一次全国律师工作座谈会，开始讨论制定律师执业的基本章程和相关办法。同时，公证工作的重建也进行得如火如荼，仅仅到1980年中就已经恢复建设了250余所公证处，并且业已处理了大量的公证业务[②]。1981年，为了推动人民调解工作的有效开展，司法部召开了第一次全国人民调解工作会议，会议讨论和交流了各地人民调解的工作经验，通过了《人民调解委员会组织条例（讨论稿）》和《司法助理员工作暂行规定（讨论稿）》[③]。而在法学研究的科研院所建设方面，新时期的法治建设也取得令人欣喜的快速发展。1979年3月，中国社会科学院法学所根据当时法制建设和法学研究的要求和状况制定了《全国法学研究（1979—1985）发展规划纲要》，不久之后，《法学研究》杂志创刊。1980年元月，北京市法学会成立，陈守一当选为会长；同年2月初，中国国际法学会正式成立，宦乡当选为首任会长。1980年底，中

---

① 1980年8月26日，《中华人民共和国律师暂行条例》公布，该条例自1982年1月1日期开始施行。

② 1982年4月，国务院发布施行了《中华人民共和国公证暂行条例》。

③ 在这次会议召开之前（1980年底），全国已经建成人民调解组织81万多个，任命了570多万的调解人员。

国政治学会成立，大会推举钱端升、邓初民为名誉会长，选举张友渔为会长，并且通过了《1981—1985年政治学研究规划》。两年后，中国法学会成立大会在北京举行，会议原则通过了《中国法学会章程》，并选举杨秀峰为名誉会长，武新宇为会长，张友渔、王一夫和陈守一为副会长。在各项法制机构重组、重建和各项法制工作顺利开展、重启一段时间后，党和国家愈发确认了法制工作对于社会主义建设的重要作用，1982年夏，中共中央政法委员会召开了建国以来规模最大的一次政法会议，并指出当前法制工作应该在党的领导下，振奋革命精神，为争取实现社会风气和社会治安的根本好转，推进社会主义物质文明和精神文明做出新的贡献。

需要特别指出的是，1980年，最高人民法院和最高人民检察院分别成立了特别刑法庭和特别检察厅，开始公诉和审理“四人帮”反革命案件。这也是党和国家在新时期第一次使用特别法庭和特别检察厅对特别重大案件进行诉讼、审理的典型案件。

在其他方面，与法治建设密切相关的理论研究和学术活动如雨后春笋般迅速发展起来。在经过理论法学习和部门法不同层次范围的学习之后，法学界的学者专家认为中国的法学研究已经迎来了自己的第二个春天。1980年3月，《中国大百科全书·法学卷》编委会成立，张友渔任主任委员，这是全国法学界集中全部的智慧和力量而编纂的我国第一部法学百科全书。而在国际法方面，一些新的国际法研究领域开始被开拓。1981年底，海洋法学术会议在北京召开，开启了国际法学界对该问题研究的先河。

第二个方面，新时期法制建设的重塑体现在开始确认法治原则，从思想和观念上开始明确法制对于社会主义现代化建设的重大意义。

在加快完成上述两点基本任务的同时，新时期的法制建设开始从思想上解决法制问题，尤其强调了立法思想，即法律是什么、为何要立法、立法的依据什么、立法的本质是什么以及如何实现社会主义立法体系的先进性等问题。科学地认识法律，必须科学地看待立法、尊重立法和理解立法。只有尊重立法工作的神圣性和专业化，才能从观念上重视法律在国家政治生活中的重要价值；只有依赖完善立法和强调有法可依、有法必依，才能实现中国法治化的“大众化”目标。在加快立法工作、重建法律体系之初，党和国家就在思想上较为清醒地提出应该从法制建设的高度，系统、长期和客观地认识社会主义法律体系的完善，彭真同志明确指出：

“法律是什么？法律就是把党和国家的方针、政策定型化，就是把党和国家的方针、政策用法律的形式固定起来。这是指那些经过实践检验已经证明是正确的方针、政策。

法律要不要修改？自然界在发展，人类社会在发展，法律怎么能不修改呢？情况不适合，就要修改。那么法律是不是还有尊严呢？从新中国成立以来，党中央、毛泽东同志领导我们制定法律，是比较慎重的，不是随随便便制定，随随便便修改的。……。我们的法律是稳定性的，是有尊严的。法律定了以后，即便觉得有些不妥，在没有修改之前，你还得服从，还得执行。要修改，谁来修改？要经过党中央，还要经过法定的程序，提到人大常委会审议通过，或者是提到全国人民代表大会审议通过。”①

全面重建法律体系，是整个法制建设恢复和重建的起点，立法不是法制建设的目的，而是实现法制的必经阶段和途径，是法治原则中立宪主义和法律健全的主要体现。对于社会主义中国而言，健全立法体系、加快立法步伐、实现法律体系的逐渐完备，是一件关乎国家、社会稳定和发展的大事。正因为如此，党和国家在加大立法强度的同时，愈发重视各项制度法制化的工作，切实恢复和创立了许多卓有成效和新生的法制工作机制，从战略的高度来看，这些工作都是在一种新的法制战略下实现的，即：必须巩固人民民主专政，完善国家的宪法和法律并使之成为任何人都必须严格遵守的不可侵犯的力量，使社会主义法制成为维护人民权利，保障生产秩序、工作秩序、生活秩序，

① 彭真:《关于社会主义法制的几个问题——在中央党校的讲话》，红旗，1979年第11期。

制裁犯罪行为，打击阶级敌人破坏的强大武器。[1]

了解法律是什么、明确立法的重要以及彰显立法权的归属，这些都是新时期法制建设在立法工作或者法律体系完善方面重新确立的正确原则和认识。但是，客观地讲，这些观点和认识在新中国建立之初的人民民主法制建设方兴未艾之时就已经被确认或者曾经被认可。那么，新时期的法制建设如何能够避免重蹈覆辙，陷入“无法无天”、“法制瘫痪”的状态呢？在这里，党和国家不但发现“法律工具化”的不足，并由此开始将讲法制建设上升到通国家的主要建设同等重要的地位上来，即既要坚持经济建设，又要坚持法制建设。这就意味着，在社会主义现代化建设的任何一个阶段、任何一个领域和任何一个建设的具体问题上，法不仅仅是一种从属性的统治工具，而要成为这个阶段、这个领域和这个问题的主要原则、基本策略和根本依据。因此，新时期法制建设提出的第一个具有划时代意义的法制命题就是，“两手抓，两手都要硬”，即“要在大幅度提高社会生产力的同时，改革和完善社会主义的经济制度和政治制度，发展高度的社会主义民主和完备的社会主义法制”。[2]而对于1978—1982年这段特殊的历史时期而言，新时期法制建设在“两个方面都要建设”的指导思想主要体现在坚持以经济建设为中心的同时处理好经济建设同其他建设的相互关系，为经济发展保驾护航，为法制建设提供稳定而健康的基础环境。我们可以看到：总结建国以来三十二年历史经验的根本目的，就是要坚持社会主义道路，坚持人民民主专政即无产阶级专政，坚持共产党的领导，坚持马克思列宁主义、毛泽东思想这四项基本原则的基础上，把全党、全军和全国各族人民的意志和力量进一步集中到建设社会主义现代化强国这个伟大目标上来。[3]

---

① 《中国共产党中央委员会关于建国以来党的若干历史问题的决议》，北京：人民出版社，1981年版，第56—57页。

② 《邓小平文选》（第2卷），北京：人民出版社，1994年版，第208页。

③ 《中国共产党中央委员会关于建国以来党的若干历史问题的决议》，北京：人民出版社，1981年版，第52页。

建设社会主义现代化强国，不仅是维护经济建设的稳步快速发展的法制保障，也是建设社会主义民主政治的题中之意。社会主义民主与社会主义法制的关系是法制建设过程中一个极为重要的命题。在社会主义法治沉沦时期，即社会主义法制建设徘徊和踯躅时期，林彪、“四人帮”团伙就是将法制同人民民主对立起来，妄论“有法制就没有人民民主”的荒谬观点，将人民民主法制建设的成就一笔勾销，进而“砸烂公、检、法”，废除了原本进步和有效的国家法制。一般认为，法治是近现代民主政治发展的产物，而民主政治在某种意义上就是法治政治。因此，对于新时期而言，法制建设能否向法治建设发展，就必须明确法制和民主的关系。对于这个问题，以邓小平为核心的第二代领导集体对此很早就有了较为全面和准确的看法。

邓小平在《解放思想、实事求是，团结一致向前看》的改革檄文中提出：

“为了保障人民民主，必须加强法制。”①

站在宪法精神和社会主义宪法原则的基础上，叶剑英也曾明确地提出：

“加强社会主义法制，是无产阶级专政的需要，是人民的需要，是同广大人民的根本利益完全一致的。社会主义法制对于违法犯法的人是压力和束缚，对于破坏社会主义革命和建设的敌人是无情的铁腕，对于广大人民群众则是自觉遵守的行为准则。”②

正因为如此，只有民主和法制结合起来，实现社会主义民主集中制下的法制，才可能实现法制的大发展和大进步。之所以新时期一开始，我国的法制建设就能够实现各项法制工作，尤其是立法工作的快速发展，实现以往几年甚至十几年都不曾实现的进步和成果，其关键就在于新时期的法制建设在观念和思想上首先理顺了民主和法制的关

---

① 《邓小平文选》(第2卷)，北京：人民出版社，1994年版，第146页。

② 叶剑英:《关于修改宪法的报告——1978年3月1日在中华人民共和国第五届全国人民代表大会第一次会议上的报告》，人民日报，1979年3月8日，第1版。

系，抛弃了那种“群众运动”下的“革命浪漫情怀”对“法治精神”下的“制度理性主义”的倾轧和排斥。

尊重法律，以尊重法律主体——公民——为前提。“法治国家的重要特征之一是对个人权利和自由的现实保证。人权是法治国家的精髓，也是社会整体发展的重要因素之一。”[①]反对法律虚无主义就是要反对将法律的效力置于人的意志之下。而实现两者的有机统一，就意味着真正的法治必须在尊重人、关乎人的基础上，切实尊重公民的基本权利和合法权益，有效保障公民在社会生活方方面面的安全、自主、利益和发展的可能性，有效地预防和惩罚任何侵害公民权利的违法行为。众所周知，在这一时期的社会主义法制建设在全面重建前的较长时间里，由于国家法制建立严重挫折而导致全社会对人权观念的淡漠。那时，“什么副委员长、副总理、军委副主席、国家元帅，什么党员、团员，什么干部、群众、劳模，什么统战对象，他要整谁就整谁。随便可以抄家，随便可以抓，随便可以捕，随便可以关起来，随便可以诬陷，随便可以诽谤，随便可以非刑拷打，随便可以杀人。最后呢，还要杀害毛主席。”[②]显然，人权观念的丧失，就不可能允许国家法制的存在，也就失去了法治国家的建设可能。全面恢复法制建设，在主体建设上就是要恢复政治生活里的公民权利，恢复对于人及其生存和发展的基本关切，恢复对人的基本权利的严格保护，这也是新时期法制建设恢复探索之初不可回避的工作。正如万里所言：“我们要大力加强社会主义法制。要进一步广泛深入地进行法制的宣传和教育，使国家的各项法律真正做到家喻户晓，深入人心，从而变成维护法制的强大力量。政府机关工作人员要以身作则地遵守法律和制度，在各项工作中都要依法办事。在我们国家里，在法律面前人人平等，不允许有任何超越法律之外或者凌驾于法律之上的特权，凡是违犯法律的，

---

① B.B.拉扎列夫:《法与国家的一般理论》，王哲等译，北京：法律出版社，1999年版，第349页。

② 彭真:《关于社会主义法制的几个问题——在中央党校的讲话》，红旗，1979年第11期。

不管资格多老，职位多高，功劳多大，都要受到法律制裁。”[①]客观地讲，尽管人权的完整内涵和人权事业的方针尚未成熟，但在完善立法和法律体系的同时加强人权保护的同时，新时期法制建设的人权工作紧锣密鼓地开展起来，在短短的几年里实现了四个大步的提升：第一步拨乱反正恢复人民群众对法律制度的信心；第二步就是要让人民群众了解法律、认同法律和尊重法律；第三步是要用法律的武器维护人民群众的各项合法权益；第四步是要保护人民群众的政治权利、拓宽人民群众参政议政的途径。在依法、守法的基础上，提高对人权问题的重视程度、扩大社会主义人权的权利范围、加大人权的保护力度，这一切为社会主义人权事业和法治建设提供了文明化的准备工作。

当然，这一时期的社会主义法制建设尚且不能达到对社会主义法治国家的高度，我们所进行的总结也仅是较为概要的，但是新时期的法制建设已经将法治作为一种行为方式的理解注入了各项法制工作之中。不论这种注入是有意识的还是无意识的，也不论这一时期人们对法治的态度、理解水平，甚或这一时期还存在着诸多制度问题和青年违法犯罪严重化的问题，新时期法制建设至少明确了作为法治国家的底线——依法办事。西方学者富勒指出，“法治的实质必定是：在对公民发生作用时（如将他投入监狱或宣布他据以主张财产权的证件无效），政府应忠实地运用预先宣布的应由公民遵守并决定其权利和义务的规则，如果法治不是指这个意思，它就毫无意义。”[②]而在初步完成了这个任务的同时，社会主义法制建设的恢复与重塑阶段也就基本上完成了它的历史使命。

---

① 万里：《加强社会主义民主和法制》（1979年12月25日），载于《万里论人民民主与法制建设》，北京：中国民主法制出版社，1996年版，第15—16页。

② L. L. Fuller. The morality of Law (Revised Edition), US: Yale University Press, 1969, p.209. 转引自张文显：《法哲学范畴研究》，北京：中国政法大学出版社，2001年版，第154页。

二、社会主义法治建设的萌芽和摸索阶段（1982—1992年）

1982年，第五届全国人民代表大会第五次会议通过了《中华人民共和国宪法》，这是我国第四部宪法，也是至今仍在生效实施的宪法，它的通过标志着新中国法治建设开启了自己新的一页。这个新一页的掀开，意味着中国的法制建设已经与社会主义现代化建设密不可分。新宪法规定，我国正处于社会主义初级阶段，国家的根本任务是，根据建设有中国特色社会主义的思路，集中力量进行社会主义现代化建设。中国各族人民将继续在中国共产党领导下，在马克思列宁主义、毛泽东思想指引下，坚持人民民主专政，坚持社会主义道路，坚持改革开放，不断完善社会主义的各项制度，发展社会主义民主，健全社会主义法制，自力更生、艰苦奋斗，逐步实现工业、农业、国防和科学技术的现代化，把我国建设成为富强、民主、文明的社会主义国家。

1982年是新中国社会主义法治建设史上具有重要意义的一年。一方面，经过近五年的努力奋斗，国家的面貌发生了重大改变，民主与法制建设逐步恢复并步入正轨；另一方面，1982年通过实施的《中华人民共和国宪法》确认了中国特色社会主义现代化建设的方向和道路，法制建设也成为了社会主义中国发展进步的命脉和基石。自此，国家的大政方针开始遵照法的思维，需要法律的确认和依赖法制的保障。法制建设开始从一种合法的行为方式的建设扩展为一种对法律秩序、政治生活乃至整个社会生活的一种优良状态的追求。尽管此时党和国家还并未明确使用“法治建设”取代“法制建设”作为党和国家执政理国的基本方略。但是，从法治原理和法治发展的基本规律来看，这个时期已经不再是较为简单的“法制建设”，而是开始具备“法治探索”的萌芽。正因为如此，1982年底至1992年的十年间，中国已经开始进行较为完整系统的法治建设，我们称之为社会主义法治建设的萌芽和摸索阶段。

客观地讲，这个十年仍旧是围绕“法制”这个命题进行建设的，但是由于它对于社会主义法治建设的直接影响，因此已经成为法治建设的现实准备。即便是从当时法制建设本身而言，我们也可以发现十年法制具有三个重要的意义关系："第一,十年法制在十年改革中与整个社会变革的意义关系。第二,十年法制在今天和将来的法制建设以及社会主义法治发展改变了的条件和环境意义关系。第三,十年法制经过人们的不断认识和反思以及理论上的不断升华，在前两者的基础上形成的抽象意义关系。"[①]经过这个十年的建设，我国的法律秩序已经具备雏形，整个社会生活的基本方面已经能够被法律规范制度化，公民和法人组织等社会主体基本明确了各自的权利和义务，法制所要求的依法、守法的普遍认知和接受得以实现，整个社会开始在法制不断健全和自我批判、反思的基础上朝向有条不紊、秩序井然、生机盎然的法治秩序迈进。从法治建设萌芽和摸索的过程来看，这一时期可以根据"转型"和时间两条基本线索分为以下几个主要方面。

首先，在法治观念方面，社会改革、国家建设与法治（法制）建设之间的关系日益密切，法制建设明确成为社会主义现代化的重要基石。

"社会改革推动法制的发展，是以法制在改革过程中的不可替代的主导功能为前提的。显然，如果法制没有必要和可能强有力地参与或引导、推进改革，那么改革也就不可能有助于实现法制。"[②]这是法制与改革的发展逻辑，也是法治与社会发展文明化的历史规律。在前一阶段，党和国家就已经注意到经济建设和法制建设具有密不可分的联系。当时认为，经济建设是整个国家建设的中心，法制建设必须围绕这个中心开展。党中央已经较早地提出，包括法制建设在内所有社会主义建设的奋斗目标，"就是要把我们的国家，逐步建设成为具有现代农业、现代工业、现代国防和现代科学技术的，具有高度民主和高度文明的社会主义强国。"为此，必须加快经济建设、发展生产力，逐

① 王人博、程燎原:《法治论》，济南：山东人民出版社，1989年版，第366页。

② 王人博、程燎原:《法治论》，济南：山东人民出版社，1989年版，第386页。

步满足人民日益增长的物质和文化需要；实现在经济发展过程中的利益均衡、矛盾化解，且更好地稳定社会秩序，就必须依赖法制的有效实现。而法制工作的广泛开展则离不开经济建设过程中新的制度需要和新的保障机制的健全。随着改革开放的深化，社会主义经济建设中产生了大量的社会问题和矛盾，牵涉各社会主体，如果仍旧过分坚持法制工具化的建设路径，将不但影响到法制建设本身的合理性，而且也不利于保障改革成果的充分保存和合理分配。因此，党和国家提出必须将社会改革（尤其是经济改革）与法制建设联系起来，实现两者并重，相辅相成。这一时期，邓小平在不同时间、不同场合，针对不同问题对于上述问题进行了多维度的解释。1982年，他在党的第十二次全国代表大会上指出“从十一届三中全会以来，我们党在经济、政治、文化等各方面的工作中恢复了正确的政策，并研究新情况、新经验，制定了一系列的正确政策……。……八十年代是我们党和国家历史发展上的重要年代。……核心是经济建设，它是解决国际国内问题的基础”①；在接见日本民间友人时，其又指出“我们的政治路线，是把四个现代化建设作为重点，坚持发展生产力，始终扭住这个根本环节不放松……。我们提出四个现代化的最低目标，是到本世纪末达到小康水平。”②；在经济建设蓬勃发展的同时，也必须加强法制建设，在1986年1月17日的中央政治局常委会上，他提出“搞四个现代化一定要有两手，只有一手是不行的。所谓两手，即一手抓建设，一手抓法制。党有党纪，国有国法。……经济建设这一手我们搞得相当有成绩，形势喜人，这是我们国家的成功。但风气如果坏下去，经济搞成功又有什么意义？会在另一方面变质，反过来影响整个经济变质，发展下去会形成贪污、盗窃、贿赂横行的世界”③；因此，必须认识到“没有法制不行。法制观念与人们的文化素质有关。……加强法制重要的是

① 《邓小平文选》（第3卷），北京：人民出版社，1993年版，第2—3页。

② 《邓小平文选》（第3卷），北京：人民出版社，1993年版，第64页。

③ 《邓小平文选》（第3卷），北京：人民出版社，1993年版，第154页。

进行教育，根本问题是教育人”[①]。在谈到如何评价包括法制建设在内的政治体制是否正确的问题——即法制建设的效果问题——时，邓小平言简意赅地指出三点衡量标准：“第一是看国家的政局是否稳定；第二是看能否增进人民的团结，改善人民的生活；第三是看生产力能否得到持续发展。”[②]这一切都说明法制建设的进步离不开经济建设的发展，而法制建设的发展也会保障整个经济建设的健康发展进而有利于加快社会主义四个现代化的实现。这种认识的发展过程也说明了社会发展和法治建设之间的基本关系。正因为如此，党的法制认知稳步提升。党的十二大报告提出在全面开创新局面的各项任务中，首要的任务是把社会主义现代化经济建设推向前进；时隔三年后，党中央就专门下达《关于全党必须坚决拥护社会主义法制的通知》，指出“在新的历史条件下，要坚决贯彻落实‘一手抓建设，一手抓法制’的思想，各级干部和全体党员要自觉地接受群众的监督和法制的制约，自觉养成依法办事的习惯”。党的十三大较为全面地概括和总结了社会主义法制建设在改革中的地位、作用和建设的基本内容，较为系统地提出：“我们必须一手抓建设和改革，一手抓法制。法制建设必须贯串于改革的全过程。一方面，应当加强立法工作，改善执法活动，保障司法机关依法独立行使职权，提高公民的法律意识；另一方面，法制建设又必须保障建设和改革的秩序，使改革的成果得以巩固。应兴应革的事情，要尽可能用法律或制度的形式加以明确。这样才能形成政治、经济和社会生活的新规范，逐步做到党、政权组织同其他社会组织的关系制度化，国家政权组织内部活动制度化，中央、地方、基层之间的关系制度化，人员的培养、选拔、使用和淘汰制度化，基层民主生活制度化，社会协商对话制度化。总之，应当通过改革，使我国社会主义民主政治一步一步走向制度化、法律化。这是防止‘文化大革命’重演，实现国家长治久安的根本保证。”必须提到的是，在这个十年里

① 《邓小平文选》(第3卷)，北京：人民出版社，1993年版，第163页。
② 《邓小平文选》(第3卷)，北京：人民出版社，1993年版，第213页。

国家在加快改革开放和经济体制、政治体制改革的同时，出现了一些改革过程中不可避免的认识不清、准备不足和制度失灵等问题，“官僚主义”、腐败现象等问题也呈现上升趋势，这就更加需要强有力的法制和正确的法治观念，自上而下地全面进行法制治理。遗憾的是，从1985年开始，一部分人或者心怀叵测、图谋不轨，或者唯西方是举，或者脱离中国实际、不顾改革开放的伟大成就，反对四项基本原则，无视国家的安定团结，奢谈或者妄图通过所谓的“西方式民主改革”，实现所谓的分权治理、建成法治国家，这不但无助于催生新时期的社会主义法治建设，而且给我国社会主义现代化建设的各项任务带来了极大的损害。仅从法制发展而言，就可以看到“一手抓经济、一手抓法制”的正确策略不得不暂时搁置而集中精力惩治犯罪，法治探索又一次遭受了“刑罚法制”的考验。值得庆幸的是，党和国家并没有因为1989年春夏之交的动乱而有所动摇。反而通过对这次风波的反思和总结，对整个十年法制建设的回顾与审视，党的十四大更加坚定地提出:“高度重视法制建设。加强立法工作，特别是抓紧制订与完善保障改革开放、加强宏观经济管理、规范微观经济行为的法律和法规，这是建立社会主义市场经济体制的迫切要求。要严格执行宪法和法律，加强执法监督，坚决纠正以言代法、以罚代刑等现象，保障人民法院和检察院依法独立进行审判和检察。加强政法部门自身建设，提高人员素质和执法水平。要把民主法制实践和民主法制教育结合起来，不断增强广大干部群众的民主意识和法制观念。”[①]事实证明，不论风云如何变幻，党和国家坚持法制建设的决心没有变，国家法治化进程和依法治国步伐的稳步推进仍在继续。

一般认为，法治国家是法治目的论和法治工具论有机统一的结果，换言之，一个国家是否能够成为法治国家，至少存在两个基本前提——将法治作为国家政治的目的以及将法治作为国家政治统治的工具，二者相辅相成、缺一不可。历史已经证明，法治仅仅是法制的时

① 《江泽民文选》(第1卷)，北京：人民出版社，2006年版，第235—236页。

候，能够实现立法进步和制度扩张，但是无法实现法治精神和法治国家的产生与发展。如果仅仅保有抽象的法治理念（甚至是片面的西方法治理论），追求所谓的分权、立宪和民主的形式法治就无法实现社会主义法治国家的自主发展。经过十年的探索，我国的改革、国家建设与法制建设已经成为紧密联系的整体，法制建设在不断完善自身工具性建设的同时开始意识到目的性建设的重要，这意味着在社会进步和政治发展的舞台上，社会主义法治已经开始崭露头角。

其次，在立法工作方面，立法工作从注重数量开始向注重法律体系的逻辑化构建和部门法体系建设，基本健全了社会主义法治建设所需“法典化”模式的法律部门建设。这一时期的立法工作从强调加快立法、实现立法工作的蓬勃发展，开始向逐步强调立法工作的系统性、完备性和逻辑性，以及立法程序合法性和立法规划条理性转变。党和国家在这一时期对立法工作和法律体系建设具有明确的指示和目标。从整个法律体系建设的历史过程上看：从革命战争时期主要依靠政策办事，到掌握全国政权以后，不仅依靠政策办事，而且依法办事，健全社会主义法制，必须围绕经济建设这个中心，坚持四项基本原则，坚持改革开放，为建设中国特色的社会主义服务；立法工作必须以马克思主义为指导，从中国的国情出发，总结自己的实践经验，同时汲取古今中外有益的因素；各级国家机关必须严格依法办事，同时通过宣传教育，把法律交给群众；这是法律得以遵守、执行的可靠保障；党领导人民制定宪法和法律，党也领导人民遵守、执行宪法和法律，党自己必须在宪法和法律的范围内活动，坚持党的领导、严格依法办事，服从人民意志，三者是统一的。不难发现，这也就是“党的领导、人民当家作主和依法治国”的最初表达，是法治建设的第二个历史转变的具体体现。

在这个十年里，社会主义法律体系不断充实完善，法律部门也在相应健全①。在宪法和相关法律方面，全国人大先后通过了《中华人民共和国宪法》(1982年)，《中华人民共和国地方各级人民代表大会和地方各级人民政府组织法》(1982年修正案、1986年修正案)、《中华人民共和国全国人民代表大会和地方各级人民代表大会选举法》(1982年修正案、1986年修正案)，《中华人民共和国人民法院组织法》(1983年修正案、1986年修正案)、《中华人民共和国人民检察院组织法》(1983年修正案、1986年修正案)，《全国人民代表大会常务委员会关于县级以下人民代表大会代表直接选举的若干规定》(1983年)，《中华人民共和国民族区域自治法》(1984年)，《全国人民代表大会常务委员会关于在沿海港口城市设立海事法院的决定》(1984年)，《中华人民共和国外交特权与豁免条例》(1986年)，《中华人民共和国全国人民代表大会常务委员会议事规则》(1987年)，《全国人民代表大会常务委员会关于批准中央军事委员会<关于授予军队离休干部中国人民解放军功勋荣誉章的规定>的决定》(1988年)，《中华人民共和国全国人民代表大会议事规则》(1989年)，《中华人民共和国集会游行示威法》(1989年)，《中华人民共和国城市居民委员会组织法》(1989年)，《中华人民共和国香港特别行政区基本法》(1990年)，《中华人民共和国国旗法》(1990年)，《中华人民共和国领事特权与豁免条例》(1990年)，《中华人民共和国缔结条约程序法》(1990年)，《中华人民共和国国徽法》(1991年)，《中华人民共和国领海及毗连区法》(1992年)，《中华人民共和国全国人民代表大会和地方各级人民代表大会代表法》(1992年)；在民商事立法方面，这一时期无论是立法层次、立法内容，还是立法水平都取得了长足的进步，颁行了一大批重要的法律法规，例如《中华人民共和国专利法》(1984年颁行1992年修正案)，《中华人民共和国继承法》(1985年)，《中华人民共和国民法通则》(1986年)，《中华人民共和国外资企业法》(1986年)，《中华人民

① 此部分的法律法规统计均已《中国的法治建设》白皮书的附录中列举的现在仍在有效的法律为计。

共和国全民所有制工业企业法》(1988年),《中华人民共和国中外合作经营企业法》(1988年),《中华人民共和国著作权法》(1990年),《中华人民共和国收养法》(1991年),《中华人民共和国海商法》(1992年),值得一提的是,《民法通则》颁行是我国建国以来第一部民事基本法,是指导、处理我国民事法律关系和纠纷的原则性法律规范,也是日后《民法典》的总则雏形;而在诉讼法领域,立法工作延续长达30余年的《中华人民共和国民事诉讼法》终于在1991年经全国人大审议通过、开始施行,而《中华人民共和国行政诉讼法》的颁行则标志着新中国行政法(涵盖其程序法)的立法掀开了新的一页;除此以外,相对于刑事立法的平静,行政法、环境法的立法工作异常活跃,制定大量的重要法律法规,如《中华人民共和国文物保护法》(1982年颁行,1991年修正案),《中华人民共和国水污染防治法》(1984年),《中华人民共和国兵役法》(1984年),《中华人民共和国义务教育法》(1986年),《中华人民共和国海关法》(1987年),《中华人民共和国大气污染防治法》(1987年),《中华人民共和国野生动物保护法》(1988年),《中华人民共和国传染病防治法》(1989年),《中华人民共和国环境保护法》(1989年),等等。需要着重指出的是,这个十年是我国经济法从无到有,从弱小到相对完善的十年,是新中国立法史上经济法体系逐步成熟和完善的十年。1987年10月19日,《人民日报》撰文宣告中国的经济法律体系正在形成,而事实也表明十年间经济法的立法总数占到了整个立法文件数量(包含法律法规)的50%以上,其中比较重要的有《中华人民共和国海上交通安全法》(1983年),《中华人民共和国统计法》(1983年),《中华人民共和国森林法》(1984年),《中华人民共和国会计法》(1985年),《中华人民共和国草原法》(1985年),《中华人民共和国计量法》(1985年),《中华人民共和国渔业法》(1986年),《中华人民共和国矿产资源法》(1986年),《中华人民共和国土地管理法》(1986年颁行,1988年修正案),《中华人民共和国邮政法》(1986年),《中华人民共和国水法》(1988年),《中华人民共和国标准化法》(1988年),《中华人民共和国进出口商品检验法》(1989年),《中华人民共和国铁路法》(1990年),《中华人民共和国烟草专卖法》(1991年),《中华人民共和国水土保持法》(1991年),《中华人民共和国进出境动植物检疫法》(1991年),《中华人民共和国税收征收管理法》(1992年),等等。

在此基础上,一些以往游离在传统法律部门之间的法律规范开始逐步形成一种较为独立且严密的法律部门,即社会法律部门。社会法的出现同样标志着这一时期法制建设的新发展,我们可以看到这些社会法更多关注不同公民和社会人群的基本权益,是一种保护人民权益和维护社会公益的新型立法。在这里,《中华人民共和国残疾人保障法》(1990年),《中华人民共和国未成年人保护法》(1991年),《中华人民共和国工会法》(1992年),《中华人民共和国妇女权益保障法》(1992年),《中华人民共和国矿山安全法》(1992年)等5部法律不但更加明确了党和国家对于残疾人、妇女儿童的关注,而且也彰显了工人自治组织的社会地位,尤其是对于安全生产的重视至今仍体现出了良好的立法前瞻性效果。毋庸置疑,这个时期的立法工作已经不再是过去"政策立法",而已经体现出立法规划对于立法工作的决定意义。这也是依法治国基本方略的重要组成部分。

再次,在权力监督方面,法制从重要工具提升为基本策略,实现了权力制约水平的飞跃。现代政治生活的文明化从某种意义上讲就是法治化的政治生活,政治生活是围绕着权力的占有、运转和变化而不断发展变化的。因此,法治建设也就是要使得政治权力的运行处于有序和优良状态。新中国成立以后,很长一段时间人们没有认识或者并不认为法制建设需要同权力运行,尤其是权力监督相联系。正因为如此,才出现了"权力真理论"的荒谬认识。在党的十一届三中全会召开后的几年间,党和国家通过"真理的标准"的大讨论,明确否定了权力真理论,树立了"实践是验证真理的唯一标准"的正确观念。解决了如何认识权力和法制之间关系的问题,法律及其相关制度不再为权力所挟制,反而成为了权力监督的重要形式。在这十年里,党和国家不断建立健全决策权、执行权、监督权既相互制约又相互协调的权力结构和运行机制，开始通过立法和制度安排尝试建立政治权力的监督体系和监督制度，监督合力和实效不断增强。各级人民代表大会及其常委会依法对本级人民政府和人民法院、人民检察院进行监督。人民政协充分发挥民主监督作用，监督行为逐步制度化、规范化。

在这一时期，邓小平多次强调运用法制手段实现权力监督，尤其是治理腐败问题的重要性，他曾经指出："对于干部和党员来说，廉政建设要作为大事来抓。还是要靠法制，搞法制靠得住些。"①十年里，用法制实现权力监督之道大致可以分为三个步骤：其一，制定法律法规、完善权力监督的规范保障。事实上，从1979年开始，党和国家就开始注重权力监督的法制规制，并"陆续制定了《刑法》等有关反腐败法律、法令和行政法规三百余件，初步改变了过去那种无法可依、有法不依，以人治取代法治的状况……。"②其二，健全法律规范体系的同时，党和国家依法惩处腐败分子。据最高人民检察院工作报告，从1983—1987年，检察机关立案侦查贪污、受贿万元以上的大案30651起，查处县团级以上干部1500多人。其三，依照两手抓的指示，依法抵制官僚主义等不良风气。20世纪80年代中叶，"遵循邓小平关于在反腐倡廉中加强法制建设的思想，这一时期，一批有关反对官僚主义、以权谋私，杜绝假公济私、奢侈浪费等不正之风，制止党政干部经商、刹住摊派歪风，加强管理、堵塞漏洞，促进党政机关连接，与经济领域中的非法犯罪活动作斗争的新的反腐倡廉的决议、决定和规章制度纷纷出台"③，法制监督权力的制度越来越完善。其四，注重司法治理，加大权力监督力度。1989年8月15日，最高人民法院、最高人民检察院发布《关于贪污、受贿、投机倒把等犯罪分子必须在限期内自首坦白的通告》，同月19日，监察部发出《关于有贪污贿赂行

① 《邓小平文选》(第3卷)，北京：人民出版社，1993年版，第379页。

② 杨海蛟：《回顾与展望：改革开放以来的中国政治发展》，北京：人民出版社，2008年版，第567页。

③ 杨海蛟：《回顾与展望：改革开放以来的中国政治发展》，北京：人民出版社，2008年版，第569页。

为的国家行政机关工作人员必须在限期内主动交代问题的通告》，这次集中司法治理“是继1952年开展的‘三反’运动和1982年打击严重经济犯罪活动之后又一次大张旗鼓的反贪污、贿赂斗争”。[①]

最后，在法制发展方面，法制建设经历了多重考验，在反思自身发展的基础上开始实践从“形式法治”向“实质法治”的转变。在上述各个方面法制工作稳步推进的同时，对于法制、法治和人治等重大理论问题的思考也随之展开。对于人治与法治的关系问题，经过广泛而深入的探讨，政治学、法学等领域的学者基本对法治与人治关系若干问题形成了共识，包括法治、人治的本质，如何看待中国历史中的人治、法治和刑治，如何看待资产阶级的法治观和法治建设，怎样建设和发展社会主义法制，怎样看待法制和法治的关系，如何加快法制向法治的实质转变，等等。在此基础上，理论界普遍认为应该加快完成法制建设，尽早开启法治建设的历史阶段。为此，“要继续批判封建思想的残余影响，划清人治与法治的界限，建立真正的、名副其实的社会主义民主制度；要有完备的法律制度，把各种社会关系都纳入法律调整的范围之内；国家要采取一切措施，保证法律的遵守和执行；国家在各种国家机关中要自上而下地建立完善执法责任制；国家要自上而下地建立执法监督制度；国家要对全体公民普遍进行法制教育，组织公民学法用法。”[②]

三、社会主义法治建设的形成和初创阶段（1992—1997年）

1992年10月12日至10月18日，中国共产党第十四次全国代表大会在北京举行。江泽民所作的《加快改革开放和现代化建设步伐，夺取有中国特色社会主义事业的更大胜利》的报告，总结了十一届三中全会以来14年的实践经验，决定抓住机遇，加快发展；明确提出我国

① 杨海蛟：《回顾与展望：改革开放以来的中国政治发展》，北京：人民出版社，2008年版，第571页。

② 乔伟：《人治与法治的比较研究——论以法治国的重要意义》，山东社会科学，1992年第6期，第27—28页。

经济体制改革的目标是建立社会主义市场经济体制；提出用邓小平建设有中国特色的社会主义理论武装全党。由此，新中国的法制建设步入了一个全新的历史阶段。在这次大会上，江泽民明确提出："一个比较成熟的市场经济，必然要求并具有比较完备的法制。"[①]这一时期，法制建设工作全面展开。期间发生的一系列关乎日后法治建设大计的事件、讨论则无疑是这一时期法制建设的基本状况。

从1992年到1997年中国的法制建设可以概括为三个主要过程：其一，市场经济入宪，法律体系建设全面开展；其二，创造性地提出"依法治国，建设社会主义法制国家"，社会主义法制建设完成使命；其三，"法制国家"与"法治国家"的争论，促动社会主义法治理念愈发成熟，法治的新纪元随之开启。

第一，社会主义市场经济入宪，社会主义法律体系建设全面展开。82宪法制定以后，1988年第七届全国人大第一次会议对其进行过一次修改，对宪法第11条进行了补充，规定"国家允许私营经济在法律规定的范围内存在和发展。私营经济是社会主义公有制经济的补充。国家保护私营经济的合法权利和利益，对私营经济实行引导、监督和管理"。1992年，党的十四大明确提出建设社会主义市场经济体制后，为了实现国家经济体制的合宪性，1993年的宪法修正案将宪法第15条的"国家在社会主义公有制基础上实行计划经济。国家通过经济计划的综合平衡和市场调节的辅助作用，保证国民经济按比例地协调发展"修改为"国家实行社会主义市场经济"，"国家加强经济立法，完善宏观调控。"这标志着市场经济入宪。随着市场经济命题的入宪，这一时期的立法工作和法律体系建设明显受其影响和引导。1993年，《中华人民共和国公司法》、《中华人民共和国产品质量法》、《中华人民共和国反不正当竞争法》及《中华人民共和国消费者权益保护法》相继出台；次年，《中华人民共和国劳动法》、《中华人民共和国城市房地产管理法》、《中华人民共和国预算法》颁布施行；1995年到1997

---

① 《江泽民文选》(第1卷)，北京：人民出版社，2006年版，第511页。

年《中华人民共和国商业银行法》、《中华人民共和国票据法》、《中华人民共和国保险法》、《中华人民共和国担保法》、《中华人民共和国拍卖法》以及《中华人民共和国合伙企业法》等法律陆续颁布施行[①]。“可以说，1992年建立社会主义市场经济体制目标的提出……，是我国法治观念得以牢固确立和法治的已全面快速发展的根本经济基础”[②]，由此也标志着我国法律体系建设正式走向了完备化、大众化的法治道路。

第二，创造性地提出“依法治国，建设社会主义法制国家”，社会主义法制建设完成使命。早在1989年，江泽民在接见中外记者招待会上，就曾经指出：“究竟是人治还是法治的问题，我想我们一定要遵循法治的方针。”其后他又明确提出：“建设完备的社会主义法制，是我国社会主义现代化建设的一个重要目标和任务，是党和人民群众的共同愿望。”[③]社会主义法制建设日益成熟，各项法制工作，包括立法、行政和司法在内的制度化、法制化进程不断推进，在这些工作的同时，长期忽视了法治也是一种观念和战略。在纪念中国共产党成立七十周年的大会上，江泽民再次提出：“进一步健全社会主义法制，加强对群众、特别是各级干部的法制教育，做到有法可依、有法必依、执法必严、违法必究，切实保障人民群众依法管理国家事务、经济和文化事业、社会事务的权利和其他民主权利，保证各项事业在社会主义法制的轨道上健康发展。”[④]此时，开始进行的第二次普法宣传活动虽仍旧停留在宣传法律、号召守法等层面上，但已经开始意识到必须从战略的高度思考法治建设，总结新中国成立以来的法制建设的得失

① 1997年之后，相关立法工作也持续进行，包括《中华人民共和国证券法》、《中华人民共和国合同法》、《中华人民共和国个人独资企业法》、《中华人民共和国招标投标法》、《中华人民共和国信托法》、《中华人民共和国农村土地承包法》和《中华人民共和国中小企业促进法》，等等。

② 袁曙宏、杨伟东：《我国法治建设三十年回顾与前瞻——关于中国法治历程、作用和发展趋势的思考》，中国法学，2009年第1期，第20页。

③ 《十三大以来重要文献选编》，北京：人民出版社，1991年版，第625页。

④ 《江泽民文选》（第1卷），北京：人民出版社，2006年版，第158页。

成败，为更好地建设社会主义法制确定新的目标和方向。1996年2月8日，中共中央举办了中央领导同志法制讲座，这标志着新中国的法制建设已经成为党和国家的重要战略[①]。正是在这次讲座上，江泽民首次提出“依法治国和建设社会主义法制国家”的重要命题，确认了“加强社会主义法制建设，依法治国，是邓小平建设有中国特色社会主义理论的重要组成部分，是我们党和政府管理国家和社会事务的重要方针。实行和坚持依法治国，就是使国家各项工作逐步走上法制化的轨道，实现国家政治生活、经济生活、文化生活的法制化、规范化；就是广大人民群众在党的领导下，依照宪法和法律的规定，通过各种途径和形式，管理国家事务，管理经济和文化事业，管理社会事务；就是逐步实现社会主义民主的制度化、法律化。实行和坚持依法治国，对于推动经济持续、快速、健康发展和社会全面进步，保障国家长治久安，具有十分重要的意义。”[②]同年3月，第八届全国人民代表大会第四次会议审议批准了《国民经济和社会发展“九五”计划和2010年远景目标纲要》(本部分以下简称《纲要》)，该《纲要》提出“加强法制建设，依法治国，建设社会主义法制国家，是实现国家长治久安的重要保证。”[③]在该次大会的决议中明确要求：“要坚持和实行依法治国，积极推进社会主义法制建设的进程，加强立法，严格执法，不断提高广大干部和人民群众的法律意识和法制观念，努力建设社会主义法制国家。”[④]

第三，“法制国家”与“法治国家”的争论，促进了社会主义法治理念越发成熟，法治建设的新纪元随之开启。法治与法制的辨析是新中国法治建设的一个独有现象。在新中国成立之后的很长时间里，主

① 这次讲座也是这一年里中央领导人听取的第三次法制讲座，前两次的主题分别为“国际商贸法律制度问题”和“关贸总协定、社会主义市场经济法律制度问题”。

② 《江泽民文选》(第1卷)，北京：人民出版社，2006年版，第511页。

③ 李鹏：《国民经济和社会发展“九五”计划和2010年远景目标纲要的报告》，法制日报，1996年3月19日，第1版。

④ 《关于国民经济和社会发展“九五”计划和2010年远景目标纲要及关于〈纲要〉报告的决议》，法制日报，1996年3月18日，第1版。

要使用法制这个词语，而极少使用法治。“原因有很多，有因沿译文的问题，有沿袭陈例问题，有理解的问题，……。长期以来在相当大的一部分同志思想中，似乎认为‘法治’是资产阶级口号，不宜采用。他们宁肯在已有定义的‘法制’一词外加‘合法性’、‘守法’等义，也不愿采用言简意赅的‘法治’一词。”[①]随着法制建设实践的深入，逐渐完成了从法制到法治的转变，“从‘发展社会主义民主，加强社会主义法制’的基本方针，到‘依法治国，建设社会主义法制国家’的基本方略，表明当代中国政治领导集体对民主与法制的认识，达到了一种前所未有的新高度”。[②]《纲要》公布后，得到全国各族人民，各行各业人民群众的广泛好评，尤其在政法学界掀起了研究法治的新高潮。政法学者们通过研讨、讨论和学术研究等各种形式，提出“法制国家”和“法治国家”是否应该有所区别的问题。并在此基础上，广泛而深入探究了“法治”、“法制”二者的内涵、关系和属性问题。在短短的一年时间里，法治理念得到了前所未有的关注，对于法治国家、社会主义法治建设、社会主义法治国家、依法治国（以及“以法治国”）等重要命题进行了卓有成效的研究，并借此宣传了法治、教育了人民。人们普遍认为，依法治国是建设社会主义市场经济，促进生产力发展的客观要求；是促进社会主义民主政治建设，实现人民当家作主的根本保证；是推进精神文明建设，促进社会全面进步的内在需要；是保证国家稳定，实现长治久安的关键所在。[③]正是由于这一时期法治观念的增强，法治相关研究的繁荣，才最终推动了法制国家向法治国家的转变。

---

① 王礼明、刘海年、罗耀培:《法制与法治》，学习与探索，1979年第5期，第33页。

② 程燎原:《从法制到法治》，北京：法律出版社，1999年版，第262页。

③ 刘海年、李步云、李林:《依法治国建设社会主义法治国家》，北京：中国法制出版社，1996年版，第7—9页。

第三节　法治建设的发展与完善时期（1997年至）

1997年，是新中国历史上不平凡的一年。这一年香港回归祖国；这一年，长江三峡工程和黄河小浪底水利工程完成了大江截流；这一年，国家开始建立与社会主义市场经济发展相适应的金融机构体系、金融市场体系和金融调控监管体系；这一年，改革开放的总设计师邓小平离开了他深爱的祖国和人民。同样是这一年，新中国的法治建设迎来了开天辟地、开创历史的新一页。

1997年9月12日至9月18日，中国共产党第十五次全国代表大会举行。江泽民所作《高举邓小平理论伟大旗帜，把建设有中国特色社会主义事业全面推向二十一世纪》的报告，着重阐述了邓小平理论的历史地位和指导意义；提出党在社会主义初级阶段的基本纲领；首次确立了“依法治国，建设社会主义法治国家”作为国家建设基本方略的地位。报告明确提出：

“我国经济体制改革的深入和社会主义现代化建设跨越世纪的发展，要求我们在坚持四项基本原则的前提下，继续推进政治体制改革，进一步扩大社会主义民主，健全社会主义法制，依法治国，建设社会主义法治国家。

依法治国，是党领导人民治理国家的基本方略，是发展社会主义市场经济的客观需要，是社会文明进步的重要标志，是国家长治久安的重要保障。党领导人民制定宪法和法律，并在宪法和法律范围内活动。依法治国把坚持党的领导、发扬人民民主和严格依法办事统一起来，从制度和法律上保证党的基本路线和基本方针的贯彻实施，保证党始终发挥总揽全局、协调各方的领导核心作用。”①

① 《江泽民文选》（第2卷），北京：人民出版社，2006年版，第29页。

1999年3月，第九届全国人大第二次会议通过了宪法修正案，其中将宪法第五条增加一款，作为第一款之规定：中华人民共和国实行依法治国，建设社会主义法治国家。

到2002年，党的十六大郑重宣布：坚持党的领导、人民当家作主和依法治国的有机统一，是社会主义民主政治建设的基本原则；并且“两个文明”建设发展为“三个文明”建设，即社会主义物质文明、精神文明和政治文明。至此，“依法治国，建设社会主义法治国家”成为党和国家执政理国的基本方略，标志着社会主义法治建设正式成为我国现代化建设和政治文明建设的重要组成部分，依法治国也成为我国未来执政兴国、政治发展的基本道路。一言以蔽之，确立“依法治国，建设社会主义法治国家”的基本方略之后，从此新中国的法治建设和政治发展的面貌焕然一新。

一、社会主义法治理念不断成熟

如果说这一时期的法治建设在不同阶段内容上各有千秋，那么法治观念和法治意识的提升则是这一时期特有的法治建设风景线。这是因为，在此前的法制建设中，法治观念和法治意识被单纯的法制观念，长期被守法意识所替代。人民群众对于法的态度，敬畏多于尊重，执行缺乎理解，宣传疏于认同。这些问题的出现归根结底是因为人民群众对于什么是法、法与国家的关系、什么是法治、社会主义法治国家的基本内涵是什么等重大问题不了解，或者没有兴趣去了解。而法治观念的淡漠，必然导致权利意识的衰弱，而权利意识则是整个法治结构中必不可少的公民法治精神和法治建设基石。正因如此，党和国家在跨入新世纪伊始便开始着手推进社会主义法治观念建设。

党的十五大提出：“深入开展普法教育，增强全民的法律意识，着重提高领导干部的法制观念和依法办事能力。法治建设同精神文明建设必须紧密结合，同步推进。”经过5年的努力，党和国家通过第三、四个普法教育五年规划的总结和开展，分析了新世纪以来法治观念建设方面的不足，发现普法教育与法治观念二者之间存在较大的差距，事实上法治观念不仅仅应该为领导干部所学习和理解，更应该成为所有公务员的工作执法的思想指引，就是要“加强法制宣传教育，提高全民法律素质，尤其要增强公职人员的法制观念和依法办事能力”。[①]在这里，法制的教育宣传与公民法律素质的提升成为法治观念形成的两个基本面，而前者是基础层面，后者为精神层面，基础层面的成熟需要精神层面的升华，而精神层面的产生依赖于基础层面的实现。将公职人员的法治观念确立与其依法办事能力相联系，就是要从根本上改变公务机关“行政执法和司法工作中不同程度地存在着特权思想、执法不严格、不公正、不文明、不作为的问题，门难进、脸难看、事难办现象”[②]，从而，既有助于公职人员更好地理解有法必依和依法办事的实质精髓，而且是法治大众化路径的必然选择。由此，发展社会主义法治观念也就成为社会主义政治文明建设的重要环节。2005年底，以胡锦涛为总书记的党中央在立足社会主义初级阶段基本国情，认真总结我国法治建设实践经验、借鉴世界法治文明优秀成果的基础上，提出要牢固树立社会主义法治理念。[③]对于社会主义法治理念的具体内容，中央提出应具备五个方面，即依法治国、执政为民、公平正义，服务大局和党的领导。这五个方面是有机统一，共同构成了我国社会主义法治建设的本质、宗旨和方向[④]，体现为“依法治国是社会主义法治的核心内容，执法为民是社会主义法治的本质要求，公平正义是社会主义法治的价值追求，服务大局是社会主义法治的重要使命，党的领导是社会主义法治的根本保证”。[⑤]可以说，社会主义法治理念涵盖了社会主义法治建设的全部内容，是一种对社会主义法治国家的认识

① 《江泽民文选》(第3卷)，北京：人民出版社，2006年版，第555页。

② 谢鹏程:《论社会主义法治理念》，中国社会科学，2007年第1期，第78页。

③ 袁曙宏、杨伟东:《我国法治建设三十年回顾与前瞻——关于中国法治历程、作用和发展趋势的思考》，中国法学，2009年第1期，第22页。

④ 王胜俊:《开展社会主义法治理念教育，造就一支高素质的政法队伍》，法制日报，2006年5月8日，第1版。

⑤ 《社会主义法治理念教育读本》，北京：中国长安出版社，2006年版，第8页。

论结果。正因为如此，它也是和谐社会的思想基础、社会稳定的精神支撑以及依法治国逐步实现的观念前提。法治理念的进步最终体现在公民法律意识和法治精神层次的普遍提升上，故而法治理念建设的主要工作除继续深入开展法制宣传教育之外，还必须弘扬法治精神，除了让公职人员具备法治观念之外还必须使得全体公民对法治的认识更加自觉。对此，党的十七大报告提出应当“深入开展法制宣传教育，弘扬法治精神，形成自觉学法守法的社会氛围”。[①]唯此，依法治国基本方略才有可能全面贯彻落实阶段，加快社会主义法治国家的愿望也能够尽早实现。

值得注意的是，此次法治理念的建设不再是空泛的教条，而是更加贴近人民群众法治生活的方方面面。人们逐渐发现法治理念的广泛推行不是一个突变的过程，而是双向互动且渐进发展的过程。10多年来，从法律意识到法制观念，再到法治观念，及至公民的法律精神，党和国家对法律最高权威的切实尊重，使得抽象生涩的法治原则、内容通过上述演变过程而成为自身建设的有效结果。随着构建社会主义和谐社会战略目标的提出和推进，法治理念也成为了和谐社会建设的要求，“深入开展以宪法教育为核心的全民法制宣传教育活动，努力营造全社会学法、用法、守法、护法的浓厚氛围，不断增强全体社会成员的民主意识和法治观念。（从而）使法治观念在社会实践中逐步融入社会成员的意识里、体现在民族精神中，使之成为不可或缺的民族性格的一部分，建立起人与人、人与社会、人与自然和谐相处的关系，为和谐社会建设创造安定有序的社会环境，促进和谐社会建设稳步发展”。[②]据《人民日报》报道，在党的十七召开之际，大量的典型性事件已经开始证明我国法治理念建设开始出现了新的转向——“民众的法治精神正加速养成。深圳市民‘叫板’申领驾照规则胜诉、北京律

---

① 胡锦涛:《高举中国特色社会主义伟大旗帜，为夺取全面建设小康社会新生力而奋斗》，北京：人民出版社，2007年版，第31页。

② 陈力铭:《和谐社会的法治内容》，人民日报，2006年8月11日，第15版。

师因为上网包月费状告网通、华南虎照片等事件凸显公民法治精神正加速养成。'财产性收入'、'特定关系人'、'交强险'、'最牛'等入选热词表明法治对百姓生活正产生着广泛深入的影响。"①党的十七大以来，党和国家通过更加切实有效的措施持续推动法治教育，在继续进行大规模的"五五普法"教育的同时，党和国家不断加强国家公务员的法治理念教育，通过培训等多种形式深化党员干部对法治的整体理解。在培训过程中，"一是坚持实行国家公务员学法制度；二是坚持国家公务员学法考试考核制度；三是坚持国家公务员学法管理监督。这样，通过一系列制度建设，就可以实现对国家公务员法制教育工作的有效指导、严格管理和监督"。②

二、社会主义法律体系日趋完善

党的十五大提出了"依法治国，建设社会主义法治国家"国家的基本方略。作为这一系统工程中重要的组成部分，不断完善立法工作是全面实施依法治国基本方略的题中之义。党的十五大根据我国法治建设的形势和需要，提出依法治国必须继续加强法制建设，而加强法制建设就必须"加强立法工作，提高立法质量，到2010年形成有中国特色社会主义法律体系"。③这是新中国历史上第一次以党的报告的形式确认了国家立法工作和法律体系建设的基本目标。党的十六大根据我国加入世贸组织的新情况和新挑战，再次强调要"适应社会主义市场经济发展、社会全面进步和加入世贸组织的新形势，加强立法工作，提高立法质量，到二〇一〇年形成中国特色社会主义法律体系"。④次年，李鹏委员长在十届全国人大第一次会议上宣布："经过不懈努力，构成中国特色社会主义法律体系的各个法律部门已经齐全，每个法律部门中主要的法律已经基本制定出来，加上国务院制定的行政法规和

---

① 《<法治蓝皮书>显示2007年法治呈五大特点》，人民日报，2008年1月16日，第14版。

② 参见王楚：《党的十七大以来法治建设之成就》，新西部，2008年第16期，第88页。

③ 《江泽民文选》（第2卷），北京：人民出版社，2006年版，第30页。

④ 《江泽民文选》（第3卷），北京：人民出版社，2006年版，第555页。

地方人大制定的地方性法规，以宪法为核心的中国特色社会主义法律体系已经初步形成。”2007年，党的十七大提出：“要坚持科学立法、民主立法，完善中国特色社会主义法律体系。”[①]通过十几年的不懈努力和建设，目前我国以宪法为核心，以法律为主干，包括行政法规、地方性法规等规范性文件在内的，由七个法律部门、三个层次法律规范构成的中国特色社会主义法律体系已经基本形成，国家经济、政治、文化、社会生活的各个方面基本做到有法可依，为依法治国、建设社会主义法治国家、实现国家长治久安提供了有力的法制保障。

1. 在立法数量上，这一时期立法工作稳中有升，实现了新立法与旧法修改的齐头并进。从1997年起，全国人大在加强立法工作，完善立法职能的过程中，审议通过一大批具有重要社会影响和意义的法律，例如《中华人民共和国专属经济区和大陆架法》（1998年）、《中华人民共和国村民委员会组织法》（1998年）、《中华人民共和国立法法》（2000年）、《反分裂国家法》（2005年）、《中华人民共和国各级人民代表大会常务委员会监督法》（2006年），《中华人民共和国合同法》（1999年）、《中华人民共和国个人独资企业法》（1999年）、《中华人民共和国招标投标法》（1999年）、《中华人民共和国信托法》（2001年）、《中华人民共和国农村土地承包法》（2002年）、《中华人民共和国企业破产法》（2006年）、《中华人民共和国农民专业合作社法》（2006年）、《中华人民共和国物权法》（2007年），《中华人民共和国国防法》（1997年）、《中华人民共和国行政监察法》（1997年）、《中华人民共和国高等教育法》（1998年）、《中华人民共和国行政复议法》（1999年）、《中华人民共和国国家通用语言文字法》（2000年）、《中华人民共和国人口与计划生育法》（2001年）、《中华人民共和国清洁生产促进法》（2002年）、《中华人民共和国行政许可法》（2003年）、《中华人民共和国道路交通安全法》（2003年，2007年修正）、《中华人民共和国公务员法》

① 胡锦涛：《高举中国特色社会主义伟大旗帜，为夺取全面建设小康社会新胜利而奋斗》，北京：人民出版社，2007年版，第31页。

（2005年）、《中华人民共和国治安管理处罚法》（2005年）、《中华人民共和国突发事件应对法》（2007年）、《中华人民共和国禁毒法》（2007年），《中华人民共和国节约能源法》（1997年，2007年修订）、《中华人民共和国政府采购法》、《中华人民共和国可再生能源法》（2005年）、《中华人民共和国反洗钱法》（2006年）、《中华人民共和国企业所得税法》（2007年）、《中华人民共和国反垄断法》（2007年），《中华人民共和国老年人权益保障法》（1996年）、《中华人民共和国预防未成年人犯罪法》（1999年）、《中华人民共和国安全生产法》（2002年）、《中华人民共和国劳动合同法》（2007年）、《中华人民共和国就业促进法》（2007年），等等；与此同时，《宪法》、《刑法》等一些基本法律、法律和法规被修改或者废除。

2．从立法结构上看，新制定和修改的法律日渐出现法典化的趋势。这一时期不论是新制定的律法还是修改的法律，都明显地表露较为清晰的法律部门意识，尤其是在民法、行政法和经济法部门中，新法和修正案往往更加符合本法律部门对各自法律关系调整的要求，例如《中华人民共和国公司法》就经过了1999年、2004年和2005年三次修改，使之更加符合在社会主义市场经济条件下，应对新的国内外经济形势要求的公司运行的基本规范；而社会法也已从萌芽开始成长，针对“非典”、“禽流感”、“汶川大地震”等突如其来的社会事件，国家不断建立和完善了应对紧急事件的相关法律规范，并从安全生产、疫病控制、公益捐助等不同角度对这些事件所暴露出来的法律关系调整不力甚至调整失灵等问题进行了专门的规定和立法。

加快制定新法律与认真修改旧法是法律体系建设的一体两面，即二者在形成社会主义法律体系过程中是有机统一。1997年以来，在立法数量日益增加和立法框架逐渐明确的前提下，国家立法工作不再停留在立法本身而转向了立法整体。全国人大已经逐步在比较成熟的法律部门和法律领域探索和尝试建立法典化的可能。十多年过去了，上述工作在近几年取得明显的效果，“2008年3月8日，十一届全国人大常委会委员长吴邦国面对近3000名全国人大代表说：‘以宪法为核心，以法律为主干，包括行政法规、地方性法规等规范性文件在内的，由7个法律部门、3个层次法律规范构成的中国特色社会主义法律体系已经基本形成，国家经济、政治、文化、社会生活的各个方面基本做到有法可依，为依法治国、建设社会主义法治国家、实现国家长治久安提供了有力的法制保障。'"[①]这标志着国家立法法典化的进程正在成为现实。

与此同时，全国人大开始加大立法清理工作，据权威消息，为了不断完善中国特色社会主义法律体系，经过多年准备，全国人大常委会在2009年开展了对法律的系统清理工作。作为成果，《关于废止和修改部分法律的决定》经全国人大常委会议审议通过，废止和修改法律67件，其中建议废止的法律8件，对59件法律中的141个条文进行了修改。[②]近两年，全国人大常委会按照十一届全国人大三次会议精神，围绕党和国家工作大局，做了大量扎实有效的工作。紧紧围绕如期形成中国特色社会主义法律体系加强立法工作，制定和修改一批重要法律，加速完成对现行法规的集中清理任务、推进科学立法、民主立法；确保如期形成了中国特色社会主义法律体系，为推动中央重大决策部署贯彻落实和经济社会全面协调可持续发展作出了新的贡献。

3. 从立法水平看，这一时期的立法工作是新中国成立以来立法水平最高和立法程序日益严密规范的时期。立法水平的提升主要体现在立法质量的提高，表现为具有重要意义和影响力的立法的出现。从1997年起，国家立法的"精彩时刻"屡屡出现：1997年，党的十五大确立了"依法治国，建设社会主义法治国家"的治国方略；1999年，该基本方略写进宪法；2000年，第九届全国人大三次会议审议通过了《中华人民共和国立法法》。这是我国第一部全面规范立法活动的基本法律；2004年，宪法修正案通过，将"国家尊重和保障人权"写进宪法；2007年，《物权法》颁布施行。与此相应，2004年，全国人大常

---

① 毛磊：《中国立法转向攻坚克难期》，人民日报，2008年11月19日，第13—16版。

② 毛磊、宋伟：《中国立法向法典化迈进》，人民日报，2009年6月24日，第15—16版。

委会法制工作委员会增设了法规备案审查室，负责对报送全国人大常委会备案的行政法规、地方性法规、自治条例和单行条例、最高法院和最高检察院的司法解释的初步审查工作。2005年，该工作委员会增设立法规划室。2008年，全国人大举行个税起征点听证会，这也是最高立法机关首次立法听证会。

在立法程序方面，随着《中华人民共和国立法法》的颁布实施，国家立法层面的立法程序实现规范化，从立法机关到立法权限，从法律案的提出主体到法律案的审议说明，从草案的制定到草案的修改，从审议的内容到审议的标准原则，从法律审议的具体议程到法律通过的颁行过程，我们可以看到国家立法的程序日益合法化、严格化、科学化。从某种意义上，这就是这一时期立法工作提升质量的体现。[①]至此，早在十一届三中全之时就已确立的立法工作作为全国人民代表大会及其常务委员会的重要议程这一使命已经基本完成，中国特色社会主义法律体系的形成为新中国的立法工作翻开具有历史意义的新一页。

三、法治政府建设不断推向深入

法治政府命题的提出，是依法行政理念和制度发展的必然结果。新中国成立的很长时间里，包括在改革开放之后的十数年，法治政府的概念一直并不明确。这主要体现为两种认识：一是政府与法治的脱节，二是政府是法治的上位主导。正因为如此，在新中国成立的30年里，政府法制建设的发展不断反复，以至于出现了“人治”胜于“法治”的局面。党的十一届三中之后，党和国家开始重视依法行政，提出并逐步完善行政立法、坚持依法办事、加强行政监察、落实信访措施以及建立国家赔偿等工作。经过几十年的探索，法治政府建设的基

① 例如，第十届全国人大的立法工作足可以说明上述论述，在这个五年里，全国人权及其常委会先后完成许多重要立法，诸如，监督法从酝酿到出台跨越五届人大、历经20年；反垄断法磨砺13年；物权法孕育14年；先后8次审议，等等。

本内容已经渐渐清晰，随着“依法治国，建设社会主义法治国家”基本方略的确立，依法行政和法治政府建设已经逐渐提上议事日程。

党的十五大提出：“一切政府机关都必须依法行政，切实保障公民权利，实行执法责任制和评议考核制。”在依法治国基本方略的指导和保障下，推行了政府机构改革，转变政府职能，实现政企分开；开始建立办事高效、运转协调、行为规范的行政管理体系；调整和减少专业经济部门，加强执法监管部门。与此同时，深化行政体制改革，实现国家机构组织、职能、编制、工作程序的法定化；深化人事制度改革，引入竞争激励机制，开始完善国家公务员制度。国务院于1999年发布了《关于全面推进依法行政的决定》（本部分以下简称《决定》）。《决定》指出：“一、各级政府和政府各部门要统一思想、更新观念，提高对依法行政重要性的认识。二、各级政府和政府各部门的领导要认清自己的历史责任，带头依法行政。三、加强政府法制建设，全面推进依法行政。四、要进一步加强政府立法工作，切实提高政府立法质量，为依法行政奠定坚实的基础。五、要加大行政执法力度，确保政令畅通。六、要强化行政执法监督。七、全面推进依法行政是一个长期的历史进程。”《决定》出台后，从中央政府到各级地方政府展开认真严肃的自查、自检、自改活动，按照决议、《宪法》和《决定》的要求，切实开展了各项工作。2000年至2001年，为适应我国加入世贸组织的需要，全面清理了法律、法规、规章和规范性文件。2003年3月，国务院修订《国务院工作规则》（2008年国务院再次制定了新的《国务院工作规则》，该规则同时废止），将依法行政确立为政府工作的三项基本准则之一，并明确规定依法行政的核心是规范行政权力。2003年，重点抓了行政许可法的贯彻实施，深化行政审批制度改革。党和国家日益感到，人民群众正在呼唤法治政府的建设，而提出法治政府的历史命题时不我待。

2004年，国务院为了贯彻落实依法治国基本方略，坚持执政为民，全面推进依法行政，建设法治政府的需要，制定通过了《全面推进依法行政实施纲要》（本部分以下简称《纲要》）。由此，依法行政和建设社会主义法治政府成为行政工作领域贯彻依法治国基本方略的最高战略。法治政府的主要工作日趋全面和体系化，主要包括：1. 实现政企分开、政事分开，政府与市场、政府与社会的关系基本理顺，政府的经济调节、市场监管、社会管理和公共服务职能基本到位；2. 实现提出法律议案、地方性法规草案，制定行政法规、规章、规范性文件等制度建设符合宪法和法律规定的权限和程序；3. 实现法律、法规、规章得到全面、正确实施，法制统一，政令畅通，公民、法人和其他组织合法的权利和利益得到切实保护，违法行为得到及时纠正、制裁，经济社会秩序得到有效维护，政府应对突发事件和风险的能力明显增强；4. 实现科学化、民主化、规范化的行政决策机制和制度；5. 实现高效、便捷、成本低廉的防范、化解社会矛盾的机制；6. 实现行政权力与责任紧密挂钩、与行政权力主体利益彻底脱钩；7. 实现行政机关工作人员特别是各级领导干部依法行政的观念明显提高，尊重法律、崇尚法律、遵守法律的氛围基本形成，依法行政的能力明显增强，善于运用法律手段管理经济、文化和社会事务，能够依法妥善处理各种社会矛盾。①《纲要》郑重承诺经过10年左右坚持不懈的努力基本实现建设法治政府的目标。

《纲要》公布之后，对法治政府关注陡然上升，各项工作紧张而又全面地展开，法治政府的建设正在有条不紊的向前推进。2005年，国务院重点推行了行政执法责任制工作；2006年，又重点推动行政复议工作；而在2007年内，中央政府又着力抓了基层政府依法行政工作。而据权威数据表明，“从2003年到2007年6月，国务院向全国人大提交法律议案29部、制定或修订行政法规122件。政府职能进一步转变，行政审批项目大幅减少，行政效率大大提高，决策进一步实现科学化民主化。有超过70%的市县政府出台了规范行政决策的专门规定。政府行政审批项目中央一级共取消和调整1806项，省级政府取消

① 《全面推进依法行政实施纲要》，人民日报，2004年4月21日，第6版。

和调整2.2万多项，均超过原项目的一半以上。”[①]在加大行政立法的同时，国务院十分重视立法质量和立法清理工作，为了配合社会主义法律体系的构建工作，国务院专门颁行了《国务院关于废止部分行政法规的决定》，有力地推动了法治政府和法治建设总体的协调。追求良法是为了更好的践行建设法治政府承诺，为此，中央和地方各级政府将法治政府与服务政府有机结合起来：从2000年以来，国务院大力推进政务公开工作，探索政府信息公开工作的合理布局；积极提高行政执法水平，探索和逐步推广了集中行政处罚权的试点工作，而且开始推行行政执法责任制度；而不少地方则积极探索创新行政执法方式，柔性执法、行政指导等如雨后春笋般出现。尤值注意的是，行政复议制度正在去除传统行政法“虚空性”的弊端，“从1999年行政复议法实施以来，截至2007年12月底，全国各级行政复议机关累计收到行政复议申请692190件，受理620231件，办结561793件，平均办结率为90.58%。……及时纠正了一批未发或者不当的具体行政行为。”[②]《纲要》颁行实施以来法制保障更加可靠、政府职能加快转变、依法行政能力提高、权利与权力走向良性互动、探索建立指标体系趋势明显。党的十七大提出要加快行政管理体制改革，建设服务型政府，这就明确了法治政府建设的发展方向。2008年，中央和地方各级人民政府坚持科学发展，在行政法治方面进一步深入推进依法行政。中央政府开始逐步推行“大部制”改革；国务院颁行了《关于加强市县政府依法行政的决定》，依据该决定，陕西省制订了国内首部监督政府依法行政的地方规章——《陕西省依法行政监督办法》；经过一年的准备，《政府信息公开条例》开始实施，各地方的配套执行规定相继出台。与此同时，依法进行行政问责工作全面铺开。行政救济法律制度不断推进，政府的应急管理体制逐渐完备。在此基础上，地方政府在依法行政方面进行了有益的探索，从行政程序、裁量自由度和行使处罚权等方面

---

① 《坚持依法治国，建设社会主义民主政治》，人民日报，2007年8月29日，第2版。

② 黄庆畅：《政府法治“大提速”》，人民日报，2008年11月19日，第14版。

强化了法制约束的重要性和实效性。

四、司法体制改革日渐专业、高效[①]

党的十五大指出，“推进司法改革，从制度上保证司法机关依法独立公正地行使审判权和检察权，建立冤案、错案责任追究制度。加强执法和司法队伍建设。”为此，最高人民法院提出从1997年开始进行司法改革，即必须在党的领导下，坚持依法治国的基本方略，严肃执法，全面推进各项审判工作，积极进行法院改革，高标准、严要求地建设好法官队伍，努力提高司法水平，为改革、发展、稳定服务。同年，最高人民检察院做出在全国检察机关实行检务公开的决定。[②]起步阶段，司法工作紧紧围绕全党全国工作大局，严惩刑事犯罪，参与综合治理，维护社会稳定；发挥审判职能，防范金融风险，维护国家经济安全；依法调节经济关系，化解人民内部矛盾，维护国家重大改革措施的实施；依法履行职责，强化执法力度，维护法律权威；推进审判方式改革，落实公开审判，维护裁判公正。与此同时，为了配合司法改革顺利进行，最高人民法院决定开展集中教育整顿，清除司法人员腐败，加强法院队伍建设。经过整顿和改革，司法审判工作的质量和效率开始好转[③]，司法公正程度和司法队伍建设有了新的转机，司法工作的长远规划和发展战略开始酝酿。

1999年，最高人民法院制定了新中国历史上第一个《人民法院五年改革纲要》[④]（1999—2003）（本部分以下简称《一五纲要》），该纲要明确了人民法院未来五年的司法改革的指导思想、基本任务和奋

---

① 本部分使用的相关数据，如无特殊说明，均援引最高人民法院历年的工作报告。

② 2006年，最高人民检察院再次下发《关于进一步深化人民检察院检务公开的意见》，增加12项社会和诉讼参与人公开的工作制度、办案规程等方面的内容，最大限度地实行检务公开。

③ 例如，2007年最高人民法院就进行了“审判质量年”活动，而至今关于错判、误判的追究机制仍是保障审判工作质量的重要手段。

④ 1998年，第九届全国人大二次会议《关于最高人民法院工作报告的决议》提出，要“发挥人民法院在依法治国，建设社会主义法治国家中的重要作用”。

斗目标，努力建立公正、廉洁、高效、运行良好的审判工作机制。根据《一五纲要》提出的进行7个方面，39项改革的要求，司法机关努力实现自身定位、职能的改变和完善。1999年，司法系统在加强各项审判工作的同时，稳步提升结案率，尤其严把司法审判质量关，使不构成犯罪的5878名被告人宣告无罪；在审判过程中，严格确立了公开审理制度，提升司法文书质量，加大内部监督力度，调整了人民法庭设置。这一年，通过集中治理、完善机制和加大力度等方式着力解决“执行难”问题，共依法执结了当事人申请执行的各类案件264.5万余件，执结标的金额2497亿余元，分别比上年上升27.3%和57.72%。在司法队伍建设中，主要进行了“两满意”运动并完善了“收支两条线”的诉讼费管理制度。2000年，司法机关着力打击了“法轮功”邪教组织，加强行政审判工作，开展了司法救助工作，严格清理超审限案件、审判效率。与此同时，最高人民法院制定了《人民法院审判长选任办法（试行）》，全国法院开始推行了审判长选任制度。2001年，人民法院在加强对重大刑事案件——黑社会性质和严重危害市场经济秩序——的同时，完善了审判旁听、司法心理救治等扩大司法影响的工作；重点抓了四个方面的改革，即改革证据制度、完善诉讼制度，加强审判监督工作，推进法官职业化建设、突出法官职业特点，完善专业化的审判机制。到了2002年，司法改革的成效初步显现[①]，并且着重进行了人民法院的改革工作，全面落实了公开审理制度，推行了诉讼政治制度改革，建立民事审判新格局，全面落实了立案与审判、审判与监督、审判与执行三个分立制度，设计完成了法官管理制度、法官等级评定工作结束，而国家统一司法考试制度也在这一年正式开启。到2002年底，《一五纲要》的39项改革内容已经有35项基本完成，其后陆续完成的普通刑事案件简化审理、民事诉讼简易程序的完善、法官任职审核制、书记员单独序列管理等多项改革任务，标志着人民

① 1998年至2002年，最高人民法院共审结各类案件20293件，比前五年上升46%；地方各级人民法院和专门人民法院共审结各类案件2960万件，比前五年上升22%。

法院第一个五年改革纲要确定的7大方面、39项改革任务已经基本完成[①]。

与此同时积极、稳妥地继续推进司法体制改革。这一时期司法改革的主要任务是建立完善的司法制度。《一五纲要》明确提出：社会主义司法制度必须保障在全社会实现公平和正义；按照公正司法和严格执法的要求，完善司法机关的机构设置、职权划分和管理制度，进一步健全权责明确、相互配合、相互制约、高效运行的司法体制；从制度上保证审判机关和检察机关依法独立公正地行使审判权和检察权；完善诉讼程序，保障公民和法人的合法权益；在加大司法审判工作的同时，不断切实解决执行难问题；改革司法机关的工作机制和人、财、物管理体制，逐步实现司法审判和检察同司法行政事务相分离；加强对司法工作的监督，惩治司法领域中的腐败；与此同时，司法改革需要建设一支政治坚定、业务精通、作风优良、执法公正的司法队伍。经过五年的改革探索，到2004年，上述目标已经基本实现。

2004年，最高人民法院公布了《人民法院第二个五年改革纲要(2004—2008)》(本部分以下简称《二五纲要》)中更加明确了《一五纲要》完成之后新的五年司法体制改革的紧迫性和重要性[②]，提出了更加具体而丰富的改革内容。从2004年至2008年，司法改革的基本任务和目标是：改革和完善诉讼程序制度，实现司法公正，提高司法效率，维护司法权威；改革和完善执行体制和工作机制，健全执行机构，完善执行程序，优化执行环境，进一步解决“执行难”；改革和完善审判组织和审判机构，实现审与判的有机统一；改革和完善司法审判管理和司法政务管理制度，为人民法院履行审判职责提供充分支持和服务；改革和完善司法人事管理制度，加强法官职业保障，推进法官职业化建设进程；改革和加强人民法院内部监督和接受外部监督的各项

① 《法院第一个五年纲要改革任务基本完成》，中国青年报，2003年12月17日。

② 更为重要的是，《一五纲要》期间的司法改革偏重于业务性改革，而从《二五纲要》开始，国家已经开始将司法改革转向司法体制改革，从具体工作的改革转向了制度模式的改革。这种提法的改变也符合依法治国基本方略对法治建设取代法制建设的初衷。

制度，完善对审判权、执行权、管理权运行的监督机制，保持司法廉洁；不断推进人民法院体制和工作机制改革，建立符合社会主义法治国家要求的现代司法制度。依据党的十六大精神和《二五纲要》的指示，司法工作从上述8个方面，进行了50项具体改革。这一阶段，司法改革日趋规范化和正规化，取得若干重大进步。2004年，中共中央颁布司法体制和工作机制改革的初步意见，正式对司法改革做出全面部署。同年，全国人大常委会做出《关于完善人民陪审员制度的决定》，自2005年5月1日起，地方各级人民法院共选任人民陪审员5万余人，参与审理案件120多万件；2006年起，我国各级人民检察院讯问犯罪嫌疑人推行全程同步录音录像；到了2007年，最高人民法院统一行使死刑核准权，结束部分死刑案件核准权下放26年的历史；是年，党的十七大明确提出建设公正高效权威的社会主义司法制度[①]。

司法改革的核心在建立司法公正，而改革的落脚点则是司法体制的革新。因此，从2009年开始，司法体制改革牵引了新一轮的司法改革和司法公正建设，而其目标已经更加趋向全面化和系统化。《人民法院第三个五年改革纲要》(2009—2013）进一步提出:(要）进一步优化人民法院职权配置，落实宽严相济刑事政策，加强队伍建设，改革经费保障体制，健全司法为民工作机制，着力解决人民群众日益增长的司法需求与人民法院司法能力相对不足的矛盾，推进中国特色社会主义审判制度的自我完善和发展，建设公正高效权威的社会主义司法制度。2009年，作为《三五纲要》的开局年，司法体制改革已经在十个方面凸显工作力度，一是加强上下级人民法院之间的审判监督关系；二是进一步完善审判委员会审理案件的范围、程序，规范审判委员会的职责与管理工作，改革和完善合议庭制度、加强合议庭与承办法官的职责；三是进一步落实宽严相济刑事政策，规范自由裁量权，

---

① 党的十七大报告提出“深化司法体制改革，优化司法职权配置，规范司法行为、建设公正高效权威的社会主义司法制度，保证审判机关、检察机关依法独立公正地行使审批权、检察权。”参见胡锦涛:《高举中国特色社会主义伟大旗帜，为夺取全面建设小康社会新胜利而奋斗》，北京：人民出版社，2007年版，第31页。

将量刑纳入法庭审理程序，完善刑事诉讼二审、再审程序及死刑复核程序；四是建立刑事被害人救助制度；五是建立健全多元纠纷解决机制，加强诉前调解工作；六是改革和完善人民法院统一管理、统一协调的执行工作体制；七是加强法官的职业保障制度；八是进一步完善人民陪审员制度与司法警察制度；九是建立与完善权责明确、相互配合、相互制约、高效运转的审判管理体系；十是全面落实审判公开原则。[①]2010年，最高人民法院紧紧围绕社会矛盾化解、社会管理创新、公正廉洁执法三项重点工作，大力加强审判、执行工作和自身建设，各项工作取得新进展。去年，最高人民法院受理案件12086件，同比下降6.99%；审结10626件，审限内结案率为98.31%。地方各级人民法院受理案件11700263件，同比上升2.82%；审结、执结10999420件，审限内结案率为98.51%，结案标的额15053.43亿元。

五、依法保障人权事业持续发展

法治建设的最终目的是什么？这是在新中国法治建设历程中始终力求解答的问题。经过几十年的探索，党和国家认为社会主义法治国家的最终目的——公民基本权利。党的十五大指出："共产党执政就是领导和支持人民掌握管理国家的权力，实行民主选举、民主决策、民主管理和民主监督，保证人民依法享有广泛的权利和自由，尊重和保障人权。"[②]这意味着党和国家已经将保障、发展公民权利和人权，增进社会福祉，实现人民生活的幸福安康作为自己执政兴国的重要任务。

从战略高度看，这一时期的人权事业的持续发展是法治理念进步和法治保障提升的必然结果。有的学者指出："改革开放初期，我们曾把人权看作是资产阶级的专利，排斥人权的提法。随着改革开放的不断深入，我们逐渐克服了对人权问题的片面看法，深刻认识到保障公民权利和人权是社会主义国家的本质要求，是社会主义制度优越性的

① 《法院司法改革明确十项任务》，人民日报，2008年12月23日，第9版。

② 《江泽民文选》（第2卷），北京：人民出版社，2006年版，第29页。

集中体现，从而逐步形成了以宪法为统帅、较为完备的尊重和保障公民权利和人权的法律体系。”[①]

战略提升是通过具体实践的发展而发展的。对于社会主义法治建设而言，1999年宪法确认“依法治国，建设社会主义法治国家”的基本方略，从而将依法治国、建设法治国家作为政治体制改革和民主法制建设的基本目标，并以国家根本大法的形式固定下来。依法治国、建设法治国家的实质，就是要确保党和政府依法执政和依法行政，执法司法部门依法办事，公民依法行使权利和履行义务，一句话，就是要从法律和制度上保障人权。因此，依法治国方略的实施和建设法治国家目标的实现，对于切实保障人权，推进中国人权的跨世纪发展，具有重大的实质性意义。[②]在上述正确思想的指导下，人权事业和人权保护开始加速发展，从1997年到2003年，党和国家坚持切实保障公民基本权利，人权状况保持了不断改善的良好态势。在此期间，尽管面对国内自然灾害、国民经济发展和国际金融危机等多重挑战，人权事业依旧不断发展，完成了确保人民生存权和发展权的任务；在这个时期，党和国家开始花大力气着力解决贫困人口脱贫问题[③]；我们可以看到，到2004年前后，人口平均期望寿命已从1949年新中国成立前的35岁上升到71.4岁，孕产妇死亡率从新中国成立前的1500/10万下降到2003年的51.3/10万，婴儿死亡率由新中国成立前的200‰下降到2003年的25.5‰；与此同时，公民政治权利得到有效保障，人大代表的行业背景、地区分布和性别比例更加平衡，基层民主和基层政权建

① 袁曙宏、杨伟东：《我国法治建设三十年回顾与前瞻——关于中国法治历程、作用和发展趋势的思考》，中国法学，2009年第1期，第24—25页。

② 参见国务院新闻办公室：《中国人权发展50年》，本部分相关数据如无其他说明，均出自该报告。

③ 例如，1998年，在政府和社会各界的共同努力下，又有800万农村贫困人口解决了温饱问题，从而使我国农村的贫困人口由1978年的2.5亿下降到目前的4200万，成为世界上贫困人口减少最快的国家。这与世界上目前还有13亿贫困人口且以每年2500万的速度增长的情况形成鲜明的对照。

设更加关注基层群众的意志和愿望[①]；在司法工作中，公开审判、审判监督、国家赔偿等制度的确立，使得公民的基本权益能够得到有效的维护和保障；这一时期，国家着力建设和发展了职业培训机制和社会保险事业，采取再就业援助、强化失业调控、规范企业裁员行为等多种措施促进就业和再就业，尊重和保护公民的教育权，而妇女儿童的基本权益、少数民族的权利保护范围不断扩大。

2004年，第十届全国人大第二次会议通过了《中华人民共和国宪法修正案》，该修正案在《宪法》第三十三条中增添一款——国家尊重和保障人权。这标志着，尊重和保障人权的理论与实践是建设社会主义现代化国家、建设社会主义政治文明、建设社会主义法治国家的有机组成部分。非但如此，自2004年以来，“国家尊重和保障人权”又先后载入了国家“十一五”发展规划纲要和新的《中国共产党章程》。这足以说明，促进人权事业发展已成为国家建设和社会发展的重要主题，成为中国共产党和中国政府治国安邦的一项重要原则，对人权问题前所未有的重视，为中国在人权理论与实践的发展提供了有力的政治和法律保障，[②]意味着新中国人权事业的巨大发展和社会主义人权法制保护的加强，同时，这充分证明了人权保护是社会主义法治建设题中之义。

人权入宪以后，又有大批配套法律出台或修改。在此前后，中国政府签署了《公民权利和政治权利国际公约》，参加了《经济、社会和文化权利国际公约》等22项国际人权公约。从2004年至今，我国的人权事业的发展目标日益明确，发展道路不断明晰，发展内容逐渐清晰，是我国人权事业发展和人权状况最好的时期。从法治国家建设的角度看，这些建设工作可以4条基本线索：其一，人民的生存权和

① 1997年底，全国选举产生了90多万个村民委员会，378.8万名村委会干部。到1998年，60%的农村已经初步确立了村民自治制度。全国农村村民委员会普遍进行了三至四次换届选举，参选率一般在90%以上。村务公开已在全国绝大多数农村建立起来，河北、四川、云南、山西、天津等11个省市，村务公开的农村已达90%以上。

② 王晨:《中国人权取得历史性进步》，人民日报，2008年12月12日，第6版。

发展权的受保护水平不断提升，截至2007年底，人均国内生产总值由1978年的379元人民币增长到18700元人民币，增长了近50倍；城镇居民可支配收入由343元增加到13786元，农村居民可支配收入由134元增加到4140元；人均住房面积，城镇居民由6.7平方米上升到27平方米，农村居民由8.1平方米上升到30.7平方米。城乡居民恩格尔系数分别由56.6%和67.71下降为36.3%和43.1%，交通通信文教娱乐、医疗保健、家庭服务、旅游观光等发展型、享受型消费比重不断提高。贫困人口由1978年的2.5亿减少到1997年的1479万。人均预期寿命由1978年的68岁提高到目前的73岁，达到中等发达国家水平。[①]其二，公民的政治权利得到切实保护，党和国家通过宪法和法律确认了公民享有平等的政治权利，并根据我国公民享有政治权利的现实，从公民的人身权利、被羁押者的权利、获得公正审判的权利、宗教信仰自由等方面不断扩大公民的各项基本政治权利，通过立法、司法等多种途径使得公民的知情权、参与权、表达权和监督权日益落到实处。其三，积极改善公民的经济、社会、文化权利。面对日益严重的就业和再就业问题，国家通过加速构建社会保障制度，使得公民的经济、社会和文化权利的保护落到实处。几年间，党和国家通过立法手段和法制途径取消了农业税和农业特产税，基本普及九年义务教育、基本扫除青壮年文盲，大幅增加了公共文化服务机构和设施，开始推行了新型农村合作医疗制度；这些措施都从人民群众所急所想之处维护了人民群众的基本权益，是法治建设与人权事业协同发展的最好例证。其四，依据国际法，加快拓展人权问题上的对外交流与合作。近年来，我国恪守宪法规定，在维护公民基本权利和人权的同时，维护国家人权事业的健康发展。针对西方某些国家利用歪曲我国人权问题而干涉我国内政、制造国家分裂、国内民族矛盾的险恶用心，党和国家通过认真履行条约义务，及时向相关条约机构提交履约报告，与条约机构开展建设性对话等手段，维护了我国人权事业健康发展的优良环境；中国

① 参见王晨:《中国人权取得历史性进步》，人民日报，2008年12月12日，第6版。

政府深入参与联合国人权理事会工作，认真参加人权理事会对中国的首次普遍定期审议，保持了与联合国人权特别机构合作，开展了与联合国人权高专办公室开展人权技术合作。与此同时，我国还不断加强与联合国粮农组织、教科文组织、世界卫生组织、国际劳工组织等专门机构和其他相关国际组织的交流与合作；除此以外，中国政府认真、诚挚地与有关国家开展双边人权对话与交流，参与亚太地区、次区域框架下的人权活动。而这一切标志我国人权事业的发展已经步入了规范发展期和高速发展期。

2009年，国务院新闻办公室代表中国政府公布了《国家人权行动计划（2009—2010年）》，这体现出国家关注人权问题的立场和态度没有变，尊重和保障人权的宪法承诺没有变，发展人权事业的决心没有变。事实已经证明，人权事业的蓬勃发展离不开法治建设，而法治建设的持续进步则也需要人权事业的不断创新。

回顾新中国法治建设，我们不仅感慨，新中国法治建设探索和发展光荣与梦想并存，探索与发展共进，进步与波折同在。上述回顾仅仅是对新中国法治建设尤其是对"依法治国，社会主义法治国家"基本方略落实实施过程的撷影；我们尽可能客观、公允地回顾这段波澜壮阔的历史，记载些许举足轻重的法治事件，因循某种可资借鉴的法治道路。深深地感到，新中国法治建设走过的道路是多么的不平凡，党带领全国各族人民，在马克思列宁主义、毛泽东思想和中国特色社会主义理论体系的指引下，战胜各种困难和风险，开创了社会主义法治建设的新局面，开拓了社会主义法治文明的新境界。

历史证明，从人民民主法制建设到法制建设徘徊与踯躅，再到改革春风唤醒法制建设，及至如今全面实施依法治国和加快推进社会主义法治国家建设，新中国的社会主义法治建设的历程是世界法治史上一段极不平凡、极具意义的法治建设史，其间创造和形成的伟大成就需要我们认真总结。

第二章

新中国法治建设的辉煌成就

本章将在全面回顾新中国法治建设历史进程的基础上，全面而客观地总结这一过程中取得的伟大成就。我们认为，新中国法治建设取得了六大成就，即依法治国基本方略的确立，执政党依法执政能力的加强，社会主义法律体系的完善，人权事业的发展，司法行政体制的革新，权力监督制约水平的提高。在这些成就中，有的是思想理念的确立，有的是制度实践中的变更；有的是贯穿新中国建立发展而波折前行的法治要义，有的是伴随法制向法治的引领转变而异军突起的法治发展；有的更多地注重法治理念对法治建设的提纲挈领作用，有的更多地看重制度建构对法治完善的推动保障价值；有的是关乎党执政兴国的长远大计，有的是人民根本利益和政治发展前进方向的真切反映。无论如何，这些伟大成就都是中国人民在为争取民主、自由、平等过程中法治建设历程的缩影，是新中国法治建设的精华。总结和阐释这些伟大成就的内涵、形成、现状及其原因，既有利于增强建设社会主义法治国家的信心和勇气，也有利于进一步把握新中国法治进程的基本线索。当然，我们总结的六大成就远不能涵盖新中国法治探索的所有进步，也无法具体描述这些伟大成就中一切具体细微的进步，事实上，这些成就仍然在不断地发展，而我们仅仅是将这一个动态过程的若干主要的进步线索展示给读者。社会主义法治国家的实质是法治创新，只有不断完善和发展依法治国理念，加快建设社会主义法治国家的步伐，才能够将既成的伟大成就理解透彻，维护这些来之不易的法治成果，使之成为我们永久的财富。

第一节　依法治国基本方略的确立

《中国的法治建设》白皮书指出，实行依法治国，建设社会主义法治国家，成为国家基本方略和全社会共识。以依法治国为核心内容、以执法为民为本质要求、以公平正义为价值追求、以服务大局为重要使命、以中国共产党的领导为根本保证的社会主义法治理念逐步确立。全社会法律意识和法治观念普遍增强，自觉学法守法用法的社会氛围正在形成。易言之，我国法治建设的第一个伟大成就正是“依法治国，建设社会主义法治国家”基本方略的正式确立并获得普遍认同。在新中国成立之后乃至改革开放之初的很长时间里，人民民主法制的探索和建设不断推进，毛泽东、刘少奇、邓小平、董必武、谢觉哉及彭真等领导同志在不同时期和不同场合都曾经论述过法制的重要性，探讨过建设法制的途径。其中不乏一些有远见，符合法治发展要求的思想，也构建了许多卓有成效的法律机制，基本建立起新中国的法制格局和基本法律制度。这些探索都是法治这一国家基本方略的有机组成部分和历史发展的必然进程，对依法治国基本方略的创立、坚持和发展具有重大意义。但是，一些正确的探索和认识没有坚持下来，一些科学的观念和制度模式尚未上升到党和国家的基本方略，这既是法治建设历史规律的外在化表现，也是中国法治文化形成的现实写照。

依法治国基本方略的确立既是国家治理模式变化的历史选择，也是社会主义政治文明建设的内在逻辑。党的十四大以来，党和国家就开始不断重视法制建设，将法治上升到党执政兴国和国家政治发展核心战略的高度。1992年，党的十四大提出要高度重视法治建设，加强立法工作，建立和完善社会主义市场经济法律体系。1993年，第八届全国人大第一次会议通过的宪法修正案明确了社会主义市场经济在宪法中的地位，这不仅是法律体系完善方面的成就，而且意味权利观念、法治文化开始影响我国的法制建设。而从以经济建设为中心的法制建设到"市场经济就是法治经济"观念的确立，这恰恰反映了法治建设从工具性向目的性转化的历史转变。1996年，中国社会科学院法学研究所研究员王家福为中央政治局第三次法制讲座做了"依法治国，建设社会主义法治国家若干理论与实践问题"的报告，报告后，江泽民明确指示"实行和坚持依法治国，对于推动经济法持续快速发展和社会全面进步，保障国家的长治久安，具有十分重要的意义"[①]，依法治国基本方略呼之欲出。1997年，党的十五大胜利召开，大会决议正式将"依法治国，建设社会主义法治国家"写入党章，首次在以党的决议的形式宣告依法治国成为党的基本方针。1999年，第九届全国人民代表大会第二次会议通过了新的宪法修正案，将"依法治国，建设社会主义法治国家"载入宪法。由此依法治国成为党和国家执政兴邦的基本方略。彻底宣告几千年来中国人治和专制社会的瓦解，国家政治发展的道路勘定了"法治"这一科学文明而充满生气的目标。依法治国基本方略的确立仅仅是对它学习、贯彻、落实的第一步，2002年党的十六大再次提出应坚持依法治国的基本方略。提出"党的领导，人民当家作主，依法治国"有机统一。"'三者有机统一'是社会主义政治文明的本质特征，是发展社会主义民主政治、建设社会主义法治国家必须始终坚持的政治方向。"[②]2004年，人权事业成为法治建设的有机组成部分，法治理念从传统的"警察国家"的法制建设迈向"权利诉求"的法治国家，而"国家尊重和保护人权"、"保障公民私有财产"等内容的入宪则标志着上述认识得到了立宪的确认，成为依法治国基本方略的重要环节。时至今日，依法治国方略日趋深入人心，人民群

① 《江泽民文选》(第1卷)，北京：人民出版社，2006年版，第511页。

② 李林:《改革开放30年与中国法治建设》，社会科学管理与评论,2008年第4期，第40页。

众的法治意识和法治精神日益高涨，权利观念和宽容品格不断提升。随着社会主义法律体系的日趋完备，在法治政府塑造、司法体制改革等具体法治建设的推动下，党和国家备感信心地“全面落实依法治国基本方略”，建设社会主义法治国家的步伐不断加快。党的十七大更加清晰地将中国未来的法治建设概括为法律体系建设、法律实施建设、司法体制改革、政法队伍建设、法治理念培育、人权事业发展和党的法治改造等七个方面，充分阐明了社会主义法治国家的未来之路。事实证明了依法治国基本方略的确立是建国以来法治建设的突破性进展，在这一标志性成就之中，蕴涵了丰硕的理论和实践成果。

我们认为，依法治国基本方略这一伟大成就可以概括为：一个核心理念和五个基本方面。其中，所谓一个核心观念是指，社会主义法治理念；五个基本方面则包括依法治国、执法为民、公平正义、服务大局和中国共产党的领导。

一、理念先进：依法治国基本方略的根本核心

胡锦涛曾经指出：“中国特色社会主义事业的总体布局，更加明确地由社会主义经济建设、政治建设、文化建设三位一体发展为社会主义经济建设、政治建设、文化建设、社会建设四位一体。”[①]对于法治建设而言，这“是中国实现法治的内在根据和时代使命，法治理念是依法治理的理念，是实现经济、政治、文化和社会的法治化管理的理念。”[②]这意味着法治理念的出现不是偶然的，而是法治思想的逻辑发展和社会的客观需要共同作用而形成的。

那么，法治理念为什么重要？为什么能够成为依法治国基本方略的核心呢？西方著名法理学家德沃金在回答法律缘何重要的时候间接回答了这些疑问，他认为：“法律是作为一种显而易见的事实而存在的。法律是什么这个问题并不取决于它应该是什么。那么，为什么律

① 胡锦涛：《努力提高够建社会主义和谐社会能力》，检察日报，2005年6月27日，第1版。

② 谢鹏程：《论社会主义法治理念》，中国社会科学，2007年第1期，第77页。

师和法官似乎有时会就法律产生理论性争论呢？这是由于他们似乎在理论方面争论法律是什么时，实际上他们是在争论法律应该是什么。他们的意见不一实际上是关于忠实和道德问题而不是法律问题。”①

由此不难看出，法治建设不仅仅是一个法律问题，更不等同于法律的运用，也不单是法制结构的完善，更准确地说，它是政治生活、政治发展乃至政治文明的基本模式和判断。新中国成立以来，法治理念的发生、发展和变化不仅折射出了新中国法治建设的辉煌历程，而且宏观地反映了新中国法治建设的实质变化，是法治建设全景的浓缩。正因为如此，回眸和总结法治理念的流变和规律能够更加清晰说明法治理念作为确立依法治国基本方略这一伟大成就根本核心的先进性。我们同意这样一种观点，即“社会主义法治理念是以马克思列宁主义关于国家与法的理论为指导，在推进社会主义法治的历史进程中，在批判地集成中国传统法治文化和现代西方法治理念的基础上，总结新中国民主法制建设的历史经验教训而形成的先进理念”。②这具体表现为：

1. 对于新中国而言，社会主义法治理念的形成是社会主义政治实践的路径选择，即从否定法治到皈依法治的历史进步。在新中国的历史上，法治这个概念并不是一以贯之的。在很长的一段时间里，法治并非新中国政治实践的路径选择，或者仅仅存在于学术讨论之中。法治，作为中国近代从西方社会借鉴而来的一个“政治概念”，在“新法制”取代“旧法制”的过程中被当作资产阶级意识形态和政治统治工具而抛弃。此时，有一种很普遍的看法，认为彻底割除旧法制的遗毒必须将旧法制的所有内容全部清楚。因此，在废除旧法的同时，我们形成了一种认识，即“应该经常以蔑视和批判六法全书及国民党其他一切反动的法律法令的精神，以蔑视和批判欧美日本资本主义国家一切反人民法律、法令的精神，以学习和掌握马列主义——毛泽东思

① 德沃金：《法律的帝国》，李常青译，北京：中国大百科全书出版社，1996年版，第7页。

② 谢鹏程：《论社会主义法治理念》，中国社会科学，2007年第1期，第84页。

想的国家观、法律观和新民主主义的政策、纲领、法律、命令、条例、决议的办法，来教育和改造司法干部”[①]，显然，这的确是新中国建立初期巩固政权、重建新法制的必然需要，但也同样否定了某些法治理念上的基本原则和先进传统。历史证明，人民民主法制的建设在清理旧法、制定新法以及改革司法体制等两个方面取得了巨大的成就，但是其忽视了“批判旧法精神”和“树立社会主义法治理念”之间的关系，在去除一个旧理念的同时尚未开始建设一个新理念。正因为如此，人民民主法制并没有彻底割裂与“人治”的关系，须知在没有任何法治信仰存在的社会，“人治”就难以预防。从某种意义上说，人民民主法制建设在某些领域的高涨和发展，恰恰掩盖了这一时期法制建设对法治理念——法治精神、法治信仰、公民意识、法治文化——等方面改造建设的不足，为后来社会主义民主法制的挫折埋下了隐患。尤为可惜的是，在群众建设社会主义国家热情高涨的时代，并没有将这种热情引向理性而更加符合国家长远发展的法治理性上来，而是任其发展成为一种“革命政治”延续下的群众运动。“这种主流，不能不影响和决定着新法制的地位、取向，制约着法律的形式特征、司法体制乃至人民的法律心理。这一时期，群众运动对新法制形成方式的制约、影响尤为深远。群众运动主要依靠群众的直接行动，而不是依靠严格的法制来引导和约束的”[②]；这就导致了人民群众“甚至对他自己创造的表现自己意志的法律有时也不太尊重。”[③]这一现实的直接后果，就是从1957年开始到1978年，近20年的时间里国家法制发展举步维艰的局面。党的十一届三中全会之后，恢复了对法制建设的重视，强调法律手段对治理国家（拨乱反正工作）、维护社会稳定、打击犯罪等方面的重要作用，法制建设重新步入正轨。不过，这一时期，法治

① 中国法学会:《毛泽东思想关于民主和法制的理论》，西安：陕西人民出版社，1991年版，第59页。

② 何峻:《新中国社会主义法治进程回眸》，党的文献，1999年第5期，第42—43页。

③《董必武政治法律文集》，第333页，转引自何峻:《新中国社会主义法治进程回眸》，党的文献，1999年第5期，第43页。

概念仍旧被当作资产阶级意识形态的虚假论说而被否定，公民法治理念也更多地体现在一种自上而下管理的“守法”意识上，法律作为一种国家暴力机关的统治手段是政府行为的下位概念，而权利观念、法律权威等法治理念的核心内容更无迹可寻。随着国家经济建设的不断发展和社会主义市场经济的确立，公民的权利意识开始萌动[①]，现代法治所要求的法治主体觉醒要件开始具备。在总结改革开放十五年和反思“1989年春夏之交的政治风波”的基础上，党和国家发现加快经济建设不能以丧失法制为代价，经济建设需要以法治为根据，法制建设不单是法律规范的完善，法制宣传也不仅是依法、守法的教育。党的十五大提出，“法制建设同精神文明建设必须紧密结合，同步推进”，这就标志着新中国法制建设开始关注法治精神。法治精神是一个抽象的概念，而良好的公民法律意识则成为这一概念的具体实践。在20世纪90年代，党和国家在继续加强立法、依法办事和“经济、法制两手抓”等建设的同时，开始关注公民法治教育，并清醒地认识到“良好的公民法律意识能驱动公民积极守法。公民只有具有良好的法律意识，才能使守法由国家力量的外在强制转化为公民对法律的权威以及法律所内含的价值要素的认同，从而就会严格依照法律行使自己享有的权利和履行自己应尽的义务；就会充分尊重他人合法、合理的权利和自由；就会积极寻求法律途径解决纠纷和争议，自觉运用法律的武器维护自己的合法权利和利益；就会主动抵制破坏法律和秩序的行为。另外，良好的公民法律意识能驱动公民理性守法，实现法治目标。理性守法来自以法律理念为基础的理性法律情感和理性法律认知。”[②]正因为如此，党的十六大更加明确了“加强法制宣传教育，提高全民法律素质”作为加强社会主义法制建设新突破的历史定位。科学、全面地

---

① 1993年，《中华人民共和国消费者权益保护法》的颁行是我国除去宪法文件之外，第一部关于公民日常生活领域权利保护的法律文件。这部法律公布十年后，有的学者曾经指出，《消费者权益保护法》是新中国公民权利意识萌芽和发展的助推器。而这部法律出台的背景正是社会主义市场经济开始建设、发展和取得辉煌成就的历史时期。

② 孙光妍、毕晓棠:《法律意识与法治建设》，人民日报，2002年8月13日，第10版。

认识法律、法制和整个国家政治结构，是法治建设的基本前提，也是确立法治作为一种政治发展路径的必要条件，公民法治意识的提升改变了法制建设的从属地位，使得法律体系稳定、法律权威有效、社会整合稳定和人权保障合法等法治建设内容具备了发展的可能，而“依法治国，建设社会主义法治国家”的基本方略也到了可以被广泛接受、普遍尊重和有效实施的时刻。党的十七大郑重宣告“依法治国是社会主义民主政治的基本要求”，对法治理念提出了更高的要求——弘扬法治精神、形成法治的社会氛围。

在全面建设小康社会的进程中，社会主义法治理念的塑造获得实质性的革新。在此期间，党和国家“提出与树立社会主义法治理念和‘三个至上’，为法治建设注入了新的动力，指明了前进方向。2005年底，党中央在总结我国法治实践经验、借鉴世界法治文明优秀成果的基础上，做出了要牢固树立社会主义法治理念的重大战略决策。社会主义法治理念，以依法治国为核心内容，以执法为民为本质要求，以公平正义为价值追求，以服务大局为重要使命，以党的领导为根本保证。2007年底，党中央进一步提出要坚持党的事业至上、人民利益至上、宪法法律至上。社会主义法治理念和‘三个至上’的提出，标志着我们党对建设中国特色社会主义法治国家的规律，对中国共产党执政的规律，对以法治保障科学发展、构建和谐社会的规律有了更加深刻的认识和更加全面的把握”。[①] 历史业已证明，法治之于新中国，的确走过了一个从无到有，再到壮大的过程，选择法治作为政治发展的根本路径，绝不是一种制度的选择，而是一种理念提升。也正因为如此，《中国的法治建设》白皮书才将依法治国基本方略的若干建设方面归结到法治理念的形成中。

2. 社会主义法治理念的形成是社会主义法治建设的模式选择，即从注重法律、法制向关注公民法治精神的历史进步。法治建设是一个复杂的体系，涉及很多方面，从立法、执法到司法，不同的建设方面

① 曹康泰：《新中国60年法治建设的探索与发展》，求是，2009年第14期。

具有不同的分工，其整体是为了维护国家统一、社会稳定、人民权利不受侵犯而实行的一种治理模式。对于新中国而言，中国特色社会主义法治建设的发展道路是一种全新模式的探索，即在一个较为缺乏法治文化且“刑罚统治”传统比较严重的封建专制主义的国家里，如何通过较短的时间实现法治文明。回顾历史，我们发现，新中国法治建设是从完善法律体系，建构法律制度，强化守法意识入手逐渐向统合法制建设，规范法治结构、塑造公民法治精神转变的历史跨越。我们可以看到，在两次法制建设的高峰期[①]，立法工作都是法治建设的重中之重。有数据表明，从1979年五届人大起至2008年2月底止，全国人大及其常委会共制定了现行有效的法律229件；国务院共制定了现行有效的行政法规600余件；地方人大及其常委会共制定了现行有效的地方性法规7000余件；民族自治地方人大共制定了现行有效的自治条例和单行条例600余件；5个经济特区共制定了现行有效的法规200余件。[②]到2010年底，我国已制定现行有效法律236件、行政法规690多件、地方性法规8600多件，并全面完成对现行法律和行政法规、地方性法规的集中清理工作。目前，涵盖社会关系各个方面的法律部门已经齐全，各法律部门中基本的、主要的法律已经制定，相应的行政法规和地方性法规比较完备，法律体系内部总体做到科学和谐统一。与此同时，党和国家通过宪法和法律的制定逐步完善了包括人民代表大会制度、多党合作和政治协商制度等，通过司法、检察、监察体制的设立和运行实现了法律的权威性，通过律师制度、公证制度、人民调解制度等制度的探索和运用实现了法制建设的完备化。尽管其中经历过不同程度的波折，有的甚至是挫折，但是法制建设作为法治发展的有机组成部分和必要条件的坚持和注重是不可忽略的。即便是在法制建设陷入低潮的时期，我国诸多根本制度的宪法地位，个别法律机制的完善，司法机关的保留等法制要素依旧在艰难中保存下来，成为日

---

① 分别是1949年—1954年这一阶段与1978年—1997年这一阶段。

② 信春鹰:《社会主义法治建设的正确方向》，人民日报，2008年7月23日，第15版。

后重建的重要保障和推动力量。

毋庸置疑，法治需要法律完备和法制健全，但是法治绝不等同于法典化或者法制化。新中国成立法治建设史已经证明了法律完备离不开法律权威，法制发展离不开法制认同，而法律权威和法制认同不是法律和制度本身是否“有效”的问题，而是两者是否具有“合法性”的问题，而这就是法治理念是否能够与当时法制建设相适应，能够接受法制建设的具体内容的关键所在。从宏观的角度看，从继续健全社会主义民主和法制（党的十二大）到提出“依法治国，建设社会主义法治国家”（党的十五大），继而提出“发展社会主义民主政治，最根本的是要把坚持党的领导、人民当家做主和依法治国有机统一起来”（党的十六大），再到“全面落实依法治国基本方略，加快建设社会主义法治国家”、“加强公民意识教育，树立社会主义民主法治、自由平等、公平正义理念”（党的十七大），这些命题的演变就说明了法治理念的提升过程。从微观角度分析，从将法治、法制和法律混为一谈到明确“社会主义法治国家”，从将“打击犯罪”作为法制的核心要义到树立权利观念为法治的根本目标，从法律数量的迅速膨胀到法典化、程序化的立法转型，从司法军事化到法官职业化，从持法为民做主到普法诉求平等，等等。社会主义法治建设过程中的种种变化都表明法治理念的形成对于依法治国和社会主义法治国家的建立具有无法替代的作用，是构建法治中国的最终标志。

3. 社会主义法治理念的形成是社会主义政治发展的战略选择，即从法治的工具论向法治的目的论与工具论二者辩证统一的历史进步。法治不仅是一种治理形式，还是一种政治发展的战略。亚里士多德早已经发现，“人治”还是“法治”的问题是一个城邦的政制问题。用今天的话说，就是关乎一个国家选择什么样的政治生活模式和政治发展道路的问题。政治发展道路的选择既与社会时代的客观环境与条件密切相关，也和一个国家的传统、文化和具体国情不可分离。西方法治传统的形成说明一个深刻的道理，即法治的出现是一个漫长的过程，需要经过多种形式的演变和融合后才能成为一种法治模式。因此，对于社会主义法治建设而言，只有法治国家的命题与政治发展的趋势、道路和目标联系起来才可能实现社会主义法治国家。

诚然，“法”是一个不被中国人重视的概念。但这并不是说，中国不存在“法”，或者中国社会是一个无法无天的社会；而是说，中国传统文化中对“法”的认知更多地是一种刑罚的代名词，而不是法治政治的内在需求。正因为如此，新中国成立后，我们在清算国民党政府的法律体系和法律制度时候，将去除形式的法和阶级分析的观点结合起来，将旧法与法治理念一并否定了。这也就没有脱离中国传统乃至国民政府法制结构中的痼疾——法的工具化。事实上，我们很快就实现了有法可依，但是法本身并非最高的合法性来源，反而领导人的决定是法律的来源。因此，表面上人民民主法制建设日新月异，但是当法与领导者的意愿出现冲突时，法律就不再是法治建设的有机组成，而成为了人治的“刑罚”工具。客观地说，在新中国历史长河的很长一段时间里，中国社会主义法制的命运就是在法治诉求和人治操控矛盾之中不停挣扎，并随着对领导人的个人崇拜而达到了最低谷。

社会主义法治理念的进步的第一要务，就是改变对于法治建设在政治发展上的战略误导，使之成为一种科学、光明的政治发展道路。众所周知，1997年党的十五大确立的依法治国基本方略提出的是“建设社会主义法治国家”，但就在此前一年，江泽民在极大地肯定依法治国理念的同时提出“建设社会主义法制国家”，为此，学术界和党内外人士开展一次意义深远的关于“法治”与“法制”关系的大讨论。这次讨论的成果，成为党的十五大的政治决议，而这一成就正是建立客观剖析和否定法治工具论的基础上完成的。这不但是一次法治理念的升华，而且对日后现今法治理念的不断完善和成熟具有许多重要的意义：

“(1)法治国家突出了实行法治，摒弃人治的坚强意志和决心，针对性、目标性更强；(2)法治，法治国家意味着法律至上，亦即意味着人民的利益至上；(3)……，法治则意味着不仅要有完备的法律体系和制度，而且要树立法律的权威，保证认真实行法律，切实依照法律治理国家，管理社会；（4）……，法治包容了法制，涵盖面更广、更丰富。”①

依法治国基本方略的确立表明在法治理念中否定法治工具论，开展了认同法治的目的论与工具论二者辩证统一的历史先河。短短十多年的时间，我国法治建设就取得了长足的发展，在很多方面实现了根本性的转变和跨越式的提升。“法律统治”不断加强，民众的法治依赖不断显著，市民社会的法治习惯开始养成，法律的稳定性、连续性和一致性正在实现。

二、协调发展：依法治国基本方略的实现路径

依法治国基本方略作为一种法治理念的提升已经显现出了巨大的能量，产生许多重要的成果。随着“依法治国基本方略”这一社会主义法治理念的确立，我国现代化建设进入了更好、更快和更加稳定的发展时期，应对和克服各种国内外复杂情况的能力也不断提升。更为重要的是党和国家在发展社会主义政治文明和建设社会主义民主政治方面取得了伟大进步，正在向“扩大社会主义民主，更好地保障人民权益和社会公平正义。公民政治参与有序扩大。依法治国基本方略深入落实，全社会法制观念进一步增强，法治政府建设取得新成效。基层民主制度更加完善。政府提供基本公共服务能力显著增强”②的方向快速前进。我们认为，这些成果从法治建设实现路径的角度可以归纳为以下五个方面的协调发展。

1. 杜绝“人治”与依法治国为核心内容

《中国的法治建设》白皮书提出依法治国基本方略是社会主义法治理念的核心内容。这说明坚持法治是整个法治理念的核心要义。换句话说，社会主义法治理念的确立和发展必须反对“人治”。法治与人

---

① 张文显：《法哲学范畴研究》，北京：中国政法大学出版社，2001年版，第157页。

② 胡锦涛：《高举中国特色社会主义伟大旗帜，为夺取全面建设小康社会新胜利而奋斗》，北京：人民出版社，2007年版，第20页。

治的对立源远流长，古希腊政治学研究的基本课题之一就是弄清人治与法治之间孰优孰劣的问题，正如亚里士多德尝言："我们的研究便以这样的设疑开始：由最好的一人或由最好的法律统治，哪一个方面较为有利？"[①]经过几千年的探索和实践，人治社会的弊端逐渐显现，人们愈发认识到法治是发展政治文明的内在需要。新中国成立伊始，党和国家就明确指出我们建立的新法制是人民民主法制。党的十一届三中全会以来，着手恢复宪法权威、重塑法制政府，加强普法宣传，并在法治理念不断进步的推动下，逐步地废除了领导干部终身制、实现了政企分开、明确了党的依法执政、建立了严格的司法程序、培育了公民法治精神，实现了从理论到实践上对"人治"的彻底抛弃，逐渐树立了法治的威信。由此可见，依法治国基本方略提出的前提，必须是人治统治模式及其思想土壤的一并铲除，只有杜绝人治才能实现"依法治国，建设社会主义法治国家"。

2. *以人为本与执法为民的本质要求*

社会主义法治理念离不开社会主义法治建设的主体，而建设社会主义法治国家的目的就在于切实尊重和保障公民权利和人权。法治不是"为法而治"，而是"为民而治"。社会主义法治建设的事业之所以不能够不断发展，其关键就在于我们能够坚持执法为民的原则。党的十七大明确提出："必须坚持以人为本。全心全意为人民服务是党的根本宗旨，党的一切奋斗和工作都是为了造福人民。要始终把实现好、维护好、发展好最广大人民的根本利益作为党和国家一切工作的出发点和落脚点，尊重人民的主体地位，发挥人民首创精神，保障人民各项权益，走共同富裕道路，促进人的全面发展，做到发展为了人民，发展依靠人民，发展成果由人民共享。"[②]新中国的法治建设特别重视以人为本，是法治理念的本质要求和一贯主张。例如，从1954年宪法

① 亚里士多德:《政治学》，转引自秋风:《法治二十讲》，天津：天津人民出版社，2008年版，第10页。

② 胡锦涛:《高举中国特色社会主义伟大旗帜，为夺取全面建设小康社会新胜利而奋斗》，北京：人民出版社，2007年版，第15页。

制定时的全民大讨论，到党的八大提出逐渐废除死刑的人文关怀，再到拨乱反正之时司法工作的快速有效；从坚决打击犯罪维护社会治安，到五个全国普法活动的深入人心，再到司法援助制度的创设发展；从建设法治政府推动政务公开，到颁行《物权法》维护公民的合法财产，再到全国人大公开进行立法听证；等等。不计其数的事实证明，法治事业的发展，法治社会的进步，人民群众合法权益的依法保护是一个相互影响、动态发展的过程。人民群众的愿望和利益要求的变化，直接决定了今日法治理念的先进性和生命力。

3. 司法公正与公平正义的价值追求

公平正义是法治建设的价值诉求。从某种意义上，公平正义之所以是一种价值诉求就意味着社会之中存在“不公、非平”的现象。法治建设是一个系统的建设体系，而司法体系是整个法治建设中维护公平正义的最后防线。新中国建立以来，党和政府始终重视司法体系的建设，新中国成立伊始，新中国就建立了人民法院和人民检察院，并逐步完善二者的运行制度。文化大革命中，虽然人民检察院被撤销，但是人民法院的体制和编制仍旧存在，保留了国家司法体系的基本组织结构。党的十一届三中全会提出要“拨乱反正”，人民法院以极强的责任感和公正的法律态度，迅速、准确地平反了大量受陷害的老干部和人民群众，有力地打击了“四人帮”反革命集团。随着司法工作的深入，人民群众要求司法机关能够更加公正地维护国家的法制尊严、保障公民的合法权益。为此，司法机关积极稳妥地推进司法体制改革，维护司法公正，由解决群众关心的司法机关的地位、司法机关的职能与司法公正和效率等问题入手，重点进行了刑事审判方式改革，改革了审判委员会制度，建立法官职业化制度，完善人民陪审员制度，加速民事、行政司法工作及其监督制度，建设人民法庭、少年法庭等特殊审判机构，等等。这些体制性变革有力地推进了司法公正实现，使得公平正义的价值理念不断深入人心，落到实处。

4. 科学发展与服务大局的重要使命

法治建设是社会主义现代化建设，尤其是社会主义政治建设的重要环节。社会主义法治建设始终服务发展中国特色社会主义和建设社会主义现代化国家的大局，这是新中国法制建设初期就业已明确的。从那时起，党和政府就特别就重视法治建设（以及法制建设）在整个国家生活中的地位。在人民民主法制建设时期，毛泽东就曾经指出，“（革命的法制）是维护革命秩序，保护劳动人民利益，保护社会主义经济基础，保护生产力”[①]；到了改革开放之后，邓小平也经常将法制建设与经济建设、政治体制改革、国家稳定和社会发展趋势相联系，既强调“法制建设”与“经济建设”的两手都要抓，又强调民主与法制、法制与精神文明之间的相互依存，彼此促进的关系；进入20世纪90年代后，法制建设开始向法治建设转变，这时法治建设围绕建设社会主义经济建设，实现政治体制改革和司法制度的改革更加注重自身与大局的关系，其建设的内容也更加全面。

随着学习、贯彻和深入落实科学发展观的不断深入，立法机关、司法机关和政府机关不断加强自身建设，共同为全面建设小康社会而加快落实依法治国方略。目前，社会主义法治建设日趋全面，不同的建设内容更加协调有序。既保护了社会生活领域的健康有序，又从其他建设中汲取自我发展的经验、牢牢把握法治建设的时代脉搏。经验表明，一个国家采取和坚持什么样的法治发展观，对这个国家的法治建设进程便产生了什么样的影响。在新的历史条件下，建设社会主义法治国家仍需要多方面的努力，法治建设本身则更应当坚持以人为本，实现法治建设系统和其他建设系统全面、协调和可持续的发展。

5. 法律权威与党的领导的根本保证

“法律权威是法治的核心要素。它不仅是一个国家法治化程度的标尺，而且是社会秩序和政治秩序获得正统性的标志。我们应该看到，作为国家生活和社会生活正常化基础的法律权威是一切法律的普遍要求，同时也是法律难得的德性或者尊荣。”[②]在实现法律权威的过程中，

① 《毛泽东选集》（第5卷），北京：人民出版社，1977年版，第358—359页。

② 谢鹏程：《论社会主义法治理念》，中国社会科学，2007年第1期，第87页。

中国的法治建设开创性地解决了法律权威和党的领导之间的关系，明确了法治建设的根本保证、支撑基础和维护力量。在法治建设的较高层面，党中央根据人民群众的要求，把握中国法治建设的正确方向，体察法制与法治发展过程中的各种动向，总结并提出了许多正确的理论观点；这些思想和制度设计通过《宪法》上升为法律意志，成为法律权威；在法治建设的实践层面，明确提出要在法律的规定范围之内活动，任何党员都不得违法法律或者凌驾于法律之上，并且各级党组织和全体党员要带头维护宪法和法律的权威。在长达数十年的法治摸索中，法律权威和党的领导的协调发展成为一条中国特色社会主义依法治国理念的实施路径。事实证明，法治建设将坚持党的领导、人民当家作主和依法治国统一起来，从制度上和法律上保证党的基本路线和基本方针的贯彻实施，保证党始终发挥统揽全局、组织协调的核心领导作用。把党的领导和依法治国基本方略统一起来，有利于将党的主张贯彻于社会各个方面，有利于法治的自我矫正和进步，有利于实现党代表的人民群众的根本利益和差序格局中的多元化的利益诉求之间的有机统一。总之，二者的辩证统一是社会主义法治理念进步性的集中体现，是社会主义民主政治发展的重要标志。

第二节　党的执政能力显著加强

加强党的执政能力建设是党在领导中国特色社会主义事业过程总结和提炼出的重大命题和战略任务。2004年，党的十六届四中全会做出《关于加强党的执政能力建设的决定》（本节以下简称《决定》），提出要做到“科学执政、民主执政、依法执政”，明确了加强党的执政能力建设的指导思想、总体目标、主要任务和各项部署，是党的历史上第一个指导全党提高治国理政能力的纲领性文件。[①]其中依法执政成为党的执政能力建设的目标和任务，这既是对此前党的建设工作中成就和经验的总结，也是对未来党的建设工作的要求。《决定》提出的要贯彻依法治国基本方略，提高依法执政水平，既是对依法执政基本方略的尊重，也是党在新时期更好地掌握政权、巩固自身领导地位的现实需要。

同时，《决定》还指出，“依法执政是新的历史条件下党执政的一个基本方式。党的领导是依法治国的根本保证。加强党对立法工作的领导，善于使党的主张通过法定程序成为国家意志，从制度上、法律上保证党的路线方针政策的贯彻实施，使这种制度和法律不因领导人的改变而改变，不因领导人看法和注意力的改变而改变。全党同志特别是领导干部要牢固树立法制观念，坚持在宪法和法律范围内活动，带头维护宪法和法律的权威。督促、支持和保证国家机关依法行使职权，在法治轨道上推动各项工作的开展，保障公民和法人的合法权益。加强和改进党对政法工作的领导，支持审判机关和检察机关依法独立公正地行使审判权和检察权，提高司法队伍素质，加强对司法活动的监督和保障。以保证司法公正为目标，逐步推进司法体制改革，形成权责明确、相互配合、相互制约、高效运行的司法体制，为在全社会实现公平和正义提供法制保障。”新中国成立以来，尤其是改革开放以来，党的执政能力和法治建设逐渐有机地统一起来，特别是依法治国基本方略的全面落实更加有力地推进了党的执政能力的提高。尽管党的执政能力建设和依法治国基本方略的提出时间均相对较晚，但是它们的提出和发展却是其建设的必然结果，是在既成实践成就基础上形成和成熟起来的。

1. 法治理念有助于党培育正确而科学的执政地位观。党的领导和依法治国具有高度的一致性，这既是依法治国基本方略的基本观点之

---

① 参见杨海蛟:《回顾与展望:改革开放以来的中国政治发展》，北京:人民出版社，2008年版，第35页。

一，也是党在不断探索自身执政地位的过程中确立的。早在新中国成立前夕，毛泽东同志就提出“两个务必”，这既是对我们党执政时期建设的基本要求，也是对如何实现党执政地位不断巩固和基本原则。关于执政地位问题，邓小平同志在党的八大上就曾经指出：“执政党的地位，使我们面临着新的考验……经验同样告诉我们，执政党的地位，很容易使我们同志沾染上官僚主义的习气。……执政党的地位还很容易在共产党员身上滋长着一种骄傲自满的情绪。……针对着这种情况，党必须经常注意进行反对主观主义、官僚主义和宗派主义的斗争，经常告诫脱离实际和脱离群众的危险。为此，党除了应该加强对于党员的思想教育之外，更重要的还在于从各个方面加强党的领导作用，并且从国家制度和党的制度上做出是党的规定，以便对于党的组织和党员实行严格的监督。”[①]这正是党和国家从制度和规范的角度开始思考党的建设，尤其是党的执政能力问题的先声。党的十一届三中全会标志着党在新时期开始加强执政地位建设工作的全面恢复。在反思“文化大革命”对中国现代化建设带来的巨大负面影响时候，党中央“对于党和国家肌体中确实存在的某些阴暗面，当然需要做出恰当的估计并运用符合宪法、法律和党章的正确措施加以解决，但决不应该采取‘文化大革命’的理论和方法”。[②]值得注意的是，这里党对于执政策略和依据的选择顺序是“宪法、法律和党章”。这绝不是简单文字排列，而是说明党经过近32年的执政之后，已经初步认识到党的执政地位必须依靠宪法和法律，巩固执政地位和领导国家建设必须在法制的前提下进行。在此基础上，党在领导体制、反腐倡廉工作和党内民主等多项工作中不断认识到只有树立法律权威，才能保障党的执政地位不至于动摇。在建设社会主义现代化国家和全面建设小康社会的历史进程中，中国共产党人日益认识到完善人民民主法制的重要性，更加

① 《邓小平文选》(第1卷)，北京：人民出版社，1994年版，第214—215页。

② 《中国共产党中央委员会关于建国以来党的若干历史问题的决议》，北京：人民出版社，1981年版，第25页。

自觉地将党的命运与国家的命运联系在一起，依靠法制建设巩固自身的领导地位和领导思维，而借助尊重法制和遵守法律不断保持党的先进性，实践“三个代表”的本质要求。1997年，党的十五大率先提出将“依法治国、建设社会主义法治国家”作为国家的基本方略，这意味着党在执政能力、执政手段和执政策略认识和提高，彻底扭转了以党代政、党政不分的混乱局面，初步建立了在法治基础上的执政理路，更加有效地促进了社会发展、政治清明、国家繁荣和人民安居乐业。

党的十六届四中全会总结新中国成立以来党执政的基本经验，郑重指出依法执政是党提高自身执政能力和巩固执政地位的重要经验之一，要求全党“要坚持依法治国，领导立法，带头守法，保证执法，不断推进国家经济、政治、文化、社会生活的法制化、规范化”；贯彻依法治国基本方略，提高依法执政的水平成为党的基本战略和行为准则。在全面落实依法治国基本方略的今天，我们看到，党的执政能力持续增强，形成了党的领导、人民当家作主和依法治国三者有机统一局面。

在以改革创新精神全面推进党的建设新的伟大工程的过程中，法治理念不但已经成为提升党执政能力建设重要内容，而且为党的执政能力建设指明了方向，这同样也是在社会主义法治建设高度贯彻法治思想，科学运用法律制度和准确把握法治实践的基础上，加强党的执政能力的新成就。历史业已证明，中国共产党依法执政，既在中外共产党执政史上第一次解决了共产党执政的基本方式问题，也是中外法治史上一个重大创新，它突出地体现了执政党在国家法治建设中的积极性、主动性、创造性。无论是依法治国还是依法行政，其前提、核心和关键都要求党必须依法执政。否则，实现法治就只能是纸上谈兵。因此，依法执政命题的提出，将对依法治国和依法行政产生深远的影响。历史必将证明，以依法治国的基本方略和依法执政的基本方式为标志，中国共产党将领导中国人民步入制度治国、制度执政、建设社会主义政治文明和社会主义法治国家的新时代。[①]

2. 社会主义法治建设有助于推动党的基本原则、根本方针、重大决议和政策的法制化。社会主义法治建设的伟大实践提高了党对领导方式和执政方式的认识。理念的转变，必然要求实践的变化。换言之，加强和改善党的领导和建设社会主义法治国家共同要求正确处理好党政、党法之间的关系。这就要求党“要把长期习惯的主要依靠行政手段、行政指示、行政命令来领导国家事务的方式，逐步改变为主要依靠法律手段、依靠法律程序进行领导。领导人讲话，要同法律相一致。领导干部任免，要按法律程序进行。领导机关的决策，要符合现行法律的规定。”[②]从理论上看，党和法治的关系问题不是一个矛盾，而是两个层面的问题，两者统一在建设社会主义现代化的历史进程中。一方面，“党领导人民治理国家是政治层面的问题，在政治上，党要通过自己的组织、党员的作用、政策引导和必要的组织措施，集中群众智慧和意志，反映群众的愿望和要求，通过法定程序把人民的意志上升为国家意志，必要时还可以依照法定程序修改和废止已经制定的法律，总之要按照人民群众的愿望和要求来治国理政”[③]；另一方面，在日常的国家治理和具体的法律关系中，党的组织、党员都必须在宪法法律规定的范围内活动。二者之间联系的纽带则是党将自己的路线、方针、政策变成国家意志的办法来实现对国家的领导，并且将这些意志转化或者具体化为宪法、法律的基本规范。

新中国首部宪法就是上述思想的具体表现。1954年宪法的制定实施是新中国法治建设历史上具有开创性意义的标志事件，“54宪法”集中体现了党的领导、人民群众意志和社会主义法治原则三者有机统一的成功实例。毛泽东同志曾经概括了54宪法的特点，他指出：

“这个宪法草案之所以得人心，是什么理由呢？我看理由之一，就

---

① 袁曙宏:《坚持和推进依法治国，走中国特色的法治之路》，法制日报，2007年9月11日。

② 刘海年、李步云、李林:《依法治国建设社会主义法治国家》，北京：中国法制出版社，1996年版，第19页。

③ 卓泽渊:《依法执政：党执政方式的历史性跨越》，检察日报，2007年10月12日。

是起草宪法采取了领导机关的意见和广大群众的意见和结合的方法。这个宪法草案，结合了少数领导者的意见和八千多人的意见，公布以后，还要由全国人民讨论，使中央的意见和全国人民的意见相结合。这就是领导和群众相结合，领导和广大积极分子相结合的方法。过去我们采用了这个方法，今后也要如此。一切重要的立法都要采用这个办法。这次我们采用了这个方法，就得到了比较好的、比较完全的宪法草案。"①

在这部宪法的制定过程不但是严格遵守法定程序的典范，而且极大地体现了党充分尊重人民群众意志的坚强决心和实际行动。

中央人民政府委员会在一九五三年一月十三日成立了以毛泽东同志为首的中华人民共和国宪法起草委员会。宪法起草委员会在1954年1月接受了中国共产党中央委员会提出的宪法草案初稿，随即在北京和全国各大城市组织各民主党派，各人民团体和社会各方面的代表人物共八千多人，用两个多月的时间，对这个初稿进行了认真的讨论。……以这个初稿为基础经过修改后的宪法草案，由中央人民政府委员会在一九五四年六月十四日公布，交付全国人民讨论。……广大的人民群众热烈地拥护这个宪法草案，同时提出了很多修改和补充的意见，根据这些意见，宪法起草委员会对原来的草案再度作了修改，并且经过一九五四年九月九日中央人民政府委员会第三十四次会议讨论通过，这才产生了现在提交大会的这个草案。②

在此基础上③，"54宪法"的确能够反映新中国成立伊始、完成社会主义改造工作之时人民群众的根本意志，实现了党的基本原则、根本方针、重大决议和政策的法制化。

改革开放之后，立法工作如雨后春笋，新生法律层出不穷。此时，

---

① 《毛泽东选集》(第5卷)，北京：人民出版社，1977年版，第126页。

② 《刘少奇选集》(下卷)，北京：人民出版社，2004年版，第132—133页。

③ 根据刘少奇同志的阐述，我们可以发现"54宪法"的确是党的领导和法治建设有机统一的杰出代表，而且由于其宪法地位的特殊和重要，更加体现了中国共产党在建国之初对于这一问题的卓越见地。

党认识到应该总结历史经验和教训、根据当时社会主义建设的需要，将党的最高意志和正确认识通过法律上升为国家意志和政治发展的制度保障。为此，邓小平提出:“必须使民主制度化、法律化，使这种制度和法律不因领导人的改变而改变，不因领导人的看法和注意力的改变而改变。”[①]彭真在对全国立法工作提出指导意见时，就曾精辟地指出:“我们的法律是有稳定性的，是有尊严的。法律定了以后，即便觉得有些不妥，在没有修改之前，你还得服从，还得执行。要修改，谁来修改？要经过党中央，还要经过法定程序，提到人大常委会审议通过，或者是提到全国人民代表大会审议通过。”[②]在谈到1979年集中通过的7部重要法律的时候，他再次强调:“法、人民的意愿和党的领导是一致的。法律代表人民的利益，是党和国家政策的定型化。当在选举中的领导，就是要严格依法办事，严格按照法律规定进行选举，充分保证人民自由行使选举权利，使人民真正能够当家作主，管好国家大事，掌握国家、民族的命运。”[③]由此可见，立法工作作为社会主义法治建设的有机组成部分，是实现党的领导和人民当家作主的必然选择，是党加强自身建设稳定的制度成果。

这种认识随着党的建设的不断加强和社会主义法律体系的不断完善而逐渐形成法治理念。党的十六届四中全会通过的《中共中央关于加强党的执政能力建设的决定》，明确提出“加强党对立法工作的领导，善于使党的主张通过法定程序成为国家意志，从制度上、法律上保证党的路线方针政策的贯彻实施，使这种制度和法律不因领导人的改变而改变，不因领导人看法和注意力的改变而改变。”

3. 社会主义法治建设有助于不断推动党在宪法和国家法律范围内活动。执政党一切的根本依据及其合法性，来源于中华人民共和国宪

---

① 《邓小平选集》(第2卷)，北京：人民出版社，1994年版，第146页。

② 彭真:《关于社会主义法制的几个问题——在中央党校的讲话》，红旗，1979年第11期。

③ 彭真:《论新时期的社会主义民主与法制建设》，北京：中央文献出版社，1989年，第46页。

法。[①]党和法治的关系是社会主义法治建设的核心问题之一，关系到依法治国基本方略的实践效果和社会主义法治国家的存废兴衰。新中国法治建设的历史进程表明，“这一关系处理得好，则法治兴；处理不好，则法治衰。党严格守法，则法治存；党不守法，则法治废。”[②]新中国成立之后，党和国家反复强调正确处理党和法治（法制）之间关系的重要性，并逐渐形成了对这一问题的认识。

早在新中国成立之初，党提出要进行“三反”斗争之时就已经意识到了贪污腐化问题的存在既是革命之后的贪图享乐念头的恶劣后果，也是党员，尤其是党员领导干部队伍法律意识不强的必然结果。因此，在三反斗争时，党中央就认识到需要教育全体党员在法律的范围内行动，养成守法的行为习惯，并指出：“各级组织可适当地进行一次遵纪守法的教育，使党员干部逐渐地养成奉公守法的习惯。”[③]之后，在第一届全国人民代表大会上，刘少奇详细地阐释了新宪法的特点与内容，要求全体人民和一切国家机关都要遵守宪法和法律，强调指出：“中国共产党是我们国家的领导核心。党的这种地位，决不应当使党员在国家生活中享有任何特殊的权利，只是使他们必须担负更大的责任。中国共产党的党员必须在遵守宪法和一切其他法律中起模范作用。一切共产党员都要密切联系群众，同各民主党派，同党外的广大群众团结在一起，为宪法的实施而积极努力。”[④]在党的八大上，邓小平在《关于修改党的章程的报告》中指出：“党章草案要求，每一个党员严格地遵守党章和国家的法律，遵守共产主义道德，一切党员，不管他们的功劳和职位如何，都没有例外。”[⑤]这些观点和认识都说明党的第一代领导集体已经对于党员守法——在宪法和法律之内行动——的问题有了较为清醒的认识。这也是新中国法治建设在党与法的关系问题上对

① 刘德厚：《广义政治学》，武汉：武汉大学出版社，2004年版，第413页。
② 袁曙宏：《坚持和推进依法治国，走中国特色的法治之路》，法制日报，2007年9月11日。
③ 《建国以来毛泽东文稿》（第3册），北京：中共中央文献出版社，1989年版，第478页。
④ 《刘少奇选集》（下卷），北京：人民出版社，2004年版，第168页。
⑤ 《邓小平选集》（第1卷），北京：人民出版社，1993年版，第243页。

旧法制的超越。

进入新的历史时期之后，邓小平反复强调要加强法制建设，认识到必须做到"有法可依，有法必依，执法必严，违法必究"，其中有法可依是经过立法程序制定的宪法与其他法律，有法必依则意味着任何人都不能超出法律之外任意行为。1978年12月6日，《人民日报》发表了题为《坚持公民在法律上人人平等》的专题文章，该文系统地阐述了社会主义法律面前人人平等的基本原则，并因此成为了"党在宪法和法律内范围内"这一命题的理论前提；1979年9月9日，"一份名为中共中央《关于坚决保证刑法、刑事诉讼法切实实施的指示》的文件于1979年9月9日颁布，这就是著名的'64号文件'。……文件的重点是解决党内规定和法律有冲突的问题。……，文件中第一次使用'社会主义法治'一词；取消'公安六条'中的反革命罪和恶毒攻击罪；宣布已摘帽的地富反坏右和公民享有一样的平等权利。此外，明确宣布取消党委审批案件的制度"。[①]这就重新确立了依法执政的思想方针。1982年，党的十二大总结了"文化大革命"期间党的建设的挫折和问题，明确提出"党必须在宪法和法律的范围内活动"这一伟大的历史命题。由此，党和法治的相互促进和共同发展的趋势日渐明显。法治成为党执政能力提高的重要依据和实践路径，而党对法治建设的领导确保了社会主义法治建设的正确方向，帮助其克服了许多法治实践发展过程中产生的复杂问题。更为关键的是，通过法治建设的不断深入，逐渐将马克思主义中国化的成果制度化、规范化，不断探索和回答了"什么是社会主义、怎样建设社会主义，建设什么样的党、怎样建设党，实现什么样的发展，怎样发展等重大理论和实际问题"。[②]1986年，中共中央发出《关于全党坚决维护社会主义法制的通知》，通知要求各级党委正确认识和处理与国家机关、行政机关、司

① 《法制中国三十年》，法制日报，2008年7月7日。

② 胡锦涛：《高举中国特色社会主义伟大旗帜，为夺取全面建设小康社会新胜利而奋斗》，北京：人民出版社，2007年版，第9页。

法机关的关系，支持国家机关依法行使职权的同时，强调坚持党的领导与依法办事的一致性。[①]

在党的十四大召开前，江泽民在一次谈话中再次论述了党与法治的关系，重申“党要在宪法和法律的范围内活动。党的路线方针政策是体现人民利益的，应该经过法定程序和法律形式，使党的主张成为国家意志”。[②]党的十五大确立了依法治国基本方略之后，党的十六大再次确认“中国共产党是中国特色社会主义事业的领导核心。共产党执政就是领导和支持人民当家作主，最广泛地动员和组织人民群众依法管理国家和社会事务，管理经济和文化事业，维护和实现人民群众的根本利益。宪法和法律是党的主张和人民意志相统一的体现。必须严格依法办事，任何组织和个人都不允许有超越宪法和法律的特权”；并将党的领导方式和执政方式的改革置于加强社会主义法制建设的逻辑基础上，“党的领导主要是政治、思想和组织领导，通过制定大政方针，提出立法建议，推荐重要干部，进行思想宣传，发挥党组织和党员的作用，坚持依法执政，实施党对国家和社会的领导”。时至今日，党对于这一问题认识从“预防性的尊重法律”已经上升到“构建型的树立法律权威”，这就意味着“各级党组织和党员要自觉地宪法和法律范围内活动，带头维护宪法和法律的权威”。[③]“党在宪法和国家法律范围内活动”已经成为社会主义法治国家的基本要求，是全面落实依法治国基本方略的伟大成就。

当然，法治建设对党的执政能力建设的影响是全方位的，我们仅仅从党执政理念、执政能力的制度设计和依法执政的具体行为等三个

① 《通知》指出，从中央到基层、所有党组织的党员的活动都不能同国家的宪法、法律相抵触，都只有模范地遵守宪法和法律的义务，而没有任何超越宪法和法律的特权。越是领导机关，越是领导干部，越要带头学法、懂法，严格依法办事，不做违宪、为法的事。贯彻党的路线、方针与执行稀饭、法律是统一的。各级党政军机关所发出的文件和领导人的讲话，都要既体现党的路线、方针、政策，又符合宪法和法律的规定，不符合的要坚决改正。

② 《江泽民文选》（第1卷），北京：人民出版社，2006年版，第156页。

③ 胡锦涛：《高举中国特色社会主义伟大旗帜，为夺取全面建设小康社会新胜利而奋斗》，北京：人民出版社，2007年版，第31页。

方面说明了这一伟大成就的基本面向。新中国法治建设和历史进步业已说明，“‘依法执政’基本方式的确立，反映了中国共产党人对国家与政权建设规律的深刻认识，对现代政党制度、政党政治和执政党执政规律的深刻认识，对自己从领导人民为夺取国家政权而奋斗的党到领导人民掌握全国政权并长期执政的党这一历史地位的根本性转变的深刻认识，对自己半个多世纪执政经验和教训的深刻反思和科学总结，对自己如何担当起执政党的使命、如何巩固执政地位、如何提高执政能力，如何执政兴国等根本性问题的深刻认识和理性自觉，是中国共产党执政意识的升华。”[①]通过社会主义法治国家的建设和发展，中国共产党依法执政能力也显著增强。中国共产党不断提高了科学执政、民主执政、依法执政的自觉性和坚定性。中国共产党领导人民制定宪法和法律，同时以宪法为根本的活动准则，在宪法和法律的范围内活动，坚持宪法和法律至上，带头维护宪法和法律的权威，最广泛地动员和组织人民依法管理国家事务和社会事务、管理经济和文化事业。通过领导立法、带头守法、保证执法，中国共产党的执政地位不断巩固。

第三节　社会主义法律体系的完善

什么是法律体系？如何认识社会主义法律体系？这是提出“社会主义法律体系的完善”命题之前必须解决的一般理论问题。在理论法学的视野中，较为传统的观点认为：“法律体系通常指由一个国家的全部现行法律规范分类组合为不同的法律部门而形成的有机联系的统一整体。”[②]这种观点将一国法律的全部规范根据法律调整对象或者方法的不同划入或建立不同的法律部门，并在若干基础性法律部门之上组

① 张文显：《改革开放时期的中国法治建设》，社会科学战线，2008年第9期，第5页。

② 《中国大百科全书·法学卷》，北京：中国大百科全书出版社，1984年版，第84页。

成一个国家的法律体系。这是法律体系的基本构成逻辑。但是，近年来有些学者根据立法工作中出现的新动态和新领域提出了一些不同的看法，认为“社会和社会关系是不断发展变化的，社会分工的细化和多样化是人类走向现代化过程中不可避免的发展趋势，由此必将带来法律关系的巨大变化，导致已有法律体系‘货柜’的爆满”[①]，这样也就打破了固有法律体系的基本架构。对于社会主义法治建设而言，法律体系的完善是整个法治建设的基础。这是因为：（1）法律是依法治国的基本要素。（2）法律体系是依法治国理性化和法治建设体系化的基本前提。（3）全面贯彻和加快实施“依法治国基本方略”需要通过社会主义法律体系的生成、演变和发展不断推进。社会主义法律体系是一种发展、开放的逻辑整体和实践系统，法律体系的构建不仅仅是法律数量、法律内容或者法律部门结构的构建，而且是整个法律渊源、立法构成、法律规范和法律效力的整体构造。

新中国成立以来，社会主义法律体系的建设取得了长足的进步，实现了法律体系建设“从无法可依到有法可依，从注重数量到提高质量，从基本形成到走向完善”的伟大变迁。这一伟大成就可以从以下三个方面加以说明。

一、夯实社会主义法律体系的基石——从无法可依到有法可依

2008年，国务院发布了《中国的法治建设》白皮书，这是我国法治建设史上具有标志性的事件。作为新中国成立以来第一部关于法治建设的白皮书，《中国的法治建设》白皮书充分肯定了社会主义法律体系建设的重要性，并将“有法可依”作为新中国法治建设的重大成就进行了总结。白皮书指出：

“有法可依是建设社会主义法治国家的前提。经过多年不懈的努力，以宪法为核心的中国特色社会主义法律体系基本形成。当代中国

① 李林：《中国特色社会主义法律体系的构成》，载于刘海年、李林：《依法治国与法律体系建构》，北京：中国法制出版社，2001年版，第7页。

的法律体系，部门齐全、层次分明、结构协调、体例科学，主要由七个法律部门和三个不同层级的法律规范构成。七个法律部门是：宪法及宪法相关法，民法商法，行政法，经济法，社会法，刑法，诉讼与非诉讼程序法。三个不同层级的法律规范是：法律，行政法规，地方性法规、自治条例和单行条例。”①

这段表述清楚地揭示出社会主义法律体系完善的第一个巨大变化就是我国法治建设从无法可依走向了有法可依。这直接体现为：

1. 法律规范的制定数量不断增多。新中国成立伊始，党和国家就提出在完成设社会主义改造的同时加快人民民主法制建设，并且极早制定了《中华人民共和国婚姻法》。在改造旧司法的过程中，逐渐明确了废除国民党统治时期的“六法”就必须完善社会主义国家的法律制定，这一时期，宪法、民法、刑法以及刑事诉讼法等法律制定工作提上了中央人民政府的议事日程。继之，第一届全国人大第一次会议完成了制定《中华人民共和国宪法》的历史使命，并开始着手制定其他基本法律。

党的十一届三中全会的召开，标志着新时期法制建设的重新启动。一方面，党中央否定了“反右斗争扩大化”和“文化大革命”时期关于法制的基本观点，明确提出新时期的政治建设需要发展法制、完善立法；另一方面，全国人大开始重视自身的立法职能，在清理新中国成立以来的法律、规范的同时，不断加快立法工作。国家立法工作进入了快速发展时期。《中国的法治建设》白皮书客观地记录了改革开放以来我国立法工作在法律规范数量上的迅猛发展情况：

“目前，全国人民代表大会及其常务委员会已经制定了229件现行有效的法律，涵盖了全部七个法律部门；各法律部门中，对形成中国特色社会主义法律体系起支架作用的基本的法律，以及改革、发展、稳定急需的法律，大多已经制定出来。与法律相配套，国务院制定了近600件现行有效的行政法规，地方人民代表大会及其常务委员会制

① 国务院新闻办公室：《中国的法治建设》，人民日报，2008年2月29日，第15版。

定了7000多件现行有效的地方性法规，民族自治地方的人民代表大会制定了600多件现行有效的自治条例和单行条例。国务院有关部门以及省、自治区、直辖市和较大的市的人民政府还制定了大量规章。”[①]时至今日，我们欣喜地发现：“法律236件、行政法规690多件、地方性法规8600多件……新中国成立以来特别是改革开放30多年来，一个以宪法为统帅、民法商法等多个法律部门的法律为主干，由法律、行政法规等多个层次的法律规范构成的中国特色社会主义法律体系已经形成。”[②]

可以说，立法数量的增加是法治建设过程中立法工作的重要体现，同时也可以折射出不同时期法治建设的成就，立法数量的多寡已经成为衡量法治建设发展速度的衡量标准之一。

依据《中国的法治建设》白皮书的附录部分和2008年与2009年国家主席令所颁行的法律进行大致的统计[③]，其结果如下：

---

① 国务院新闻办公室：《中国的法治建设》，人民日报，2008年2月29日，第15版。

② 人民日报评论员：《永葆本色的法制根基》，人民日报，2011年2月21日，第1版。

③ 需要说明的是，《中国的法治建设》白皮书陈列了229项现行法律规范（截至2008年2月生效的）；2008年2月之后，全国人大有新制定了若干法律，其中在2009年6月1日之前生效的法律共有6部（包含一个全国人大常委会制定的“办法”）；2009年6月27日，第十一届全国人民代表大会常务委员会第九次会议通过了《全国人民代表大会常务委员会关于废止部分法律的决定》，决定废止包括《公安派出所组织条例》（1954年12月31日第一届全国人民代表大会常务委员会第四次会议通过）、《城市街道办事处组织条例》（1954年12月31日第一届全国人民代表大会常务委员会笃四次会议通过）、《华侨申请使用国有的荒山荒地条例》（1955年8月6日第一届全国人民代表大会常务委员会第二十次会议通过）等在内的8个法律和有关法律的决定。因此，本研究中现行有效的法律认识232部，但是其内容产生了变化。

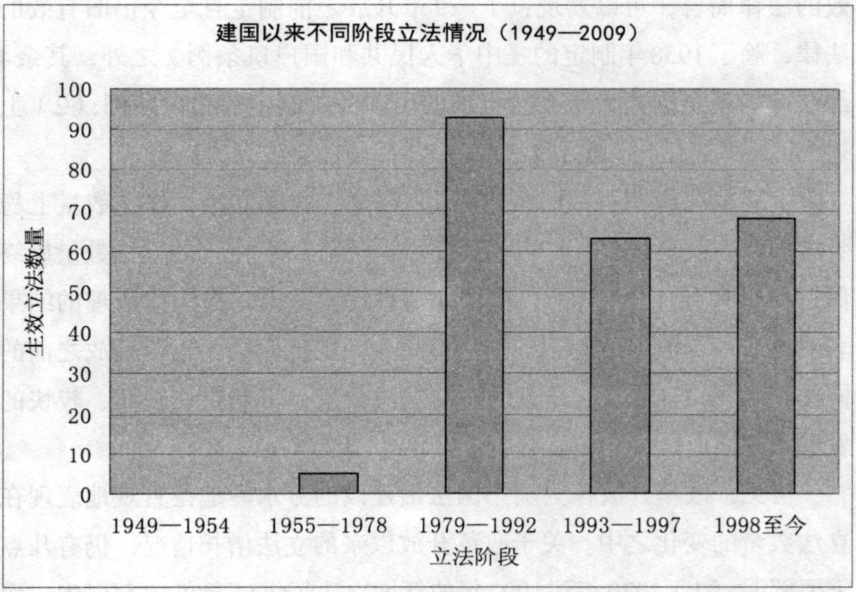

如图所示，我们将新中国成立以来的立法工作进程大致分为5个阶段。[①]从数量上来看，1949年—1954年制定的法律已经不存在，不再继续生效[②]，1955年—1978年制定的法律有5部仍为有效法案，1979年—1992年共有93部法律至今仍在生效，1993年—1997年有63部新制定的现行有效法律，而1998年至今则有颁行了68部有效法律。从时间分布上看，现行立法中改革开放以前的立法已经十分稀少，改革开放以后的立法则占据绝大部分比例。对于改革开放之前制定且至今有

① 这一划分主要理由有三：1. 依据本研究对新中国法治建设历史进程的三个时期进行首次区别；2. 在改革开放以来这一立法工作的新时期里，依据（1）不同阶段立法建设的任务，（2）不同立法内容的主导性，（3）立法建设的新发展等三个基本原则进行上述划分。

② 需要说明的是，建国以来国家共进行了两次法律清理工作，即1987年的第一次法律清理工作和今年的法律清理工作。其中，1987年11月，全国人大法工委向六届全国人大常委会第二十三次会议提出了《关于对1979年底以前颁布的法律进行清理的情况和意见的报告》，提出在134件法律中，已经失效的有111件，继续有效或者继续有效正在研究修改的有23件。建议对现已失去法律效力的111件范例，除已由新法规定废止的11件以外，对其余100件，由全国人大常委会明确这些法律已经不再适用，同时明确过去根据这些法律对有关问题作出的处理仍然是有效的。该次会议通过上述这个报告。

效的法律而言，可以发现：（1）改革开放之前制定且至今仍旧有效的法律，除了1958年制定的《中华人民共和国户口条例》之外，其余4部法律均系全国人大常委会批准的由国务院制定的相关条例；（2）上述5部法律中有4部是行政法部门，1部是社会法部门。

上述情况说明：（1）新中国成立以来，我国立法工作在数量上稳步增加，即便是包含1987年废除的法律在内，新中国的立法数量始终保持稳中有升；（2）与第一次法律清理比较，第二次法律清理的结果表明，改革开放以后制定的新法继续生效的比例高于改革开放之前的同类型数据；（3）改革开放以来的立法数量一直保持在较高、较快的发展水平之上。

可见，改革开放作为新中国法治建设的分水岭地位直观地表现在立法数量的变化之中。关于改革开放以来的立法增长情况，仍有几点需要阐明：（1）1979年到1992年的新增立法每年稳定在10部以内，而1993年到1997年则每年都超越10部，随后从1998年至今又回落到10部以下；（2）随着社会主义立法体系的不断完善，目前我国立法数量已经逐步趋缓；（3）立法工作与其所处时代的背景和社会观实际密切相关，越是近来新生法律越符合当代社会生活的需要，这也就说明了改革开放以来，新增的法律规范有效性较强的原因。

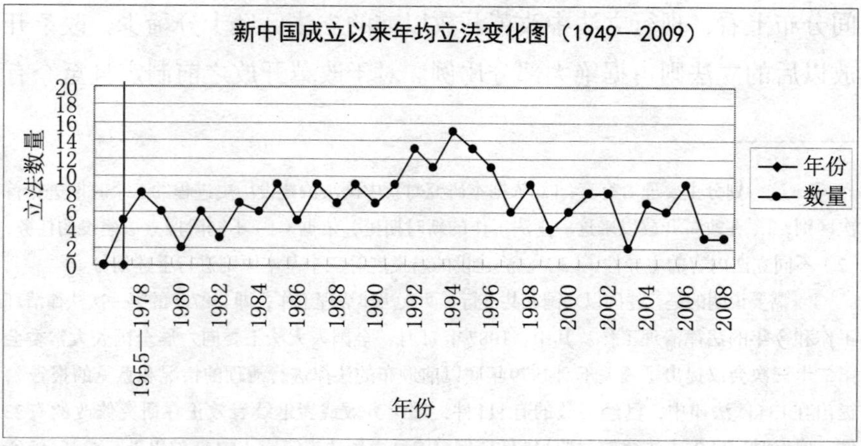

据此可以说明：（1）1992年之前，也就是党的十四大召开之前，是新时期立法工作的恢复和重塑时期，其立法数量上的基本特点是立

法数量稳中有升；（2）从1993到1997年立法数量的迅猛发展势头表明，1997年提出“依法治国基本方略”是建立在法制建设的实际情况和巨大成果的基础之上的；（3）在依法治国基本方略确立之后，从党的十六大到十七大，立法数量均出现了小幅攀升，从而证明了立法成效与党的领导具有密不可分的关系。

2. 法律部门不断完善。随着立法数量的不断增加，人们对于法律体系的认识也开始深化。对于中国的法治建设而言，认清法律体系的科学含义是较为重要的理论性前提。我们认为，前苏联法学家对于法律体系的判断基本符合中国法治实践的现实和要求，即“法律体系是指全部法律规范根据调整对象（被调整关系的性质和复杂性）和方式（直接规定方式、允许方式及其他）分为法律部门（宪法、行政法、民法、刑法等）和法律制度（选举制度、财产制度、正当防卫制度等）”。[1]前者是狭义的法律体系和法律部门，后者则是法律体系向法律制度的转变和发挥作用的桥梁。

通观新中国成立以来的我国法律体系建设，可以发现，随着时代的发展，社会主义法律体系基本上由7大法律部门构成，而在现行有效的法律之中，不同部门的法律数量也大相径庭。

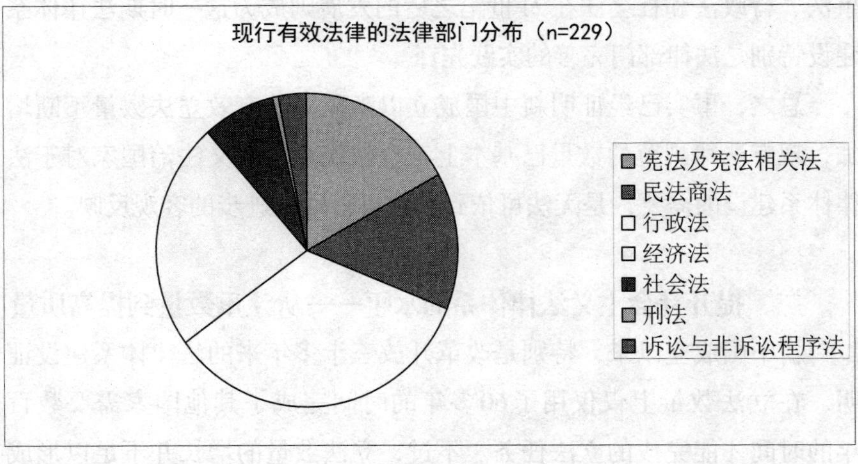

① B.B.拉扎列夫：《法与国家的一般理论》，王哲等译，北京：法律出版社，1999年版，第38—39页。

从数量上来看[①]，宪法及宪法相关法律共39件，民法商法32件，行政法78件，经济法54件，社会法18件，刑法1件，诉讼与非诉讼程序法7件。这说明:（1）我国社会主义法律体系已经形成了宪法及宪法相关法、民法商法、行政法、经济法、社会法、刑法、诉讼与非诉讼程序法等7个相对独立的法律部门;（2）仅从立法数量分析，我国的宪法、行政法、民商事法律和经济法发展的较为迅速，法律部门的规范数量比较充实;（3）从法律部门的划分来看，社会法是一个形成相对较晚的法律部门，其所包含的法律多为此前经济法、行政法等部门的法律规范;（4）尽管刑法部门之所以只有一部法律，但并不意味着该部门的薄弱，事实上，刑法部门已经成为一个较为成熟的以法典化为特征的法律部门。

此外，改革开放以来是我国法律部门形成和发展的最佳时期，宪法、刑法、民商事法、诉讼和非诉讼程序法、经济法等五个法律部门都是在改革开放之后才逐步萌芽、发展和基本成熟起来的。行政法和社会法的重要法律和原则性问题的阐释也是改革开放时期的产物。更为突出的特点是，除宪法和诉讼与非诉讼程序法之外，其余几个法律部门在1992年之后，立法速度和法律部门的构建速度明显加快，民商事法、行政法和社会法在21世纪之后的发展则成为这一时期法律体系建设特别是法律部门完善的实践先锋。

总之，事实已经证明新中国成立以来我国的有效立法数量不断增加，现有法律规范的数量已基本上符合建设社会主义法治国家对于法律体系建设的需要，是无法可依到有法可依巨大进步的客观反映。

二、提升社会主义法律体系的水平——从注重数量到提高质量

新中国成立以来，特别是改革开放三十多年来的法律体系建设证明，在立法数量上仅仅用了60多年的时间完成了其他国家需要数百年的时间才能完成的立法任务。不过，立法数量的增长并不足以形成

① 本数据源采用《中国的法治建设》白皮书附录的划分为依据。

社会主义法律体系。对此，彭真曾经有过直接的阐述："制定法律之前，中央和地方反复调查研究，全面权衡利弊，社会实践证明是成熟的、正确的，就用法律把它肯定下来。这样立法谨慎一点，比较符合实际，法律就可以比较稳定，法律的威信就可以慢慢地树立起来。……（法律不应该过于繁琐）一个要完备一些，一个要简明扼要。"[①]这也说明在社会主义法治建设的快速发展时期到来之时，党和国家领导人就已经意识到法律体系的建设不仅仅是立法数量的增加，而且是立法质量的改善。提升立法质量更加有利于法治理念、法治认同和法治文化（环境）的生成。事实上，中国特色社会主义法律体系的形成和发展并"不仅在于立法的数量，更在于这些法律的中国特色。中国特色的法律体系是以中国国情为出发点和落脚点的。中国共产党的领导和社会主义初级阶段这两大基本国情，决定了我国的法律体系在内容和作用上都不同于西方，我们不能用西方的法律体系来套中国的法律。外国法律体系中没有的法律，只要我们需要就及时制定；反之，外国法律体系中有的法律，如果不符合我国的国情和需要，我们就不搞。中国的法律体系是由法律、行政法规和地方性法规组成的。有些事项，用法律来规范尚不具备条件，可先依法制定行政法规和地方性法规，待条件成熟后再制定法律，这是中国特色。法律是调整社会关系的重要手段，但并非唯一手段。在中国特色法律体系形成过程中，我们还充分运用伦理道德、习惯规则、行业自律、市场机制来调整社会关系，以便集中立法资源，更好地发挥法律的作用，这也是中国特色"。[②]

注重立法质量，推动法律体系完善是一个有机的整体。关于新中国法治建设的不同阶段，注重立法质量的表述虽然不尽相同，但是它的作用却不可忽视。改革开放之前，我国的法治建设认识相对不足，发展比较缓慢。究其原因，从法律体系角度来看，其中一个重要原因

---

① 彭真：《论新时期的社会主义民主与法制建设》，北京：中央文献出版社，1989年版，第267页。

② 人民日报评论员：《完善中国特色社会主义法律体系》，人民日报，2009年3月15日，第1版。

就是没有认真看待立法工作的质量，许多法律不是党的政策方针的同义反复，就是领导人的思想或者个人观点的表达，甚至是否定法治建设的错误法令和决定。与此相比，这一时期的《宪法》、《婚姻法》等几部法律之所以能够获得广泛的认同，其中最为重要的原因正是在这些立法的过程中，制定者特别重视法律制定过程的合法性、合理性和可接受性。

而到了改革开放之后，随着我国的法治建设步入正轨，法律体系建设更加注重提高法律质量的重要性，全国人大将加快立法工作的重心由恢复法制逐渐走向立法数量和立法质量并重，并最终提出更加重视立法的法律质量问题。30年里以来法律质量稳步提升，并且通过法律制度和立法机制的改革实现以法律质量为建设核心的法律体系构建思路。不容否认，这种进步是多元化、细致化的发展是具体的。在机构建设方面：1979年，第五届全国人大常务委员会第六次会议决定成立全国人大常务委员会法制委员会；1982年，《中华人民共和国宪法》明确规定设立全国人民代表大会法律委员会；1983年，第六届全国人大常委会第二次会议通过成立法制工作委员会的决定，代替法制委员会成为常委会的专门机构；及早塑成国家权力机关的最高立法权限的机构化、专业化，已经成为法律质量不断提升的制度保障。立法和解释相结合：立法工作与法律解释是一对须臾不离的制度"伙伴"，1981年第五届全国人大常委会通过了《关于加强法律解释工作的决议》，决议决定对法律解释制度进行改革，使之更加完善，标志着法律解释制度的确立；2000年，《中华人民共和国立法法》，对全国人大常委会的法律解释的范围和程序进行了明确规定，使之更加符合法治的整体需要；2006年《中华人民共和国监督法》颁布实施，正式统一了法律解释的体制安排，规定将最高人民法院和最高人民检察院的司法解释并入统一的法律解释体系，"两高"的解释应当报全国人大常委会备案。在立法体制方面，1982年颁行的《中华人民共和国宪法》决定我国建设统一而又层次分明的立法体制；2000年，全国人大通过了《中华人民共和国立法法》，从国家立法权限，行政法规，地方性法规、自治条例和单行条例、规章等若干方面正式明确了我国的立法体制。

在立法程序创新方面：1982年和2000年，通过《全国人大组织法》和《立法法》，赋予全国人大法律委员会统一审议法律案的权限，并将这一权限扩展至行政法规、地方性法规和规章的制定；1998年，全国人大提出对于法律草案一般要进行三审制，2000年立法法将这一建议纳入立法规范；2004年，全国人大常委会法制工作委员会增设了法规备案审查室，负责对报送全国人大常委会备案的行政法规、地方性法规，自治条例和单行条例、最高人民法院和最高人民检察院的司法解释的初步审查工作。这是全国人大常委会为维护法制统一所采取的一个重要创新；2005年，全国人大进行了第一次立法听证会，对《个人所得税法（修正案草案）》中"起征点"问题进行听证，开启了重要法律立法过程中根据制度设计的关涉程度进行听证制度的先河；2007年，全国人大常委会有增加了立法规划室，负责全国人大五年立法计划的初步编制工作，这些都标志着我国立法科学化的进程正在加快；2009年，全国人大进行了建国以来第三次法律清理工作，也是继1987年进行法律废止和集中修改以来再次进行集中废止和修改立法的建设，第十一届全国人大第九次会议正式提出"法律清理工作是加强和改进立法工作，保证法律体系自身科学、统一、和谐，如期实现立法目标的一项重要举措"，意味着法律质量建设在内容完善方面更加成熟。与此同时，2008年，全国人大决定此后所有的立法草案一律向社会公布，"法律草案公开征求公众意见，早在20世纪50年代和80年代初已有实践。1989年4月七届人大二次会议通过的《全国人民代表大会议事规则》，对草案公布有了规定。2000年3月颁布实施的立法法，作了进一步规定。截至2008年6月，我国先后公布过两部宪法草案和16部法律草案进行公开征求意见，都收到了很好效果"。[①]这些事实都表明，我国在完善法律体系的过程已经基本形成了对法律质量的科学

① 陈斯喜：《科学民主立法十大看点》，人民日报，2008年11月19日，第13版。

认识具体思路。

与此同时，我们还可以看到，各个法律部门的自身建设也不断完善。从以宪法、民法、刑法、行政法为主的法律体系，到宪法及其相关法、民商事法、刑法、行政法、经济法、社会法、诉讼法与非诉讼程序法等七个法律部门共同组成的较为完善的法律体系，从忽视经济法、行政法到加快建设经济法和行政法，从呆板而框架结构明显的"调整对象、调整方法"划分法律部门，到承认并着力推动社会法建设[①]，等等。上述这些法律体系建设过程中的创造性变化，不但是法律质量的完善的过程，也是整个社会主义法律体系建设的过程。

几十年来，中国特色社会主义法律体系的构建，始终伴随着中国特色社会主义伟大事业的推进。伟大事业每前进一步，立法工作就推进一步，法律体系就完善一步。[②]历史和事实已经证明，社会主义法治建设离不开立法体系的完善，而立法体系的完善需要在改变立法思维的前提下进行，即不断强调立法数量和立法质量并重，并且持续推动法律质量的多维度提升。

三、加速社会主义法律体系的完善——从基本形成到逐步完善

2008年3月，第十一届全国人民代表大会第一次会议在北京胜利召开。在这次大会上，吴邦国委员长代表第十届全国人大常委会做工作报告，报告开宗明义地指出：

"立法权是宪法和法律赋予全国人大及其常委会的重要职权。十届

① 吴邦国委员长在第十一届全国人民代表大会第一次会议的报告指出，"按照构建社会主义和谐社会的要求，着力加强社会领域立法。健全劳动和社会保障方面的法律制度，事关劳动者切身利益，事关社会和谐稳定，是社会领域立法的一个重点。2007年一年内，常委会先后通过了劳动合同法、就业促进法、劳动争议调解仲裁法，审议了社会保险法草案。针对代表反映强烈的社会领域问题，全面修订义务教育法，将义务教育经费保障机制以法律形式固定下来，将实施素质教育写入法律，将义务教育均衡发展作为目标确定下来。修改妇女权益保障法，第一次在法律上明确实行男女平等是国家的基本国策。修改未成年人保护法，进一步强化家庭、学校、社会、政府的保护责任，突出未成年人受教育权。"

② 人民日报评论员:《伟大事业的法制保障》，人民日报，2011年2月24日，第1版。

全国人大常委会从一开始就明确提出任期内'以基本形成中国特色社会主义法律体系为目标、以提高立法质量为重点'的立法工作思路，并以此指导立法工作。五年来，共审议宪法修正案草案、法律草案、法律解释草案和有关法律问题的决定草案106件，通过了其中的100件。到目前为止，我国现行有效的法律共229件，涵盖宪法及宪法相关法、民商法、行政法、经济法、社会法、刑法、诉讼及非诉讼程序法等七个法律部门；现行有效的行政法规近600件，地方性法规7000多件。以宪法为核心，以法律为主干，包括行政法规、地方性法规等规范性文件在内的，由七个法律部门、三个层次法律规范构成的中国特色社会主义法律体系已经基本形成，国家经济、政治、文化、社会生活的各个方面基本做到有法可依，为依法治国、建设社会主义法治国家、实现国家长治久安提供了有力的法制保障。"[①]

这一论断提出标志着新中国法律体系建设正式完成了长达60多年的摸索，开始进入完备法律体系建设的高速发展时期。这一命题的提出是对依法治国基本方略和中国特色社会主义法律体系形成的命题的具体阐释，是社会主义法律体系建设从空白到注重立法数量再到重视法律质量，最终实现体系化的巨大变化，是社会主义法治建设从建设社会主义法治国家的初创阶段向建设社会主义法治国家的发展阶段的标志事件，也是站在新中国法治建设全景的高度对历史成就的科学总结。

法律体系不是抽象的数字或者指标体系，它是由特定国家法律制度的发展路径和社会对法律的需求所决定的。[②]社会主义法律体系的建设走过一条自主发展、自主创新的道路。社会主义法律体系的形成既注重法律渊源体系的建设，例如，包括宪法在内的基本法律的建设，同时也发展和完善了宪法法律体系和其他基本法律体系的核心立法工

---

① 吴邦国:《全国人民代表大会常务委员会工作报告——2008年3月8日在第十一届全国人民代表大会第一次会议上》，人民日报，2008年3月22日，第2版。

② 信春鹰:《形成并完善中国特色社会主义法律体系》，人民日报，2009年3月12日，第10版。

作；又注重了法律规范体系的建设，即不断强化科学立法和民主立法，在法律规范的制定和公布过程中强化法律文本的严谨性和专业性、明确性和大众性。社会主义法律体系的形成不但始终关注不同法律部门的自身建设，例如在法律体系的形成过程中逐渐创立了宪法、民商事法、行政法、经济法、刑法、诉讼及非诉讼程序法、社会法等法律部门；而且还注重这些法律部门之间的相互协调和促进，如在发展经济法的同时兼顾社会法的发展，在强调民法、刑法等实体法建设的同时不断促进诉讼及非诉讼程序法的完备。社会主义法律体系的形成特别注重中国特色法治建设的内在需要，例如，“很多国家的法律体系没有把经济法作为单独的法律部门，而在我国的法律体系中，经济法是一个重要的法律部门，它是国家对经济活动进行管理、调控的各种法律规范的总称，在我国市场经济法律制度的建构中有着不可替代的作用”。与此相应的是，我们在反对僵化学习苏联法律体系建设的同时，批判地学习和借鉴了西方，特别是大陆法系和英美法系在法律体系建设过程中的经验，在不断完善成文法建设的同时注重习惯法[①]在法律体系整体形成过程中的作用。社会主义法律体系的形成是一个始终坚持和注重国家立法，兼顾立法数量和立法质量，恪守法律规定的立法权限，不断创新立法流程和程序公开化的进步过程。当然，它的形成也离不开统分层次规划下需要不断健全的地方立法工作，尤其是改革

① “法律是调整社会关系的重要手段，但不是唯一的手段。调整社会关系的方式多种多样，除法律规范外，还有伦理道德、习惯规则、行业自律等。不同的方式所要解决的问题不同。一般说来，法律要调整的是带普遍性的、稳定的、成熟的、权利义务关系明确的那些关系。任何法律制度的设立和运行都是有成本的，在不该由法律调整的问题上立法，不仅浪费立法资源，还可能束缚生产力的发展，造成制度之间的不平衡。在形成中国特色社会主义法律体系的过程中，要同时考虑如何运用和发挥市场机制、行业自律、道德规范以及管理规范等其他社会调整方式的作用，集中立法资源，更好地发挥法律的功能和作用。”参见信春鹰：《形成并完善中国特色社会主义法律体系》，人民日报，2009年3月12日，第10版。

开放以来地方人大工作的具体成就的抽象体现。[①]社会主义法律体系的完善既坚持了在实践中不断推动立法体系的完善，实现了“科学立法、民主立法”的正确认识；又不断突出了立法监督的作用，改变了立法监督形式，增强了立法监督实效，使得社会主义法律体系的形成是一种经得起历史考验的开放的、发展的体系。

社会主义法律体系形成是社会主义法律体系完备化的新起点，从这一命题提出开始，完善社会主义法律体系的新进程就业已吹响了时代的号角。尽管时间尚短，刚刚起步，但是我们已经取得新的成就。这样成就集中体现在社会主义法律体系建设的新动向——不断强化法典化的立法工作。在当前的历史条件下，成熟和比较完善的法律领域已经进入法典化阶段。所谓法典化就是在原有法律部门的基础上，继续将其整合形成逻辑严密、立法结构层次清晰、法律效力充分实现和法律规范合理配置的成熟的法律部门，这是法律体系完善的重要前提。目前，全国人大已经积极有效地开展了立法清理工作，这次的清理主要进行了以下工作：一是有的法律是20世纪80年代或90年代初制定的，现在看来，有些规定已经明显不适应发展社会主义市场经济的需要；二是由于法律制定的时间有先有后，有的后法与前法的一些规定有不尽一致或不够衔接的地方；三是有的法律操作性不强，难以用国家强制力来保证实施。2009年的法律清理工作，从某种意义上标志着我国正在完成法律体系整体向法典化方向发展的态势，这也是社会主义立法工作今后一个时期的重点所在和新发展所在。正如吴邦国指出的：“法律清理工作是加强和改进立法工作，保证法律体系自身科

① 与我们这样一种国家结构相适应，在最高国家权力机关集中行使立法权的前提下，为了使我们的法律既能通行全国，又能适应各地方千差万别的不同情况，宪法和立法法确定的我国立法体制总体上是两级立法（中央和省级，较大市的立法属于省级立法），另有两个特别立法（民族自治地方立法和经济特区立法）。确定这样一种立法体制，同宪法规定的“中央和地方的国家机构职权的划分，遵循在中央的统一领导下，充分发挥地方的主动性、积极性的原则”相适应，目的在于运用法律手段促进各地方协调发展，共同发展，实现国家的经济发展和社会全面进步。参见杨景宇：《形成并完善中国特色社会主义法律体系需要把握好的几点》，人民日报，2009年3月11日，第9版。

学、统一、和谐，如期实现立法目标的一项重要举措。”[①]正如吴邦国指出的：全国人大及其常委会认真履行宪法和法律赋予的职责，不断加强和改进立法工作，着力提高立法质量，为形成中国特色社会主义法律体系做了大量卓有成效的工作。国务院适应经济社会发展和法律实施的需要，依法及时制定行政法规，地方人大及其常委会结合本地实际，依法制定大量地方性法规，为形成中国特色社会主义法律体系作出了重要贡献。地方各级人民政府、各级人民法院和人民检察院以及军队等有关方面，广大人民群众和专家学者大力支持和积极参与立法工作，为形成中国特色社会主义法律体系贡献了智慧和力量。[②]

2008年，第十一届全国人大第一次会议提出——从我国基本国情出发，坚持以人为本，坚持实事求是，抓紧制定在法律体系中起支架作用的法律，及时修改与经济社会发展不相适应的法律规定，督促有关方面尽快制定和修改与法律相配套的法规，确保到2010年形成中国特色社会主义法律体系。回顾三年来的法律体系建设工作，我们可以发现，重点突出，协调并进、加速发展是保障上述目标顺利实现的重要保障。归根到底，就是要求我们在继续建设我国的法律体系中，“坚持党的领导；坚持以人为本、立法为民；坚持以中国特色社会主义理论体系为指导；坚持从中国国情和实际出发；坚持社会主义法制统一。”[③]

第四节　人权事业的发展

全部人类历史的第一个前提无疑是有生命的个人的存在。[④]共产

---

① 吴邦国:《进一步加强和改进立法工作确保到2010年法律体系形成》，人民日报，2009年6月28日。

② 吴邦国:《在形成中国特色社会主义法律体系座谈会上的讲话》，人民日报，2011年1月27日，第2版。

③ 人民日报评论员:《弥足珍贵的经验》，人民日报，2011年2月25日，第1版。

④ 《马克思恩格斯选集》（第1卷），北京：人民出版社，1995年版，第67页。

主义社会是我们奋斗的目标，是党的一切事业的最终目标。共产主义社会意味着什么呢？它意味着“代替那存在着阶级和阶级对立的资产阶级旧社会的，将是这样一个联合体，在那里，每个人的自由发展是一切人的自由发展的条件”。①实现共产主义社会将是一个长期的历史发展过程，而无产阶级意图实现这一自由的联合体，就必须获得统治权、争得民主、获得解放。正如青年马克思所指出的那样：“（无产阶级）并不要求任何一种特殊权利，因为他的痛苦不是特殊的无权，而是一般无权，它不能再求助于历史权利，而只能求助于人权。”②正是在这个意义上，一部人类社会的发展史，就是一部人类争取自由解放，争取自身权益的历史。发展人权事业、尊重和保障人权，是人类进步发展的历史潮流，是人类文明的重要标志。“人权问题具有普遍性意义。从世界上存在众多国家这个现实出发，人权的实现要依靠各个国家努力才行。因此，从根本上讲，人权是一个国家主权范围内的问题；人权是历史的产物，它的充分实现是同每个国家经济文化水平相联系的逐渐发展过程；集体人权与个人人权，经济、社会、文化权利与公民、政治权利，是不可分割的。”③新中国的法治建设和人权事业的发展须臾不离，正如列宁所言“宪法就是一张写着人民权利的纸”④，可见，人权事业的发展不仅是法治建设的重要内容，也是法治建设成熟的标志。换言之，评价一个国家的法治程度如何，必须要参照该国对人权的尊重和保障的程度。新中国法治建设取得了辉煌的成就，这其中就包括了人权事业的蓬勃发展，体现在国家尊重和保障人权的坚强决心、切实行动和巨大进步之中。

一、理解人权：一种社会主义人权事业的历史抉择

人权与法治具有深刻的内在联系，特别是在新中国法治建设的过

① 《马克思恩格斯选集》（第1卷），北京：人民出版社，1995年版，第294页。
② 《马克思恩格斯全集》（第1卷），北京：人民出版社，1956年版，第466页。
③ 《江泽民文选》（第2卷），北京：人民出版社，2006年版，第52—53页。
④ 《列宁全集》（第9卷），北京：人民出版社，1987年版，第448页。

程中，人权与法治的命运极其相似。从性质上看，新中国的法治建设是社会主义法治建设特别是中国特色社会主义法治建设的具体表现；从目标上看，新中国的法治建设是为了建设社会主义法治国家；从策略上看，新中国的法治建设依赖于依法治国基本方略的形成、贯彻和全面落实。从现象上看，新中国的法治建设不啻为一部将人权法治纳入社会主义法治文明的理念变迁史。在当今的法治建设中，我们已经认识到“人权是人所应当享有的权利，是以人的自然属性为基础、社会属性为本质的，人被当作人来对待的属于人的权利。人权的权利范围与保护程度是一个国家进步与文明程度的重要表现，是不同类型国家的重要差别。国家的进步过程，其实也是人权内容不断丰富、发展的过程。国家由非法治国家向法治国家的转换，也是人权内容与保护的一次飞跃。人权是区别法治国家与非法治国家的现代标志。”[①]毋庸置疑，此种观念是我们经过长期艰苦的法治建设的探求而培育出的一朵理论奇葩，也是我国社会主义法治建设的不断进步的历史侧影。

正确认识人权，是新中国法治建设中人权事业发展进步取得的首要成就。如何认识人权，是一个历史性和世界性的课题，人们普遍认为“人权并非存在于真空之中，人权与特定的人、特定的社会和特定的国家的安全有着密切联系，因为没人作为载体，人权是不会存在的。因此，每一个社会，每一个国家都有自己衡量人权与安全的一些尺度。我们应该考虑到人权概念的一些意识形态基础，这种基础规定了人在社会中的地位，设计了可以接受和不能允许的人类行为模式。特定的文明和意识形态框架有其基本原则，形成具有普遍重要意义的人权概念。”[②]认识人权概念，发掘它的科学含义，是一个长期的认识过程。新中国法治建设在对待人权是什么的问题上取得了令世人瞩目的认识跨越。新中国建立之初，人权还是一个比较模糊的概念，人们经常从人身权利、政治自由权利和经济社会文化权利等不同角度解

① 卓泽渊：《依法治国理论学习读本》，北京：中国法制出版社，2008年版，第11页。

② 加里宁：《正确认识人权概念》，人民日报，2006年11月24日，第7版。

读人民民主专政下的人权概念，但却始终没有给出一个比较清晰的界定。而将人权上升到基本人权的角度进行分析，则是后来的事情，周恩来在亚非会议全体会议的发言中明确指出:“各族人民不分种族和肤色都应该享有基本人权，而不应该受到任何虐待和歧视。”[①]关于基本人权的具体内涵，毛泽东则说“我们的宪法规定：中华人民共和国公民有言论、出版、集会、结社、游行、宗教信仰等自由”，“我们的这个社会主义的民主是任何资产阶级国家所不可能有的最广大的民主”，而此种民主下的“公民权，在政治方面，就是说有自由和民主的权利”。[②]很显然，这种观点基本上抓住了当代人权的基本内涵，表现出了人权在政治生活中的地位和应得到保障的基本原因。不过，此种描述性的概念不可能在逻辑和内容上使得人权概念的到完备性的表达。而且人权与公民权并不相同，人权还包括了人所必需的生存、生命等自然权利，允许人性等个体因素的存在。而公民权则是一种公共性权利，从人的发展角度看，其更多地倾向于一种人进入公共生活的权利与义务的综合体。因此，在社会主义建设的路线出现偏差时候，这些模糊性就被放大而体现为名为高扬人民群众的意志，而实为否定人权存在的障眼法。党的十一届三中全会召开后，以邓小平为代表的中国共产党人勇于自我批评，开创性地继承、发展了马克思主义人权思想，带来了新时期人权事业建设的第一次高潮，净化了马克思主义中国化的人权内涵。经过一系列人权保障的切实行动，党和国家提出必须清醒地认识到社会主义人权的基本内涵。而且只有理解了人权的概念，才能更好地认识哪些是需要依法保护的基本权利，明确社会主义人权的先进性和独立性。邓小平这样指出:“什么是人权？首先一条，是多少人的人权？是少数人的人权，还是多数人的人权，全国人民的人权？西方世界的所谓‘人权’和我们讲的人权，本质上是两回事，

---

① 《周恩来选集》(下卷)，北京：人民出版社，1984年版，第150页。

② 《毛泽东选集》(第5卷)，北京：人民出版社，1977年版，第366—367页。

观点不同。”[①]社会主义的人权是建立在批判资本主义人权概念的虚伪性基础上对人权的科学认识。经过多年的探索，我们将社会主义的人权概念归纳为三个基本方面，即社会主义人权的三个特点，其包括：“一是广泛性。享受人权的主体不是少数人，也不是某些阶级和阶层的一部分人，而是全体中国公民。中国公民所享受的人权范围是广泛的，不仅包括生存权、人身权和政治权利，而且包括经济、文化、社会等各方面的权利。国家不仅十分注重保障个人人权，而且注重维护集体人权。二是公平性。中国实行社会主义制度，消灭了剥削制度和剥削阶级，各项公民权利不受金钱和财产状况以及民族、种族、性别、职业、家庭出身、宗教信仰、教育程度、居住期限的限制，为全社会的公民平等地享有。三是真实性。国家为人权的实现从制度上、法律上、物质上给予保障。宪法和法律中规定的各种公民权利，同人们在现实生活中所享受的权利是一致的。中国的人权立法和政策，受到全国各民族各阶层人民和各党派、各社会团体以及社会各界的拥护和支持。”[②]对于人权，特别是社会主义人权的科学认识，是新中国人权法治建设在理念上的升华和飞跃，是人权事业发展的首要成就。

正确地认识人权的本质是对马克思主义的人权学说的进一步丰富。中国特色社会主义的人权事业是马克思主义人权学说中国化的直观体现。这一事业发展的成败得失，不但取决于对于人权概念的科学认识，而且来源于我们对人权的本质及其时代变化的准确把握。新中国建立伊始，以毛泽东为核心的党的第一代领导集体就认识到我们所要建设的人民民主，不能仅仅停留在政治解放的阶段，而应将这种解放深入新中国的经济建设等各项事业中。在这一过程中，我们需要处理个体与集体，个人权利与义务等复杂关系问题。这就有必要运用历史唯物主义的观点和方法，从认识人权本质的高度树立正确的社会主义人权观。正因为如此，我们很早就进行了法治与人治的集中讨论。

---

① 《邓小平选集》（第3卷），北京：人民出版社，1993年版，第125页。

② 参见国务院新闻办公室：《中国的人权状况》（1991年）。

其中就包括了对马克思主义人权本质学说的系统学习。马克思恩格斯在批判资产阶级的人权观时明确指出："人权并没有使人摆脱宗教，而只是使人有信仰宗教的自由；人权并没有使人摆脱财产，而是使人有占有财产的自由；人权并没有使人放弃追求财富的龌龊行为，而只是使人有经营的自由。"[①]马克思主义经典作家通过批判资本主义政治生活中的所谓民主、自由、平等、人权和法治等政治价值的普适性，进而揭露和批判资产阶级人权观的片面性，通过尖刻无情地讽刺资本主义政治制度中的普选制、分权制、代议制等制度的阶级性而阐明了资产阶级人权观的虚假性。在批判的基础上，社会主义国家通过自己的实践不但验证了上述观点的正确性，而且发现了社会主义社会中人权的本质属性，即社会主义人权的真实性。正如有的学者所言："在社会主义革命和建设时期，毛泽东一方面深刻揭露资产阶级民主、自由、人权等的阶级本质及其虚伪性，欺骗性；一方面，毛泽东又围绕1954年宪法阐述了公民权利、自由等。周恩来则强调维护人权应当尊重国家主权以及互不干涉内政的原则。"[②]中国特色社会主义的人权事业，开创性地解决了国家主权和人权之间的关系，道明了人权是一定阶级通过自身斗争和政权建设获得的基本的经济、政治、文化和社会权利，其具有历史性、阶级性的本质特征。随着我国人权事业的发展，尤其是我国在人权问题上的逐步深化和国际交流的不断扩大，对于人权的本质认识又产生了新的进步，既承认人权的特殊性，又尊重人权的普遍性。正如李鹏同志在接受《金融时报》亚洲主编蒙塔尼翁的采访时所说："世界上有不同的人权观，1993年6月通过的《维也纳宣言和行动纲领》既承认人权的普遍性，也承认人权的特殊性。"这些实践和思考都表明社会主义人权事业的理解和人权的法制保障不但已经基本能够科学全面地理解人权的本质，甚至这种理解在实践的过程中已经成

① 《马克思恩格斯全集》(第2卷)，北京：人民出版社，2005年版，第14页。

② 罗玉中、万其刚、刘松山:《人权与法制》，北京：北京大学出版社，2001年版，第231页。

为一种关于人权保护的本质、发展和趋势的综合性判断。随着社会主义法治建设与人权事业的相互促进，法治所要求的公民法治精神和社会法治理念也进一步提升了人们对人权问题的认识水平，自上而下地推动了人权意识的塑造。事实证明，“依法治国内含着人权意识的培养与人权法律制度的建设，尤其是内含着人权在社会实际生活中的切实保障与充分实现”[①]，这标志着我们对人权本质的理解更加适应尊重和保障人权的实践需要，以及法治文明进步的需要，也更加符合中国特色社会主义政治发展道路的需要。

在社会主义法治建设的背景和保障下，人权的法制保障主要具有三个基本权利谱系，走过了三个具有标志性意义的发展阶段。我国人权事业的发展，尤其是人权法制保障工作，经历了三个核心建设期，即生存权建设和保障，发展权建设和保障，以及环境与和平权建设与保障。从20世纪90年代初以来，国务院新闻办公室先后出版了6部《中国的人权状况》(1991)和《中国人权事业的进展》(1996、1998、2001、2003、2004)白皮书，详尽地记录、介绍和总结了我国人权事业发展尤其是人权法制保障的历史进程和巨大成就。通过这几部白皮书，我们可以发现我国人权法制建设的内容不断向体系化、类型化的方向发展，而人权法制保障和人权事业的基本内容则日渐清晰和相对稳定。(如下表)

我国“人权白皮书”对人权保障内容的规定与变化

出版年份	白皮书名称	保障内容的具体分类
1991	中国的人权状况	生存权，政治权利，经济、文化和社会权利，劳动权利，宗教信仰自由，少数民族的权利，计划生育，残疾人的人权
1996	中国人权事业的进展	生存权和发展权，民主权利，劳动者权利，受教育权，妇女、儿童的合法权益，少数民族的权利

① 卓泽渊:《依法治国理论学习读本》，北京：中国法制出版社，2008年版，第12页。

（续表）

出版年份	白皮书名称	保障内容的具体分类
1998	中国人权事业的进展	生存权和发展权，公民政治权利，公民的经济、社会、文化权利，妇女、儿童的合法权益，少数民族的权利
2001	中国人权事业的进展	生存权和发展权，公民政治权利，公民的经济、社会和文化权利，妇女、儿童权利的保护，少数民族的平等权利和特殊保护
2003	中国人权事业的进展	生存权和发展权，公民权利和政治权利，经济、社会和文化权利，妇女、儿童权益，少数民族的平等权利和特殊保护，残疾人权益
2004	中国人权事业的进展	生存权和发展权，公民权利和政治权利，经济、社会和文化权利，少数民族的平等权利和特殊保护，残疾人权益

这六部人权白皮书十分准确地反映了新中国成立以来不同时期的人权发展情况[①]，尤其是90年代之后的情况更为详尽。这六部白皮书中，生存权，政治权利，经济、文化和社会权利，少数民族的权利等四个权利始终是人权法制保障和人权事业的基本内容；而发展权则贯穿了后五部白皮书；妇女、儿童的合法权益出现了四次，残疾人的人权出现三次；其他诸如劳动权利、宗教信仰自由、劳动权利各出现过一次。从这些权利内容在白皮书中出现的频率中，我们可以发现1. 生存权与发展权，政治权利（公民权利），经济、文化和社会权利是新中国人权法制保障事业的核心内容；2. 从主体特殊性的角度，少数民族的权利特别是少数民族的平等权利和特殊保护是我国人权法制保障事业的重要内容；3. 根据人权事业发展的时代要求和人权法制保障的特殊需要，新中国人权事业在不同阶段和环境中进行了一些符合特定时期、特殊要求的人权保障谱系的建设；4. 人权法制保障的基本权利体系日趋系统和清晰。经过多年的建设和发展，我国人权法制保障

① 《中国的人权状况》白皮书与其他五部白皮书不同，该部白皮书撰写一个前言，对新中国成立前后的人权事业发展特别是新中国成立后前三十年的人权法制保障状况进行了客观地描述。故而，本文认为这六部白皮书能够反映我国人权事业的历史发展和进步。

工作已经成为了一项国家行动。2009年4月，国务院新闻办公室发布了《国家人权行动计划》(2009—2010)，这是新中国成立以来第一个关于人权保护的国家宣言层面上的行动计划，是人权法制保障又一基础性和指导性规范。这份计划提出，我国的人权法制保障主要指向三种基本人权，即经济、社会和文化权利保障，公民权利与政治权利保障，少数民族、妇女、儿童、老年人和残疾人的权利保障。(具体权利保护谱系如下图)

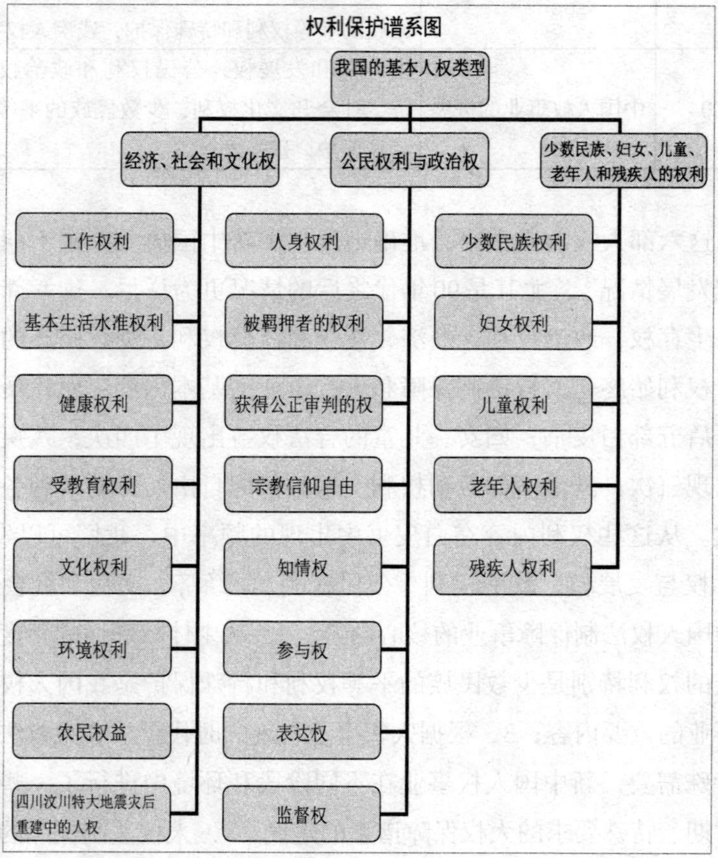

(图中权利类型的来源:《国家人权行动计划(2009—2010)》)

这一权利保护谱系不但包括了我国人权法制保障工作中业已涵盖的所有权利，而且将人权的司法保障部分的权利内容提炼出来作为基本权利进行了归纳；既包括了实体性的权利，又包括了程序性的权利；不但包括当代人权涵盖的基本权利，而且较为科学地将其划入三种基本类型中；不但包括权利的一般内容，而且包括特殊情景下的人权内容（例如，四川汶川特大地震灾后重建中的人权）；不但反映了人权事业发展的权利体系完善的历程，而且其设计的内容体系覆盖了政治、经济、社会、文化等各个领域。这标志着我国人权事业已经实现了价值认同，基本完成了内容体系的规划，开始步入了人权事业的快速发展期。

二、尊重人权：社会主义法治建设的重要内容[①]

新中国成立之后，党和国家将消灭贫穷落后、消除文盲、消除男女不平等作为政治建设和法制建设的首要责任和主要使命，通过各项制度建设改造了反动的专制制度、残酷无情的剥削制度、压抑人性的封建文化和落后愚昧的迷信风俗，迅速改善新中国政治面貌。随着社会主义现代化建设的逐渐深入，尤其是法治建设等政治建设的不断进步，党和国家将让每个人享有充分的人权，建设富强民主文明和谐的社会主义现代化国家，作为不懈的奋斗目标。通过60多年的探索和建设，新中国的人权事业已经形成了较为完备的制度体系，其基本立场是：坚持生存权、发展权的首要地位，把发展作为第一要务，同时不断发展公民的政治、经济、社会、文化权利，努力实现人的全面发展。

2004年，在已有的28种人权入宪的基础上，新的宪法修正案明确了我国对于人权的原则立场，弥补了以前宪法列举权利种类的缺陷。这一举措在人权保障的法律制度建设上具有十分重要的意义，正如有的学者指出的——（人权入宪）修正了我国的人权主体观，修正了我

---

① 需要说明的是：关于这个部分的论述，《中国的法治建设》白皮书对尊重和保障人权的法律制度部分进行了十分准确的概括和论述，本研究认为总结人权事业的制度成果无法脱离国家和政府的基本态度和观点；因此，本部分的结构和基本观点均系参照或者转引《中国的法治建设》白皮书的相关论述，并根据篇章结构和论述重点的要求不同对不同内容进行了删减或增修。以下不再专门标注。

国的人权体系，明确了国家对人权的基本态度，提出了国家机关及其工作人员对待公民人权的义务观，修正了我国既存的人权标准，建立了权利推定制度。[①]虽然“尊重和保障人权”仅有寥寥数语，但是它具有宪法规范所独有的神圣价值，其不仅是一种人权建设的前景需要，更是对新中国成立以来人权事业取得的辉煌成就的重要体现。各种人权法律制度的建构，是人权保障法律制度方面的主要成就。以宪法为根本依据，我国制定和完善的一系列保障人权的法律制度，保障了中国人权事业呈现出不断法律化、制度化的良好态势。

1. 生命权的法制保障

对于一个国家和民族来说，人权首先是人民的生存权。没有生存权，其他一切人权均无从谈起。《世界人权宣言》就指出“人人有权享有生命、自由和人身安全”。新中国推翻了压在中国人民头上的三座大山，结束了中国近代以来的屈辱历史和长期战乱、一盘散沙的动荡局面，人民群众的生命安全得以保障。在此基础上，党和政府始终关注人民群众的生存和发展问题，将解决温饱问题作为我国社会主义建设的长期目标和任务。改革开放以来，我国加快经济建设的步伐，不但用占世界7%的耕地养活了占世界22%的人口吃饭问题，而且使得人民群众的健康和寿命水平获得了极大提高。随着社会主义法治建设的形成和发展，尤其是社会主义法律体系的不断完备，我国的《宪法》、《刑法》、《民法通则》等法律对保障公民生命权作了基本规定。《安全生产法》、《职业病防治法》等法律法规，对保护劳动者的生命安全和身体健康作出规定。人权保障与死刑并不是一对必然的矛盾。从新中国成立至今，我国死刑存废的争论表明党和国家始终对死刑制度与人权保障保持客观和开放的态度，刘少奇在第一届全国人大第一次会上就曾提出过逐步不再使用死刑的主张，彰显了社会主义的人道精神风范，这是生命权得到法律尊重和法制保障的重要体现。在这种

① 徐显明:《宪法修正条款修正了什么》，载于中国人权研究会:《“人权入宪”与人权法制保障》，北京：团结出版社，2006年版，第47—49页。

保护生存权的思想指引下，我国虽然依据国情在法律上保留了死刑，但坚持“少杀、慎杀”的政策，严格控制和慎重适用死刑，由最高人民法院独自执行死刑复核权，确保死刑仅适用于极少数罪行极其严重的犯罪分子。与此同时，根据根据我国现行法律的规定，犯罪的时不满18周岁的人和审判时怀孕的妇女，不适用死刑，除此以外，《中华人民共和国刑法》设立了死刑缓期两年执行的刑罚制度，有利于严格控制死刑适用，实际上实现了减少执行死刑人数的效果。尤为重要的是，十届全国人大常委会第二十四次会议表决通过《关于修改人民法院组织法的决定》，将人民法院组织法的第十三条修改为：“死刑除依法由最高人民法院判决的以外，应当报请最高人民法院核准。”最高人民法院收回死刑核准权，标志着我国将更加尊重公民的生命权，死刑制度将更加严谨。

2. 人身自由、人格尊严的法制保障

人权的普遍原则明确提出反对人对人的奴役，反对不把人当作人对待的暴虐行为，反对任何奴役人、暴虐人的政治制度。法治文明下的制度构建的首要标准就是是否尊重和保障人权，这不但是人权发展的要求，而且是法治建设真实程度的根本体现。我国宪法明文规定，“公民的人身自由不受侵犯。任何公民，非经人民检察院批准或者决定或者人民法院决定，并由公安机关执行，不受逮捕。禁止非法拘禁和以其他方法非法剥夺或者限制公民的人身自由。公民的住宅不受侵犯，禁止非法搜查或者非法侵入公民的住宅。公民的通信自由和通信秘密受法律保护，禁止非法检查公民的通信。”由此可见，中国公民的人身自由、人格尊严得到充分的尊重。为了实现宪法规范的原则和精神，我国通过大量的立法工作逐步完善了我国公民人身自由和人格尊严的法律制度体系和保障措施。例如，刑事诉讼法明确禁止刑讯逼供，并且对于拘留、逮捕、搜查取证等涉及人身自由和安全的强制方法和手段，规定了严格的法律程序。与此同时，中国刑法则对于司法人员的刑讯逼供罪作了严格的界定和刑罚规定。在其他法律部门中，特别是行政法律部门内，现行有效的行政法规和地方性法规均不得设定限制人身自由的处罚，而相关限制人身自由的强制措施和处罚，必须由法律设定。除此以外，针对特殊群体和弱势群体，中国政府颁布了《城市生活无着的流浪乞讨人员救助管理办法》，实现了城市流浪乞讨人员的合法权益和人身保护；不断在民事法律，特别是人身法律关系和人格权利领域，强化人格权利的保障，公民的姓名权、名誉权、肖像权等各种人格权已经成为权利范畴明确而受到全面尊重和保护的法定权利；在具体人格权发展同时，人格尊严权的一般价值属性不断彰显，对于侮辱、诽谤和诬告陷害公民人格尊严的界定也日臻人性化和大众化。

3. 平等权的法律保障

平等权是政治平等价值的集中体现，是社会主义政治文明的具体特点和先进属性，也是政治正义和政治发展的具体范畴。早在新中国成立伊始，宪法就明确了公民在法律面前一律平等的原则，阐明了任何公民都平等地享有宪法和法律规定的权利，并且平等地履行宪法和法律规定的义务；在适用法律时，对于任何人的保护或者惩罚，都是平等的，不因人而异；任何组织或者个人都不得有超越宪法和法律的特权，一切违反宪法和法律的行为都必须予以追究。在尊重各民族人民群众的社会传统和生活习惯的前提下，现行宪法和相关民族区域自治制度的法律都确认，中华人民共和国主权范围内的各民族一律平等，国家积极保障各少数民族的合法权利和利益，禁止对任何民族的歧视和压迫，各民族都有使用和发展自己的语言文字的自由，都有保持或者改革自己的风俗习惯的自由。在社会群体，特别是特殊群体的平等权保障方面，国家特别重视维护和发展妇女儿童权益，在宪法规范的指引下，《妇女权益保障法》等法律规定，妇女在政治的、经济的、文化的、社会的和家庭的生活等方面享有同男子平等的权利。平等权的法律保障将平等价值的政治实践提升到了稳定和发展相统一的层面，在中国这样一个历史传统悠久、复杂且现实社会结构多元、复合的历史社会条件下，平等权的法律保障是人类政治文明和法治文明的优秀成果和积极探索，具有极其重要的现实意义。

4. 政治权利的法制保障[1]

中国是社会主义国家，国家的一切权力属于人民是《宪法》规定的基本原则。新中国成立以来，党和国家特别重视保护公民的政治权利，通过法律法规明确提出：只有法律才能设定对公民政治权利的剥夺。在公民的各项政治权利中，选举权是最重要的政治权利。新中国成立以来，党和国家在宪法和宪法相关法律中规定“年满18周岁的中国公民，除依法被剥夺政治权利外，不分民族、种族、性别、职业、家庭出身、宗教信仰、教育程度、财产状况、居住期限，都有选举权和被选举权”。根据《选举法》和《地方各级人民代表大会和地方各级人民政府组织法》的规定，选民或者代表10人以上联名，可以推荐代表候选人，并与政党、社会团体推荐的代表候选人具有同等法律地位；各级人民代表大会代表、地方各级人民代表大会常务委员会副主任和人民政府副职领导人员，一律由差额选举产生。地方各级人民代表大会常务委员会主任、人民政府正职领导人员、法院院长和检察院检察长也由差额选举产生；如果提名的候选人只有一人，也可以等额选举。宪法和法律还保障公民言论、出版、集会、结社、游行、示威的自由。《选举法》、《集会游行示威法》等法律以及有关出版、社团登记管理方面的行政法规，为公民的政治权利和自由提供了法制保障。国务院颁布的《信访条例》，通过强化政府信访工作责任来依法保障公民的批评、建议、申诉、控告、检举权利。除选举这一途径之外，公民政治参与的形式和途径也在不断拓宽。为此，着力推进公民有序政治参与的制度化和规范化，党的十七大更是提出“扩大社会主义民主，更好保障人民权益和社会公平正义。公民政治参与有序扩大”[2]，这既是对公民政治参与的法制保障，也有序地扩大公民政治参与的具体部署。

---

① 参见国务院新闻办公室：《中国的法治建设》，人民日报，2008年2月29日，第15版。

② 胡锦涛：《高举中国特色社会主义伟大旗帜，为夺取全面建设小康社会新胜利而奋斗》，北京：人民出版社，2007年版，第20页。

5. 宗教信仰自由的法制保障[1]

在中国，有佛教、道教、伊斯兰教、天主教、基督教等多种宗教。佛教、道教、伊斯兰教在中国的传播比较广泛。《中华人民共和国宪法》规定，公民有宗教信仰自由，任何国家机关、社会团体和个人不得强制公民信仰宗教或者不信仰宗教，不得歧视信仰宗教的公民和不信仰宗教的公民。国家保护正常的宗教活动。任何人不得利用宗教进行破坏社会秩序、损害公民身体健康、妨碍国家教育制度的活动。宗教团体和宗教事务不受外国势力的支配。为了贯彻宪法保护宗教信仰自由的精神，国务院颁布了《宗教事务条例》，郑重承诺依法保护宗教团体、宗教活动场所和信教公民的合法权益和正常的宗教活动。新中国成立以来，中国公民的宗教信仰自由得到了充分尊重和保障。为了尊重在中国境内的外国人的宗教信仰自由，依法保护和管理境内外国人的宗教活动，依法保护境内外国人在宗教方面同中国宗教界进行的友好往来和文化学术交流活动，1994年国务院还颁布了《境内外国人宗教活动管理规定》。与此同时，在依法保护宗教信仰自由的同时，新中国宗教实行独立自主自办的方针，反对任何外来势力支配和干涉中国宗教的内部事务，以维护中国公民真正享有宗教信仰自由权利。对于一切以宗教问题为名，干涉我国内政、妄图分裂我国的邪恶用心，国家用法律制度维护独立自主的宗教方针，推动不同宗教的繁荣发展和相互交流，严厉打击违犯和破坏我国宗教信仰自由原则的任何违法犯罪行为。

6. 劳动者权益的法制保障

劳动者既是社会主义国家的建设者，又是劳动法律关系的构成者。前者表明劳动者不但是国家现代化建设的缔造者，而且是宪法以及其他法律所保护的劳动权利的法律主体。而后者则表明，劳动者是具体劳动法律关系中的基本主体。显然，无论是从两个层面的哪个层面出发，劳动者的权益都必须得到法制的保障。新中国成立以来，我

---

① 国务院新闻办公室:《中国的法治建设》，人民日报，2008年2月29日，第15版。

国不断加强劳动法制建设，制订了《劳动法》、《劳动合同法》、《劳动争议调解仲裁法》、《就业促进法》和《职工带薪年休假条例》、《劳动保障监察条例》等大量关于劳动保护、职业安全和劳动福利等方面的法律法规，不断规范和促进了社会就业，合理界定了用人单位和劳动者的权利和义务，维护了劳动者的合法权益。《工伤保险条例》、《失业保险条例》、《社会保险费征缴暂行条例》以及《企业职工生育保险试行办法》等法规、规章，保证了劳动者在养老、失业、患病、工伤和生育等情况下能够享有必要的物质帮助。《残疾人就业条例》、《女职工劳动保护规定》、《禁止使用童工规定》等法规和规章，对不同类型弱势群体的身心健康和合法权益给予特别保护。尤为重要的是，随着具体劳动关系的存在，劳动者本身也出现了不同层次和不同结构内的区分，劳动法治的建设并不因此而断裂，而是更加围绕维护劳动者合法权益和弱势群体的利益保障的核心建设内容，不断完备劳动者权益的法制保障。

7. 经济、社会、文化和其他权利的法制保障

公民的合法的私有财产不受侵犯是我国宪法保护公民财产权利的重要规范。经过多年的酝酿和多次审议，我国通过了《中华人民共和国物权法》，该法规定，国家、集体、私人的物权和其他权利人的物权受法律保护，任何单位和个人不得侵犯。除此以外，我国创设和发展了社会法法律部门，不断完善了法律体系建设，而且在人权保障领域中制定了一大批重要法律法规，如《老年人权益保障法》、《母婴保健法》、《未成年人保护法》、《残疾人保障法》等，不断加强对特殊群体的保护。改革开放以来，由于经济体制改革和社会主义市场经济建设的深化，带来一些城乡差距拉大，国有企业职工下岗等关系国计民生的社会问题，为了保障人民群众的生活水平和质量，使得改革成果能够为广大人民群众所共享，陆续制定和实施了《城市居民最低生活保障条例》、《农村五保供养工作条例》等法规，规定对城市贫困人口和农村无劳动能力、无收入来源又无人赡养、抚养、扶养的农民提供基本生活保障。而在国防与军队建设的保障方面，为了坚持拥军优属、

拥政爱民，积极开展军民共建，党和国家采取各种方法和途径，尤其是在法制建设方面，制定了《军人抚恤优待条例》和《退伍义务兵安置条例》等法规，规定了国家对退役和伤亡军人及家属的抚恤优待制度，巩固军政军民团结。此外，公民的受教育的权利受宪法和法律保护。《义务教育法》的颁行强化了国家保障义务教育实施的责任，将义务教育全面纳入财政保障范围，保障所有适龄儿童、少年平等地接受义务教育的权利。《宪法》还规定，公民有进行科学研究、文学艺术创作和其他文化活动的自由。

更加需要注意的是，中国至今已经参加了22项国际人权公约①，其中包括《消除一切形式种族歧视国际公约》、《消除对妇女一切形式歧视公约》、《禁止酷刑和其他残忍、不人道或有辱人格的待遇或处罚公约》、《儿童权利公约》、《经济、社会及文化权利国际公约》等国际人权公约。中国政府认真履行所承担的相关义务，积极提交履约报告，充分发挥国际人权公约在促进和保护本国人权方面的积极作用。

三、保障人权：一条探索人权法制保障的实践

正确评价一个国家的人权法律制度建设状况，应当用全面、历史和发展的眼光予以考察问题。②中国人权法律制度的建设发展是一个曲折发展的历史过程，它的发展与进步不仅仅是对人权认识科学化、人权理念普及化的结果，而且是人权保护获得制度尊重和支持的结果，更是中国特色社会主义人权事业不断发展，勇于探索的结果。尊重和保障人权，是社会主义法治建设在人权事业建设的不同阶段、不同领域的规范总结，更是新中国人权事业发展的集中体现。

众所周知，《共同纲领》是我国第一部宪法性质的法律文件，在这部宪法性文件中已经明确了公民依法有选举权、被选举权以及思想、言论、出版、集会、结社、通信、人身、居住、迁徙、宗教信仰及示

① 本书具体援引的上述数据截至本书初稿撰写时为止。

②《中国人权法律制度建设不断完善》，人民日报，2009年2月10日，第6版。

威游行的自由权，这是我国第一次对公民权利和政治权利进行规定。《共同纲领》所确认的公民权利和政治权利也已成为日后“54宪法”及至“82宪法”的基本内容。在一届全国人大第一次会议之前，即1953年12月，新中国进行了第一次全国普选，登记选民占18岁以上公民的97%，其中85.88%的选民参加了选举，共选出基层代表566.9万人、全国人大代表1226人；次年，针对《中华人民共和国宪法草案》，全国又进行了广泛的群众意见征询，这次征询历时长、范围广，期间收到人民群众的修改意见116万余条，堪称现代民主之最。与此同时，党和国家从当时中国社会的基本现实出发，将农民和妇女的权利作为新中国人权保护的首要对象，通过土地改革、新《婚姻法》的颁行等具体措施，解放广大贫苦农民，解放社会生产力，初步实现了男女平等。针对卖淫嫖娼、贩毒吸毒、聚众赌博等是旧中国遗留下来的社会丑恶现象，党和国家秉着治病救人的思想方针，依法彻底取缔妓院、赌场等腐化堕落风气严重的流氓场所，为保护妇女权益、培育正确的公民意识奠定了制度基石。由于中国是地大物博、民族众多的国家，民族问题始终是旧中国无法跨越的社会矛盾。对此，党和国家从民族平等和睦的高度出发，结合新民主主义革命时期的工作经验，依靠广大民族地区的人民群众，推翻了农奴主和地主巴依等剥削阶级，获得少数民族基层群众的普遍支持，少数民族地区的人权状况获得极大改观。在很短的时间内，通过上述革命、改革，实现了整个社会的变革，革故鼎新，不仅实现了人权发展的历史转折，而且为进一步探索和人权事业的进步与发展开辟了新的局面。

改革开放以来，中国的人权法制保障获得了更好更快的发展。1978年11月，党和国家通过积极有效的工作，实现了拨乱反正，在全国范围内摘掉了右派分子的帽子，公民的平等权和政治权利的保障状况焕然一新。同年底，党的十一届三中全会召开，郑重宣布宪法规定的公民权利，必须坚决予以保障，任何人不得侵犯，这标志着“人权保障”这一命题正式成为社会主义政治建设乃至现代化建设的一个部分。为了完善人权保障的法制基础，实现罪犯、犯罪嫌疑人等刑事被告人员的诉讼权，全国人大通过了《刑事诉讼法》，这是人权法制保障的首个程序性法律文件；随即，中共中央宣布取消党委审批案件制度，为了更好维护当事人的合法权益，律师制度得以恢复。1981年，新婚姻法取代新中国最早的婚姻法，将妇女的权益保护推向了现代法治。与此同时，人权交流工作日益活跃，1981年4月，中国当选联合国人权委员会成员，标志着中国的人权事业正式迈向与国家接轨。在“82宪法”扩充公民权利内容的同时，民族自治地区的人权保护成为一种特殊的保障类型，为此全国人大制定实施了《民族区域自治法》。

与此同时，《义务教育法》、《民法通则》、《集会游行示威法》、《环境保护法》、《妇女权益保护法》、《工会法》等基本法律相继颁行实施。这些法律的共同特点就是尊重和保护了更广大人民群众的基本人权，特别是特殊群体的人权。在立法保护的同时，1993年，中国人权研究会成立，五年之后，这个组织经中央人民政府授权参加了联合国经社理事会的具体工作和事务，意味我国人权法制保障的水平已经得到了世界范围内有识之士的肯定和认同。党的十五大报告将人权写入党章，同年和1999年，党和全国人大正式确立“实行依法治国，建设社会主义法治国家”的基本方略。2003年，在沸沸扬扬的孙志刚案件后，国家废除了《城市流浪乞讨人员收容运送办法》，强化了对困难群众和生活无着者的生存权等基础人权的保护。2004年，十届全国人大正式将“国家尊重和保障人权”写入宪法，人权不但成为一种法治建设的不竭动力，而且确立了政府及其工作人员负有尊重人权的责任。2006年，正在社会主义新农村建设加快建设之际，党和国家决定废除《农业税条例》，实现了中国农民几千年来对自主劳作的渴望。2008年11月，《国家人权行动计划》订立公布。在人权事业发展和人权法制保障建设日新月异之时，党和国家特别强调要重视人权事业建设，不断推动人权学术研究的世界化和多元化。在此期间，1992年4月，中国政府首次派员前往柬埔寨参加联合国维和行动。1998年10月，中国政府签署了《经济、社会及文化权利国际公约》，2001年2月该公约被全国人大常委会批准通过。同月中国政府签署了《公民权利和政治权利国际公约》。

毋庸置疑，新中国的人权保障工作已经探索出一条有益于人权事业发展之路。历史已经证明，中国人民在马克思主义人权学说的指引下，通过合法、有效的制度保障，就能够不断实现自我超越，最终推动并实现社会主义人权事业的最终胜利。

第五节 司法制度建设的不断革新

基于法治建设需要发展起来的中国司法制度，是随着审判制度和检察制度的不断健全而日趋完善的。回顾法治建设的历史，司法制度建设所取得的成就是法治建设成就的重要内容。其成就主要是从司法机关、审判制度和检查制度的建立健全予以总结。对司法制度建设成就的总结，应始终坚持这样的认识，即新中国的司法制度建设所取得的成就。正是经过六十余年的坚持不懈才取得了今天的成绩。没有前30年司法制度的初创，后来的发展无从谈起，没有司法制度在“文革”时期的曲折发展和经验总结，对司法制度的重视可能不会有今天这样强烈。从物理学的角度看，两点之间线段最短，但是从社会科学很多事物的发展看，曲线才是最短的。没有“文革”时期的经验和教训，我们就不可避免在后期的建设中走更多的弯路。而且即使在前进中司法制度建设遇到过巨大的挫折，但是自新中国成立以来司法制度并未被全面废除，人民法院在“文革”时期依然开展了一些司法工作。因而，新中国司法制度建设的成果，不仅是改革开放之后全国人民法治建设的成果，也是新中国前30年共和国的法制建设者们辛劳的结晶。

我们认为，司法制度主要包括审判制度和检察制度。以此观照，新中国的司法建设在上述两大领域中取得以下若干成就。

一、建立、健全司法机关的体制建设

既然司法制度包括审判制度和检察制度两个基本方面，那么作为

行使审判权的人民法院和行使检察权的人民检察院也应是司法制度的重要组成部分。司法机关的建立、健全体现出司法制度建设的成就。

由于国情不同，中国的司法机关在国家权力结构中的地位不同于西方国家的司法机关。西方国家通常实行的是三权分立制度，立法机关、行政机关和司法机关各自独立；而中国实行议行合一制度，司法机关同行政机关均由国家权力机关产生，对它负责，受它监督。这一点从检察机关的设置中就可以看出，在很多英美法系国家检察机关是作为行政机关的一部分，通过行政机关对司法权进行监督的宪法规定对司法机关进行监督。而中国的检察机关是与行政机关、审判机关平行设置的国家机关。新中国的司法机关建设明确地与西方国家不同，一直影响着此后的司法机关建设。几十年来，中国的司法机关的建立、健全主要表现在：

（1）建立、健全司法机构

新中国成立后，中国很快建立了自己的司法机关，形成了独具特色的审判组织、检察机关。1949年6月中国人民政治协商会议第一次全体会议通过《中央人民政府组织法》。其中明确规定："中央人民政府委员会组织最高人民法院及最高人民检察署，以为国家的最高审判机关及检察机关"。[①]由此，新中国开始着手进行自己的人民法院和人民检察署建设。在中央设立最高人民法院和最高人民检察署。最高人民法院是全国最高审判机关，负责领导及监督全国各级审判机关的审判工作。最高人民检察署对政府公务人员和全国国民之严格遵守法律进行监督档案，负有国家内最高的检察责任。这两个司法机关自成立后，担负起了中国司法制度建设的重任，在发展过程中，除人民检察院在"文革"时期遭到破坏被撤销之外，它们一直发挥着相应的职能。1983年《人民法院组织法》和《人民检察院组织法》的颁布巩固了这一成果。

① 中共中央文献研究室：《中华人民共和国开国文选》，北京：中央文献出版社，1999年版，第261页。

（2）完善司法机关组织体系

新中国成立后，中国不仅建立了最高人民法院和最高人民检察院，而且建立了从中央到地方的司法机关层级体系，并一直发展至今。新中国成立初期，这一组织体系经历了一个创建到微调的过程。1951年9月颁行的《人民法院暂行组织条例》，对人民法院层级组织关系予以明确。人民法院分三级：最高法院及其分院、省级人民法院及其分院和县级人民法院。同时颁行的《最高人民检察署暂行组织条例》和《各级地方人民检察署组织通则》也规定了人民检察署的一个三级组织体系。由此从中央到地方，人民法院和人民检察署均建立起了三级组织体系。而后由于1954年重新制定的《人民法院组织法》和《人民检察院组织法》将人民法院的组织体系由三级改为四级，即设基层、中级、高级和最高级人民法院，并设立军事、铁路、水上运输三个专门人民法院，检察机关由人民检察署更名为人民检察院并从上至下设置了四级检察院：最高人民检察院；省、自治区、直辖市人民检察院；省级人民检察院在地区、设区的市、自治州等设置的检察分院；县和不设区的市设基层人民检察院。至此之后，经历了“文革”时期的曲折发展和改革开放之后的快速恢复和健全，司法机关建设在组织的层级上一直保留了四级层级设置，只是在个别情况下增减了一些机构，使得机构设置向层级化、专业化的方向发展更加明确。

经过数十年的发展，人民法院和人民检察院按照行政区域和行政层次设置各自系统。人民法院与人民检察院的组织系统都得以明确。人民法院的组织体系为：最高人民法院下设地方各级人民法院和三个专门人民法院：军事法院、海事法院和铁路运输法院。人民检察院的组织体系为：最高人民法院下设地方各级人民检察院和军事检察院、铁路运输检察院和森林检察院三个专门人民检察院。人民法院和人民检察院组织体系的确立，明确了各级法院和检察院的职能划分，有利于司法体制的顺畅运转。

（3）改革司法组织领导体制

不仅组织结构在变化，新中国建立之后，人民法院和人民检察署的领导体制也经历了一个发展变化的过程，形成了独具特色的领导体制。起初，根据1951年通过的《人民法院暂行组织条例》和《人民检察署暂行组织条例》，规定各级人民法院为同级人民政府的组成部分，受同级人民政府委员会领导和监督。最高人民法院院长、副院长和委员由中央人民委员会任免，最高人民检察署的如上人员也由中央人民委员会任免。即地方人民法院分别接受上级人民法院和同级人民政府委员会的双重领导；各级人民检察署是同级人民政府的组成部分，分别接受上级人民检察署和同级人民政府委员会的双重领导。随后在1954年公布的《人民法院组织法》和《人民检察院组织法》对此做出了调整：原先的双重领导调整为垂直领导。《人民检察院组织法》规定地方各级人民检察院和专门人民检察院在上级人民检察院的领导下，独立行使职权，不受地方国家机关的干涉。现如今，作为国家最高审判机关的最高人民法院监督地方各级法院和各专门法院的审判工作。法院上下级间的关系不像管理机关上下级那种领导与从属关系，而是通过审级对下级法院审理案件的活动进行监督。而且原先作为新中国建立后加强民主集中制而设立的审判委员会也不再流于形式，其工作也开始制度化、规范化，进一步促进了司法组织领导体制更加合理。

应该说，新中国建立伊始即建立起的司法机关，经过多年的发展更加合理、完善，其体系从中央到地方也更为完备，更有利于发挥司法制度的效能。总体而言，自新中国建立后，中国的司法组织机构建设并没有因为一时的曲折而阻断，反而经过恢复和重建得到了发展。司法机关组织设置的完善是促进司法公正的重要保障，也是新中国司法制度建设的重要成果。

此外，需要说明的是广义上属于司法机关的公安机关、司法行政机关建设也取得了长足的发展。虽然公安机关和司法行政机关属于行政系统，受国务院和各级行政机关首长领导，但它们在司法制度建设中的作用也很明显。

二、不断完善符合法治建设要求的审判制度

审判制度是司法制度的重要组成部分，是实现司法公正的载体。时至今日，中国逐渐建立、健全了审判制度，完善了民事、行政和刑事三大审判体系，形成了符合建设社会主义法治国家要求的现代司法制度，进一步维护了司法公正和社会正义。[①]审判制度的完善从某种程度上可以说是司法制度改革推动下完成的。

新中国成立后，中国进行了两次司法制度的改革。一次是1952年在“三反”、“五反”运动胜利的基础上开展的司法改革运动；另一次是自20世纪80年代开始现在仍在进行的司法改革。

从1952年6月至1953年2月开展的司法改革运动，是新中国司法制度初创后的第一次改革。这次改革所奠定的法制传统对新中国的司法运行机制和司法工作产生了深远的影响。这次改革主要围绕着清除旧司法人员、肃清旧法思想、纠正旧司法作风、发展政法教育四个方面进行的。司法改革彻底打垮了国民党统治时期遗留的旧司法人员队伍，清除了资产阶级“三权分立”学说、“罪刑法定主义”等旧法思想，使得新司法制度得到了巩固。然而这次改革也带来了一定的负面影响。自此之后，正当的司法程序和司法人员的专业性要求被弃之一旁，司法的群众化，即群众性运动型的司法工作路线和方法成为主流。大批法律专家和业务骨干被清理出司法队伍，司法人员业务素质出现新的变化，整个司法系统遭受严重损失。[②]

改革开放之后，司法制度的逐步恢复与重建为新一轮的司法改革打下基础。司法体制改革从宏观到微观完成了司法制度的革新，完善了司法体系，取得了瞩目的成果。

一方面，巩固与完善了人民法院的独立审判权。审判工作是司法

---

① 国务院新闻办公室：《中国的法治建设》，人民日报，2008年2月29日，第15版。

② 封丽霞：《政党、国家与法治——改革开放30年中国法治发展透视》，北京：人民出版社，2008年版，第340页。

组织最重要的职能，是实现司法公正的重要方式。改革开放之后进行的这场司法改革的重点也在审判工作的完善上。新中国成立之初，人民法院的审判职能就得到确定，在《中华人民共和国中央人民政府组织法》中规定："最高人民法院为全国审判机关，并负责领导和监督全国各级审判机关的审判工作。"审判工作在建国初期的经济恢复和"三反"、"五反"运动中发挥了重要作用。不过司法审判的发展在前进中遇到了障碍，人民法院的审判工作也越来越受到政府和党的影响，审判中的灵活性和独立性受到了破坏。正是基于此，改革开放之后，司法体制的改革在审判工作中下了很大工夫，将人民法院"独立审判"明确为"依法独立行使审判权"。人民法院"独立审判"是由1954年宪法所规定的重要原则，它意味着人民法院审理案件，不受任何机关、团体和个人的干涉和影响，其有力地维护了审判权的严肃性和权威性。然而这一原则在随后的发展中受到了挑战。1952年3月，政务院先后发布《关于"五反"运动中成立人民法庭的规定》和《关于"三反"运动中成立人民法庭的规定》。其中指出，人民法庭的审判应区别不同情况报送相应一级人民政府审批。所有判处死刑的案件，必须分别由中央人民政府政务院与大行政区人民政府或人民革命军事委员会及大军区批准。这样人民法院的"独立审判"工作受到了干扰，"独立审判"原则被削弱。随后，"独立审判"随着司法机构双重领导体制的确立，进一步削弱。当然面对"独立审判"我们需要全面的看待，人民法院的审判工作当然离不开党和政府的领导。党和政府对人民法院的领导是必要的，然而由于审判工作的特殊性和专业性，又要求审判工作保持一定的相对独立性，这也是司法公正之所需。基于此，1982年宪法以国家根本大法的形式规定了司法独立原则，即"人民法院依照法律规定独立行使审判权，不受行政机关、社会团体和个人的干涉"。"独立审判"上升为"依法独立行使审判权"。现如今人民法院通过对刑事案件和民事案件的审理和判决活动，行使审判权。除了人民法院代表国家统一行使审判权外，其他任何机关、组织和个人都无权进行审判。同时任何公民都无权拒绝人民法院的合理审判。人民法院依法独立行使审判权，任何行政机关、社会团体和个人都无权干涉。[①]

另一方面，建立和完善了各项重要的审判制度。公开审判制度、合议制度、人民陪审员制度、辩护制度、回避制度、司法调解制度、司法救助制度、两审终审的审级制度、死刑复核制度等重要的审判制度在逐渐建立和完善。

公开审判制度自新中国成立初期就得以确立，并逐步完善至今，现在中国已经形成了完善的公开审判制度。除涉及国家秘密、个人隐私和未成年犯罪外，人民法院审理案件一律公开审理。合议制度、人民陪审员制度、回避制度、两审终审的审级制度等都是重要的审判工作制度，它们在新中国的法治建设中都发挥了应有的作用。

司法调解制度作为一种特殊的审判制度，更能体现司法制度建设在中国的成就。在改革开放之后，司法调解制度就一直是中国司法制度建设的独特做法。在城市有居民委员会、治保委员会、调解委员会，在农村有公社司法助理员、调解委员会。司法调解制度在新中国成立前的根据地司法建设中就已大量采用，积累了丰富经验。彭真在谈到司法调解制度的作用时曾这样指出："调解委员会解决大量的问题，便利群众，有利生产，有利团结，不花钱，不费事。如果什么纠纷都到法院，会妨碍生产，妨碍工作和学习。"[②]在1982年前后制定的《民事诉讼法》将司法调解制度单独作为一章，体现了对司法调解制度的重视。司法调解制度，是新中国民事诉讼法的重要原则之一，它要求人民法院在诉讼的整个过程，在可能的情况下，尽量多做调解工作。能够以调解方式结案的，不要用判决的方式。从理论上讲，法院调解除了具有解决纷争的功能之外，还具有促进双方当事人之间的团结和提高法院办案效率的功效。司法调解制度所具有的灵活性，可操作性充

① 中国国情研究会编：《中国瞭望》，沈阳：沈阳出版社，1992年版，第110页。

② 彭真：《论新时期的社会主义民主与法制建设》，北京：中央文献出版社，1989年版，第74页。

分体现了审判制度建设的成就。

审判制度的变革与完善是司法制度改革的重要成果，也是新中国司法制度建设的巨大成就。较检察制度，审判制度更能体现出一个国家的司法制度的特点。作为司法制度建设的重要成果，审判制度打击了各类违法犯罪活动，维护了社会秩序的稳定，为中国的民主政治建设和经济建设提供了良好的社会环境。

三、探索与重建检察制度

检察制度是国家基本法律制度的重要组成部分，是人类社会政治、经济发展到一定历史时期的产物，尤其是诉讼制度自身演变、完善的结果。中国的检察机关既是国家公诉机关，又是法律监督机关，并且主要是法律监督机关，其根本任务是保证国家法律的正确实施。因而中国的检查制度关切到法律的实行情况，同样也是司法制度的重要内容。新中国成立以后，中国检察制度从确立到完善经历了曲折的过程。尤其是“文革”时期，人民检察院合并于公安机关，随后又被撤销，检察制度遭到严重破坏，人民检察院的法律监督职能也无从谈起。有鉴于此，改革开放之后，人们对于检察制度的认识更加深刻。重建后的检察制度取得了更大的成就。

首先，检察权与法律监督权统一之下职能发挥更加自如。检察权是指检察机关依法行使的与其职能有关的权力。法律监督权是指负有法律监督职责的国家机关，对国家法律的统一和正确实施进行监督的权力。[①]《中华人民共和国宪法》明确规定：“中华人民共和国人民检察院是国家的法律监督机关。”这表明，中国人民检察院的基本职能是实施法律监督，代表国家最高权力机关监督国家法律的具体实施，是国家的专门法律监督机关。人民检察院的检察权与法律监督权是相统一的。检察机关通过其实际职能：对侦查活动的监督、对审判活动的监督、对刑罚执行及监管改造场所的监督和其他各项职能的发挥实现了

① 刘方：《检察制度史纲要》，北京：法律出版社，2007年版，第324页。

检察权与法律监督权的统一。

人民检察院的职能是在检察权与法律监督权统一行使的。经过几十年的发展，这些职能更为巩固，并且有了新的发展。比如，1954年人民检察院就具有的一般监督权，在1979年颁布的《人民检察院组织法》中予以取消，而突出规定了中国检察机关对叛国罪、分裂国家罪以及严重破坏国家的政策、法律、法令、政令统一实施的重大犯罪案件的检察权，增加了对刑事裁定执行的监督权。在侦查监督权方面，检察机关的侦查监督主要体现在检察机关与公安机关之间相互制约关系上。公安机关如需逮捕人犯，应当提请同级人民检察院审查批准，人民检察院如发现公安机关的侦查活动有违法情况，应当通知公安机关予以纠正。这些规定体现了人民检察院对公安机关侦查的监督。此外检察机关参加民事诉讼和行政诉讼的职权也有新的发展，人民检察院从起初的只有参与刑事诉讼的职权，发展到也有参与民事诉讼和行政诉讼的职权。虽然根据《民事诉讼法》和《行政诉讼法》的相关规定，人民检察院参与民事诉讼的职权范围还相对狭小，参与行政诉讼职权的规定还不够具体，但是人民检察院的法律监督职能确实在逐步向着规范化、扩大化的方向发展。正是以上职能的自如发挥，实现了检察权与法律监督权的统一。人民检察权行使其检察权也是法律监督权行使的方式，其职能发挥以这两种权力的统一为导向，在国家政治生活和司法领域中发挥了不可或缺的作用。

其次，重建与完善了各项具体检察制度。中国的检察制度，经过新中国司法实践的检验，逐渐得到广泛认同。其秘诀就在于检察制度是一个不断改革以适应新情况的制度。新中国成立以来，检察制度的改革，也是对司法制度改革的积极探索，积累了丰富的经验，也取得了丰厚的成果。虽然很多成就是近几年才有的，但没有之前几十年的探索和积累，这些成就的取得是无法想象的。

改革开放之后，随着新的宪法和人民检察院组织法的颁布实施通过对公诉制度、职务犯罪侦查体制和法律监督机制等方面进行了改革，使中国检察制度日臻健全和完善，中国检察制度开始走上了真正发展的道路。在公诉制度方面，推行主诉检察官办案责任制，探讨了量刑建议权的合宪性与可行性，初步建立了暂缓起诉制度与刑事和解制度，并建立起科学的刑事起诉标准和民事公诉制度；在职务犯罪侦查体制方面，改革了职务犯罪侦查机制和人民监督员制度；在法律监督机制方面，健全了监督体系，完善了监督程序。这些具体的检察制度的重建和完善，推动了整个中国检查制度不断前进。

新中国检察制度的不断发展，与审判制度不断互动，双方共同促进了中国司法制度的发展健全。

当然，司法制度建设的成就不仅限于如上所说的内容。随着2009年司法制度改革的不断深入，司法制度改革取得了阶段性成果。在司法权的监督制约的加强、刑事司法制度的完善、司法工作效率的提高、司法救助和法律援助力度的加大、诉讼难、执行难等问题的有效解决等方面均有显著成效，保证了公正高效权威的社会主义司法制度建设。

司法制度建设在法治建设中有着重要的地位和意义。司法制度是一个国家政治制度的重要组成部分，也是一个国家法律制度的重要组成部分。没有司法制度这样一个保证法律实行的制度，我们所立的法律就会成为摆设。新中国司法制度的发展历程中，有建国初期从旧的国家机器中初创和发展的骄人成果，也有“文革”时期动荡中的曲折发展，更有改革开放之后迅速恢复和健全。这一系列成就使得中国司法制度更加健全，有效地维护了人民的权利，有力地推动了司法公正的实现，而促进法治中国的建设。

第六节　法治政府的建设与权力监督的完善

法治不同于法制，法治比法制更强调法律对权力的制约与监督。法治反对人治，强烈地要求国家权力摆脱个人的专断独裁和少数人的恣意妄为。法治的这些比较特征都集中地体现在法治政府建设和它所内涵的权力监督之中。基于以上认识，在新中国法治的历程中，通过加大政府的依法行政，形成对政府权力的有效监督，推动法治政府建设，从根本上抓住了社会主义法治的本质。2004年3月，国务院颁布了《全面推进依法行政实施纲要》，提出几年来，基本实现建设法治政府的目标。在该纲要中明确提出了依法行政的六项基本要求：一是行政需合法不得违法；二是公平、公正、平等原则下合理行政；三是遵循法定程序，行政需公开、透明；四是服务需高效优质，方便群众；五是诚实守信，依法补偿；六是权责一致，用权需受监督。这六项基本要求与建设法治政府的目标一起表明了法治政府建设的内涵与目标，明确地提出依法行政与行政权力需受监督。新中国行政法治建设的成就，集中地体现在建设法治政府与对行政权力监督机制的完善上。

一、不断发展和深化法治政府建设

法治政府的建设是新中国政府依法行政所取得的成就。从行政法制到政府法制，从依法行政到法治政府，中国法治政府建设所走过的每一阶段无一不蕴含了法治政府建设的基本内容，无一不体现了权力监督的诉求。

第一，从行政法制到政府法制。新中国建立之后，中国的行政法制建设开始启动。初期国家制定了大量行政组织法、行政管理法规对政府行为进行约束和管理，建立了行政检察制度和公民控告国家机关及其工作人员违法失职行为的制度，同时还规定了人民检察院对行政机关及其工作人员的一般监督。新中国成立后的对行政法制建设的重视，取得了初步成效，行政法制的幼苗从此在中国大地上生长起来了。①经历了行政法制在1957年至1978年两个十年的摸索，行政法制建设在十一届三中全会之后再生，制定了一系列适应当时形势和情况的有关行政社会关系的法律、法规，行政管理逐步走向法制化。改革开放之后的前十年是中国行政法制建设的快速发展时期，显示出了勃勃生机。1993年《国务院关于加强政府法制工作的决定》出台，适应

---

① 赵震江:《中国法制四十年》，北京：北京大学出版社，1990年版，第203页。

了建设社会主义市场经济体制的需求，总结了建国以来政府法制工作，提出了进一步加强政府法制工作的要求。政府法制要求将政府行政行为纳入法制化的轨道，保证政府制定的政策保持连续性和稳定性。该《决定》出台之后，政府法制加强了以经济立法为中心的政府立法工作，有序进行了行政法规、规章的解释和清理工作，着重解决了行政执法工作中有法不依、执法不严、违法不究的问题，使政府法制工作在改革开放之后建立和完善社会主义市场经济的过程中发挥了重大作用。如果说从行政法制到政府法制是建国之后到20世纪90年代中期中国法制建设逐步推进的结果，那么，从依法行政到法治政府则是新时期、新世纪中国在法治建设新的飞跃。

第二，从依法行政到法治政府。1999年，随着社会主义市场体制改革进入攻坚阶段，经济基础、上层建筑诸多领域的深层次矛盾比较集中地突显出来，许多问题的解决迫切需要用法律广泛予以解决。《国务院关于全面推进依法行政的决定》正是基于此背景出台的。该《决定》通过提出加强政府法制建设和政府立法工作、加大行政执法力度、强化行政监督等要求，明确了依法行政的重要性。事实上，加强依法行政和政府法制建设是同步进行的。1989年《行政诉讼法》的制定实施，建立了行政诉讼制度，确立了对行政机关的司法审查制度，促进了行政机关依法行政的自觉性。随后制定的《行政复议条例》和《国家赔偿法》，进一步完善了对行政机关依法行政的法律监督体制。自此之后，“依法行政”进入政府工作报告，并逐步形成共识。1996年《行政处罚法》颁布实施，明确了行政机关形势行政处罚权的主体、职权范围、程序，确定了“处罚法定”原则。从此中国开始规范行政机关的行政行为，对行政许可行为、行政强制行为、行政收费行为等行政行为等具体行政行为进行了规定。《行政复议法》、《立法法》等法律的颁布实施，将依法行政的法律规范从具体行政行为延伸到了抽象行政行为。随着依法行政的发展，中国政府逐步走向行政法治的道路。

2004年，《全面推进依法行政实施纲要》的颁布确立了法治政府的目标，明确提出用十年左右时间的努力，基本实现法治政府的目标。从法治政府建设的角度看，法治政府建设既是今后中国行政法治建设的目标，也是新中国建立后行政法治建设的重要成就。从依法行政到法治政府，中国对政府行为的约束和监督机制更加明确和健全，政府行为将越来越公开、透明，对依法治国方略的顺利实施具有重要意义。

第三，加快推进法治政府建设成果显著。1999年，国务院颁行了《关于全面推进依法行政的决定》，该决定明确提出：建设廉洁、勤政、务实、高效政府。2004年，国务院决定实施《全面推进依法行政实施纲要》正式提出建设法治政府。2008年颁布了《关于加强市县政府依法行政的决定》，在全面推进依法行政、加快建设地方各级政府的法治建设方面取得了新的突破。这些变化虽然只是近几年的事情，但是社会主义法治政府的建设实际上具有更长的时间，期间一切有关“法治政府”建设探索而取得的成就均是中国行政法治建设的成就。

1．行政管理与行政执法体制基本形成。政府职能转变的主要内容是政企分开。政企分开就是国有企业不再在行政上隶属于专业管理部门，政府只对投入企业的资本享有所有者权益，对企业债务承担相应的有限责任，行使国有资产所有者的职能，对经营权进行监管。[①]自1978年开始政企分开试点之后，现在除广电总局、铁道部、烟草专卖局等政企合一的部门以外，政府行政部门基本上没有隶属企业，淡出微观经营活动领域，实现了政企分开。通过政企分开、政事分开，基本理顺了政府与市场、政府与社会的关系，通过强化经济调节，完善市场监管、加强社会管理、突出公共服务等政府职能的转变，基本形成了行为规范、运转协调、公正透明、廉洁高效的行政管理体制。基本建立了权责明确、行为规范、监督有效、保障有利的行政执法体制。

2．行政立法符合宪法和法律规定的权限和程序。新中国建立之后，政府在立法活动中担当着十分重要的角色，而今，政府立法工作

---

① 汪玉凯:《中国行政体制改革30年回顾与展望》，北京：人民出版社，2008年版，第120页。

理念不断创新，随着时局的变化适时调整，政府立法程序日趋规范。2000年制定的《立法法》为规范行政立法行为提供了基本法律依据。为规范行政法规、规章、规范性文件的制定程序，2001年又出台了《行政法规制定程序条例》与《规章制定程序条例》。这两部条例建立起了中国特有的行政立法审查机制，使得行政法规和行政规章的制定有了一定的规则可循。行政立法开始走向规范化、制度化的道路。

3．行政执法和行政审批制度不断规范。温斯坦莱说过："国家的管理制度包括三个组成部分：法律、胜任的公职人员以及对这些法律的认真执行。"这就意味着在政府的法治建设中，优良的法律是政府法制的基本前提。如果宪法和法律无法获得有效的执行和贯彻，立法工作就必然会沦为人治和专制政府掩耳盗铃的强制工具。行政执法是指国家行政机关按照法律法规对行政相对人采取的直接影响其权利义务，或对行政相对人义务的行使和履行情况直接进行监督检察的行政行为。[①]行政执法是法治政府的重要职能。目前中国80%的法律、90%的地方性法规、所有行政法规和规章都是由行政机关负责执行的。[②]随着"有法可依"的逐步实现，行政执法日益重要。行政执法体制的完善，行政执法行为逐步规范。一方面，通过逐步理顺行政执法体制，城市管理领域多头执法、重复处罚和执法扰民的问题得到初步解决，行政执法效率明显提高；另一方面，行政执法水平明显提高，行政执法方式不断创新，行政执法责任制全面推行。

行政审批制度是行政机关依法对社会、经济事务进行事前管理的一种重要手段。中国的行政审批制度形成于新中国成立之后前30年的计划经济时期。当时，政府的行政审批覆盖了社会的方方面面，此时的政府也是全能政府。改革开放以后，随着计划经济向市场经济的转轨，中国政府减少了对企业和社会的全面干预，开始规范自己的行政

---

① 王邦佐等：《政治学辞典》，上海：上海辞书出版社，2008年版，第543页。

② 曹康泰：《政府法制建设三十年的回顾与展望》，北京：中国法制出版社，2008年版，第124页。

审批制度。《行政许可法》等法律、法规的施行，为规范行政审批制度提供了法律依据，从而使政府的行政管理方式朝着更加规范、更加高效、更加便民、更加透明、更加多样的方向发展下去。

当然关于法治政府建设的成就还包括公务员制度的建立和规范等等。总而言之，我们探索建设法治政府的过程中既有教训也有成就，更主要的是成就。有了法治政府，政府才可以在监督下执法行政；有了法治政府，人民的合法权益才得到了保障，而不会被强大的政府所侵蚀。

理解依法治国基本方略，就必须认识到要求国家是法治国家，社会是法治社会，政府是法治政府。新中国政府从“以法行政”的政府逐步向“依法行政”的政府转变。法律从政府管理社会的工具，成为政府自身必须遵循的规范。不仅普通百姓需要遵守法律，政府自身的行为也必须有法律依据，政府不能做出法律禁止的行为，这是法治政府的必然要求。

二、完善权力监督和制约的法制保障

孟德斯鸠指出：“一切有权力的人都容易滥用权力，这是万古不易的一条经验。”一切行政机关的行为都应同时受到行政机关内部的监督以及整个政治体系包括立法机关、司法机关和利益集团、公众舆论的监督。[①]法治作为一种治国方略，其根本精神是以法律规制权力，从而有效地保障公民权利与自由的实现和拓展。在法律与权力的关系中是法律至上，而至上的法律是以自由和权利为价值本位的。依法行政和建设社会主义法治政府就是要求一切行政行为必须受到法律的监督和制约，在现实中，这就意味着我国的一切政治权力和行政行为都需要接受监督。党的八大就要求加强对国家工作的监督：“必须要加强党对国家机关的领导和监督。……必须加强全国人民代表大会和它的常务委员会对中央一级政府机关的监督和地方各级人民大会对地方各级

① 王邦佐等:《政治学辞典》，上海：上海辞书出版社，2008年版，第540页。

政府机关的监督。……必须加强各级政府机关由上而下的监督和由下而上的监督。”[①]党的十一届三中全会特别是党的十四大以来，党和国家开始着力推进权力监督的法制化保障，一再强调高度重视法制建设就需要严格执行宪法和法律，加强执法监督，坚决纠正以言代法、以法代刑等现象，保障人民法院和检察院依法独立进行审判和检察[②]；需要“完善民主监督制度。……要深化改革，完善监督法制，建立健全依法行使权力的制约机制。……把党内监督、法律监督、群众监督结合起来，……加强宪法和法律实施的监督，维护国家法制统一。加强对党和国家方针政策贯彻的监督，保证政令畅通。加强对各级干部特别是领导干部的监督，防止滥用权力，严惩执法犯法、贪赃枉法”[③]；需要“加强对权力的制约和监督。建立结构合理、配置科学、程序严密、制约有效的权力运行机制，从决策和执行等环节加强对权力的监督，……”[④]需要“完善制约和监督机制，保证人民赋予的权力始终用来为人民谋利益。确保权力正确行使，必须让权力在阳光下运行。……健全组织法制和程序规则，保证国家机关按照法定权限和程序行使权力、履行职责。”[⑤]新中国的实践表明，中国的权力监督体系逐步完备，尤其随着提出法治政府建设之后，我国的权力制约和监督工作迈上了一个新台阶。

第一，权力机关的监督体系和制度日臻完善。新中国成立以来，尤其是改革开放以来，全国人大及其常委会不断建立和完善了立法监督制度，在立法层次上逐步完备了法律监督体制。此后的第一个十年里，全国人大及其常委会“共对58个法律和有关法律问题的决议和实施情况进行了检查监督。此外，从1993年到1997年6月，有3692件

---

① 《刘少奇选集》(下卷)，北京：人民出版社，2004年版，第249页。

② 《江泽民文选》(第1卷)，北京：人民出版社，2006年版，第236页。

③ 《江泽民文选》(第2卷)，北京：人民出版社，2006年版，第32—33页。

④ 《江泽民文选》(第3卷)，北京：人民出版社，2006年版，第557页。

⑤ 胡锦涛:《高举中国特色社会主义伟大旗帜，为夺取全面建设小康社会新胜利而奋斗》，北京：人民出版社，2007年版，第32—33页。

地方性法规报送全国人大备案，全国人大各专门委员会审结了2045件，其中发现与宪法和现行法律相抵触的共计93件，占审结总数的4.54%”。[①]新世纪以来，我国的立法监督工作持续深入和加强。1．十分注意把改革、发展、稳定中的重大问题，人民群众关心的热点难点问题，作为常委会监督工作的重点。2．不断强化加强监督工作的计划性，并且根据改革、发展、稳定方面新发生的突出问题，适时增加法律监督或工作监督的安排。3．坚持不懈地克服形式主义，不断增强监督实效，将能否把改进执法的措施落到实处看做检验监督效果的重要标志。4．不断做到把监督工作与完善法律结合起，一方面督促有关机关严格执法，另一方面也重视发现法律本身不够完善的问题，或者已经不能适应新情况的地方，结合有关法律的修改工作，予以补充和修订。5．切实注意和保证专门委员会在协助常委会开展监督工作中的作用。6．始终注意并逐步完善立法监督工作的规范化、法律化。根据多年来开展预算审查监督和经济工作监督的实践，常委会制定了关于加强中央预算审查监督的决定和关于加强经济工作监督的决定；根据法规备案工作的实践，在立法法中就行政法规、地方性法规、自治条例、单行条例的备案审查，作了明确规定；制定监督法的工作也取得了进展。监督工作的规范化、法律化，是常委会加强监督工作的一项重要措施，也是人大监督工作得到加强的一个重要标志。

特别是十届人大以来，根据立法监督的理论和实践的发展，在2009年十一届全国人大第二次会议上，吴邦国委员长明确地指出：“一是，监督权是宪法法律赋予人大的重要职权，人大监督是代表国家和人民进行的具有法律效力的监督，是不可替代的。人大监督包括法律监督和工作监督，内容非常丰富，任务相当繁重，是大有可为的。二是，人大监督与‘一府两院’的工作，目标是完全一致的，不是相互掣肘，不是唱‘对台戏’。人大依法搞好监督，有利于推动‘一府两

① 李林：《推进法制改革，建设法治国家》，载于夏勇等：《法治与21世纪》，北京：社会科学文献出版社，2004年版，第99页。

院'改进工作；'一府两院'依法自觉接受人大监督，有利于依法行政和公正司法。三是，做好人大监督工作关键在于突出重点、增强实效。一部法律的规定有很多，但群众最关注的往往就那么几条；工作中需要解决的矛盾和问题会不少，实际上关键的问题往往就那么几个。抓住这些要害，人大监督工作就能以点带面、举一反三，取得实实在在的效果。"[①]这就说明我国人大（立法）监督已经进入了快速发展的新时期。

第二，行政机关的内部监督不断强化。加强对行政权力的制约和监督，防止行政机关及其工作人员违法越权和滥用权力，是行政机关内部监督的重要内容。行政机关内部监督主要是通过有权限的国家机关进行的，因为人民群众和社会组织不能直接采取措施撤销、改变违法越权的行政行为，制裁违法失职的行政机关工作人员。[②]所以，要使对行政机关的监督能够直接产生法律上的效果，就需要行政机关内部监督，要求设立行政机关内部监督部门，建立相关制度。新中国在这方面所作的工作是设置行政监察机关和审计机关，建立行政监察制度和审计制度，完善行政复议制度。

《中华人民共和国行政监察法》规定，由监察机关对行政机关在遵守和执行法律、法规和人民政府的决定、命令中的问题进行监察。《审计法》规定，由审计机关对国务院各部门和地方各级政府的财政收支，国有金融机构和企业事业组织的财务收支等进行审计监督。中国的监察机关与审计机关共同构成了行政机关内部监督的主体，发挥了重大作用。在1954年国务院的组织机构中就设置了监察部，但1959年被撤销后直到1988才得以恢复。行政监察机关是政府内部监督的重要形式，它通过监督处理监察对象贯彻实施国家政策和法律法规的情况，监督处理监察对象违反国家政策、法律、法规和违反政纪的行为，受

---

① 吴邦国：《全国人民代表大会常务委员会工作报告——2009年3月9日在第十一届全国人民代表大会第二次会议上》，人民日报，2009年3月17日，第2版。

② 赵震江：《中国法制四十年》，北京：北京大学出版社，1990年版，第217页。

理个人或单位对监察对象违反国家政策、法律、法规和违反政纪的行为的检举、控告等方式行使检查权、调查权、建议权和一定的行政处分权。现今行政监察体制在行政机关内部监督中的作用已越来越大，其监察形式也越来越多。除行政监察机关的监督外，国家审计机关亦具有重要地位。1988年正式成立的政府审计机关，其主要职责是根据审计法的规定，对政府及其各职能部门的财政收支，对国家的财政金融机构和企事业组织的财政收支进行审计监督。

此外，行政机关内部监督还包括上级机关对下级机关的监督。相对于外部监督而言，政府层级监督机制对规范和制约行政行为更直接、更有效。通过完善行政复议制度、完善规章和规范性文件的备案审查制度、严格执行行政赔偿和补偿制度，完善了行政机关的层级监督机制。

行政复议是指行政复议机关根据行政相对人的申请，依照法定程序对引起争议的被申请人的具体行政行为的合法性和适当性进行审查，并做出行政复议的活动。[①]行政复议是行政机关内部对具体行政行为进行层级监督的重要手段，有利于上级行政机关以层级监督的方式促进下级行政机关依法行政。建立完善行政复议制度，强化对具体行政行为的监督。新中国建立初期，政务院财务会议通过的《税务复议委员会组织通则》第一次以行政法规的形式对“复议”做了正式规定，并明确了税务复议委员会的性质、任务及受案范围，标志着中国行政复议制度的确立。目前，随着《中华人民共和国行政复议法》的全面实施及《行政复议法实施条例》的颁布执行，行政复议制度已经成为行政机关自我纠正错误的一种重要的监督制度。随着《立法法》和《法规规章备案条例》的相继出台，法律备案审查制度更加完善。通过加强备案审查工作，及时受理和处理了公民、法人和其他组织提出的审查有关规章、规范性文件的建议，真正做到了有件必备、有备必审、有错必纠。此外，按照《国家赔偿法》和《国家赔偿费用管理颁发》

---

① 应松年:《当代中国行政法》(下卷)，北京：中国方正出版社，2003年版，第1677页。

的规定，中国的行政赔偿和补偿机制也逐步健全。通过行政机关内部的监察和监督，行政权力得到有效制约。

第三，司法审查与外部监督日益加强。通过建立完善的行政诉讼制度，是形成人民法院与人民检察院对行政机关的有效监督的有效途径。新中国成立以后，国家随即建立了行政检察制度和公民控告国家机关及其工作人员违法失职行为的制度。《共同纲领》第19条规定："在县市以上的各级人民政府内，设人民监察机关，以监督各级国家机关和各种公务人员是否履行其职责，并纠举其中违法失职的机关和人员。人民和人民团体有权向人民监察机关或人民司法机关控告任何国家机关和任何公务人员的违法失职行为。"到20世纪50年代中期，宪法和法律还规定检察机关对行政机关及其工作人员的一般监督。新中国成立之后，对行政机关的外部监督主要由人民检察院通过行使其职能而完成。特别重要的是，新中国在行政机关外部监督方面取得的主要成就是实施了《行政诉讼法》，建立行政诉讼制度。自1990年《中华人民共和国行政诉讼法》开始实施之后，中国逐渐建立健全行政诉讼制度，加强了对行政机关的监督。《行政诉讼法》对人民法院与人民检察院的监督主体地位予以明确。首先，通过建立行政诉讼制度，人民法院可以依法独立行使行政审判权，人民法院通过合理配置行政审判权和行政诉讼权，实现了行政审判的程序公正。其次，人民法院通过完善行政审判方式，规定了变通裁判方式，从而实现了法律效果与社会效果的统一。最后，人民法院规范了审判行为，通过对特定案件实行诉讼代理人制度、明确规定财产保全和先予执行制度等途径，减少了不必要的程序，提高了行政审判效率。

人民法院和人民检察院的外部监督产生直接的法律效力，是对行政权力行使的重要监督形式。通过对行政机关的内部与外部监督，新中国基本上形成了完备的行政权力监督体系。有效地保证了法治政府的建设。中国在建设法治政府的过程中，通过对行政权力的监督，加大行政权力行使的公开度、透明度。既确保了人民群众对行政机关的有效监督，又有利于促进行政机关自身建设。

依法行政，建设法治政府，这是当前中国行政法治建设中的重中之重。在探索过程中，我们逐渐明确了建设法治政府这一目标。依法行政只是法治政府的基本要求，法治政府同时要求解决政府的行政权力来自何处，需受谁监督的问题。政府的行为规范化、法治化、依法办事既是政府自身能力建设的一部分，也是人民权益得到保护的重要保障。可喜的是，新中国成立以来，中国从政府法制逐渐走向法治政府建设。让权力在阳光下运行，努力建设阳光政府，是新时期对法治政府建设的新要求。

除上述伟大成就之外，中国在国际法治建设中发挥着越来越重要的作用。中国始终重视和发展国际间的法治交流，在参与国际法律活动、缔结多边和双边条约、制定和实施与国际法有关的法律和政策方面，都实现了巨大的进步。尤其是近几年，中国政府和全国人大相继缔结和批准了《残疾人权利公约》、《儿童权利公约关于儿童卷入武装冲突问题的任择议定书》、《核材料实物保护公约》、《上海合作组织成员国长期睦邻友好合作条约》；与此同时，中国与葡萄牙、科威特、澳大利亚、法兰西、阿尔及利亚、日本、纳米比亚、巴基斯坦等国家签订了关于印度、刑事司法协助、移管被判刑人等方面的双边条约；在领土问题上，我国与俄罗斯、印度、日本以及东南亚各国通过双边磋商，进行了大量的边界勘定和磋商；在友好协商的同时，坚决捍卫国家领土和主权的完整。

在中国不断与国际接轨，扩大国际经济活动的参与度的同时，国际经济金融形势的不断变化，极大地考验着我国的国际经济法治建设和国际金融法治建设。特别是近几年的国际金融危机，使得我国相关领域的法律制度、经济法制和相关管理机制经受了不同程度的考验。在国际经济法领域，中国长期实行灵活审慎、稳步有序的金融管理政策，保证了中国金融业的稳健运行、健康发展。此次全球性金融危机尽管也给中国的经济发展造成了巨大困难，但对中国影响有限，其中的一个重要原因就在于中国始终奉行稳健、有序的金融开放政策，国内金融体系与国际金融体系相对独立。事实证明中国实施的适合中国金融业发展特点、稳定有序的金融开放政策是正确的。与此同时，中国以负责任的态度和实际行动积极参与国际合作，共同维护全球经济金融稳定，并积极主张并支持改革现行国际金融体制。中国政府坚定不移地实施对外开放政策，继续支持经济全球化和贸易自由化进程，与各国政府一道防止保护主义抬头，坚决维护WTO多边贸易体制及其法律制度的权威。中国在多哈回合谈判中已经充分表现了灵活性和建设性，并主张尽快恢复并成功结束多哈回合谈判。①

最后，在国际私法领域，中国已经将国际私法的立法工作提上了议事日程，而《涉外民事关系适用法》的规划和拟定将是中国国际私法法典化进程新篇章；与此同时，国际民事争议纠纷解决机制，特别是国际体育中国仲裁法律研究等相关新生法治建设事项也获得了充分的重视和有效的发展。

① 参见中国社会科学院法学所课题组:《2008年的中国法治：在坚持科学发展观中继续前进》(未出版稿)。

第三章

新中国法治建设的基本经验

新中国法治建设的基本经验，即是指在新中国法治建设的过程中，党带领全国各族人民探索中国特色社会主义法治理论、建设社会主义法治国家获得的最根本、最重要的规律性总结。建国以来，社会主义法治建设跌宕起伏，在曲折的探索中逐渐形成了“依法治国基本方略”的伟大成就，这就为今日之中国法治建设提供了许多法治建设经验和理论成果。新中国法治建设的基本经验可以提炼为四条，即不断发展和丰富马克思主义法治建设学说；始终坚持中国特色社会主义政治发展道路；始终坚持党的领导、人民当家作主、依法治国有机统一；始终坚持立足中国国情、借鉴国外经验、尊重历史文化有机统一。这些经验基本能够涵盖和说明新中国法治建设的客观历程、伟大成就能够将法治理念、法治制度、法治环境和法治路径等各方面的情况总结起来，能够抓住新中国法治建设的本质属性、根本动因和时代发展的结构，能够在容纳各种关于中国法治建设的观点基础上生成比较客观的认识。任何经验的总结都是对既往实践的提炼，也是对法治建设当代面貌的描述。因此，总结和阐述新中国法治建设的基本经验，不仅仅是对历史回顾的总结，更是对未来法治建设原则的设计。新中国的社会主义法治建设已经走过了一甲子，依法治国基本方略全面实施和落实十多年了，而且当前正处于中国法治建设的重要机遇期，全面总结建国以来法治建设的基本经验，对于客观认识我国法治建设的历史、理解我国法治建设的现实、展望社会主义法治建设的前景、全面实施依法治国基本方略具有重大意义和价值。

第一节　不断发展和丰富马克思主义法治建设学说

中国特色社会主义法治建设的最大成就是确立了“依法治国、建设社会主义法治国家”的基本方略。依法治国基本方略的形成、发展和完善是马克思主义法学理论和法治社会发展相结合的产物，是马克思主义法的学说中国化的产物。新中国成立以来，法治建设从无到有，从否定法治的存在到树立法治的权威，从法治认识的片面化到法治建设的全面化，新中国法治建设的成败得失证明了只有不断发展和发展马克思主义关于法、法治和法治建设的学说，才能够形成依法治国基本方略，并有利于全面落实和加快推进建设社会主义法治国家。之所以将不断发展和丰富马克思主义法治建设学说作为新中国法治建设的首要经验，其依据就在于马克思主义关于法、法治和法治建设的学说是一个科学而系统的体系，是在批判西方传统法治传统和资产阶级法治理论的基础上形成的属于无产阶级治国理政的法治学说，是一个关于社会主义法制建设和法治发展的开放的实践学说。我们所进行的社会主义法治建设之所以不同于传统中国的“法治”（以法治民）和西方国家的法治模式，其根本就在于我们是在理解马克思主义法的学说基础上坚持这一正确的法治观，就在于我们能够不断解放思想而深化马克思主义法治学说的中国化成果，逐步形成中国特色社会主义法治建设的基本方略、建设纲领和成熟理论。

一、科学系统地把握马克思主义法的学说，始终不渝地坚持社会主义法治建设的正确方向

只有科学的理论，才能指导科学的实践。指导中国特色社会主义事业的科学理论正是马克思主义。之所以马克思主义具有真理性和科学性，其关键就在于：它的世界观和方法论是科学的，它代表了最广大人民的利益，它是开放的、与时俱进的理论体系，它已经为中国革命、建设和改革的实践所证明。中国特色社会主义法治建设是马克思主义法的学说在中国的实践成果，是中国化的马克思主义法的学说对世界范围内社会主义法治建设的反思、总结和提升，是中国共产党根据社会环境尤其是法治环境的变化发展的创新性成果。正因为如此，马克思主义法的学说是新中国法治建设的指导思想和理论基础。

建设社会主义法治国家，必须弄清楚什么是法治国家？什么是法治？必须理解依法治国的“法”是何种含义？具有何种属性？必须明白法如何产生发展？法的发展为什么能够成为法治？法治为什么是一种先进的统治方式？就必须把握法治建设的基本规律？社会主义法治建设和资本主义国家的法治建设的差异？当然，在此基础上，也应该知晓社会主义法治的未来走向是什么。这些问题，是社会主义法治建设必须回答的，其中关于法、法治、法治建设的本质，以及社会主义法治建设的属性是这些问题之中的根本问题。只有解决了这些问题，才能明确社会主义法治建设的目标，才能真正了解为什么我们选择的法治建设道路是必须坚持的；科学系统地把握马克思主义法的学说和始终不渝地坚持社会主义法治建设的正确方向，是确立依法治国基本方略的成功经验，也是全面落实依法治国基本方略和加快建设社会主义法治国家的思想保障。

运用马克思主义理论体系中关于法的学说，新中国法治建设在历史唯物主义思想的正确指引下始终坚持关于法和法治本质的正确认识。马克思主义经典作家对法的本质、存在环境和发展走向都做出了科学的判断。早在《德意志意识形态》之中，马克思和恩格斯从社会

发展和交往形式的变迁高度，指出："（交往形式的发展历史）是自发地进行的，就是说它不服从自由联合起来的个人的共同计划，所以它是以各个不同的领域、部落、民族和劳动部门等为出发点，其中的每一个起初都与别的不发生联系而独立地发展，后来才逐渐与它们发生联系。其次，这种发展非常缓慢；各种不同的阶段和利益从来没有被完全克服，而只是屈从于获得胜利的利益，并在许多世纪中和后者一起延续下去。……，较早时期的利益，在它固有的交往形式已经为属于较晚时期的利益交往形式排挤之后仍然在长时间内拥有一种相对于个人而独立的虚假共同体（国家、法）的传统权力，一种归根结底只有通过革命才能被打倒的权力。"①

资本主义的法治理论及其资本主义的国家法律所体现出来的"法的精神"正是这样一种虚假共同的传统权力，而其之所以具有某种普遍性的假象，只不过是"因为国家是统治阶级的各个人借以实现其共同利益的形式，是该时代的整个市民社会获得集中表现的形式，所以可以得出结论：一切共同的规章都是以国家为中介的，都获得了政治形式。由此便产生了一种错觉，好像法律是以意志为基础的，而且是以脱离其现实基础的意志即自由意志为基础的。同样，法随后也被归结为法律"。②在这里，马克思主义经典作家明确提出西方法治传统的"法"并不是现实中的"法律"，而是阶级统治的工具，只不过这个工具披上了"自由"、"平等"的面纱，而法律只不过是这种虚假意识形态的表现形式而已。由此，马克思主义经典作家阐明了法治建设之中的"法"的真实含义：

占统治地位的阶级，除了必须把自己的力量构建成国家外，还必须使他们的有这些特定关系所决定的意志具有国家意志即法律这种一般表现形式，其内容总是由这个阶级的关系来决定的，像私法和刑法最清楚地证明那样。这些个人通过法律形式来实现自己的意志，同时

① 马克思、恩格斯：《德意志意识形态》，北京：人民出版社，2003年版，第69页。

② 马克思、恩格斯：《德意志意识形态》，北京：人民出版社，2003年版，第76—77页。

使自己的意志不受他们之中任何一个单个人的任性所左右，这一点不取决于他们的意志，如同他们的体重不取决于他们的唯心的意志或任性一样。他们的个人统治必须同时确立为一般的统治。他们的个人权力是以作为许多人共同的生活条件而发展起来的那些生活条件为基础的，他们作为同其他人对立的统治者，同时也作为管辖所有人的统治者，必须维护这些生活条件的持续存在。这种由他们的共同利益所决定的意志的表现，就是法律。[①]

正因为如此，法治所实现的"法律治理"并非是去阶级的价值中立的治理模式，也不是一种可以在不同的统治者那里延续的孤立存在"统治意识形态"，事实上，"不是国家由于统治意志而存在，而是从个人物质生活方式中产生的国家也具有统治意志的形式。如果统治意志失去统治，那么，不仅意志发生变化，而且个人的物质存在和生活也发生变化，而且只因为这一点，个人的意志才发生变化。法和法律'传承'下来是可能，但是在这种情况下，它们不再是起统治作用的，而只是名义上的，……"[②]总之，马克思主义法的学说关于法、法治之下的法律的第一个科学论断就是——"法律是统治阶级的意志的表现"[③]，或者说"法律就是取得胜利并掌握国家政权的阶级的意志的表现"。[④]

新中国的法治建设认真吸收并将其作为自身建设的基本原则和理论渊源。早在新中国建国之初，党的理论工作者和老一辈法学家通过学习马克思主义经典著作，归纳和总结了马克思主义关于法的本质理论的基本要点：[⑤]（1）法是统治阶级意志的反应，即掌握政治统治权的阶级意志的反映。政权掌握在哪个阶级手里，哪个阶级的意志才能成

---

① 马克思、恩格斯：《德意志意识形态》，北京：人民出版社，2003年版，第108页。

② 马克思、恩格斯：《德意志意识形态》，北京：人民出版社，2003年版，第109页。

③《列宁全集》（第17卷），北京：人民出版社，1990年版，第145页。

④《列宁全集》（第16卷），北京：人民出版社，1990年版，第292页。

⑤ 以下三点是转引王惠岩先生关于马克思主义对法的本质观点的阐述，由于王惠岩先生对此进行了准确的论述，笔者无须多加阐述，故直接引用之。具体请参见《王惠岩文集》（第2卷），北京：中国大百科全书出版社、党建读物出版社，2007年版，第46—47页。

为法。不掌握政权的阶级，其意志不可能成为法；其意志也不可能同统治阶级意志混合形成反应共同意志的法；不存在既不反映统治阶级意志，也不反映被统治阶级意志的中性的法、超阶级的法。（2）法同时也是一种意识形态的力量。这种意识形态的力量表现为强加统治阶级的意志于被统治阶级，是统治阶级按照自己的意志对于社会的全面控制。这种意识形态和法一样，都体现了统治阶级的意志，属于社会经济基础决定的上层建筑，属于由社会存在决定的社会意识范畴，与统治阶级的其他意志和意识形态相比，只不过法是由国家制定或认可并由国家强制力保障实施的规范的这种意志而已。（3）法的内容是由统治阶级的物质生活条件决定的，被统治阶级的物质生活条件不能成为决定内容。在一个社会之中，不存在属于有利于统治阶级和被统治阶级的社会共同的物质生活条件，因而也就不存在由这种所谓共同物质生活条件决定的共同意志的法。

我们认为，新中国的法治建设的理论起点和基本原则是一种科学的法治认识观。在其指引下，党明确提出只有将人民群众的意志上升为法律，取得人人必须遵守的规范形态，才可能实现社会主义法治国家。而在这个过程中，就需要健全社会主义法律体系，正确处理党和法治之间的关系，实现反映广大人民群众意志的法及其形式的法律规范如何得以执行和监督。在此基础上，马克思主义的法治思想和人学理论能够统一在一起，无产阶级缔造的社会主义法治必然是人民的法治，保障和实现无产阶级的利益、安全、意志和自我发展则是社会主义法治国家建设的根本需要，由此说明了在社会主义国家中，法治建设和人权保护二者的本质特征是始终互相作用的。实践证明，在恪守上述思想的时候，新中国的法治建设就会取得较大、较快的进步，而当我们不够重视上述原则或者混淆“法”在不同语境中的含义差异时，社会主义法治建设就会沦为法治的“虚无主义”或者机械的“法牍主义”，而不利于依法治国基本方略的确立和全面落实。因而，总结新中国成立以来法治建设走过的道路，证明了坚持将马克思主义法的学说作为当代中国法治建设乃至政治发展的根本指导思想是不可撼动的。

二、着力推动思想解放，不断深化对社会主义法治建设的科学认识

中国特色社会主义法治建设是马克思主义普遍真理与新中国法治建设实际相结合的产物，是党在完整准确掌握马克思主义法的学说和坚持社会主义法治国家建设的正确方向的指引下所取得的。将马克思主义法的学说中关于法、法治和法治建设的论断同复杂的中国法治建设实际相结合，就要求我们不但能够把握科学的理论，而且能够发展科学的理论，最终推动中国法治建设理论的科学化、时代化和中国化。社会主义法治国家的建设历史已经证明只有不断深化对社会主义法治建设的科学认识，才能推动中国法治建设的理论创新和实践创新。而实现这一伟大历史转变的基本经验就是解放思想，发展马克思主义法的学说。邓小平在《解放思想、实事求是，团结一致向前看》的改革檄文中早就提出：

"解放思想，开动脑筋，实事求是，团结一致向前看，首先是解放思想。只有思想解放了，我们才能正确地以马列主义、毛泽东思想为指导，解决过去遗留的问题，解决新出现的一系列问题，正确地改革同生产力迅速发展不相适应的生产关系和上层建筑，根据我国的实际情况，确定实现四个现代化的具体道路、方针、方法和措施。"[①]

只有解放思想，才能够发展理论；只有解放思想，才能够树立旗帜。新中国法治建设的实践向人们展示了一幅生动的历史正卷。我们不难发现，在新中国社会主义法治建设较为健康而迅速发展时期，党创造性地解决了许多马克思主义法的学说尚未阐明的观点，实现了马克思主义中国化的新发展，正确地提出了法制在人民民主专政中的地位，科学地阐明法律手段与十大关系的基本关系，提出了许多人民民主法制的新理论和新观点；经过多年动乱和法制荒野之后，党提出了实践是检验真理的唯一标准，并由此掀开了社会主义法治建设的新篇

① 《邓小平选集》(第2卷)，北京：人民出版社，1993年版，第141页。

章，积极推动了我国法治理论的推陈出新，并最终形成了依法治国基本方略。与此相反，自反右斗争扩大化之时，尤其是“文化大革命”期间，我们将马克思主义法的学说中关于法的阶级性的科学论说错误地机械化，使之成为废除社会主义法制、甚至“砸烂公、检、法”等荒谬行为的理论依据，并使得新中国的社会主义法治探索遭受了史无前例的打击。造成这些错误的原因，恰恰是因为我们否定了法学理论的科学性，甚至教条化地使用马克思主义经典作家关于“法”的相关论断，这些理论脱离了马克思主义法的学说的历史唯物主义基础，背弃了社会主义的法是阶级性和人民性有机统一的结果，法治建设所塑造的法律体系和法治观念是党自身建设和治国理政的内在需要。正反两方面的事实一再证明，只有解放思想，才能够不断深化对社会主义法治建设的科学认识。

必须指出的是，改革开放以来的新中国法治建设不但是社会主义法治建设进程的有机组成部分，也是建设社会主义法治国家进程中的伟大变革时期。这两者正是在解放思想，发展社会主义法治建设的新观点、新理论和新学说过程中逐渐统一起来的。

在改革开放之初的历史大转变的时刻，党就迅速认清了由于旧思想、旧习惯的严重影响，由于对新事物缺乏经验，加上其他社会政治因素的作用，人们思想上存在着对法治建设的片面性认识。因此，对于法制和法的科学认识需要是从人们改变对具体的法制载体——法律——的认识和解放思想开始的，为此，提出了“防止导致阶级斗争扩大化的错误继续发生，大力推进社会主义民主和社会主义法制的建设”；改革开放的第一要务就是加快经济建设，而经济建设的发展完善将促进社会主义现代化建设的全面发展，马克思很早就指出：“职业由于分工而独立化；每一个人都认为他的手艺是真的。他们之所以必然产生关于自己的手艺和现实相联系的错觉，是手艺本身的性质所决定的。关系在法律学，政治学中——在意识中——成为概念；因为他们没有超越这些关系，所以这些关系的概念在他们的头脑中也成为固定概念。例如，法官运用法典，因此法官认为，立法是真正的积极的推动者。”[①]事实上，那种“法律虚无主义”并不仅是“否定法律”，而是人们在处理经济和法直接关系的时候，在通常的意识中将事情本末倒置了。因此，当进行拨乱反正的同时，不但紧抓经济建设，而且重新树立了对法的正确认识，并逐步调整了经济建设和法制建设的关系，这些思想归结为一系列“两手抓”的战略方针，即强调一手抓改革开放，一手抓打击犯罪；一手抓经济建设，一手抓民主法制；一手抓物质文明，一手抓精神文明。这就使得法治建设与经济建设统一起来，而且明确了它在整个社会主义现代化建设布局中的地位和作用。对于法、法治和法治建设的认识更加科学。党的十五大即将召开之际，国内许多的法学学者、政治学学者纷纷对依法治国的理论基础、理论体系，理论要点等展开了热烈而有成效的讨论，对“法治”这一命题的概念从合法性、合理性再到基本内涵、特征，以及其在治国理政路径转变上的意义进行了十分周详的论述和争鸣。人们认识到尽管社会主义民主和法制建设取得重大进展，制定了一系列适应社会主义市场经济发展的法律和法规，加强了执法和司法工作，但是对于马克思主义法的学说的系统研究、创造性的发展还不够，还没有形成一种中国化马克思主义的法治观念引领我们现实的法治建设，这导致了对西方法治观念的盲目接受，导致了在批判一切虚伪的法的超验性意识的同时将社会主义法治的基本理论一并稀薄化的危险。因此，他们向党中央郑重提出了“法治”和“法制”的根本差异之辩，在时代变革之际发展了马克思主义法的学说，提出了依法治国基本方略。毋庸置疑，依法治国基本方略的提出是马克思主义法的学说在具体实践中获得的新的实践真知和理论抽象，是中国特色社会主义法治建设的理论成果。

进入21世纪，中国的法治建设继续向前推进。2002年召开的中国共产党第十六次全国代表大会，将社会主义民主更加完善，社会主义法制更加完备，依法治国基本方略得到全面落实，作为全面建设小康社会的重要目标。2004年，将“国家尊重和保障人权”载入宪法。党

① 马克思、恩格斯:《德意志意识形态》，北京：人民出版社，2003年版，第79页。

的第十七次全国代表大会则明确提出全面落实依法治国基本方略，加快建设社会主义法治国家，并对加强社会主义法治建设做出了全面部署。这一系列命题极大地丰富了马克思主义法的理论，实现了马克思主义法的学说的与时俱进。历史证明，“我们党坚持马克思主义的思想路线，不断探索和回答什么是社会主义、怎样建设社会主义，建设什么样的党，怎样建设党，实现什么样的发展、怎样发展等重大理论和实际问题，不断推进马克思主义中国化，坚持并丰富党的基本理论、基本路线、基本纲领、基本经验。社会主义和马克思主义在中国大地上焕发出勃勃生机，给人民带来更多福祉，使中华民族大踏步赶上潮流迎来伟大复兴的光明前景”。[①]包括法治建设在内的一切社会主义现代化建设，它们取得的任何成绩和进步的根本原因，就在于“开辟了中国特色社会主义道路，形成了中国特色社会主义理论体系”[②]。这个理论体系就是马克思主义基本理论的新发展，是马克思主义中国化的历史产物。中国特色社会主义法治理论是这个体系的有机组成部分，它涵盖了我国法治建设的本质、目标、策略和路径，解释了法治建设的基本方向和存在依据，是党带领全国人民建设社会主义法治国家过程中创造的最宝贵的思想财富。

三、丰富依法治国的基本理论，创立社会主义法治国家基本方略

丰富依法治国的基本理论，不但益于促进马克思主义法的学说中国化的时代步伐，而且为法治文明的建设提供理论支持和理论服务。新中国对法治理论有诸多建树：提出和阐明了坚持发展社会主义民主法制是党和国家坚定不移的基本方针；始终强调民主是社会主义法治建设的根本目标和主要任务，没有民主就没有社会主义，就没有社会

① 胡锦涛:《高举中国特色社会主义伟大旗帜，为夺取全面建设小康社会新胜利而奋斗》，北京：人民出版社，2007年版，第9—10页。

② 胡锦涛:《高举中国特色社会主义伟大旗帜，为夺取全面建设小康社会新胜利而奋斗》，北京：人民出版社，2007年版，第109页。

主义现代化；科学地揭示了社会主义民主与法制的内涵，系统地提出了“有法可依、有法必依、执法必严、违法必究”的我国民主法制建设的16字方针；明确提出了民主法制化和法制民主化的任务；第一次提出了正确处理法制建设与现代化建设的关系，确立了“一手抓建设，一手抓法制”的治国方略；全面论述了法治建设和社会稳定发展的关系，强调依靠法制惩治腐败，维护安定团结，促进社会全面进步；提出了正确处理法制建设与精神文明建设的关系，强调加强法制的根本问题是教育人，等等。[①]

理论的发展是根据问题的产生而不断发展的，着力推进解放思想其根本要义也正在于形成社会主义法治国家的基本方略和纲领。实践是永无止境的，认识真理不是一次完成的。[②]在加快发展社会主义市场经济建设的同时，虽然业已提出了依法治国的基本方略。但是，仍尚未完全认清法治建设和经济建设如何实现均衡发展，如何处理二者之间的关系，如何平衡法治的公平诉求和经济的效率目标之间的关系。这就表明需要对马克思主义法的学说进行再学习，研究新问题、实现创新。事实上，面对依法治国基本方略的第一个难题就是如何使这个基本方略获得人们的认可，如何实现社会主义市场经济的法治化。这既是一个制度问题，更是一个理论问题。恩格斯很早就告诫我们“如果有人在这里加以歪曲，说经济因素是唯一决定性的因素，那么他就是把这个命题变成毫无内容的、抽象的、荒诞无稽的空话。经济状况是基础，但是对历史斗争的进程发生影响并且在许多情况下主要是决定着这一斗争的形式的，还有上层建筑的各种因素：阶级斗争的政治形式及其成果——由胜利了的阶级在获胜以后确立的宪法等，各种法的形式以及所有这些实际斗争在参加者头脑中的反映，政治的、法律的和哲学的理论，宗教的观点以它们向教义体系的进一步发展”[③]。加

① 参见肖扬：《依法治国论》，北京：法律出版社，1997年版，前言，第3页。

② 《江泽民文选》（第2卷），北京：人民出版社，2006年版，第251页。

③ 《马克思恩格斯选集》（第4卷），北京：人民出版社，1995年版，第696页。

快推进社会主义法治国家的建设，创新了社会主义的法治理性化是社会主义法治建设的重要内容。

毋庸置疑，社会主义法治建设是为了发展社会主义法治文明，保障公民的权利。任何法治建设都是人民群众在探索中创造的。离开法治建设的主体，法治建设不啻为无源之水、无本之木。在社会主义法治建设过程中，法治建设的主体决定了法治建设的性质、发展状况和实现程度。建设主体性法治理论和法治意识法治建设的进程，“文化大革命”期间领导决策的失误带来了法治建设方向的偏差，而法治建设的主体对法治的淡漠和舍弃则是那时法治迷茫、法制停顿、挫败的根本原因。因此，任何法治建设离开正确的法治意识的支撑就不得不面对没有法治的状态，甚至比原初的无秩序状态更加糟糕。党的十五大确立依法治国基本方略之后，随着法治建设的实践发展和理论进步，树立社会主义法治理念是“坚持丰富依法治国的基本理论，构筑完善社会主义法治国家的基本方略和纲领”这一基本经验。此前法治建设的兴衰成败一再证明了法治建设主体的理性化程度如何，具有什么样的建设动机，采取什么样的态度和方法参与法治建设，都依赖于社会主义法治理论。

正因为如此，新中国成立以来，经过不断的丰富和发展，法治理论阐释已经成为中国特色社会主义法治理论的有机组成部分。“树立社会主义法治理念”，“加强公民意识教育，树立社会主义民主法治、自由平等、公平正义理念”，“弘扬法治精神”这些命题的提出表明新中国的法治建设进入自觉阶段。“社会主义法治理念和法治精神的提出，是在认真总结我国法治建设实践经验的基础上，对社会主义法治建设的理论创新，是中国特色社会主义理论的组成部分，是马克思主义中国化的重要成果。社会主义法治理念在继承人类法治文明成果的前提之下，立足中国国情，正确回答了什么是社会主义法治国家，怎样建设具有中国特色的社会主义法治国家，指出了社会主义法治建设的发展方向和必须坚持的基本原则，为社会主义法治建设的顺利推进奠定了坚实的思想基础和理论基础。”[①]

我们认为，社会主义现代化建设必须坚持以马克思列宁主义、毛泽东思想和中国特色社会主义理论体系为指导，这是中国特色社会主义沿着正确方向健康发展的根本保证。“坚持以马克思主义为指导，最重要的是要善于把马克思主义基本原理同中国具体实际相结合，不断推进马克思主义的中国化，在实践中丰富和发展马克思主义。马克思主义是与时俱进、不断发展的理论，而不是一成不变的教条。”[②]社会主义法治建设也是如此。在法治建设中只有不断发展和深化马克思主义法治建设学说，才能够在建设社会主义法治国家的历史进程中选准方向、广开言路、多维推进。这是新中国法治建设首要的也是最为重要的建设经验，必须始终坚持，不断发扬。

第二节　始终坚持中国特色社会主义政治发展道路

中国特色社会主义政治发展道路，是中国特色社会主义伟大道路的重要组成部分。[③]坚定不移地走中国特色社会主义道路，必须坚定不移地坚持党的基本理论、基本路线、基本纲领、基本经验。党的基本理论是中国特色社会主义的根本指南，基本路线是中国特色社会主义的总纲，基本纲领是中国特色社会主义经济、政治、文化、社会等各方面的基本目标和基本政策的集中体现，而基本经验则是中国特色社会主义理论与实践相结合的产物。[④]新中国法治建设和政治建设的实

---

① 参见刘维林：《30年来依法治国理论与实践的发展》，新视野，2009年第1期，第4—9页。转引自《人大复印资料·中国特色社会主义理论》，2009年第6期，第60页。

② 《江泽民文选》（第3卷），北京：人民出版社，2006年版，第492页。

③ 包心鉴：《论中国特色社会主义政治发展道路》，中国特色社会主义研究，理论视野，2008年第2期，第22页。

④ 中共中央宣传部理论局：《六个“为什么”——对几个重大问题的回答》，北京：学习出版社，2009年版，第46页。

践表明，中国特色社会主义政治发展道路是社会主义法治建设的政治方向和发展前提，是建设人民民主法制、社会主义法制、全面落实依法治国基本方略和加快建设社会主义法治国家的重要保障。党的十七大指出，“要坚持中国特色社会主义政治发展道路，坚持党的领导、人民当家作主、依法治国有机统一，坚持和完善人民代表大会制度、中国共产党领导的多党合作和政治协商制度、民族区域自治制度以及基层群众自治制度，不断推进社会主义政治制度自我完善和发展。”[①]依法治国基本方略必须坚持正确政治方向，只有如此，才能保证法治建设不断顺利地推进。新中国成立以来，随着社会主义现代化建设的不断推进，我国社会的各个领域发生巨大变化，尤其是经济建设的变化特别显著。随着计划经济向市场经济转型以及社会主义市场经济建设的不断深入，我国基本建立了社会主义市场经济体制。众所周知，经济体制的变化必然要求政治建设的同步发展和协调共进，加之中国特色社会主义现代化建设过程中出现了各种经济、政治和社会问题也要求政治建设提出合理解释和有效处理，因此，社会主义政治发展自然而然地就成为建设社会主义现代化国家的重要组成部分。在探索和建设社会主义政治文明的过程中，解决了中国的政治建设举什么旗、走什么路的问题，提出了中国特色社会主义政治发展道路，也为社会主义法治建设指明了方向。因此坚定不移地走中国特色社会主义政治发展道路，是新中国法治建设的重要经验之一。只有坚持中国特色社会主义政治发展道路，才能保证社会主义法治建设的健康发展。只有坚持中国特色社会主义政治发展道路，才能实现全面贯彻依法治国基本方略，加快推进社会主义法治国家建设。

---

① 胡锦涛:《高举中国特色社会主义伟大旗帜，为夺取全面建设小康社会新胜利而奋斗》，北京：人民出版社，2007年版，第28页。

一、中国特色社会主义政治发展道路是在发展社会主义民主政治和建设社会主义政治文明的过程中逐渐发现和发展起来的科学道路

众所周知，黄炎培先生曾向毛泽东问道“我生60多年，所亲眼看到的，真所谓‘其兴也勃焉，其亡也忽焉’。历朝历代，大凡初时聚精会神，没有一事不用心，没有一人不卖力，也许那时艰难困苦，只有从万死中觅取一生。继而环境渐渐好转了，精神也渐渐放下了，日久天长，自然地惰性发作，由少数演变为多数，到风气养成，虽有大力，无法扭转，并且无法补救。一部历史，‘政怠宦成’的也有，‘人亡政息’的也有，‘求荣取辱’的也有。总之，没有能跳出这个周期率的支配力。中共诸君从过去到现在，我略略了解的，就是希望找出一条新路，来跳出这个周期率的支配。”毛泽东对于黄先生的言论，从建设社会主义民主政治的高度，既回答了问题又向人们初步展示了中国所需要的社会主义政治发展前景和任务，他掷地有声地指出：“我们已经找到了新路，我们能跳出这周期率。这条新路，就是民主。只有让人民来监督政府，政府才不敢松懈；只有人人起来负责，才不会人亡政息。”①换言之，就是发展社会主义民主政治是新中国政治发展的新道路，也是唯一一条道路，这条道路，需要民主制度、权力监督制度，需要政治参与、需要政府责任。虽然毛泽东的回答仅仅数言，但其中能够蕴含的对新中国政治建设的期望却是丰富的。这一真知灼见的确体现在了新中国建立的民主建设之中，也正是在这时，人民民主法制提上了政治建设的议事日程。1954年，新中国的第一部《宪法》就明确提出“中华人民共和国的一切权力属于人民”。标志着我国将实行人民民主的政治制度，走发展社会主义民主政治的道路。在一届全国人大第一次会议上，刘少奇指出：“人民代表大会制度所以能够成为我国的适宜的政治制度，就是因为它能够便利人民行使自己的权力，能

① 参见黄炎培：《八十年来》，北京：文史资料出版社，1982年版，第148—149页。

够便利人民群众经常经过这样的政治组织参加国家的管理，从而得以充分发挥人民群众的积极性和创造性。显然，如果没有一种适宜的政治制度使人民群众能够发挥管理国家的能力，那么，人民群众就不能很好地动员和组织起来建设社会主义”[①]。“我们的国家行政机关绝不能脱离人民代表大会或者违背人民代表大会的意志而进行活动”[②]，“人民的共同利益和统一意志，是人民代表大会和一切国家机关工作的出发点。因此，在这一切国家机关中，也就能够在民主的基础上形成人民的政治一致性”[③]。可见，只要实现社会主义民主政治，走人民民主专政的社会主义政治发展道路，人民群众就“愿意贡献自己的力量来保卫我们的国家，来不断地加强人民民主制度，来参加伟大的社会主义事业，也就是因为我们的祖国越是强盛，我们的人民民主制度越是强有力，我们的社会主义事业越向前发展，人民的自由和权利也就越有保障，越能扩大”。[④]

对于新中国而言，社会主义民主建设是一个新生事物，除了苏联道路之外我们没有可借鉴的更多经验，因此，对于人民民主是什么的问题出现认识偏差。这突出地表现在对“大民主”的认识上。“大民主”有两个意向，第一种理解是将“大民主”看作是模仿西方资本主义国家的国会制度，移植资本主义国家的议会民主、新闻自由、言论自由等资本主义民主的代称；第二种理解是发动群众运动的非制度民主机制。这两种倾向都是错误的。对于社会主义政治发展而言，后者是我们在建国早期所执行的一条“民主策略”。就其产生而言，其初衷是进行“三反”、整顿“三风”，然而由于认识上的偏误不得不将“大民主”推向了背离人民民主本质的发展方向。那时，尽管有一些同志及时地发现了当时人民民主建设的方向性问题，也有人提出了“大民

① 《刘少奇选集》(下卷)，北京：人民出版社，2004年版，第156页。
② 《刘少奇选集》(下卷)，北京：人民出版社，2004年版，第157页。
③ 《刘少奇选集》(下卷)，北京：人民出版社，2004年版，第159页。
④ 《刘少奇选集》(下卷)，北京：人民出版社，2004年版，第163页。

主我们并不提倡，搞大民主并不好”[①]，但是群众运动的政治风气已然，法治的理性主义已经逐渐模糊，社会主义政治发展开始面临较为严重的探索瓶颈。更为遗憾的是，伴随“大民主”的甚嚣尘上，法治的理性主义不再能够符合此种“民主”建设的要求。民主政治建设出现了挫折，新中国建国之初既定的正确政治发展道路“在探索的实践中经历了曲折和失误，甚至发生‘文化大革命’那种全局性背离民主和法制的失误”。[②]

改革开放之后在对政治发展道路探索过程中首先解决的就是关于民主政治的建设问题，《中国共产党中央委员会关于建国以来党的若干历史问题的决议》中明确提出：“逐步建设高度民主的社会主义政治制度，是社会主义革命的根本任务之一。……必须根据民主集中制的原则加强各级国家机关的建设，使各级人民代表大会及其常设机构成为有权威的人民权力机关，在基层政权和基层社会生活中逐步实现人民的直接民主，……。必须巩固人民民主专政，完善国家的宪法和法律并使之成为任何人都必须严格遵守的不可侵犯的力量，使社会主义法制成为维护人民权利，保障生产秩序、工作秩序、生活秩序，制裁犯罪行为，打击阶级敌人破坏活动的强大武器。绝不能让类似‘文化大革命’的混乱局面在任何范围内重演。”[③]党的十二大提出了要建设高度的社会主义民主，虽然这一思想重新回到了民主政治发展的正确道路上，但是却显示出对当时中国民主环境和条件的认识不足，更为根本的原因则是对于中国特色社会主义发展道路阶段的认识不清。党的十三大纠正了上述误判并科学地提出我们正处在并且将长期处在社会主义初级阶段，因此，民主政治的发展应该与这一现实相适应。此时，党和国家的主要工作是抓好经济建设，加快经济体制、政治体制的改革，并将其切入点放在“建设中国特色社会主义民主”上。党的十四

---

① 《邓小平选集》（第1卷），北京：人民出版社，1994年版，第273页。

② 李良栋：《论坚持中国特色社会主义政治发展道路》，理论学刊，2008年第5期，第81页。

③ 《中国共产党中央委员会关于建国以来党的若干历史问题的决议》，北京：人民出版社，1981年版，第56—57页。

大确立发展了中国特色社会主义政治发展的三条基本原则和经验。由此，社会主义政治建设的理论和实践体系开始进入加快推进期。党的十五大是中国特色社会主义政治发展道路形成历史上具有承前启后意义的大会，这次会议提出“没有民主就没有社会主义，就没有社会主义现代化。社会主义民主的本质是人民当家作主。国家一切权力属于人民。我国实行的人民民主专政的国体和人民代表大会制度的政体是人民奋斗的成果和历史的选择，必须坚持和完善这个根本政治制度，不照搬西方政治制度的模式，这对于坚持党的领导和社会主义制度、实现人民民主具有决定意义”，明确提出“发展民主必须同健全法制紧密结合，实行依法治国。”这就为党的十六大正式提出建设社会主义政治文明，实现“党的领导、人民当家作主、依法治国”的有机统一作为中国特色社会主义政治发展道路提供了理论基础不容否认。“我们取得一切成绩和进步的根本原因，归结起来就是，开辟了中国特色社会主义道路，形成了中国特色社会主义理论体系。”①

毋庸置疑，中国特色社会主义政治发展道路的形成是党和国家在新中国成立以来的长时期政治建设过程中总结提炼出来的。这条道路是加强社会主义法治建设、全面落实依法治国基本方略、加快推进社会主义法治国家的基本经验。

二、中国特色社会主义政治发展道路决定了社会主义法治国家的建设内容和发展方向

中国特色社会主义政治发展道路既有科学的指导思想，又有严谨的制度安排，既有明确的价值取向，又有有效的实现形式和可靠的推动力量，集中体现了中国特色社会主义民主政治的特点和优势。

新中国的法治建设从理论和实践的结合上证明中国特色社会主义

① 胡锦涛:《高举中国特色社会主义伟大旗帜，为夺取全面建设小康社会新胜利而奋斗》，北京：人民出版社，2007年版，第11页。

政治发展道路决定了社会主义法治国家的建设内容和发展方向。

1. 中国特色社会主义政治发展道路符合时代发展的主题要求。“政治发展不是孤立的社会发展现象，它是同社会整体发展、社会全面进步相联系的，是社会发展规律在政治领域表现的规律性过程。……在当代，政治发展特指一个国家民主政治发展的方向、进程和实现的程度与结果。”[①]政治发展道路是对一国政治发展的时代背景和社会条件的总体判断基础上形成的政治发展过程、经验和方向的概括和基准。新中国的经济社会政治发展应当符合以下两个特征，其一是新中国所处的时代特征，其二是新中国现代化建设的现实定位特征。对于前者，马克思主义在其民族解放理论中很早就提出民族解放[②]的道路有两条：资产阶级领导的资本主义发展道路和无产阶级领导的社会主义发展道路。现实表明，社会主义社会和资本主义社会将长期共存，无产阶级必须在对资本主义社会的斗争和反抗中发展生产力、完善自身从而争取主导权。既然两种社会形态将长期共存，为了创造和维护社会主义发展的良好环境，我们需要一个相对稳定的世界环境，党和国家业已认识到中国正处于并将长期处于社会主义初级阶段。在社会主义初级阶段，维护和平、加快发展就要求新中国的政治建设为社会主义现代化建设提供动力和制度保障，此种动力和保障必须是先进的政治文明形态的产物，是能够在应对复杂的国内外政治矛盾和历史发展需求的前提下凸显社会主义国家先进性的政治发展道路。因此，新中国的政治发展必须在党领导下以社会主义民主政治为目标，以政权建设为核心，在法治的轨道和稳定的环境以建设和发展社会主义政治文明为突破点，与时俱进、科学发展。而中国特色社会主义政治发展道路就是对上述命题的解答，是符合社会主义中国政治发展的本质和

① 《王惠岩文集》(第3卷)，北京：中国大百科全书出版社、党建读物出版社，2007年版，第114页。

② 从革命政治学的意义上，民族解放实际上就是政治发展道路的选择问题；而从生活政治学角度，民族解放同样也意味着民族国家独立自主和发展道路的选择问题。因此，在民族国家广泛存在的大背景下，民族解放道路就是不同国家选择不同政治发展道路的具体体现。

时代需求的正确道路。

2. 中国特色社会主义政治发展道路是中国特色社会主义道路的具体体现。党的十七大报告指出:“中国特色社会主义道路，就是在中国共产党领导下，立足基本国情，以经济建设为中心，坚持四项基本原则，坚持改革开放，解放和发展生产力，巩固和完善社会主义制度，建设社会主义市场经济、社会主义民主政治、社会主义先进文化、社会主义和谐社会，建设富强民主文明和谐的社会主义现代化国家。中国特色社会主义道路之所以完全正确、之所以能够引领中国发展进步，关键在于我们既坚持了科学社会主义的基本原则，有根据我国实际和时代特征赋予其鲜明的中国特色。在当代中国，坚持中国特色社会主义道路，就是真正坚持社会主义。”[①]坚持中国特色社会主义道路是一个全面的建设过程，其包括了经济建设、政治建设、文化建设和社会建设，政治建设是不可或缺的建设主题，新中国成立以来，确立了“一个中心，两个基本点”基本路线，并将其作为社会主义初级阶段的基本路线。在这一路线的指引下，在以经济建设为中心，推进经济现代化的同时，推进社会主义政治文明建设，明确提出人民民主是社会主义的生命，将发展社会主义民主政治上升为我们党始终不渝的奋斗目标，这一切正是中国特色社会主义政治发展道路的核心内容。因此，坚持中国特色社会主义政治发展道路是坚持中国特色社会主义发展道路的有机组成部分和具体体现。

3. 中国特色社会主义政治发展是对新中国法治建设的总结。上述两个方面分别从政治发展道路和政治发展道路在中国特色社会主义道路中的地位两个角度证明了选择中国特色社会主义政治发展道路并不是历史的偶然，而是新中国社会主义现代化建设的必然选择。法治建设作为政治建设的重要组成部分。坚持中国特色主义政治发展道路，就必须坚持社会主义法治。将社会主义法治建设置身中国特色社会主

① 胡锦涛:《高举中国特色社会主义伟大旗帜，为夺取全面建设小康社会新胜利而奋斗》，北京：人民出版社，2007年版，第11页。

义政治发展的全程之中，意味着它既需要接受这条道路的指引，又不断地依据自己的建设情况影响着这条道路。法治，不仅仅是法律之治，其更是政治治理的基本模式。因此，法治不仅具有法治目标，还具有政治目标。因此既需要关注法治建设所必需的法律至上、法律体系完备、依法行政和司法公正，更应关注法治建设的政治属性。建设社会主义法治国家的基本经验必须包括“是否关注法治建设对政治发展的作用决定了法治建设能否顺利发展”。第一，法治建设必须有利于民主建设。“民主是依法治国必备的政治基础，完善的民主是依法治国的重要标志。依法治国是以完善的民主作为基础和目标的。”①第二，法治建设必须保障人权。“人权是人所应当享有的权利，是以人的自然属性为基础、社会属性为本质的，人被当作人来对待的属于人的权利。人权的权利范围与保护程度是一个国家进步与文明程度的重要表现，是不同类型国家的重要差别。国家的进步过程，其实也是人权内容不断丰富、发展的过程。国家由非法治国家向法治国家的转换，也是人权内容与保护的一次飞跃。人权保障状况是区别法治国家与非法治国家的现代标志。”②第三，法治建设必须推动权力运行的合法化，有利于实现权力制约。政治发展的核心是国家政权建设，而政权建设的根本问题则是权力合法化问题，即权力本质的先进性、权力运行的合法化和权力制约的有效性。而权力制约的有效性是现代民主国家共同面对的重大课题。近代政治发展史表明，法治建设是实现权力制约的最为有效的方式，而“法律的进步作用之一乃是约束和限制权力，而不论这种权力是私人权力还是行政权力。在法律统治的地方，权力的自由行使收到了规则的阻碍，这些规则迫使掌权者按一定的行为方式行事。”③第四，法治建设必须使得整个社会生活和谐有序。和谐社会是人类社会的良好状态，是社会多元化和社会秩序的有机统一。法治，

---

① 卓泽渊:《依法治国理论学习读本》，北京：中国法制出版社，2008年版，第7页。

② 卓泽渊:《依法治国理论学习读本》，北京：中国法制出版社，2008年版，第11页。

③ 博登海默:《法理学——法律哲学与法律方法》，邓正来译，北京：中国政法大学出版社，1999年版，第358页。

作为政治生活一种治理模式，担负了维护社会稳定和生活多样化的责任；兼具政治管理和社会管理的治理职能。现代法治国家之所以是民主国家，其基本点在于法治的确立将权利作为整个社会建设的基点，而以义务和权力为其合理化的保障。其根本目的在于将法治建设确立起来的法治意识和稳定环境上升为政治发展现代化的有效途径，正如日本学者川岛武宜所言，“法律决定关系到我们的权利义务的重要内容，因为它涉及动用政治权力的强制。所以，法律必须明确意味着：依据法律对所发动的政府强制力的制约是明确的，我等国民互相之间谁的、多大程度利益得到确保也是明确的。”[①] 回顾新中国法治建设的历史，验证上述经验的实例俯拾皆是，新中国建立之初，旧司法的改造是社会主义改造的一部分，也是实现人民民主法制奠基性任务，改革开放之后，经济建设的迅猛发展要求政治体制的配套改革，而政治体制的改革不但需要法制的保障，而且从法治建设之中获得秩序性保障，“一手抓经济，一手抓法制”也是随之应而是的；随着政治体制改革的深入推进，法治建设不再是一种工具，与此相适应提出，依法治国基本方略。当然，更为重要的是，法治建设已经成为政治发展的主要要素，坚持中国特色社会主义政治发展道路，在当代就是坚持党的领导、人民当家作主和依法治国的有机统一。

三、中国特色社会主义政治发展道路是社会主义法治国家建设的重要保证

吴邦国委员长在2008年的全国人常委会工作报告中指出：“一个国家选择什么样的政治发展道路，只能从本国国情和实际出发。中国特色社会主义政治发展道路是中国共产党带领全国各族人民，经过长期奋斗和实践找到的正确道路。这就是在政权制度上，实行人民代表大会制度；在政党制度上，实行中国共产党领导的多党合作和政治协商制度；在少数民族聚居地区，实行民族区域自治制度；在城乡社区，

---

① 川岛武宜：《现代化与法》，北京：中国政法大学出版社，1994年版，第152页。

实行基层群众自治制度。”这些制度是法治建设的制度基础，全面落实依法治国基本方略所实现的法治理念、法律制度和法律体系等成果也必须为巩固和发展上述基本制度服务。这也是我国法治建设的基本经验。

人民代表大会制度作为我国的根本政治制度，是中国特色社会主义政治发展道路的重要组成部分。坚持中国特色社会主义政治发展道路，很重要的一条就是要坚持和完善人民代表大会制度。我国的政体不是“三权鼎立”，也不是“两院制”。人民代表大会由选举产生组成，统一行使国家权力，国家行政机关、审判机关、检察机关都由人大产生，对它负责，受它监督。各国家机关虽然职责分工不同，但目标是完全一致的，都是在党的领导下协调一致地开展工作。坚持中国特色社会主义政治发展道路，坚持和完善人民代表大会制度，就要正确处理人大与“一府两院”的关系。人大统一行使国家权力要尽职尽责，但不代行行政权、审判权、检察权。人大根据党的主张和人民的意愿，通过制定法律、做出决议，决定国家的大政方针，并监督和支持“一府两院”依法行政、公正司法，保障国家机关协调有效地开展工作，把人民赋予的权力真正用来为人民谋利益，使人民代表大会制度的优势得到充分发挥。坚持中国特色社会主义政治发展道路，坚持和完善人民代表大会制度，最根本的是坚持党的领导、人民当家作主、依法治国有机统一，其中最核心的是坚持党的领导。党的领导是人民当家作主和依法治国的根本保证，也是坚持和完善人民代表大会制度、做好新形势下人大工作的根本保证。因此人大工作必须自觉坚持党的领导，使党的主张经过法定程序成为国家意志，使党组织推荐的人选经过法定程序成为国家政权机关的领导人员。人大工作，无论是立法工作、监督工作，还是决定重大事项，都要有利于加强和改善党的领导，有利于巩固党的执政地位，有利于保证党领导人民有效治理国家。①

---

① 参见吴邦国:《全国人民代表大会常务委员会工作报告——2008年3月8日在第十一届全国人民代表大会第一次会议上》，人民日报，2008年3月22日，第1版。

中国共产党领导的多党合作和政治协商制度，是中国社会历史发展的必然选择，是一种崭新的、具有中国特色的社会主义政党制度，是我国社会主义民主政治的一个特点和优点。[①]坚持中国特色社会主义政治发展道路，离不开要坚持和完善中国共产党领导的多党合作和政治协商制度。新中国成立以来，各民主党派在中国共产党的领导下，积极参与社会主义现代化建设，围绕党和国家的中心任务，踊跃参政议政，广泛民主监督，在维护社会稳定、促进经济发展、实现祖国统一等方面做出了重大贡献，我国多党合作和政治协商事业呈现出生机勃勃的局面。[②]我国的多党合作和政治协商制度是社会主义政治总格局的现实形式和制度安排。由于"我们国家的政权性质，是工人阶级领导的、以工农联盟为基础的人民民主专政，这个政权性质就决定了代表工人阶级领导权的中国共产党在政权中处于领导地位、执政地位，起领导作用。代表其他阶级、阶层和利益群体的政党、政治团体处于被领导地位，起参政作用"。[③]这种政治总格局下的政党制度是对中国特色社会主义政治发展的具体体现，使我国政党制度符合中国特色社会主义政治发展基本要求，是社会主义法治建设在党的领导和法治、民主关系问题上的基本制度模式。

在少数民族聚居地区和城乡社区，民族区域自治制度和基层群众自治制度是根据我国政治生活的特征而构建具有中国特色的政治制度，是中国特色社会主义政治发展道路的创新性制度。在民族区域自治制度方面，我们将党的领导和民族地区的民族和地方特点结合起来，坚持国家帮扶与民族地区自力更生相结合，坚持以制度化的方式推进民族地区发展，坚持因地制宜、尊重民族地区特殊性，坚持以多种方式

① 杨海蛟:《回顾与展望: 改革开放以来的中国政治发展》，北京: 人民出版社，2008年版，第329页。

② 杨海蛟:《回顾与展望: 改革开放以来的中国政治发展》，北京: 人民出版社，2008年版，第388—389页。

③ 《王惠岩文集》(第3卷)，北京: 中国大百科全书出版社、党处读物出版社，2007年版，第38页。

扶持民族地区跨越式发展，不断推动民族和睦、宗教尊重，使许多民族地区实现了自身在政治发展阶段上的跨越，并成为社会主义政治制度文明的有机组成部分。在基层群众自治制度方面，通过城乡基层群众自治组织、职工代表大会、工会等基本形式，新中国实现了城乡基层民主的长足发展，使之成为公民有序的政治参与的重要渠道。基层群众自治制度是基层民主制度的具体实践形式，其“保证了人民群众直接行使民主权利，依法管理自己的事务。这对提高人民群众的参政议政能力和积极性，起着极大的推动作用。扩大基层民主，已经是完善中国特色社会主义民主政治的必然趋势和重要基础”。①

历史证明，政治发展和法治建设必须协调推进才能保证上述制度的进步、完善。而社会主义法治建设应当在立法、执法、司法、守法等四个方面协调发展。立法的完善，既能够巩固党的领导，巩固党的执政地位、提高党的执政能力。执法的完善，必然使得法治国家成为民主政治建设的基本目标；司法的完善，使得基本制度获得法制保护，体现法治之法律之治的方式；守法的完善，将促进公民法治理念的提升，不断扩大公民有序政治参与，增强公民的权利意识，加快民主进程。

总而言之，中国特色社会主义政治发展道路，是中国共产党领导中国人民选择的符合我国国情的唯一正确道路，是我国发展社会主义民主政治的唯一正确道路。②党的十七大报告回答了我们党在改革发展关键阶段举什么旗、走什么路、以什么样的精神状态、朝着什么样的发展目标继续前进等重大问题，阐述了科学发展观的科学内涵、精神实质、根本要求，描绘了在新的时代条件下加快推进社会主义现代化的宏伟蓝图，对坚持走中国特色社会主义政治发展道路，不断推进社会主义法治国家建设指明了方向，确立新的目标。

---

① 卓泽渊:《依法治国理论学习读本》，北京：中国法制出版社，2008年版，第69页。

② 吴邦国:《全国人民代表大会常务委员会工作报告——2009年3月9日在第十一届全国人民代表大会第二次会议上》，人民日报，2009年3月17日，第1版。

第三节 始终坚持党的领导、人民当家作主、依法治国有机统一

建设社会主义法治国家是一项复杂艰巨的系统工程。有的学者从法学理论的角度，在回顾法治国家的产生和发展的过程时指出：

“法治国家”或“法治国”，最初是相对于“警察国家”或“警察国”的一种关于国家类型和治国方式的统称。早期“法治国”思想渊源于斯多葛学派自然法理论和古代罗马法律制度所形成的欧洲法治思想。主要是指中世纪欧洲的某种国家形式，尤其是德意志帝国，当时被认为“和平与法律秩序的守卫者”，其国家权力的限度基本上由法律所规定，但并不具有权利平等和个人自由等民主特征。现代意义上的“法治国家”，亦称自由主义‘法治国’，是德国资产阶级宪政运动的产物。在德国18世纪末期开始的宪政运动中，康德的国家学说被发展成为德国“法治国”理论，其意思是国家权力、特别是行政权力必须依法行使，也就是说，国家依法实行统治，所以也称“法治行政”、“法治政府”。[①]

由此可见，从法治国家的形式要素角度看，法治国家的生成是人类社会对法治认识逐步深入的表现形式。从法律的权威，到法律的正义属性，以及法制的规范性、稳定性，再到以法为社会资源配置的基本依据，法治是治理的依靠对象。简单地说，法治国家就是指主要依靠正义之法来治理国政与管理社会从而使得权力和权利得以合理配置。此种法治国家的理解是比较普遍的，更多是以普遍的法治理念和治理模式为依据而总结出法治国家的内涵。在此种理解中，法治国家的法治是一种代表优良政治社会状态的原则或者标准，忽视了法治国家的政治构造问题。

① 孙笑侠：《法治国家及其政治构造》，法学研究，1998年第1期，第16页。

法治国家之所以不能等同于法制国家，其原因就在于法治的产生和发展不等于法律体系和法律制度的完善；而是将法治作为一种统治阶级在进行其统治中成本最优、认同度最高、社会稳定性最好、合法性效力最优的治理方式。正是对这个问题的认识不同，才导致了社会主义法治建设和资本主义法治建设的争论。我们认为，法治国家的塑成绝非任何形式的法律统治，即便是宪法统治；而是一种经过长期的政权建设的摸索而逐渐生成的一套科学体系。社会主义法治国家的实现就意味着社会主义民主政治的发展，是市场经济的本质要求和民主政治的具体体现。“所谓法治国家的法律性标志是指法治国家在法律的形式上的表现以及实现法治国家的技术条件。它主要包括完备统一的法律体系、普遍有效的法律规则、严格的执法制度、公正的司法制度、专门化的法律职业等。所谓法治国家的政治性标志是指依据法治的精神（民主、平等、人权等）而形成的涉及重大政治关系的制度。具体说来它涉及法律与政治、公共权力与国家责任、权力与权利、权利与义务等方面的关系。”[①]在这里，法治国家就不再是单纯的法律统治，而是一种政治治理的法治构造。社会主义法治国家的法治建设与国家建设是一致的，法治建设正是为了社会主义国家政权的稳定，有效地发挥国家的基本职能和作用，正如恩格斯指出的：“（国家是）一种表面上凌驾于社会之上的力量，这种力量应当缓和冲突，把冲突保持在‘秩序’的范围之内；这种从社会中产生但又自居于社会之上并且日益同社会相异化的力量，就是国家。”[②]社会主义法治国家的政治目标就是依法治国，而依法治国则是一种系统的政治建设，正如党的十五大报告所指出的：“依法治国，就是广大人民群众在党的领导下，依照宪法和法律规定，通过各种途径和形式管理国家事务，管理经济文化事业，管理社会事务，保证国家各项工作都依法进行，逐步实现社会主义民主的制度化、法律化，使这种制度和法律不因领导人的改变而改

① 孙笑侠：《法治国家及其政治构造》，法学研究，1998年第1期，第24页。

② 《马克思恩格斯选集》（第4卷），北京：人民出版社，1995年版，第170页。

变，不因领导人看法和注意力的改变而改变”[①]；归根结底，就是“以保证人民当家作主为根本，以增强党和国家活力、调动人民积极性为目标，扩大社会主义民主，建设社会主义法治国家，发展社会主义政治文明。”[②]事实证明，建设社会主义法治国家必须坚持党的领导、人民当家作主和依法治国有机统一。

一、党的领导是依法治国的根本保证

现代民主政治可称作政党政治，因为现代民主国家的政权组织形式是通过民主程序产生的，现代民主程序则是围绕政党展开的。20世纪初，熊彼特将民主的古典含义和消极价值结合起来，互补长短，把近代民主改造为选举民主；选举民主的基本单位，就是政党。随着政党政治的发展，执政党和其他政党、政治团体的关系越来越复杂，直接导致了国家政治生活的复杂化，不但选举过程不断发展变化，而且在日常政治运作中政党——尤其是执政党——的作用日益显著。因此，在一个国家政治总格局中[③]，执政党代表了统治阶级的根本意志，直接决定了国家的政治制度，控制和调节政治权力的运行。在上述活动中，政党的作用必须具有合法性，方能够有效地将被统治阶级控制在一定秩序范围内，这也就意味着政党统治需要法治秩序来维护其统治地位。具体看来，政党政治与法治建设具有以下几点必然联系。其一，法治作为一种治理形式能够体现政党政治的基本属性。一般而言，专制制度不存在政党或者政党没有合法有效的地位；而民主制度存在较

① 《中国共产党第十五次全国代表大会文件汇编》，北京：人民出版社，1997年版，第31—32页。

② 胡锦涛：《高举中国特色社会主义伟大旗帜，为夺取全面建设小康社会新胜利而奋斗》，北京：人民出版社，2007年版，第28页。

③ 所谓政治总格局，是指一个国家的政党、政治团体在国家政权中的地位与作用所形成各种政党、政治团体相互关系的体系。在一个国家的政治总格局中，各种政党、政治团体在国家政权中所处的地位和作用是不同的，它们之间的关系结构也不是随意排列的，而是由这个国家的政权性质决定的。这就是说，有什么样的政权性质，就有什么样的政治总格局。参见《王悫岩文集》（第3卷），北京：中国大百科全书出版社，2007年版，第50—51页。

为完备的政党制度，且此种政党制度得到稳定的法治形式确认。其二，政党政治的发展无法脱离法治。“政党，只要从事政治活动，而政治活动必须有规矩，进而必须法治化，否则，就会导致政局不稳、政权更迭频繁，影响社会安定，最终会影响生产力发展和社会进步。”① 其三，法治的形成发展，需要政党政治的保障。现代法治与古代法治的根本区别在于民主形式，即直接民主与间接民主的矛盾，而法治的形成发展及其作用的增强是在直接民主转向间接民主的过程中逐步展开的。同时，“政府、政党法治化保证了政治的法治化，政治法治化的核心是国家和社会重大决策的法治化，而重大决策的法治化，有利于保证政局稳定、社会安宁、人心舒畅、经济发展、文化繁荣、生活幸福、进而保证民富国强”。②

中国是社会主义国家，中国共产党是一切社会主义事业的领导者。我国宪法明确规定：“中华人民共和国是工人阶级领导的，以工农联盟为基础的人民民主专政的社会主义国家。社会主义制度是中华人民共和国的根本制度，禁止任何组织或者个人破坏社会主义制度”，这表明我国的政权性质是工人阶级领导的、以工农联盟为基础的人民民主专政的国家，这就决定了代表工人阶级领导权的中国共产党在政权中处于领导地位、执政地位。中国共产党是全国各族人民的领导核心。党的领导地位是由党的工人阶级先锋队性质决定的，是经过长期斗争考验形成的。在中国，从来没有任何一个政治组织像我们党这样集中了那么多先进分子，组织得那么严密和广泛，为中华民族做出了那么多牺牲，同人民保持着密切的联系，在前进中善于总结经验、郑重对待自己的失误，以形成并坚持正确的理论和路线。历史把重大责任赋予党，人民对我们党寄予厚望。③ 正因为如此，党的十七大总结指出：“中国特色社会主义道路，就是在中国共产党领导下，立足国

① 刘瀚：《党的领导：法治建设的核心要素》，学习与探索，2001年第2期，第3页。
② 刘瀚：《党的领导：法治建设的核心要素》，学习与探索，2001年第2期，第3页。
③ 《江泽民文选》（第2卷），北京：人民出版社，2006年版，第42页。

情。以经济建设为中心，坚持四项基本原则，坚持改革开放，解放和发展生产力，巩固和完善社会主义制度，建设社会主义市场经济、社会主义民主政治、社会主义先进文化、社会主义和谐社会，建设富强、民主、文明、和谐的社会主义现代化国家。"[①]法治建设是社会主义现代化建设的应有之义和基本保障，因此，没有中国共产党领导就没有社会主义新中国，也就没有新中国的法治建设。

1. 建设社会主义法治国家，必须依靠党的领导。历史已经证明，"我们党是一个伟大的、光荣的、正确的党，这是全世界公认的。"[②]不仅仅是因为中国共产党是一个阶级属性先进的党，而且在实践中，党的领导带领中国人民在将我国建设成为社会主义现代化国家的过程中取得了一个又一个伟大成就。对此，邓小平在推翻"四人帮"反革命集团之后指出"坚持四项基本原则的核心，是坚持党的领导。我们多次讲过，在中国这样一个大国，没有共产党的领导，必然四分五裂，一事无成。对于党内外任何企图削弱、摆脱、取消、反对党的领导的倾向，必须进行批评、教育以致必要的斗争。这是四个现代化能否实现的关键……"[③]而对于新中国的法治建设而言，"中国共产党对依法治国的领导，要求我们必须正确认识党在依法治国中的重要作用，没有党的领导作用的正确发挥，我们就不可能赢得依法治国的重大胜利。"[④]

新中国成立之初，我们开始探索社会主义法治建设的基本途径，其第一个重要步骤就是确立人民民主法制建设在社会主义改革完成后国家政治建设中的重要地位，其突出的成就表现在加快了基本法律的立法工作，彻底实现了对旧司法体系的改造。这个时期是我国法治建设第一个重要发展机遇期，取得了许多具有历史意义的法治成果。从

---

① 胡锦涛:《高举中国特色社会主义伟大旗帜，为夺取全面建设小康社会新胜利而奋斗》，北京：人民出版社，2007年版，第7页。

② 《毛泽东选集》(第5卷)，北京：人民出版社，1977年版，第293页。

③ 《邓小平文选》(第2卷)，北京：人民出版社，1994年版，第358页。

④ 卓泽渊:《依法治国理论学习读本》，北京：中国法制出版社，2008年版，第50页。

根本上看，之所以我们能够迅速走上法治建设的正规，根本原因在于党在这个时期十分重视法制建设，不但从思想上引导法治思想的讨论，而且从政治制度上主张实践法治以维护人民民主专政。对此，刘少奇曾这样指出：

“中国共产党的领导力量，在于它有马克思列宁主义的思想武器，有正确的政治路线和组织路线，有丰富的斗争经验和工作经验，善于把全国人民的智慧集中起来，并且把这种智慧表现为统一的意志和有纪律的行动。不但在过去，而且在今后，为了保证我们的国家能够有效地处理国内和国际的复杂事务，都必须有这样的一个党的领导。”①

正因如此，董必武同志得出这样一个结论：

“我们人民民主法制所以有力量，是由于它是在摧毁旧法制的斗争中产生的。中国人民经历了长期的曲折的革命道路，深知旧法制是旧中国占统治地位的少数人压榨广大劳动人民的一套很精巧的机器，所以在全国解放初期，党和政府根据共同纲领中关于飞出国民党的旧法制和建立人民的新法制的规定，曾经领导人民进行了摧毁旧法制的斗争，并且在一九五二年开展了司法改革运动，严格地批判了旧法观点和旧司法作风，划清了新旧法制的界限。很明显，在这个基础上建立和发展起来的人民民主法制，是真正表现人民意志和为人民服务的法制。”②

成功的实例只能证明经验的有效性，而失败的挫折更可说明经验有效性的珍贵。事实证明，在1957年之后长达20年的时间里，党的领导在不同程度上遭到了破坏，党政不分，党内“一言堂”及由此绵延开来的个人崇拜，党委作用的削弱，党的组织纪律的破坏，等等。之所以会出现“无法无天”的局面，其最根本的原因在于党已经不再是法治建设的领导力量，“法治”建设失去了党的正确领导，因而沦为一种暴力工具，抑或被“法律虚无主义”遮蔽而彻底屈从于不同形式的

---

① 《刘少奇选集》(下卷)，北京：人民出版社，2003年版，第264页。

② 《董必武选集》，北京：人民出版社，1985年版，第410页。

群众运动。正因为如此，党认识到上述错误运动的根源在于党的领导思想、领导方式和党的自身建设与学习存在重大的缺失。[①]为此，改革党和国家的领导制度成为新时期法治建设的首要任务。从观念结构和具体机制上，我们必须认识到：

改革党和国家的领导制度，不是要削弱党的领导，涣散党的纪律，而正是为了坚持和加强党的领导，坚持和坚强党的纪律。[②]

改革开放以来的法治建设取得长足的发展，证明党的领导在法治建设中不可替代的重要作用和地位。

2. 党的领导方式的转变直接决定了法治发展进程。与时俱进是中国共产党领导中国新民主主义革命和社会主义建设的过程中体现出来的重要优良品质，是新中国成立以来，特别是改革开放30多年来，党在建设社会主义现代化国家的过程中“坚持马克思主义思想路线，不断探索和回答什么是社会主义、怎样建设社会主义，建设什么样的党、怎样建设党，实现什么样的发展、怎样发展等重大理论和实践问题，不断推进马克思主义中国化，坚持并丰富党的基本理论、基本路线、基本纲领、基本经验”[③]，这条探索之路体现在建国之后党的历次执政方式的转变中。而这些转变均直接影响了新中国法治建设发展速度和成熟程度。

新中国的成立这意味着党的路线、方针和路线都需要转移到建设社会主义新中国这一根本目标上来。党从领导人民群众推翻帝国主义、封建主义和殖民地主义的斗争转变为领导全国各族人民完成新民主主义向社会主义的转变，并完成社会主义改造，全面推动社会主义国家各项建设的顺利展开。历史证明，“从一九四九年十月中华人民共和国成立到一九五六年，我们党领导全国各族人民有步骤地实现从新民主

---

① 参见《中国共产党中央委员会关于建国以来党的若干历史问题的决议》，北京：人民出版社，1981年版，第31—32页。

② 《邓小平文选》(第2卷)，北京：人民出版社，1994年版，第341页。

③ 胡锦涛:《高举中国特色社会主义伟大旗帜，为夺取全面建设小康社会新胜利而奋斗》，北京：人民出版社，2007年版，第9页。

主义到社会主义的转变，迅速恢复了国民经济并开展了有计划的经济建设，在全国绝大部分地区基本上完成了对生产资料私有制的社会主义改造。”[①]并通过宪法和制度法制化确立了人民代表大会制度、共产党领导的多党合作与政治协商制度以及国家行政、司法等制度。

但是，由于当时党领导国家建设的经验较为缺乏，一些革命的浪漫情怀和领导人个人的情绪逐渐取代了实事求是原则，党的领导思想和领导作风直接影响到党的领导方式，在长达20年的时间里全国人大竟然只通过一部法律文件，包括检察制度在内的许多重要的法律制度和政治制度被否定、抛弃或者削弱，法治环境的不断恶化不但带来了“无法无天”的局面，而且那种借由“大民主”而产生的“专制主义”、“宗派主义”影响党的领导方式，此时“党和国家现行的具体制度中，还存在不少的弊端，妨碍甚至严重妨碍社会主义优越性的发挥”[②]。那种依靠制度、科学判断、准确指引的党的领导难以真正发挥作用，法治建设因之而陷入了低潮。

改革开放以来，中国的法治建设进入了高速发展期，取得举世瞩目的成就。无论是20世纪80年代立法建设的高速发展，还是提出市场经济入宪，以及确立依法治国基本方略、深化司法体制改革、完善人权法制保障、加快推进社会主义法律体系的完备，等等，这一切无不是在党的正确领导下完成的。党不但坚持了“两手抓”的正确领导策略，而且抵御住了资本主义、无政府主义、冒进主义甚至恐怖主义的各种挑战，坚定不移地运用法制手段处理国家社会建设的各项事务，实现了公民法治精神、法律意识和整个社会法治环境的巨大转型。改革开放的历史，是党的领导水平不断提高、法治建设突飞猛进的历史，对此，党的十六届四中全会通过了《中共中央关于加强党的执政能力建设的决定》进行了客观而准确的总结，即必须坚持科学执政、民主

① 《中国共产党中央委员会关于建国以来党的若干历史问题的决议》，北京：人民出版社，1981年版，第11页。

② 《邓小平文选》(第2卷)，北京：人民出版社，1994年版，第327页。

执政、依法执政，不断完善党的领导方式和执政方式。

新中国成立以来的党的领导方式的转变和法治建设的发展表明，二者具有密切的联系。党的领导越科学、越民主、越法治，法治建设越快速、越高效、越能够和整个社会主义建设有机地统一在一起；法治建设越发展、越完善、越充分，党的领导便越成熟、越合理，领导水平也随之增高，党的领导方式也更能体现出社会主义现代化建设的领导核心作用。而今，我们更加坚信法治建设必须坚持党的领导，任何“法治中立”的设想都不过只是“乌托邦”的空想，而党的领导方式的变化是否有利于社会主义现代化建设，能否全面推进社会主义小康社会的建设，则取决于该种变化是否有利于社会主义法治建设的完善，是否坚持依法治国基本方略，是否有利于加快建设社会主义法治国家。

3. 不断加强党的领导，是全面落实依法治国基本方略和加快推进建设社会主义法治国家的保证。党的十六届四中全会明确提出：“加强党对立法工作的领导，善于使党的主张通过法定程序成为国家意志，从制度上、法律上保证党的路线方针政策的贯彻实施，使这种制度和法律不因领导人的改变而改变，不因领导人看法和注意力的改变而改变。全党同志特别是领导干部要牢固树立法制观念，坚持在宪法和法律范围内活动，带头维护宪法和法律的权威。督促、支持和保证国家机关依法行使职权，在法治轨道上推动各项工作的开展，保障公民和法人的合法权益。加强和改进党对政法工作的领导，支持审判机关和检察机关依法独立公正地行使审判权和检察权，提高司法队伍素质，加强对司法活动的监督和保障。以保证司法公正为目标，逐步推进司法体制改革，形成权责明确、相互配合、相互制约、高效运行的司法体制，为在全社会实现公平和正义提供法制保障。”①

事实雄辩地证明，社会主义法治建设是决定当代中国政治发展命运的必然选择，是发展中国特色社会主义民主政治、实现中国特色社

---

① 《中共中央关于加强党的执政能力建设的决定》，人民日报，2004年9月27日，第1版。

会主义道路伟大目标的必由之路。只有大力加强法治建设才能够真正地实现人民民主，才能够进一步发展社会主义政治文明，推动马克思主义法的学说的繁荣和发展。当前，我国的法治建设已经进入了关键阶段，新情况、新问题、新要求和新思想层出不穷。在全面落实依法治国基本方略，加快推进建设社会主义法治国家的过程中，仍然需要不断加强党的领导。

要进一步加强党的领导，就必须要深入贯彻落实科学发展观。深入贯彻落实科学发展观，是一场深刻的观念变革，更是全面的制度创新。对于法治建设而言，必须坚定发展社会主义法治的决心和信心，进一步完善社会主义法治建设，革除那些仍旧存留在党内的与法治建设要求不相吻合的思想、体制和机制弊端，让党的正确领导更加能够激发法治建设的活力。科学发展观的核心是以人为本，这就意味着党的领导应该引领、指导我国的法治建设更加完善人权法制保障制度、继续提升以人为本的权利理念、不断充实公民的法律知识、提高各方面素质和弘扬法治精神，使得公民在法治社会中真正实现权利主体与公民主体的有机统一。科学发展观的基本要求是全面协调可持续，这就要求党的领导需要全面促进法治建设，覆盖法律体系、法律制度、法治精神、法治环境、法制行为等各个建设方面，使其协调统一，促进法治理念和法制结构的质、量同构。科学发展观的根本方法是统筹兼顾，这就意味着在党的领导方式转变过程中，需要将民主执政、科学执政和依法执政有机统一起来，通过法治建设的总体布局、发展规划、机制变革、机构建设、资源配置和观念整合等一整套制度和思想安排模式，实现法治建设内在要素之间、法治与其他社会建设之间的统筹兼顾，进一步健全和完善共同为实现社会主义小康社会和现代化建设的科学发展机制。

不断加强党的领导，就必须要加快构建社会主义和谐社会。法治的根本目的在于维护一个秩序良好的社会，实现社会的稳定。法从来不是空乏的法律形式，而是统治阶级意志的载体。加快构建社会主义和谐社会，要求党的领导在尊重思想多元化的同时，必须加强意识形态工作，在法治建设中就是树立正确的法治理念、深化马克思主义法的学说的学习和研究，批判地吸收某些西方资产阶级先进的法治理念。加快构建社会主义和谐社会，要求党的领导能够有效地实现民主社会的制度化、法律化和程序化。强化公民的法治意识，完备社会主义法律体系，加快建设司法公正和法治政府。加快构建社会主义和谐社会，要求党的领导能够获得更加多元化的矛盾调控手段和途径，在法治建设中，党的领导就是要促进“法律为社会提供了明确的行为规则。……不仅在于可以减少矛盾，而且还在于可以有效地解决矛盾，使已经产生的纷争能够得到及时解决，使不和谐的状态归于和谐。从减少矛盾和解决矛盾这个意义上讲，法治就是达成和维系和谐社会的重要手段与路径。”①

党的领导是依法治国的根本保证。贯彻依法治国基本方略，必须提高依法执政水平。依法执政是新的历史条件下党执政的一个基本方式。只有坚定不移地坚持党的领导，持续改善党的领导方式，不断加强党的领导，社会主义法治建设才能够在正确方向指引下从一个胜利走向另一个胜利。

二、人民当家作主是依法治国的政治基础

法治建设只有以人民民主的实现——人民当家作主——为目标，才能使“党领导人民治理国家的基本方略，是发展社会主义市场经济的客观需要，是社会主义文明进步的重要标志，是国家长治久安的重要保障”成为现实。②毋庸置疑，人民民主是社会主义的生命，社会主义的本质要求和战略目标，更是整个社会主义制度的坚定基础。一般认为，主要体现以下几个方面：

1. 人民当家作主是依法治国的实践目标。人民当家作主是社会主义的重要特征，社会主义在本质上就是民主的。“作为社会主义的本

① 卓泽渊:《和谐社会是民主法治社会》，人民日报，2005年6月1日，第13版。

② 《中国共产党第十五次全国代表大会文件汇编》，北京：人民出版社，1997年版，第32页。

质要求和内在属性，民主的实现是社会主义制度优越性的重要体现，只有发扬社会主义民主，才能实现人民当家作主，才能符合人民的愿望和要求，才能得到人民的拥护和支持，社会主义制度才能真正的巩固”[①]，正因为如此，新中国社会主义法治建设的发展史一再证明了“没有民主就没有社会主义，就没有社会主义的现代化。”[②]法治建设不能背离人民民主这一目标，否则法治建设就会迷失方向，法治就可能异化为人治。背离这一目标，人民的民主权利不仅没有法律上的保障，法律反过来还可能成为压制民主的工具和手段。[③]新中国成立以来，党和国家十分重视将人民当家作主落到实处，通过坚持和发展人民代表大会制度、共产党领导的多党合作与政治协商制度、民族区域自治制度及基层社会自治制度等制度建设努力实现人民当家作主。特别值得注意的是，还根据我国法治文化和法治精神较为薄弱这一历史现实，从1985年起，全国人民代表大会常务委员会先后通过了五个在全民中普及法律知识的决定，并已连续实施了四个五年的普法规划。“一五”（1986—1990年）普法期间，有7亿多公民学习了相关的初级法律知识；“二五”（1991—1995年）普法期间，有96个行业制定了普法规划，组织学习专业法律法规200多部；“三五”（1996—2000年）普法期间，30个省、自治区、直辖市结合普法活动开展了依法治理工作，95%的地级市、87%的县（区、市）、75%的基层单位开展依法治理工作。“四五”（2001—2005年）普法期间，有8.5亿公民接受了各种形式的法治教育。当前，“五五”普法已顺利完成，群众性学习法律知识对于社会主义法治建设的发展具有重要的影响，能够有效地提升了公民法律素养、培育公民的法治精神，使人民当家作主的目标更加具有现实意义和实现可能。

2. 人民当家作主是依法治国的实践内容。人民当家作主不是空洞

---

① 杨海蛟：《回顾与展望：改革开放以来的中国政治发展》，北京：人民出版社，2008年版，第148页。

② 《邓小平文选》（第2卷），北京：人民出版社，1994年版，第168页。

③ 参见卓泽渊：《依法治国理论学习读本》，北京：中国法制出版社，2008年版，第73页。

的政治口号，它应且落实到法治建设的具体环节。新中国成立之后，为了适应人民民主专政的国体要求，党和国家积极探索符合国体要求的基本政治制度，经过探索和论证，人民代表大会制度成为社会主义新中国的基本政治制度。政体的确立和坚持，是法治建设的基础，也是人民民主法制建设时期最重要的法治发展。在人民代表大会制度的确立过程中，人民当家作主就已经充分得到体现：

全国进行选举地区的人口数为571434511人，（未进行普选的部分少数民族地区、不便于普选的华侨、及尚未解放的台湾在外）登记的选民总数32389684人，占进行选举地区的18周岁以上人数的97.19%，被剥夺选举权的为数甚少，加上不能行使选举权的精神病患者，只占进行选举地区总人数的1.64%。……

全国进行基层选举的单位共为214800个，参加投票的选民278093100人，占登记的选民总数百分之85.88%，选民中妇女参加投票的占妇女选民总数的84.01%，革命老根据地选民参选比例更高，有达到98.8%，……[①]

……

截至1953年3月中央人民政府公布中华人民共和国全国人民代表大会及地方各级人民代表大会选举法时止，全国已有1/3以上的县、2/3以上的市人民代表会议代行了人民代表大会的职权，有的人民代表会议一开始就代行了省人民代表大会的职权。同时据10个省及内蒙古自治区的368个县代表产生的统计，选举的占87.04%，推选的占9.79%，邀请的占5.93%。[②]

事实证明，人民代表大会制度是新中国政治建设和法治建设最伟大的制度创新，体现了社会主义民主政治的优越性，通过立宪等不同法律形式和途径证明了只有不断在坚持和完善人民代表大会制度过程

① 谢觉哉：《人民民主政权的巩固与发展》，载于王萍、王定国、吉世霖：《谢觉哉论民主与法制》，北京：法律出版社，1996年版，第208—209页。

② 谢觉哉：《人民民主政权的巩固与发展》，载于王萍、王定国、吉世霖：《谢觉哉论民主与法制》，北京：法律出版社，1996年版，第211页。

中推进法治建设，中国特色社会主义政治发展的道路才能沿着正确的方向前进，国家的民主法治建设才能不断前进。类似这样的事例，不胜枚举。法治建设正反两方面的经验告诉我们：依法治国就是要在其建设过程中体现出人民群众的主体地位，通过宪法和法律体现和反映人民群众的意志，将保障人民群众权利的民主建设制度化、法治化，将人民群众对党和国家权力运行的监督规范化、公开化、严格化。这正是依法治国基本内容。

3. 人民当家作主是依法治国的实践属性。建设社会主义法治国家，需要在依法治国基本方略的指引下逐步发展。依法治国基本方略是社会主义法治建设，特别是法律制度逐步完善的结果。社会主义法律制度作为社会主义法治建设的基本内容，必须随着人民民主的创立而产生，并随着人民民主的发展而完善。人民当家作主的政治制度决定了社会主义法律制度是依法治国的前提。人民当家作主是社会主义法治国家的基本特征。这可以从两个方面加以说明，“法治应该包含两重意义：已成立的法律获得普遍的服从，而大家所服从的法律又应该本身是制定得良好的法律”①。事实上，这两个特征是一切法治形态的共同特征。对于社会主义法治而言，只有社会主义民主才能保证实现“善法”和“良行”。一方面，人民当家作主必然要求国家的法律体系代表最广大的人民群众的根本利益，是无产阶级掌握国家政权的真实意思表达，它将立法的主体和对象有机地统一起来。因此，社会主义的法律及其制度具有最高权威性，权威意味着法律被认同的程度很高，而认同度越高的法律，其就必然更能反映法治建设的本质要求，是“良法”的表现形式。另一方面，良法如果落入非民主的政治统治体系，不但无法正常的发挥作用，而且迅速便沦为“废法”甚至成为专制与人治的强制工具。而人民当家作主的政治制度和参与监督机制决定了良法的运行始终处于“立法者”的维护和监督之下，人民作为“权力的主体，是依法治国的主体，人民完全有理由首先使自身的权利

① 亚里士多德：《政治学》，北京：商务印书馆，1965年版，第199页。

和自由得到实现”[①]，使法律真正做到为人民服务，法治则能够更大范围内得到尊重。

4．人民当家作主是依法治国的实践保障。首先，人民当家作主能够培育更加文明的法治理念。新中国的法治建设说明，人民当家作主越发展，公民的民主理念、民主精神和民主素质就越高，民主的程序、民主的制度就更加完善，并逐渐塑造科学秩序与宽容的法治精神，以及尊重法治、法治至上的法治理念，塑造全社会遵守法律、信仰法治的法治文化环境。其次，人民当家作主能够保障健康的法治行为，包括科学的立法行为、严格的守法行为和有效的监督行为。彭真曾经指出：“发展社会主义民主、健全社会主义法制是根本性、全局性问题，它决不仅是人大常委会的事情，而是全党的事情，整个国家、整个民族的事情。不论党委书记，还是人大常委会主任，省长、市长、自治区主席以至县长，不论党委部门，还是人大常委会，还是政府部门，都要抓好发展民主、健全法制这件大事。”[②]再次，人民当家作主能够塑造稳定的法治形式，主要是维护社会主义的法律制度。制度文明是法治文明的核心。社会主义的政治制度作为无产阶级通过组织政权以实现其政治统治的原则和方式的总和，是人民民主的内在规定，反映了人民当家作主的阶级属性，直接或者间接地反映了我国社会各阶级的地位以及整个社会群体中社会实际生活中的政治力量对比。只有始终坚持和发展人民当家作主，社会主义法治建设才能够实现对利益分配的调控，将社会差距控制在公平正义要求的范围内，将社会矛盾控制在一个法制化的制度轨道和体系内。最后，人民当家作主能够保障有阶段、有重点地推动全面实施依法治国基本方略，加快社会主义法治国家的建设步伐。社会主义法治具有动态性的特征，是一个不断扩展和完备的建设体系。这种动态性正是来源于人民当家作主动力的推

---

① 卓泽渊：《依法治国理论学习读本》，北京：中国法制出版社，2008年版，第72页。

② 彭真：《论新时期的社会主义民主与法制建设》，北京：中央文献出版社，1989年版，第320页。

动。在社会主义的法治建设中，人民群众将各自不同的利益需求和认识变革在法治框架内商讨、妥协和相对固定化。但是，如果没有人民当家作主及其民主形式，那么法治就无法实现。更进一步而言，包括法治建设在内一切政治建设，都需要人民当家作主的实践保障；如此一来，“政治制度更加完善、健全，经过适时调整，与其他社会制度体系的功能不断相适应，更好地实现所代表的社会成员的根本利益，使得政治文明的量变不断适应自身发展的内在要求，适应有相关因素变化所产生的客观要求”。[①]

我们认为，只有切实实现人民当家作主作为依法治国的地位，社会主义法治建设才能有不竭的动力源泉、调动人民群众的主动性、积极性和创造性，推动法治建设稳步发展。这条经验是中国人民从新中国成立以来，改造法制、实现法治理念、制度、行为和环境自身完善和提高过程中积累和创造的所有积极的一切法治建设成果的系统总结，是我们务必坚持的基本原则。

三、党的领导、人民当家作主、依法治国三者统一是建设社会主义法治国家的基本路径

新中国法治建设的历史表明，只有坚持党的领导，坚持以人民当家作主为政治基础，社会主义法治建设才能不断发展。法治建设的进步，尤其依法治国基本方略的全面实施，不仅有利于加快推进社会主义法治国家的建设进程，而且有利于改善的党的领导水平和方式，彰显党在新时期执政的合法性，巩固党在社会主义政治总格局中的核心领导地位。法治同民主紧密相连，只有不断加强和完善社会主义法治，才能够坚持和完善人民民主专政的国体，坚持和完善人民代表大会制度，保障人民当家作主的地位，保障公民享有广泛的权利；只有严格按照宪法和法律治理国家，才能保证人民依照法定程序选举公仆、决定国家大事，监督国家机构，行使公民权利。坚持依法治国，建设社

① 郑慧:《社会主义政治文明若干问题研究》，北京：人民出版社，2004年版，第65页。

会主义法治国家，就是坚持党的领导，就是坚持人民当家作主，这三者是紧密联系，有机统一的整体。

依法治国基本方略决定了党的领导方式的法治化转变。依法治国意味着最高权威的非人格化，宪法和法律作为国家和社会生活运转的基本准则，任何国家机关和组织、社会团体和个人，都必须在宪法和法律的范围内活动[①]，党的组织和党员概莫能外。新中国成立后，在坚持党的领导同时，党的领导方式等问题却在某种程度上被忽略了。在党的领导下，我们取得了人民民主法制的成就；然而，由于缺乏对于法治建设本身的系统认识，逐渐演变为一种“以党代政”、“党政不分”，导致党的领导和法治建设一度成为一种“虚伪的对立面”。随着社会主义法治建设恢复，党的纪律首先得到了充分的遵守，党内事务也越来越重视法制乃至法治环境的影响，党的执政方式逐渐发展为民主执政、科学执政和依法执政。随着法治建设日臻完善，“凡是关系国家和人民的大事，党要做出决定，还要形成国家的法律，党的领导与依法办事是一致的。党领导人民制定宪法和法律，党也领导人民执行宪法和法律。党章明确规定，党的组织和党员要在宪法和法律的范围内活动。这是一条极其重要的政治原则”。[②]事实证明，依法治国是在新形势下加强和改善党的领导、提高党的领导水平的必然要求。随着依法治国基本方略的贯彻和落实，党的领导水平也不断提高。在新中国法治建设的发展过程中，党的领导逐渐纠正了那种“以党代政”的错误倾向，党“在对国家实行领导时，主要在于领导人民通过国家机关制定适合社会发展和人民意愿的法律、法规，又领导人民群众监督其实施情况，保证国家机关公职人员、社会团体、各政党和人民群众坚决依法办事，实现党的主张和人民意愿。”[③]依法治国基本方略的落实和贯彻要做到有利于党的政策与宪法、法律相吻合，使党的政策更

① 李龙:《依法治国方略实施问题研究》，武汉：武汉大学出版社，2002年版，第503页。

② 《江泽民论有中国特色社会主义》，北京：中央文献出版社，2002年版，第308页。

③ 李龙:《依法治国方略实施问题研究》，武汉：武汉大学出版社，2002年版，第503页。

加符合法治建设的未来发展，能够更科学地成为国家立法的前提。更加有利于党更好地实现政治领导、思想领导，真正地成为国家建设和社会发展的统帅。除此以外，依法治国所培育的公民精神、法治环境和制度文明，将直接促进党的科学执政、民主执政，不断完善党的领导方式和执政方式。

全面实施依法治国的基本方略和加快推进社会主义法治国家建设有利于实现人民当家作主。正如有的学者所指出的，依法治国对人民当家作主的积极影响“不仅仅体现在人民当家作主的地位需要法律来确认，还体现在人民所享有的民主权利及其行使途径和方式，以及整个民主体制的运行机制都需要相应的法律制度来规范，以最终保证人民民主落到实处。发扬民主，建设民主政治，必须坚持依法治国。依法治国是人民民主的实现路径。”[①]其一，社会主义法治建设通过宪法以及宪法相关的法律制度确认了人民民主在我国政治生活中的地位，现行宪法明确规定“中华人民共和国的一切权力属于人民”。其二，依法治国基本方略确认并保证公民权利和自由的充分行使，我国宪法要求保护任何公民享有宪法和法律规定的权利，享有言论、出版、集会、结社、游行、示威、宗教信仰等自由，尊重和保护人权以及公民的人身自由、人格尊严；通过国家立法、执法和司法体系的改革，社会主义法治建设积极地将合理的民主权利上升为法律权利，依法维护这些权利不受侵犯或者及时矫正侵害公民权利的不法行为。其三，社会主义法治的秩序性是维护政治社会稳定、促进公民有序政治参与、实现人民民主有序化的唯一途径。对于当今中国而言，稳定压倒一切，政治和社会稳定是我们能否保持高速经济发展、完成全面建设小康社会伟大胜利、实现社会主义现代化并最终实现中华民族伟大复兴的前提条件；而社会政治的稳定需要稳定完备的法律体系、完善的法律制度、明确有力的司法体制，以及相互之间密切配合。在这一渐进发展的历史进程中，我们已经取得许多非凡的成果，并且仍旧在不断变化、

① 卓泽渊：《依法治国理论学习读本》，北京：中国法制出版社，2008年版，第77页。

发展：

制定了一部新宪法，推进了社会主义民主宪政的实施；改进了人民代表大会制度，使人民能更好地行使国家权力；改善了选举制度，增进了选举中的民主；扩大了公民的权益，有些已有法律保障；扩大了民族自治地方的自治权，保障了少数民族的权利和权益；建立了基层群众的自治制度，并正在把企业、事业单位的民主管理制度化、法律化，把民主落实到基层；恢复并逐步健全司法机关与司法制度，在司法中贯彻了民主原则；经济文化领域中有了某些民主性的发展；初步建立了国家的监督制度，行政监督有所加强。[①]

面对新中国法治建设不平凡的发展历程，我们深刻地感觉到“推进社会主义民主政治建设，必须处理好党的领导、发扬民主、依法办事的关系。党的领导是关键，发扬民主是基础，依法办事是保证，绝不能把三者割裂开来、对立起来”。[②]历史一再证明，只有坚持依法治国（包括在不同阶段的法治建设和法制建设），我们的民主政治才能发展，人民当家作主才不会成为一句空话。在现实路径的选择上，依法治国的充分实现是党的领导、人民当家作主和依法治国有机统一的根本性选择。

第四节　始终坚持立足中国国情、学习国外先进经验、尊重历史文化的有机统一

立足中国实际，才能建设好社会主义法治国家；立足中国实际，其根本的思想基础在于实事求是。实事求是是中国共产党人在中国革命和建设的摸索和奋斗中形成的正确的思想路线和优良的工作作风，是毛泽东思想和中国特色社会主义理论体系的精髓。早在《改造我们

① 郭道晖：《法的时代呼唤》，北京：中国法制出版社，1998年版，第103—109页。

② 《江泽民论有中国特色社会主义》，北京：中央文献出版社，2002年版，第301页。

的学习》一文中，毛泽东就已经对实事求是的概念作了科学阐述。他说："'实事'就是客观存在着的一切事物，'是'就是客观事物的内部联系，即规律性，'求'就是我们去研究。我们要从国内外、省内外、县内外、区内外的实际情况出发，从其中引出其固有的而不是臆造的规律性，即找出周围事物的内部联系，作为我们行动的向导。而要这样做，就须不凭主观想象，不凭一时的热情，不凭死的书本，而凭客观存在的事务，详细地占有材料，在马克思列宁主义一般原理指导下，从这些材料中引出正确的结论。"① 毛泽东对实事求是的科学而精辟的解释为我们党以后的思想路线奠定了基础。党的十一届三中全会以来，我们党重新确立并发展了实事求是的思想路线，明确地把"实事求是"放在党的思想路线的核心地位，阐明了党的思想路线包含一切从实际出发，理论联系实际，实事求是，在实践中检验和发展真理等内容。显然，其中实事求是是核心，一切从实际出发是实事求是的基本前提，理论联系实际是实事求是的必然条件，在实践中检验和发展真理是实事求是的可靠保证。党的实事求是思想路线是以马克思主义世界观作为哲学基础的，它与马克思主义认识论是统一的。马克思主义认识论是党的实事求是思想路线的哲学基础，党的实事求是思想路线是辩证唯物主义的世界观，特别是以实践为基础的能动的革命的反映论的具体体现和实际应用。

对于中国的法治建设而言，坚持实事求是就意味着以中国的基本国情为核心，一切从建设社会主义法治国家的实际出发，千方百计、广开言路、广纳良言，将人类法治文明的一切优秀成果都融入新中国的法治建设。对此，《中国的法治建设》白皮书开宗明义地指出：

法治是政治文明发展到一定历史阶段的标志，凝结着人类智慧，为各国人民所向往和追求。

中国人民为争取民主、自由、平等，建设法治国家，进行了长期不懈的奋斗，深知法治的意义与价值，倍加珍惜自己的法治建设成果。

① 《毛泽东选集》（第3卷），北京：人民出版社，1991年版，第801页。

一国的法治总是由一国的国情和社会制度决定并与其相适应。依法治国，建设社会主义法治国家，是中国人民的主张、理念，也是中国人民的实践。[①]

上述精辟的论述说明了我国法治建设过程中形成的几点基本共识。其一，法治是人类文明的结晶，是一种普遍的价值追求和制度理念；其二，中国的法治建设具有独特的历史传统和历史实践；其三，中国特色社会主义法治建设必须与中国的基本国情及当前社会政治实际相结合。中国的法治建设既离不开我国的国情，也需要汲取中外两种不同的法治理念的合理成分，批判地学习和借鉴西方法治传统和中国法治文化中先进的法治思想、法治制度、法治理念和法治体系。

一、立足于中国国情，加强社会主义法治建设

法治是人类社会迄今为止所选择的最佳的治理方式。对于法治的认识不但存在异时性差异，而且也存在共时性差异。准确地说，所谓法治的价值，是总结和提炼的各种法治实践、法治模式、法治路径和法治文化所形成的效用。一般而言，法治的优越性涵盖了法治价值的基本意蕴：第一，法治能够体现大多数人的意志；第二，法治为社会成员确立统一的社会行为标准并要求所有的人都必须严格遵守法律，有利于实现社会公平；第三，法制可以使人们有计划地安排自己的生活，给人的生活提供确定性；第四，对于治国者来说，法治是最有公信力，具有最大社会效益的治国方式。[②]正因为如此，我们才确立依法治国作为党和国家治国理政的基本方略，开始坚定不移地走中国特色社会主义法治建设的发展道路，不断加快推进社会主义法治国家的建设。但是，遵循法治发展的一般原则和价值，并不意味着中国的法治建设选择所谓的“普适的法治模式”。事实上，法治只能是一种有限度的价值统一的表现，任何法治建设和法治文明的主体，包括人、

① 国务院新闻办公室:《中国的法治建设》，人民日报，2008年2月29日，第15版。

② 信春鹰:《中国国情与社会主义法治建设》，红旗文稿，2008年第18期，第13—14页。

民族、国家甚至宗教共同体，都是具体的、历史的、相对的。法治，不论是从一种治理模式还是一种意识形态来看，它在不同的历史发展阶段，在不同的地区、社会、民族、国家、阶级那里，对存在着很大的差异。这些差异包括了法治的本质属性、法治的建设内容、法治的发展方向甚至法治的内涵理解等各方面的不同，各种差异无不反映着特定时代、特定阶级、特定族群的独特性。

1. 立足于中国国情，必须正确地认识我国在社会主义法治建设的实际情况。不同的历史阶段和社会条件，法治建设的任务和内容各不相同。新中国成立伊始各项事业百废待兴，法治建设最重要的是去除旧法制的弊端而建立新法制的秩序。因此，那个时候的法治建设需要强调的是正确地认识旧法制的本质，改革旧法制的基本制度结构，废除旧法制体系内的法律规范，为新法制也就是未来的法治建设提供一个制度清明、本质先进的法治建设的框架。改革开放初期，法治建设的根本任务就是建立符合发展社会主义物质文明、精神文明的法律体系和法律制度，培养公民的法律意识尤其是守法意识。全面实施依法治国基本方略和加快推进社会主义法治国家建设的新时期，法治建设的建设重点就要转向为夺取全面建设小康社会新胜利和实现社会主义现代化建设三步走的中期目标，以及发展社会主义政治文明，构建和谐繁荣的政治文化和安定团结的社会局面而推动立法建设、依法行政、司法体制改革、人权法制保护等多项工作的有机统一，在科学发展观的指引下拓展包括农村法治建设、公民法治理念、和谐社会法治文明建设等多维度法治建设的新领域。新中国法治建设的历史证明，脱离了我国的基本国情，就无法认清和利用好法治建设的基础环境和重要条件，也就无法实现法治建设又好又快的发展。

那么，社会主义法治建设面对的实际情况是什么呢？简单地说，是一个基本国情和一个基本矛盾。所谓基本国情，就是指我国现在处于而且将长期处于社会主义初级阶段这一基本国情。这是党的第二代领导集体在20世纪80年代做出的正确判断，邓小平明确指出："中国社会主义是处在什么阶段，就是处在初级阶段，是初级阶段的社会主义。社会主义本身是共产主义的初级阶段，而我们中国又处在社会主义的初级阶段，就是不发达的阶段。一切都要从这个实际出发，根据这个实际来制定规划。”①党的十三大正式将社会主义初级阶段的国情判断写入了党的决议。围绕这一基本国情展开的法治建设意味着它既是建立在我国经济发展的基础上，又需要保障我国的经济发展平稳快速发展；既是社会主义政治体制改革和政治文明建设的组成部分，又是建设社会主义法治国家的内在需要。任何违背社会主义基本性质的法治建设都不利于构建社会主义法治国家，而任何否定或者超出社会主义初级阶段，试图提前实现社会主义法治文明的制度安排和法治思想都将带来法治化悖论和法律虚无主义。所谓一个基本矛盾，则是指人民日益增长的物质文化需要同落后的生产力之间的矛盾。党的十七大报告指出：“我国仍处于并将长期处于社会主义初级阶段的基本国情没有变，人民日益增长的物质文化需要同落后的社会生产之间的矛盾这一社会主义矛盾没有变。当前我国发展的阶段性特征，是社会主义初级阶段基本国情在新世纪新阶段的具体表现。”②目前，我们正在经历全球性的金融危机和经济衰退，这既是时代的挑战也是历史的机遇，能够化解这一危机，尽快恢复国民经济的高速稳定发展，不但是经济建设的任务，也是包括法治建设在内的一切国家建设的使命，是完善社会主义法律体系、建立健全民生相关法律制度、强化权力制约监督法律体系、促进社会主义市场经济法治化的有利时机。因此，理解和把握社会主义现代化建设的实际情况是发展我国法治建设的重要依据。

2. 立足于中国国情，就必须植根于我国社会主义法治建设的现实环境。了解和立足于我国社会主义现代化建设国情，是法治建设所需要重视的“大国情”，是整个法治建设的客观背景。脱离了社会主义初级阶段我国经济、政治、文化和社会建设的具体情况，抽象地谈论

① 《邓小平文选》(第3卷)，北京：人民出版社，1993年版，第252页。

② 胡锦涛:《高举中国特色社会主义伟大旗帜，为夺取全面建设小康社会新胜利而奋斗》，北京：人民出版社，2007年版，第14页。

所谓的法治精神、法治理念和法制完善是毫无意义的。与此同时，我们还必须尊重和依靠我国法治建设的“小国情”，即新中国法治建设的现实状况和发展实际。新中国建立之初，人民民主法制迅猛发展，获得许多重要的法制建设成就。但是在这些建设过程中，我们过分依赖于苏联法制模式，试图将我国的立法、行政和司法制度完全按照苏联社会主义法制模式构造。这不仅脱离我国当时社会经济发展的现实基础，而且也脱离我国旧法制向新法制发展的基本情况。从某种意义上看，之所以会出现在人民民主法制建设高潮之后的迅速衰弱，从法治建设本身而言，其原因就在于新中国早期的法制建设没有及时形成自己的建设路径和建设模式。因此，当苏联模式被整体否定之后，我们失去可兹依赖的法制基础，这就导致了法制本身就无法抵挡一些错误政治倾向带来的不良影响。党的十一届三中全会后，党和国家领导人高屋建瓴地指出法制建设不但是社会主义经济建设的保障，而且是社会主义现代化建设的重要组成部分。这就意味着我们需要立足基本国情，形成和发展中国特色社会主义的法治建设，积极塑造我国法治发展的“小国情”。在这段新的历史进程开启的时候，彭真曾经针对立法工作进行了生动的点评，他指出“有人说，我们的法律不完备。是不完备，一下子也完备不了。我们有我们的国情，立法不能照抄别人的，要从中国的国情出发。因此，要有一个社会实践的过程。经过社会实践，有了经验，有多少经验，我们就立多少法。如果经验已经证明了，还没有搞出来，说明立法工作没跟上。经验还没有，那就只好继续调查研究。这里，我还要讲讲外国。现在美国、欧洲、日本都在讲法律泛滥成灾。它们不是法律不完备，而是泛滥成灾，我们谁也说不清它们究竟有多少。所以，他们任何一个机关团体、企业都要请法律顾问，没有法律顾问，就办不成事情。有些欧洲朋友劝告我们要防止法律泛滥成灾。我们的法律决不能像他们那样，搞得那么繁琐。”[①]可见，我

---

① 彭真:《论新时期的社会主义民主与法制建设》，北京：中央文献出版社，1989年版，第267页。

国法治建设的自身环境和基本状况是我国建设社会主义法治国家的现实基础。

3. 立足于中国国情，就必须合理地处理与政治形势之间的关系。江泽民曾经指出，“一切从实际出发，解放思想，实事求是，也要一以贯之。我们必须始终坚持以我国改革开放和现代化建设的实际问题、以我们正在做的事情为中心，着眼于马克思主义理论的实际问题的运用，着眼于对实际问题的理论思考，着眼于新的实践和新的发展，勇于开拓前进；必须尊重亿万人民群众的实践，坚持用实践来检验、丰富、完善我们的理论和路线方针政策；必须不断认识和统一把握社会主义初级阶段的基本国情和经济、政治、文化等方面的基本特点，既要防止和克服超越阶段的错误做法，又要防止和反对否定社会主义基本制度的错误主张；必须坚持把大胆探索的勇气与科学求实的精神统一起来，遵循实践、认识、再实践、再认识的认识规律，使主观认识符合客观实际，使理论随着实践的进展和时代的前进而发展。”[①]我们认为，如何看待和处理法治建设与政治条件之间的关系决定了法治建设发展的成败得失。不难发现，当执政党的路线、方针正确，国内政治生活健康的时候，法治进程比较顺利，法治建设的各个方面推进速度和发展质量都能够满足法治文明进步的要求，法律在国家政治生活中的功能和作用能够不断提升并得到良好的发挥。换句话说，政治形势的良性趋势对于法治建设起到了推动作用。反之，“党执政党路线、方针发生谬误，国内政治出现混乱，迷误的时候，法制建设就受到干扰”，法治进程就会被打断甚至产生倒退，政治生活的非良性运行会直接影响法治建设的正常发展。除此以外，我们往往忽视了在两种不同的政治形势下的法治逆向运动问题。例如，在政治形势比较健康，政治生活发展重视法治建设的时候，法治建设自身没有及时根据政治形势的变化和需要做出调节和改进，反而落后于政治形势的变化；或者在政治形势状态不佳，发展比较迟缓的时候，法治建设尤其是法治

① 《江泽民文选》(第2卷)，北京：人民出版社，2006年版，第251—252页。

理念和制度批判却体现出社会主义法治文明所应具有的自我改造的特征，从而为法治建设的拨乱反正和重塑再造奠定思想基础。科学的法治建设需要关注政治形势变化，尤其应该处理好在特定政治形势下的法治建设。党的十五大确立了依法治国基本方略，这就是对建国以来我国政治形势发展变化及其规律，以及法治建设内在需要及其自身能力的全面考虑。这不是一个法治本身，或者说法学认识领域的问题，而是政治生活的总体性问题。全面实施依法治国基本方略，加快推进社会主义法治国家建设要求我们坚持维护健康良好的政治形势，保护维持有利于法治建设的政治生活，这是当前我国政治发展过程中的基本要求。而实现这一要求且维持良好的政治生活运行的态势，不仅需要在法治建设从中获得发展的机遇和建设的资源，而且要求法治建设本身能够提供维持这一态势合理思想、制度和体制架构。近年来，党和国家先后对我国的民主政治、人权法制保障和司法体制改革、法律体系完善、法治政府建构等多个法治建设问题进行全面考虑，从更加全面的视域揭示了当代中国特色社会主义政治发展已经具备和所应具备的政治形势，这恰恰是我国社会主义法治建设发展务必依存的基本国情，也是我们维护和不断推动其向更加完善的方向发展的政治生活运行态势。舍此，我们的法治建设就会失去清醒的认识，必然无法协调各种政治关系和法律关系之间的紧张关系，无法从政治发展的高度辨明法治建设的前进方向。

二、批判地汲取西方法治文明的先进经验，促进社会主义法治文明的形成

中国是后发法治国家，我们应该虚心学习西方法治文明的优秀成果和先进经验。但是，与旧中国的法治探索不同，新中国在学习和借鉴西方法治建设经验的同时更加重视独立自主和自力更生地推进社会主义法治国家建设。毋庸置疑，独立自主、自力更生，是马克思主义中国化的灵魂，是毛泽东思想的重大创见，是新民主主义革命和社会主义建设，也是社会主义法治建设的根本方针。社会主义的法治建设

事业是一项国际性的事业，需要全世界尊重法治的国家、地区和组织，特别是社会主义国家之间的互相支持。但是，完成法治国家建设，首先需要我们立足于本国，依靠本国人民群众的努力，把马克思列宁主义的普遍真理（特别是关于法的学说）同我国法治建设的具体实践相结合，把本国的法治建设事业搞好。中国特色社会主义法治建设要放在自己的力量的基点上，自己找出适合我国情况的前进道路。在我们这样一个法治传统比较薄弱而乡土伦理相对厚重的“熟人型”大国，尤其必须主要依靠自己的力量改革、发展社会主义法治建设事业。当然在独立自主和自力更生的基础上，我国的社会主义法治建设不是也不可能孤立于世界之外。在任何时候，都要争取外援，特别需要学习外国一切对我们有益的先进事物，闭关自守、盲目排外以及任何沙文主义的思想行为都是完全错误的。同时，对待世界上任何大国、强国和富国，都必须坚持自己建设的决心、自尊心和自信心，崇洋媚外、“拿来主义”都不是我们建设社会主义法治文明的根本出路。新中国成立以来，我们较好地处理了自我发展和学习他国之间的关系，批判地汲取西方法治文明的先进经验。这主要表现在以下三个方面：

第一，客观理解和评价西方法治文明。西方的法治理论和实践源远流长，从法治与人治之争到权力与法治之辩，从法治与宪政的交错相生到法治与正义的价值合構，从权利法治的历史呼声到民主法治的时代强音，等等。我们必须承认西方是法治这一制度与理念的综合概念的初生地，西方文化是法治理念的孕育者，西方理性主义是法治制度化路径的规范性来源。但是，西方的法治发展并非一帆风顺，其间西方的法治文明也经历过僭主夺权、强权摄政、宗教黑暗、封建复辟，也曾经蔑视基本人权，向法治的对立者低头妥协更是不胜枚举。西方法治辗转千年，才获得了资产阶级的认可；摸索数百载，才确立今日之地位。客观地说，西方法治的道路恰恰证明了任何法治建设都是在曲折和倒退中积蓄力量以获得更大发展的，任何法治理念和制度形式都会随着时代和社会的变化而逐渐被淘汰，西方法治的历史发展，是不同阶级的维持其政治统治的“延长符”。我们批判西方法治，就是批判它去除法的阶级理解，而片面强调法律之治的普适性；或者说，西方法治所推崇的“法”，是一种去政治属性的法，是一部用法律技术和法律语言写成的“规范符号汇编”。众所周知，政治形态意义上的法治才是实质性的法治。观察和认识西方的法治也必须从这个根本要点进行考察。我们认为，一个国家的法治建设，是一个法律治理体系，没有任何法律、法规和个人行为可以孤立存在。任何法治建设体系都具备服务于整体的功能性，都是为了法治建设的目标和方向服务的。在这个体系内，都是为了法治建设的基础——法律体系的目标和方向而服务的。体系的每个法律规范或者制度、机制也都有它的特殊功能，但这种特殊功能不能违法整体功能的需要，更不能代替法治建设的整体功能的作用方向。正因为如此，西方社会的法治建设整体上是为了维护资产阶级统治而服务的，那么西方法治所具有的社会功能性也不能违背或者超出上述整体功能的需要。客观地说，西方法治的思想和制度模式对我国的法治建设起到过重要的影响作用，从法治这个概念的理解和运用到对法治建设的经验认识，再到法治建设的基本内容，以及法律体系的建构模式和法典化建设方向，等等。在理解和评价西方法治文明的过程中，我们也曾经盲目否定和过分依赖，事实已经证明这两种倾向都不利于社会主义法治建设的持续发展。经过长期探索，特别是党的十四大以来的认真总结和实践发展，中国的法治建设业已形成了对西方法治的客观认识。这些认识包括：(1) 在我国进行社会主义法治建设，是党将马克思主义法的学说同中国具体实际相结合的伟大创造，是新中国法治建设的必然选择，是中国共产党带领全国各族人民进行社会主义现代化建设的重要成果，反映了社会主义政治文明发展的基本趋势和实践需要；(2) 一个国家实行什么样的政治制度，归根结底是由这个国家的国情和性质决定的。社会主义法治建设需要学习西方法治文明中的先进成果，要从资本主义法治的本质属性角度理解西方法治的发展路径和建设内容。

第二，充分警惕西方社会的“法治侵害”。众所周知，即便在西方社会之内，法治文明的探索和发展无论是历史路径还是现实模式都具有极大的不同。一个很简单的例子，西方法治文明的发展造就了两大法系的分立，大陆法系和英美法系无论是在立宪宗旨、法律体系、司法体制上，还是在政治格局、权力运行模式和国家政权组织上，都具有极大的差异。体现这些差异的结构要素实际都是法治建设的基本组成部分。事实证明，不同模式、道路和制度下的法治建设并不影响法治文明的进步。进一步说，西方法治文明，除去在理念和价值上抽象共同性之外，它们的法治建设最根本的一致性在于同属于资产阶级的法治文明。我们必须清醒地认识到，世界上没有完全相同的法治模式，即便是社会制度相同的国家，也存在着差异，根本没有也不可能存在所以普遍的放之四海而皆准的法治国家形态。

那么，为什么某些西方国家借由法治建设的问题时常向中国发难，要求我国走所谓的法治文明的一般道路呢？这种道路的实质究竟是什么？对于这两个问题的回答，是我国法治建设长期面对，已然基本解决的理论和实践问题。新中国的法治建设经过了60多年的发展，经历了苏联模式的法制建设、虚无主义的消极法制和独立自主的法治发展，认清了西方法治普世主义的政治目的，认识到必须区分法治建设的先进经验和普世法治的政治侵害之间的界限。归根结底，就是认清所谓法治文明一般道路背后的阶级属性以及利用法治模式的推销而妄图实现和平演变的目的。江泽民在我国改革开放的关键时刻曾经指出："我们纠正过去一度发生的'以阶级斗争为纲'的错误时完全正确的，但这不等于阶级斗争已不存在了。只要阶级斗争还在一定范围内存在，我们就不能丢弃马克思主义的阶级和阶级分析的观点和方法。这种观点和方法始终是我们观察社会主义同各种敌对势力斗争的复杂政治现象的一把钥匙。在坚持改革开放、加强对外经济文化交流的同时，要十分注意警惕和防范敌对势力的渗透、颠覆活动。"[①]我们必须认识到，客观全面地理解法治，是一个高度的战略问题，选择法治作为发展中国特色社会主义政治发展的治理模式是将法治文明的积极因素运用到

① 《江泽民文选》(第3卷)，北京：人民出版社，2006年版，第83页。

我国的法治建设之中，充实完善依法治国基本方略的科学内涵。法治建设的战略能否实现，首先必须有冷静的头脑、科学的分析武器和正确的分析方法，而这样的头脑、武器和方法来自于坚持马克思主义的法的学说和阶级分析的方法。历史已经证明，曾经在中国甚嚣尘上的所谓“宪政法治”、“三权分立”、“多党轮流执政”既不是西方政治道路的实质，也不是西方法治文明的本质，而是政治同化和法治西化的工具，不但不利于我国法治建设，而且扭曲了正确的法治理念，破坏我国正常的法治建设进程，其目的仅仅是为了颠覆我国的国家政权。我们成功地破灭西方社会对于社会主义中国的“法治侵害”，重新走上了中国法治建设的正确道路。现实已经证明，我们选择的道路是正确的，并没有像西方论者所预测的那样，走向所谓的人治、专制。因此，对于所谓的“普世法治”，我们不但要坚决抛弃，而且应该始终保持警惕。这是我们学习西方法治文明先进成果的首要前提。

第三，不断拓宽与西方法治文化的沟通交流。[①]中国坚持从国情出发开展法治建议，同时也注意借鉴和吸收国外法制建设的有益经验和人类共同创造的法治文明成果，丰富和完善中国特色社会主义法治文明。其一，中国注意参考和借鉴国外的立法经验。在民商法领域，民法通则、物权法、合同法等法律，兼采普通法系和大陆法系国家的诸多基本制度，吸收了国际通行的司法精神与立法原则，确认契约自由、意思自治与主体平等，保障公共财产和公民私人合法财产。在行政法领域，吸收了现代行政法治中通行的比例原则、信赖保护等原则。在刑事法领域，刑法和刑事诉讼法借鉴和吸收了国外罪刑法定和公开审判等现代刑事法治的基本原则和精神。近年来，针对刑事犯罪中出现的新情况，参照国外刑事立法经验，在刑事法律中规定了资助恐怖活动罪、洗钱罪、内幕交易罪、操纵证券期货交易价格罪、妨害信用卡管理罪等新罪名。中国在知识产权保护和环境保护的立法方面，也吸

---

① 本部分以下全部论述转引自《中国的法治建设》白皮书。参见国务院新闻办公室:《中国的法治建设》，人民日报，2008年2月29日，第15版。

收了不少国外的立法经验。其二，中国与许多国家和国际组织建立了平等互惠的司法合作关系，接受和采纳国际上通行的司法合作规则。截至2007年10月，中国分别与53个国家签署了涉及国际司法合作的双边条约和协定98项。除签署双边条约和协定外，中国还加入了20余项包含司法合作内容的多边国际公约。2001年，中国与上海合作组织其他成员国签署了《打击恐怖主义、分裂主义和极端主义上海公约》，中国还分别于2003年和2005年加入了《联合国打击跨国有组织犯罪公约》和《联合国反腐败公约》，加强了在打击有关犯罪方面的司法合作。中国还通过国际会议等多种形式开展法治领域的国际交流。1990年、2005年，中国相继举办了第十四届和第二十二届世界法律大会。2006年，国际反贪大会在中国召开。其三，中国重视通过国内立法，将国际司法合作落实为具体的操作规则。《民事诉讼法》规定，人民法院在审理涉外民事案件时，国内法律规定与中国缔结或参加的国际条约不一致的，优先适用国际条约的规定。该法还规定了涉外案件司法管辖和司法协助的原则、条件和程序。《刑事诉讼法》将国际条约关系和互惠原则确立为中国司法机关对外开展刑事司法协助的基础。《引渡法》吸收国际上通行的引渡合作规则，规定了中国与外国开展引渡合作的具体准则、条件和程序。目前，中国主管机关依据有关双边条约或多边公约处理的司法协助事务呈逐年上升趋势。大量的民商事司法协助请求获得有效执行，维护了中外诉讼当事人的权益。在刑事诉讼领域，国际司法合作发挥了越来越重要的作用。在最近10年中，中国与一些国家和国际组织针对涉及杀人、贪污、贿赂、恐怖犯罪、侵犯知识产权、洗钱等犯罪的案件，开展了有效的刑事司法合作，相互协助调取证据材料，冻结扣押并追回被非法转移的犯罪所得，引渡或者遣返在逃的犯罪嫌疑人，有效地维护了司法公正。

除此以外，近年来，中国与联合国、国际人权组织和世界贸易组织开展经常性法治对话，启动了与欧盟、东盟、阿盟、上海合作组织，以及美国、英国、德国、法国、澳大利亚等国家的多边与双边法治交流机制，促进了相互理解和信任。

三、尊重中国古代重法思想和近代法治主义，辩证地看待传统“法治文化”

伴随着新中国的法治建设，我们一直在思考中国传统法治建设的一些基本问题。诸如，中国的历史上为什么没有产生现代意义上的法治国家雏形，没有充分地发展出一些法治建设需要的精神和制度要素，等等。对此，我们可以从经济生活方式、社会生活条件、政治统治模式等多种角度对其进行分析。这些分析的目的不是确认中国古代和近代是否存在法治国家或者法治文化[①]，而是要思考中国古代和近代中国的政治实践中能够提炼出相关法治和法制建设的基本要素和文化条件，无论是批判、改造还是因袭，辩证地看待这些内容才是社会主义法治建设的基本态度。《中国的法治建设》白皮书简要地概括了新中国成立之前的“中国法治探索”，曾这样指出：

中国是一个具有五千年文明史的古国，中华法系源远流长。早在公元前21世纪，中国就已经产生了奴隶制的习惯法。春秋战国时期（公元前770年—公元前221年），中国开始制定成文法，出现了自成体系的成文法典。唐朝（618年—907年）时，中国形成了较为完备的封建法典，并为以后历代封建王朝所传承和发展。中华法系成为世界独树一帜的法系，古老的中国为人类法制文明做出了重要贡献。

1840年鸦片战争后，中国逐渐沦为半殖民地半封建的社会。为了改变国家和民族的苦难命运，一些仁人志士试图将近代西方国家的法治模式移植到中国，以实现变法图强的梦想。但由于各种历史原因，他们的努力最终归于失败。[②]

由此可见，中国古代围绕“法”的讨论和实践并不匮乏，并且形成了一个独立的法系——中华法系，这是人类法治建设探索中不可忽

① 历史思辨和历史哲学的存在，其意义不在于考虑建设历史事件重新演绎的结果，而在于对当下实践进行经验和选择可能性的参考。因此，历史是既成的，而现实是不确定的。

② 国务院新闻办公室：《中国的法治建设》，人民日报，2008年2月29日，第15版。

略的一环；而随着中华法系的衰落和覆灭，那种依赖自然经济和专制统治方能存在的法律文化逐渐被现代资本主义法治理念所取代，在更加先进和系统的法制体系面前，近代中国基本采取的是“洋为中用”的法治学习策略，只是因为西方法治之果无法适应中国法统之壤而屡次受挫，而最后竟只能沦为一种落后的阶级统治的强制工具。从这里我们可以发现有两个重要的法治建设要素值得我们关注和思考，及中国古代的重法思想和近代萌发的中国的法治主义。

1. 中国古代的重法思想是中国传统语境中“法治文化”

一般认为，现代法治和法治文明的结构形式和核心内容均来自于西方法治学说和法治实践，而“中国古代，并无西方意义上的法治学说或法治实践。所有的仅仅是将法作为手段或者工具的‘以法治国’含义的法治”。[①]这是一个基本的判断。在中国的法治传统中，法具有多重含义，是一种复杂的政治统治手段。正因为如此，自战国以降，中国封建王朝历朝历代不论以何种学说为建国之本，都无法舍弃“法本”的作用，而儒法合流则使得“法”成为了中国古代政治统治体系内最可兹利用的统治工具，形成了独特的“重法思想”。重法思想的滥觞，直接影响了我国法律传统的变迁，甚至是阻碍产生“西方意义上法治文化”的重要依据，有的学者在分析我国先秦法治主张和理论时，就将此概括为四个方面。第一个方面，治理国家必须实行法治，反对人治，即“威不两错，政不二门，以法治国，则举措而已。”[②]“明王之治天下也，缘法而治。”[③]“君人者，舍法而以身治，则株赏夺与从君心出矣……君舍法而以心裁轻重，则是同工而殊赏，同罪而殊罚，怨之所由生也。”[④]第二个方面，法制要适应历史发展，符合当时实际，反对因循守旧。例如，商鞅认为“是以圣人苟可以强国，不法其故；苟可以利民，不循其礼。”“各当时而立法，因事而制礼。礼法

---

① 卓泽渊:《法政治学》，北京：法律出版社，2005年版，第237页。

② 《管子·明法》

③ 《商君书·君臣》

④ 《慎子·君人》

以时而定，制令各顺其宜……治世不一定，便国不古。”[①]韩非更为明确而深刻地指出“治民无常，唯治为法，法与时转则治，法与世异则有功……时移而治不移者乱。”[②]第三个方面，法令是人们言行的标准，君上臣下均不得曲法任私。为此，法令必须“布之于百姓”[③]，使“万民皆知所避就”，“吏不敢非法遇民，民不敢犯法以干法官”。[④]而且“法不阿贵，绳不绕曲，法之所加，智者弗能辞，勇者弗能争。刑罚不避大臣，赏罚不遗匹夫。”[⑤]第四个方面，以法为本，法、术、势结合。就如管仲尝言：“有生法，有守法，有法于法。夫生法者君也，守法者臣也，法于法者民也。君臣上下贵贱皆从法，此之谓大治。”[⑥]韩非子将此总结为“以法为本”[⑦]。这样四个方面就基本构成了重法思想的理论基础。[⑧]

这些思想是当时政治统治的实践总结，同时也为后世的重法制度的创制和更新提供了思想素材。随着朝代更迭，重法思想的演变也具有了不同的制度和组织表现形式，日臻健全的“专制之法”俨然形成了一套完备的刑律体系。这些在本质和思想上如出一辙的“治法体系”在各个朝代的早期都起到过积极的作用，稳定社会秩序，规范社会行为，法度比较清明和严格，国家建设和社会发展相对比较迅捷。在重法思想的影响下产生的法律和制度，为地主阶级统治地位的巩固和地主阶级统治方式的文明化提供了有益的帮助，最终形成了我国所特有的“内法外儒”的政治统治体系。但是，“随着封建地主阶级演变为阻碍历史进步的发动力量，中国古代的法治思想总体上逐渐失去了历史进步作用，而被近代的法治，即以民主为基础和前提的法治思想和理

---

① 《商君书·更法》

② 《韩非子·心度》

③ 《韩非子·难三》

④ 《商君书·定分》

⑤ 《韩非子·有度》

⑥ 《管子·任法》

⑦ 《韩非子·饰邪》

⑧ 以上论述参见刘海年：《中国古代的法治与社会经济发展》，法学研究，1992年第1期。

想所取代”。[①]

通过甄别中国古代重法思想中的阶级性、社会性和历史性等不同内容的结构特征，去其糟粕，存其精华，在比较中更新法治理念，在批判中实现制度创新。客观地说，我国古代重法思想中，诸如法典化、法律面前人人平等、法无明文规定不为法等思想内容，仍是今日我国法治建设可资借鉴的精华，它们的影响和作用也不断融会到建设社会主义法治国家的各项建设工作中，成为新的法治文化的有机组成部分。

2. 中国近代的法治主义是近代中国法治化过程中的“法治改革”

随着西方法治文明的蓬勃发展，需要将这种意识形态灌输到其经济、政治和武力触角可以触及之地，因此，伴随着殖民主义和帝国主义的兴起与发展，西方法治文化开始传入我国，诸如“主权在民”、“司法独立”、“立宪主义”等法治思想和法治文化开始影响中国人的法治观念。较早的时间里，诸多洋务派学者、维新学者和留洋学子纷纷建言献策，推崇西方国家政治体制的优点与对我国封建专制政体可得改造的价值。中国近代“法治第一人”的梁启超就从法治之存在、发展，法治与德治之关系，法治之于中国之前景等许多方面痛陈国弊，倡导法治治国。他极力主张，“大政治家，莫不取殖产主义、军国主义，即所谓国富强兵者也。而欲举富国强兵之实，唯法治为能治之。”[②]至民国之时，孙中山更加明确提出推翻帝制，就需要建立民主进步的法治国家。通过宪法政治的发展，使得国家政治发生一个根本性的转变。在他看来，“须研究一部好宪法，因为国家必有好宪法，始能使国家前途发展，否则将先于国家于危险之域。”他还认为，“国家宪法良，则国强；宪法不良，则国弱。强弱之点，尽在宪法。”[③]这也就是他论述三民主义和制定五权宪法的法治初衷，这同样代表了中国近代民族资产阶级的法治理想和改革愿望。

---

① 张文显:《法哲学范畴研究》，北京：中国政法大学出版社，2001年版，第150页。

② 《饮冰室合集》(第5册)，北京，中华书局，1989年版，第93页。

③ 参见李龙:《依法治国实施方略问题研究》，武汉：武汉大学出版社，2002年版，第23页。

中国近代的法治主义基本上因循西方法治的“形式正义”，主张学习西方的法治建设中形成的政权组织形式（或略作修改，如五权宪法）。他们将资产阶级的宪政等同于中国的法治出路，却并不承认有限政府和人民主权作为政府运行的基本原则；他们提倡自由、民主、人权、平等、宽容和宪政的法治理念，却没有对中国所需之法治概念和本质进行过审慎、科学的考察；他们要求法治治理国家政权，却将“宪政”的实现无限期地向后推演。正因为如此，西方的法治文化并不能适应我国之法治土壤，甚至产生了本土的重法思想与西方的法治主义的激烈矛盾。而从中渔利的竟然依旧是专制主义和人治统治。

新中国的法治建设是在全面审视和辩证地看待近代这段法治主义蓬勃发展的基础上开始发展起来的，早在新中成立伊始，国家就以废除六法全书说明了旧法制是专制法统的产物，而非现代法治文明的结果。随即，党和国家通过彻底的人民民主法制革新去除了旧法制在形式上的“遗毒”。改革开放以来，在社会主义法律体系和法律制度不断完善的同时，社会主义法治建设特别重视革除陈旧和偏颇的法治理念，树立正确的法治认识和全面的法治理解。近年来，随着法治建设的各项任务不断推进和实现，社会主义法治理念的确立已经成为整个法治建设的重中之重。由此可见，批判近代法治主义和建设社会主义法治文明是相互影响、协同发展的过程。在这个过程里，只有更加科学地认识到近代法治主义的本质、特点、优势和桎梏，中国的法治建设才会特色鲜明和兼容并蓄。因此，全面理解和批判中国近代的法治主义是建设社会主义法治国家过程中的有效经验。

一言以蔽之，新中国法治建设的成熟，离不开一种全面的法治历史观、法治世界观和法治实践观，这些都是我们始终坚持立足中国国情、学习西方先进法治经验、尊重我国传统法治理念有机统一的必然结果。

第四章

中国社会主义法治国家建设面临的挑战、趋势与未来发展

本章将论述新世纪中国法治建设的现实机遇，指出这些机遇既是全面实施依法治国基本方略，加快推进社会主义法治国家建设的有利条件，也是实现社会主义法治建设跨越式发展的挑战。在此基础上，综合两个方面的相关结论，通过对法治发展的历史线索、时代主题及中国特色社会主义法治建设本质诉求的剖析，进一步明确全面实施依法治国基本方略的发展方向，展望中国法治建设的未来趋势。

第一节 中国社会主义法治国家建设面临的挑战

在“依法治国基本方略”确立10周年之际，中共第十七次全国代表大会回顾了改革开放的伟大历史进程，“回答了我们党在改革发展关键阶段举什么旗、走什么路、以什么样的精神状态、朝着什么样的发展目标继续前进等重大问题，阐述了科学发展观的科学内涵、精神实质、根本要求，描绘了在新的时代条件下加快推进社会主义现代化的

宏伟蓝图，为我们继续推动党和国家事业发展指明了前进方向”[①]，也对全面实施依法治国基本方略、加快建设社会主义法治国家提出了更高的要求。今年是中国共产党成立90周年，更是应对国际国内环境变化重大挑战、推动国家各项事业实现新发展的关键一年。法治建设在发展中也存在一些问题和缺陷，迫切需要我们加快社会主义法治建设步伐，发展社会主义法治文明，进一步开创法治建设新局面。

一、中国社会主义法治建设面临的时代挑战

中国的法治建设绝不仅仅是一场发生在本国之内、局限于法律革新和制度变迁的体制革命。而是一场“从初级工业化向现代工业社会，从计划经济体制向市场经济体制、从集中政治向民主政治转型（转轨）相伴随的，且与中国作为世界大国艰难崛起过程复杂交织在一起的总体性社会发展进程一部分。”[②]在这个变革过程中，中国的法治建设需要时刻面对来自国内外环境和法治体系内外的各种挑战。在过去几十年里，法治的概念逐渐频繁地出现在中国社会里，从一种被法律职业人、法学学者、政治学家和哲学家讨论的概念发展成为一种广为宣扬和普及的政治理念。[③]无论法治概念的精确定义究竟是什么，这足以说明我国的法治建设已经不仅仅是一种对法律状态的描述，而是一种树立在法律规范的状态之上的一种优良的治理模式的合法性说明。随着对保护人权和公民权利的日益重视，法治建设的“法律本源”、“法律渊源”被逐渐淡化，更加倾向于某种意识形态的选择。造成这样局面的原因，不是法治建设本身，而是法治建设所置身的外部环境，法治建设核心内容的变化是适应其内部需要与这种外部环境互动和自我

① 吴邦国:《全国人民代表大会常务委员会工作报告——2009年3月9日在第十一届全国人民代表大会第二次会议上》，人民日报，2009年3月17日，第1版。

② 蒋立山:《中国法治发展的目标冲突与前景分析》，法制与社会发展，2009年第1期，第67页。

③ 我们经常可以看到“法治”出现各种正式或者非正式的场合，正式的场合，如政府工作报告、政府白皮书等；非正式的场合，如“法治社区”、“法治街道”、“法治单位”、“法治行业”等等。

修正的结果。这种外部结构环境不是别的，而是我们所处的时代。在这个被称为“大转型”的时代我们需要面对三个基本挑战：经济全球化、世界多极化、文化多样化。

（一）挑战之一：经济全球化与中国法治建设

一般认为经济全球化主要是指20世纪下半叶在全球产业、金融和贸易等经济运行领域所发生的一系列复杂变化。这不仅是体现在国民经济被更大的全球经济运行之中，而且表现在经济全球化对其他国内建设的深远影响。

尽管对于经济全球化的认识有不同的看法，但是其基本特征是相通的，“经济全球化是指货物、资本、技术和劳动力跨越国界在地区和世界范围内流动，形成共同市场，发展规模经济。它既是一种经济发展过程，又是一种经济发展状态。……（而且）无论认为经济全球化是一种过程或一种状态，无论将它概括为经济全球化或概括为世界经济一体化，经济全球化都标志着世界经济发展的新阶段，其实质都是资本在全世界范围内的进一步扩张。”[①] 随着经济规模和经济行为的普遍联系，经济全球化带来了一种全新的政治生活模式，即全球依赖模式，这是当代政治生活最为深远的变革。（如下图）[②]

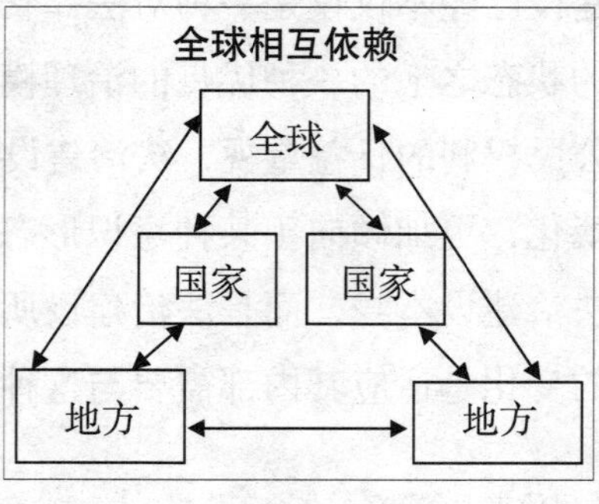

① 刘海年：《经济全球化与中国法治》，载于夏勇等：《法治与21世纪》，北京：社会科学文献出版社，2004年版，第274页。

② 援引自安德鲁·海伍德：《政治学核心概念》，天津：天津人民出版社，2008年版，第303页。

经济全球化的影响已经深刻地影响着中国法治建设，从经济法律部门的建立到世界贸易组织相关规则的国内法律吸收，从合同法、公司法等法律的创立和完善到知识产权制度的从无到有，这完全符合马克思经典作家的判断，即“社会的迫切需要必须而且一定会得到满足，社会必然性所要求的变化一定会给自己开辟道路，并且迟早会使立法适应这些变化。”①不论人们对经济全球化的评价如何，经济全球化的浪潮仍旧有增无减地扩张着，因此它对中国法治建设的影响和新挑战就不断涌现。在法律体系建设方面，经济全球化要求中国适应加入世界贸易组织之后的国际法改变和国内法适应，并将二者统一协调起来；同时，其要求我国在国际贸易争端，尤其是在经济法内的争端解决方式需要做出适时调节；需要根据我国市场经济发展和变化的情况，制定和修改符合市场经济建设深化的法律规范和法律部门，例如反倾销法、金融风险管理法等。在依法行政建设方面，经济全球化过程的加快要求中国根据国际通行惯例，不断提高行政效率和行政执法的透明度和公正性，通过法治建设促进转变经济发展方式、促进中小企业发展、大气污染防治工作情况等专项工作；与此同时，需要更多地考虑如何促进政府职能转变到经济调节、社会管理、公共服务上来，如此等等。在司法建设上面，既需要面对中国入世之后在司法体制和运行上与国际司法一般惯例的相互调和，又需要解决中国司法队伍建设中法律素质的提升问题；司法人员既应当加强司法体制改革国际经验的学习，又要坚定不移地不断巩固社会主义司法体制的本质属性不动摇，既需要处理更多涉外经济、金融案件，又需要实现涉外司法公正与主权维护之间的协调统一。除此以外，经济全球化将深刻地影响到我国的法治环境，尤其是法律教育和公民培育，提高公民社会内的法律认知水平，保证法治精神和法治理念更加符合我国面向经济全球化的各项建设的理性文化的塑造。

① 《马克思恩格斯全集》（第18卷），北京：人民出版社，1964年版，第65页。

（二）挑战之二：世界多极化与中国法治建设

世界多极化主要是指在国际体系中多个战略力量中心并存的国际关系格局，其核心是在世界政治格局中，两极结构逐渐走向多极结构。对于世界多极化，我们党始终具有较为清醒的认识。早在国际关系两极化的时候，中国共产党的第一代领导集体就提出要团结第三世界国家，支持并鼓励世界不结盟运动的兴起与发展。到了20世纪80年代，随着美苏争霸日益衰弱，中国共产党的第二代领导集体又科学预判了世界多极化的发展趋势，邓小平在1990年3月3日同几位中央负责同志谈话时说："美苏垄断一切的情况正在变化。世界格局将来是三极也好，四极也好，五极也好，苏联总还是多极中的一个，不管它怎么削弱，甚至有几个加盟共和国退出去。所谓多极，中国算一极。中国不要贬低自己，怎么样也算一极。"[①]明确提出"和平与发展已成为当今时代的主题，世界格局正在走向多极化，争取较长时期的国际和平环境是可能的"；进入新世纪以后，我们党更是将世界多极化为严峻挑战，提出："世界多极化和经济全球化的趋势在曲折中发展，科技进步日新月异，综合国力竞争日趋激烈。"在纪念党的十一届三中全会召开30周年的大会上，胡锦涛对世界多极化发展的新形势、新特点以及我们应对的基本策略做了提纲挈领的阐述，他告诫全党"当代中国的前途命运已日益紧密地同世界的前途命运联系在一起。中国的发展离不开世界，世界的发展也需要中国。在当今世界，任何国家关起门来搞建设都是不能成功的。我们全面分析判断世界多极化趋势增强、经济全球化深入发展的外部环境，全面把握当今世界发展变化带来的机遇和挑战，既坚持独立自主，又勇敢参与经济全球化"，并明确提出应"积极促进世界多极化、推进国际关系民主化，尊重世界多样性，反对霸权主义和强权政治"。[②]

---

① 《邓小平文选》（第3卷），北京：人民出版社，1993年版，第353页。

② 胡锦涛：《在纪念党的十一届三中全会召开30周年大会上的讲话》，人民日报，2008年12月19日，第2版。

世界多极化趋势的形成和发展极大地影响着中国的法治建设，对今后的法治建设提出了新的挑战。其一，世界多极化趋势增强要求更加注重社会主义法治建设的独立自主。世界多极化格局的不断演变，在一定意义上意味着西方政治模式对我国的渗透和影响会不断加剧，如何应对这些影响和干扰，维护中国特色社会主义政治发展道路不动摇，是摆在包括社会主义法治建设在内的所有政治建设的挑战。其二，世界多极化趋势增强意味着国家的政治稳定系数将会大大降低，西方政治势力利用经济、民族、人权、民主、宗教等问题颠覆和和平演变活动会变得更加复杂。[①]这就要求我们在不断完善法治的制度体系同时，需要加强法治理念的共同认同和法治运行的司法保障。其三，世界多极化对于党的执政能力和政府治理能力提出了挑战。尽管我国不断加强法治建设中的依法执政和依法行政建设，但是世界多极化的不断增强使得具有共同西方政治传统背景的资本主义国家不断使用所谓“多党制”、“普选制”、“人权化”等借口质疑我国法治建设的真实性和先进性，我们必须在今后的法治建设中更加突出中国法治建设的规范性、民主性和科学性，充分体现社会主义法治文明的先进性。其四，世界多极化趋势增强对于中国马克思主义的主导地位，特别是马克思主义法的学说的思想引导地位产生了冲击。马克思主义及其法的学说是站在人类社会发展的高度，以人类社会的本质为基本落脚点的科学理论体系。但是随着世界多极化趋势的增强，各种政治学说、法的理论纷纷进入我国，它们借用西方国家法治与政治制度具体机制设计，片面地攻击马克思主义，妄图颠覆整个马克思主义理论体系。在法的认识和学说上，这种趋势尤为明显。以宪政问题为例，西方论者往往习惯将宪政指向的权力运行机制与权力运行的实质本质混同起来，企图用落后权力运行形态的某些有效模式掩盖其实质，而事实上，这

① 如近年来发生的藏独、疆独反革命事件，以及日益频繁的经济、军事和政治领域的区域摩擦事件不断出现，如南沙群岛问题、钓鱼岛问题、力拓间谍门问题，等等。西方反华政治势力根本不顾法治社会的对于法治独立和司法自主的一般准则，对我国内政和司法事务横加指责、滥加干涉，这些是反映在法治建设上的非法治问题。

是两个不同层面的问题。因此，正当我们处于形成社会主义法律体系，加快建设社会主义法治国家之际，世界多极化趋势对我国法治建设的消极影响不可忽视。其五，世界多极化趋势增强对中西法治交流提出了新要求。毋庸置疑，中西文化差异巨大，中西法治水平和模式各不相同。在学习与借鉴西方法治先进经验的同时，我们需要用更加积极的姿态将中华法治文明的精华与西方法治进行平等的交流，甚至影响西方法治发展。近代以降，中国的法治建设具有两个基本模式：否定西方法治和临摹西方法治，这里的中心词都是"西方法治"。因而，大力推进社会主义法治建设的过程中，如何使得中国的法治建设更加具有影响力，是法治理念和实践的面临的严峻挑战。

（三）挑战之三：文化多样性与中国法治建设

文化多样性是人类的一个基本特征，它是人类在不同时代、不同地区和不同民族、文化中的共同遗产。文化多样性创造了一个多姿多彩的世界，它使人类有了更多的选择，并因此成为各个共同体、各民族和各国家可持续发展的动力。文化不仅是一种隐性的社会资源，而且越来越成为一种重要的政治战略被纳入到政治发展的全局性格局之中，极大地推动了国家间、地区间和国际发展合作。文化多样性意味着文化在不同的时空范围内具有不同或者差异性的形式，各民族之间应该尊重彼此的文化特征、文化传统和文化习性，这当然也包括法治文化。法治建设在整体发展过程中最终形态必将积淀为一种法治文化，而这种法治文化记载了某个文化共同体对法治探索的历程、法治建设的内容、法治认同的理念和法治发展的精神，是一种围绕法治建设而存在的特殊的社会凝聚力的表现。在经济全球化和世界多极化的趋势不断增强的潮流中，文化多样性是世界和平和发展、人类族群相互宽容与互助、民族国家互相尊重与和平共处的重要保障。只有在尊重和保护不同文化的独立性的基础上，才能实现文化多样性，才能够真正达到文化互动和文化创造，使不同文化能够获得为社会整体进步而协同发展的机会。2005年，我国政府签署了《保护和促进文化表现形式多样性公约》，该《公约》明确规定：

1．保护和促进文化表现形式的多样性；

2．以互利的方式为各种文化的繁荣发展和自由创造条件；

3．鼓励不同文化的对话，以保证世界上的文化交流更加广泛和均衡，促进不同文化间的相互尊重与和平文化建设；

4．加强文化间性，本着在各民族间架设桥梁的精神开展文化互动；

5．促进地方、国家和国际层面对文化表现形式的尊重，并且提高对其价值的认识；

6．确认文化与发展之间的联系对所有国家，特别是对发展中国家的重要性，并支持为确保承认这种联系的真正价值而在国内和国际采取行动；

7．承认文化活动、产品与服务具有传递文化特征、价值观和意义的特殊性；

8．重申各国拥有在其领土上维持、采取和实施他们认为合适的保护和促进文化表现形式多样性的政策和措施的主权；

9．本着伙伴精神，加强国际合作与团结，特别是要提高发展中国家保护和促进文化表现形式多样性的能力。

可见，文化多样性是当代世界各个国家需要保护和发展的根本任务之一。因此，在尊重和保障文化多样性方面，法治建设需要更加注重自身的文化根基、建立符合本国法治文化的制度模式、促进法治文化在整体文化群落内的地位、强化本国法治文化与其他法治文化之间的平等地位与平等交流。事实上，文化多样性的存在和发展对中国今后的发展建设带来了更为复杂和具体的挑战：1．文化多样性需要我国法治建设更加注重尊重人权，切实保护公民的基本自由；2．文化多样性要求我国在法治建设过程中不断加强宪法制度和宪政文化，维护国家在中国主权范围内采取的保护和促进文化表现形式多样性的措施和法律政策的主权；3．文化多样性要求我们需要继续坚持我国民族区域自治和宗教信仰自由的宪法原则和制度模式，不因任何干扰和破坏而阻碍我们在法治上实现理念和制度的普遍认同和共同发展；4．文化多样性要求我们的法治建设应该更加注意社会法的建设，注重法治理念的养成、强化公民身份和公民法治精神的培育；5. 文化多样性要求我国的法治建设更加注重知识产权法律制度的独立自主和发展完善；6. 文化多样性需要我们更加注意农村法治建设，在法治文化传播的同时保护乡土习惯，并将中国传统的乡土自治的有效经验上升为法治建设的基本要素。不难发现，文化多样性对我国法治建设的影响体现在法治理念、法律制度、法治行为、法治过程等各个方面，要求我们或者实现某一法治建设领域的整体变革，或者改革某些法治建设领域违背文化多样性要求的做法，或者从具体文化发展基础出发生成某些新颖的法治建设领域，推定法治建设的革新与进步。而这些使命都需要我们在法治建设中通过具体实践来尝试、验证和创制。

二、中国社会主义法治建设面临的新挑战

法治建设的根本动力来自国家内部，正确地认识和面对外部结构环境的多重挑战，是适应和解决当前我国法治建设过程中的现实要求和问题的前提。只有正确认识我国法治建设的社会整体环境，冷静应对我国法治建设的发展挑战，才能更加明确中国法治建设发展的正确方向。一般而言，“新时期我国社会主义法治建设面临很多特殊性的问题。我国仍处于并将长期处于社会主义初级阶段，人民日益增长的物质文化需要同落后的社会生产之间的矛盾仍然是社会的主要矛盾。在这个基本背景之下，民主法制建设怎样与扩大人民民主和经济社会发展的要求相适应，经济发展怎样与人民群众对社会公平的要求相适应，文化繁荣怎样与人们思想活动的独立性、选择性、多变性、差异性明显增强相适应，社会建设和管理如何与社会结构、社会组织形式、社会利益格局的深刻变化相适应，等等，都是摆在我们面前的重大课题”。[①]这就需要从经济建设、政治建设、文化建设和社会建设等四个方面考量中国法治建设的发展挑战。

---

① 信春鹰：《中国国情与社会主义法治建设》，红旗文稿，2008年第18期，第15—16页。

（一）经济发展要求良好的法治环境

新中国成立以来，特别是改革开放33年来，新中国的经济建设取得世人瞩目的成就，“成功实现了从高度集中的计划经济体制到充满活力的社会主义市场经济体制的伟大历史转折。我们建立和完善社会主义市场经济体制，建立以家庭承包经营为基础、统分结合的农村双层经营体制，形成公有制为主体、多种所有制经济共同发展的基本经济制度，形成按劳分配为主体、多种分配方式并存的分配制度，形成在国家宏观调控下市场对资源配置发挥基础性作用的经济管理制度。在不断深化经济体制改革的同时，不断深化政治体制、文化体制、社会体制以及其他各方面体制改革，不断形成和发展符合当代中国国情、充满生机活力的新的体制机制，为我国经济繁荣发展、社会和谐稳定提供了有力制度保障”。[①]在对外开放、国民经济和居民财富等各个方面，中国已经成功实现了经济繁荣发展和经济较快增长。不过，我们必须认识到，“建立健全与社会主义市场经济体制相配套的法律制度和执法体制是一项紧迫而长期的任务”[②]，是塑造维护经济建设快速发展的良好法治环境的当务之急。

据称，2005年世界上有25个国家已进入以知识化、信息化、全球化为特征的第二次现代化。我国和其他大多数国家仍然处于第一次现代化的过程中（指工业化和城市化）。在参加排序的131个国家中，中国位居第56位。2007年我国国内生产总值达到全球第4位，但是人均国民总收入在参加排序的209个国家和地区中，排在129位。地区之间发展不平衡，2007年上海人均GDP达到8949美元，贵州不到1000美元。2004年不同受教育程度人口占人口的比例为：大学以上占5.42%，高中占12.59%，初中占36.93%，小学占30.44%。……低于世界平均水平。[③]

---

① 胡锦涛：《在纪念党的十一届三中全会召开30周年大会上的讲话》，人民日报，2008年12月19日，第1版。

② 谢鹏程：《论社会主义法治理念》，中国社会科学，2007年第1期，第77页。

③ 参见信春鹰：《中国国情与社会主义法治建设》，红旗文稿，2008年第18期，第16页。

由此可见，我国经济发展仍需要不断培育法治环境，继续推进市场经济法治化的形成与完善。[①]党的十七大报告指出："社会主义民主政治不断发展、依法治国基本方略扎实贯彻，同时民主法制建设与扩大人民民主和经济社会发展的要求还不完全适应。"事实上，随着社会主义市场经济的发展，我国的经济法律体系出现了明显不适应和不协调，法律制定与更新时常滞后，维护有序合法的经济运行机制的法律保障机制仍存在很多漏洞，以税收、地区保护、中小企业运营、知识产权、金融安全和国有资产保护为核心的法制健全与保护仍存在不少问题，给社会主义市场经济正常运行带来了较大的负面影响，同时也阻碍了国民经济的健康发展以及我国市场经济地位的国际认同进程。因此，"从长远看，要解决社会主义市场经济秩序问题，根本的出路在于实行法治。不实现经济领域的公平竞争，就不能建立经济生活的信用，也不能保障经济领域的公平竞争，因而也不可能有经济的可持续健康发展"。[②]

（二）民主政治要求充分的法治构建

中国社会已经发生了天翻地覆的变化，这不仅仅是经济发展水平和社会面貌上的巨大变化，而且在政治制度乃至整个政治生活中也发生根本性的转变，总结起来就是我们开创和发展社会主义民主政治、建设社会主义政治文明的新局面。在这个过程中，中国共产党从一个领导中国人民夺取全国政权的党转变为一个在全国执政并将长期执政的党；人民民主从规范性较差的"大民主"成长为规范化、科学化和法制化的社会主义民主政治；民主意识从无到有、从偏颇到全面、从人民意志到公民权利。对此，党的十七大指出："人民民主是社会主义

① 自上述事实列举之后，信春鹰指出我国法治建设的发展阶段问题，她认为："我们要建设的社会主义法治不是像西方国家那样与工业化、城市化同步的法治，而是从农业社会到工业社会的法治；不是像西方国家那样在城乡同质化条件下的法治，而是在城乡二元经济没有根本改变，城乡之间、区域之间很不平衡而且还面临着差距拉大条件下的法治。"这一判断是基本正确的，因此中国现阶段法治建设的来自经济发展角度的挑战就尤为具有中国发展的特点和要求。

② 谢鹏程：《论社会主义法治理念》，中国社会科学，2007年第1期，第77页。

的生命。发展社会主义民主政治是我们党始终不渝的奋斗目标。改革开放以来，我们积极稳妥地推进政治体制改革，我国社会主义民主政治展现出更加旺盛的生命力。”[①]但是，随着国内外形势的新变化，各族人民群众对于民主政治产生了新期待，法治建设必须进行新的思考，并通过法治建设提供实现社会主义政治文明不断发展和社会主义民主政治不断完善的途径、方式方法和具体机制。中国社会主义民主政治建设仍有许多需要进一步解决的问题：

民主制度还不够健全，人民在社会主义市场经济条件下当家作主管理国家和社会事务、管理经济和文化事业的权利在不少方面还没有得到充分实现；有法不依、执法不严、违法不究的现象依然存在；官僚主义作风、腐败现象在一些部门和地方还在继续滋生和蔓延；对权力运行进行制约和监督的有效机制尚有待进一步健全和完善；全社会的民主观念和法律意识有待进一步提高；公民有序的政治参与尚需扩大。特别是中国国民教育的理念、体制、内容和方式，与当代中国民主政治发展所需的成熟公民人格的要求，还有相当大的距离，应当引起高度关注并尽快通过教育改革加以解决。[②]

这些问题建设的任务从全局来看是民主政治，但从具体实践来看，则是法治建设的努力的方向。应当从政治发展和政治稳定的高度看待民主政治对法治建设的挑战。1. 民主制度需要进一步健全，要求法治建设更加注重国家的根本政治制度和各项基本政治制度的巩固与发展；2. 民主制度需要继续健全，要求法治建设更加注重保护公民的合法权益，特别是公民权利与政治权利；3. 由于有法不依、执法不严、违法不究的现象层出不穷，说明各级政、法机关需要加大对于法律法规的执行力，特别是对政法队伍进行法治教育和纪律整肃，务必要树立社会主义法治是人民的法治的正确理念；4. 针对官僚主义和腐败现象严

---

① 胡锦涛：《高举中国特色社会主义伟大旗帜，为夺取全面建设小康社会新胜利而奋斗》，北京：人民出版社，2007年版，第28页。

② 张志明：《改革开放30年中国的民主化进程及其面临的挑战》，学习时报，2009年第7期。

重存在的现实，法治建设就必须加强打击力度，坚决排除以言代法、以“法”欺民、以权压法、徇私枉法等不良现象；5. 基于公民法治观念和法律素养的不足，要求公民意识教育、公民法治教育，特别是全国普法运动需要从策略上进行转变，变法律的精英教育为法治的大众普及；6. 根据公民有序政治参与扩大化和公民人格保障需要诉求的日益强烈，中国的法治建设必须更加重视法治建设的主体作用，而不是仅仅强调客观对象（具体制度和机制）法制化的作用，推动民主选举、民主决策、民主管理和民主监督程序保障机制的完善。

（三）文化繁荣需要可靠的法制保障

胡锦涛在纪念党的十一届三中全会召开30周年大会上一再强调文化建设和文化繁荣对于社会主义现代化建设的重要性，提出：“中国特色社会主义是全面发展、全面进步的事业，是物质文明和精神文明相辅相成、协调发展的事业。物质贫乏不是社会主义，精神空虚也不是社会主义。人的素质是历史的产物，又给历史以巨大影响。任何时候都不能以牺牲精神文明为代价换取经济的一时发展。我们把社会主义核心价值体系建设作为主线，贯穿到国民教育和精神文明建设全过程，坚持不懈地用马克思主义中国化最新成果武装全党、教育人民，用中国特色社会主义共同理想凝聚力量，用以爱国主义为核心的民族精神和以改革创新为核心的时代精神鼓舞斗志，用社会主义荣辱观引领风尚，巩固全党全国各族人民团结奋斗的共同思想基础。我们积极探索用社会主义核心价值体系引领社会思潮的有效途径，既尊重差异、包容多样，又有力抵制各种错误和腐朽思想的影响。我们着力发展面向现代化、面向世界、面向未来的，民族的科学的大众的社会主义文化，贴近实际、贴近生活、贴近群众，深化文化体制改革，大力推进文化创新，激发全民族文化创造活力，提高国家文化软实力，推动文化事业和文化产业不断发展、文化市场更加繁荣，使人民基本文化权益得到更好保障。我们要始终坚持社会主义先进文化前进方向，兴起社会主义文化建设新高潮，在中国特色社会主义的伟大实践中进行文化创造，让人民共享文化发展成果，使社会文化生活更加丰富多彩、人民精神风貌更加昂扬向上。”[①]这就要求在全面实施依法治国基本方略和加快推进法治国建设的建设过程中更加重视、保护和促进文化建设，实现社会主义文化繁荣。文化建设的制度模式、管理方式需要适应社会主义文化繁荣的需要而不断革新；文化产业的法律制度和知识产权的保护水平需要不断提升；正确科学的文化方向和多样丰富的文化形态需要认真贯彻和发展。显然，这一切都对我国下一阶段的法治建设提出了更高的要求。

（四）关注民生和谐需要广泛的法治认同

和谐与民生是当前中国特色社会主义事业建设的两项重要任务，也是以胡锦涛为核心的党中央审时度势、体察国情民意，始终坚持全心全意为人民服务的根本宗旨，坚持立党为公、执政为民，通过改革发展为人民群众造福，实现好、维护好、发展好最广大人民的根本利益的具体要求。党的十七大明确提出：“社会和谐是中国特色社会主义的本质属性。……构建社会主义和谐社会是贯穿中国特色社会主义事业全过程的长期历史任务，是在发展的基础上正确处理各种社会矛盾的历史过程和社会结果”[②]，同时，“实现社会公平正义是中国共产党人的一贯主张，是发展中国特色社会主义的重大任务”[③]；在谈到关注和解决好民生问题时，胡锦涛认为提出要加快推进以改善民生为重点的社会建设，“保障和改善民生，是我们搞革命、搞建设、搞改革的出发点和落脚点，也是坚持党的全心全意为人民服务宗旨的根本要求”[④]，必须“坚持以人为本，以解决人民最关心最直接最现实的利益问题为重点，着力发展社会事业，着力完善收入分配制度，保障和改善民生，

---

① 胡锦涛:《在纪念党的十一届三中全会召开30周年大会上的讲话》，人民日报，2008年12月19日，第2版。

② 胡锦涛:《高举中国特色社会主义伟大旗帜，为夺取全面建设小康社会新胜利而奋斗》，北京：人民出版社，2007年版，第17页。

③ 胡锦涛:《高举中国特色社会主义伟大旗帜，为夺取全面建设小康社会新胜利而奋斗》，北京：人民出版社，2007年版，第17页。

④ 胡锦涛:《在党的十七届二中全会第二次会议上的讲话》，载于《科学发展观重要论述摘编》，北京：中央文献出版社、党建读物出版社，2009年版，第75页。

走共同富裕道路，努力形成全体人民各尽其能、各得其所而又和谐相处的局面，为改革开放和社会主义现代化建设营造良好社会环境”。[①]

中国社会科学院“中国社会状况综合调查”课题组关于《2008年中国民生问题》的调查报告指出（如下表）：

城乡居民对生活改善的评价（2006年、2008年）　单位：%

与5年前相比，您的生活水平是	2008年	2006年	您感觉在5年后，您的生活水平将会	2008年	2006年
上升很多	13.6	9.7	上升很多	11.8	10.6
略有上升	55.8	53.7	略有上升	46.5	43.3
没变化	17.7	22.1	没变化	17.3	17
略有下降	9.3	9	略有下降	1.7	2.7
不好说	0.5	0.6	不好说	15.7	19.6
样本数	7139	7061	样本数	7139	9061

通过该课题组的对比研究[②]发现，民生问题不但是当代我国社会普遍关注的重大社会问题，而且是所面临挑战最集中的社会问题。这也就要求法治建设应当考虑如何通过法治路径和模式解决保障民生的法律构建、执法保障和司法维护等建设问题。

不容否认，解决民生问题和构建和谐社会过程中存在许多重大的现实问题亟待解决，这些问题有些是民生发展和社会和谐的一贯难题，例如政府责任问题、社会就业问题、暴力犯罪问题、地区发展不平衡问题、城乡发展不均衡问题等；有些是社会发展过程被不断暴露出来的，如社会保障问题、教育公平问题、医疗体制改革问题、金融安全

---

① 胡锦涛：《在纪念党的十一届三中全会召开30周年大会上的讲话》，人民日报，2008年12月19日，第2版。

② 他们认为“无论是在主观感知上还是在客观收益上，都反映出民众的生活状况有了较大的改善。有近70%的城乡居民认为，他们的生活水平比五年前有所上升，只有12.4%的城乡居民认为自己的生活水平有所下降。有近60%的城乡居民认为，未来5年的生活状况还将继续改善。”参见李培林、林李炜：《2008年中国民生问题调查报告》，北京：社会科学文献出版社，2008年版。

问题、大学生就业问题等；有些则是偶发的和阶段性的，如恐怖主义问题、邪教问题、藏独与疆独问题等。这些问题要求法治建设在关注民生和和谐社会建设的过程中，应该更加牢固树立国家机关及其工作人员的法治理念，不断加强执法能力建设和司法能力建设。

三、社会主义法治建设的自身挑战

社会主义法治国家，是全面实施依法治国基本方略试图建立的国家治理形态。法治国家应该是指这样一种国家状态：即国家权力机关在社会成员共同同意的授权范围内进行活动；国家各种、各级权力机关、所有的官员依照社会成员根据某种约定的程序而共同制定的法律规则从事被授权的管理活动；社会成员普遍地、同等受到共同制定的法律规则约束，并在此基础上享有平等的权利。[①]显然，法治国家至少意味着以完备的法律体系为基础，由竖立其上的法律制度为调节手段的系统；它是一种由法治理念引导并且仅以法治理念（法治价值）成熟为标志的动态发展过程，它的文明形态和建设过程是一种动机与路径、路径与成果、成果与动机不断发展的过程。当代，我们经常认为脱离了法治的社会是无法维系和落后的，但是我们不但面对着“法治前”绵延几千年的人类社会，而且也需要解释当代“非法治”国家形态的存在。实际上，法治建设本身就是在“法治”与“非法治”的交替状态中逐步成熟的，在前一个阶段中被称之为“法治实质”的内容逐渐沦为“形式法治”，并最终成为一种被替代的“非法治”形态。换言之，法治建设时刻都面对来自自身建设的挑战，对于当代我国法治建设而言，这一规律同样适用。我们大致可以从以下几点对此做一

① 刘海年、李步云、李林：《依法治国建设社会主义法治国家》，北京：中国法制出版社，1996年版，第143页。

个简单的阐释。①

（一）改革成果共享的法律机制比较欠缺

贫穷不是社会主义，公平缺失也不是社会主义。经济发展的目的是满足人民日益增长的物质文化需要，这就需要不断提升社会生产的水平。社会主义社会生产的水平包括两个基本方面，一则是社会生产力水平的不断提升，二则是社会生产成果的分配正义。改革开放33年来，我们牢牢扭住经济建设这个中心，始终保持改革开放的正确方向：

坚持对外开放的基本国策，打开国门搞建设，加快发展开放型经济。从建立经济特区到开放沿海、沿江、沿边、内陆地区再到加入世界贸易组织，从大规模“引进来”到大踏步“走出去”，利用国际国内两个市场、两种资源水平显著提高，国际竞争力不断增强。从1978年到2007年，我国进出口总额从206亿美元提高到21737亿美元、跃居世界第三，外汇储备跃居世界第一，对外投资大幅增长，实际使用外资额累计近10000亿美元。广泛深入的国际合作加快了我国经济发展，也为世界经济发展做出了重大贡献。

我们坚持以经济建设为中心，我国综合国力迈上新台阶。从1978年到2007年，我国国内生产总值由3645亿元增长到24.95万亿元，年均实际增长9.8%，是同期世界经济年均增长率的3倍多，我国经济总量上升为世界第四。我们依靠自己力量稳定解决了13亿人口吃饭问题。我国主要农产品和工业品产量已居世界第一，具有世界先进水平的重大科技创新成果不断涌现，高新技术产业蓬勃发展，水利、能源、交通、通信等基础设施建设取得突破性进展，生态文明建设不断推进，

---

① 《中国的法治建设》白皮书对于我国法治建设的具体缺陷进行了宏观的概括，其指出：“民主法治建设与经济社会发展的要求还不完全适应；法律体系呈现一定的阶段性特点，有待进一步完善；有法不依、执法不严、违法不究的现象在一些地方和部门依然存在；地方保护主义、部门保护主义和执行难的问题时有发生；有的公职人员贪赃枉法、执法犯法、以言代法、以权压法，对社会主义法治造成损害；加强法治教育，提高全社会的法律意识和法治观念，仍是一项艰巨任务。”参见国务院新闻办公室：《中国的法治建设》，人民日报，2008年2月29日，第15版。本书以此为依据，结合白皮书公布以来我国法治建设的新动态和新命题，试图对该问题进行更加具体化、典型化的描述。

城乡面貌焕然一新。①

可以说，我国的社会生产力水平和国民经济实力已经迈上了一个新的台阶，人民群众的生活水平也由之获得更快更好的改善。但是，我们必须看到在经济高速发展的同时，收入分配制度仍旧比较单一甚至落后。地区差异、城乡差异、贫富差异等分配不均问题仍广泛地存在。改革成果是人民群众通过勤俭节约、艰苦奋斗换来的，是广大工人、农民通过牺牲自我而顾及国家建设而换来的，是人民群众通过“无差别”的社会劳动换来的。因此，改革开放的历史价值在于它是人民群众在党的领导下建设、发展和持续推动而不断前进的国家战略，它的建设主体和享受主体是同一的，因此改革开放的成果必须有全体人民共享。党的十七大之后，党中央提出在未来的社会主义建设中必须要把提高效率同促进社会公平结合起来，实现在经济发展的基础上由广大人民共享改革发展成果；并且明确主张“我们把实现好、维护好、发展好最广大人民的根本利益作为党和国家一切工作的出发点和落脚点，坚持发展为了人民、发展依靠人民、发展成果由人民共享，优先发展教育，大力促进就业，不断提高城乡居民收入，加快建立覆盖城乡居民的社会保障体系，加快发展医疗卫生事业，切实加强社会管理，加强生态文明建设，努力使全体人民学有所教、劳有所得、病有所医、老有所养、住有所居”。②“广大人民共享改革发展成果”这一科学论断是符合社会主义国家的本质要求，事关国体稳定和巩固。

法治建设作为社会主义现代化建设，尤其政治建设的重要组成部分，必须维护人民民主专政的社会主义国家性质不动摇，必须是建设社会主义的法治国家。这就意味着，必须重视当前“发展成果共享机制”的法治化。要求通过宪法更加明确社会分配的正义公平是社会主义经济发展的历史必然和最终目标；我们通过各种法律制度实现协调

① 胡锦涛:《在纪念党的十一届三中全会召开30周年大会上的讲话》，人民日报，2008年12月19日，第1版。

② 胡锦涛:《在纪念党的十一届三中全会召开30周年大会上的讲话》，人民日报，2008年12月19日，第2版。

有效的共享成果的法律机制；更加重视社会公正，利用法治的公平正义属性实现一手抓经济效益，一手抓分配公正；要求我们更加重视社会和谐，改革并建立符合社会和时代发展的户籍法律制；更加重视民生问题，促进社会法部门的建立健全，加快包括社会保障法、慈善法、企业社会责任法等具体法律规范的创立与修正，运用法制工具完善国家宏观调控手段；更加注意政治稳定，特别是在行政执法和司法工作中，切实做到真诚倾听群众呼声，真实反映群众愿望，真情关心群众疾苦，多为群众办好事、办实事。改革成果共享的需要完备予以保障法律机制。

（二）法律体系仍需进一步完善

2009年3月，十一届全国人大第二次全体会议第一次以国家决议的形式确认了“中国特色社会主义法律体系已经基本形成”的论断。社会主义法律体系建设历经60载风云变化，跌宕起伏，终于实现了历史性跨越。必须承认，“改革开放以来，经过各方面共同努力，到十届全国人大任期届满，以宪法为核心，以涵盖七个法律部门的法律为主干，由法律、行政法规、地方性法规等三个层次法律规范构成的中国特色社会主义法律体系已经基本形成，国家经济、政治、文化、社会生活各个方面基本做到有法可依，有力地保障和推动了中国特色社会主义事业的发展”。[①]近年来，全国人大继续抓紧制定和修改在法律体系中起支架作用的重要法律，并且着手开始完成法律清理工作，社会主义法律体系建设的收尾工作已经开启。但是，这并不意味着社会主义法律体系已然实现。事实上，我们在极短的时间内仍然面临着法律体系建设的艰巨使命。

一方面，形成社会主义法律体系的基本工作尚未完全结束：

主要表现在:第一，有些基本法律和法律还没制定出来，如民法典，等等。第二，已经出台的个别法律按“良法”的要求还有一定差

---

① 吴邦国:《全国人民代表大会常务委员会工作报告——2009年3月9日在第十一届全国人民代表大会第二次会议上》，人民日报，2009年3月17日，第1版。

距，如有的法律在合理规定公民、法人和其他组织的权利和义务、国家机关的权力与责任方面不能够平衡，城乡按相同人口比例选举人大代表还不协调……第三，虽然坚持了立法以经济建设为中心，但全面协调立法不够，突出表现为经济立法和社会立法“一手硬、一手软”，保障生态文明法律滞后。①

另一方面，社会主义法律体系建设与社会主义政治发展之间的关系不够紧密：

（近年来）全国人大及其常委会有一个很重要的特点，就是将经济立法作为立法工作的重点甚至是第一位的任务，在业已基本形成的法律体系中，有关民主政治方面的法律所占的数量相对偏少。根据全国人大常委会的统计，截至十届任期届满，全国人大及其常委会通过的七个门类现行有效的法律共299件。其中，宪法及宪法相关法39件。而这一门类中的专属经济区和大陆架法、国旗法、国徽法、领事权法与豁免条例、缔结条约程序法、领海及毗连区法，以及特别行政区的有关法律共11件，与内地民主政治并无直接联系。所以，有关民主政治的法律实际只有28件，仅占整个法律体系总数的12%。在法律体系中，民商事领域的法律32件，经济领域的法律54件，行政管理领域的法律有79件。而民商事领域和经济领域的法律实际都是直接为市场经济服务的，行政管理的法律中一半以上也都是直接为市场经济服务的。这样，在已有的法律体系中，实际有一半以上的法律都是直接服务于市场经济的，相比而言，民主政治类的法律所占数量是偏少的。②

社会主义法律体系不仅仅是法律的体系，也是国计民生、政治稳定、文化繁荣的法律体系，这就特别需要注意它的完备性。这也要求我们的法律体系建设必须在上述两个方面的问题，形成更快、更有效的建设策略和完善路径，以保证中国特色社会主义法律体系形成后可以持续完善。

---

① 于向阳:《全面落实依法治国基本方略的重大任务》，法学论坛,2007年第6期，第10页。

② 刘松山:《国家立法三十年的回顾与展望》，中国法学，2009年第1期，第40页。

站在新的起点，我们需要保持对立法工作规律的清醒认识。社会实践是法律的基础，法律是实践经验的升华。社会实践永无止境，立法工作也需不断推进。法律体系的形成，固然意味着现有的法律已覆盖了社会关系的主要方面，但它没有也不可能对所有的社会关系都做出周密的安排，而需要根据新的实践不断进行修改、补充和完善。“静止”、“封闭”、“固定”不是法律体系的属性，“动态”、“开放”、“发展”才是法律体系的常态。也就是说，法律体系的形成不等于立法任务的完成，更不等于立法工作的终结。无论是制定新的法律，还是修改补充现在的法律、制定相关的配套法规，立法工作的任务依然艰巨而繁重，面对的将是更高的期待、更高的要求，我们来不得半点松懈。①

（三）社会主义法治政府建设任重而道远

社会主义法治政府建设是社会主义法治建设的重中之重。政府是否依法行政将直接影响到法治在政府部门的贯彻效果，影响到人民群众对法治建设的认识情况，决定了何种法治实践能够适应中国现代化建设的实际需要。国务院在1999年和2004年先后两次下达了关于依法行政和法治政府建设的《全面推进依法行政的决定》、《全面推进依法行政实施纲要》，更加明确法治政府发展的基本方向和主要任务。对于我国法治政府建设的不足，国务院关于《全面推进依法行政实施纲要》（2004年）指出：“与完善社会主义市场经济体制、建设社会主义政治文明以及依法治国的客观要求相比，依法行政还存在不少差距，主要是：行政管理体制与发展社会主义市场经济的要求还不适应，依法行政面临诸多体制性障碍；制度建设反映客观规律不够，难以全面、有效解决实际问题；行政决策程序和机制不够完善；有法不依、执法不严、违法不究现象时有发生，人民群众反映比较强烈；对行政行为的监督制约机制不够健全，一些违法或者不当的行政行为得不到及时、有效的制止或者纠正，行政管理相对人的合法权益受到损害得不到及时救济；一些行政机关工作人员依法行政的观念还比较淡薄，依法行

① 杜飞进:《法治建设的新起点》，人民日报，2011年3月11日，第5版。

政的能力和水平有待进一步提高。”[①]《纲要》颁布5年来，中央和地方各级执法部门根据纲要规定，进行了大量的整改工作，依法行政和法治政府建设正朝向良好的方向发展。

但是，法治政府的建设毕竟是一项新的工程，在它不断完善自身建设和依法行政流程的同时，一些新生问题也不断出现，给法治政府建设带来了新的问题和挑战。近年来，“我国社会主义现代化建设取得了举世瞩目的巨大成就。同时，我国经济社会发展中也出现了许多新情况、新问题，面临许多新挑战。当前，城乡、区域、经济社会发展还不平衡，缩小城乡、区域发展差距和促进协调发展任务十分艰巨；人民群众的物质文化需要不断提高，社会利益关系更趋复杂；收入差距拉大，劳动就业、社会保障、教育、医疗、住房、食品安全、社会治安、资源环境等关系群众切身利益的问题比较突出；体制创新进入攻坚阶段，触及深层次矛盾和问题，触及利益关系的深刻调整；政府自身建设和管理水平，与形势的要求和人民群众的期望还存在差距”。[②]目前法治政府建设正在面对五大挑战。

1. 接受国家权力机关监督的自觉性需要提高。中国的各级行政机关是各级国家权力机关的执行机关。行政机关依照宪法规定向同级国家权力机关报告工作，接受其监督，是确保行政机关依法行政的重要制度设置。对于行政机关而言，自觉接受国家权力机关监督是其法治化和低的重要标志。目前，我国法治建设中比较强调加强国家权力机关对行政执法的监督，以及政府机关对行为的自我约束。这是法治政府建设过程中法治监督的外部监督和内部监督。目前，更应当重视政府自觉接受国家权力机关的监督机制的健全和完善，在外部监督和内部监督之间搭建起具有监督效能的机制。并使之不断实现制度化、规

① 《全面推进依法行政实施纲要》，人民日报，2004年4月21日，第6版。

② 马凯：《深入贯彻落实科学发展观，加快法治政府建设》，求是，2008年第18期。

范化和程序化。[1]

2. 政府仍需向法治政府不断迈进。2008年，国务院按照《全面推进依法行政实施纲要》的要求，着力加强法治政府建设。(1)制订了新的国务院工作规则，将法治政府和依法行政明确作为自身建设的标准和目标；(2)发布了关于极强市县政府依法行政的决定，着手强化基层人民政府的法治理念、制度和机制建设；(3)积极推进政务公开，利用法制手段促进政府信心公开工作，将其上升为政府运行的基本法律制度；(4)着力实现行政问责力度，颁布施行了《干部问责暂行条例》(2009)，对"12·5"山西洪洞瑞之源矿难(2007)、"4·28"胶济铁路特大交通事故(2008)、"6·13"安信煤业特大爆炸事故(2008)、山西尾矿溃坝事件(2008)、三鹿牌婴幼儿奶粉事件(2008)等重大事件进行了严格行政问责，加大了行政官员法律问责的力度。这些既是法治政府建设的具体表现，也是新的挑战。在今后的法治政府建设中，如何继续深化落实依法行政实施纲要，加快提升地方政府部门的法治素养，将政府信息公开化进一步制度化、规范化，通过严格的官员问责制度实现安全责任问题明显减少，等等。这些都将是法治政府建设的重点和难点。

3. 法规规章的备案监督工作仍需继续加强。改革政府立法工作，是《全面推进依法行政实施纲要》的重要改革目标，是法治政府建设的基础建设工程。当前每年的地方性法规、地方政府规章和国务院部门规章的数量都在几百部左右，因此如何更加有效、规范和系统甄别和判定各项备案法规规章的合法性，是一项繁重的法治建设工作；同时，如何保证这些法规规章的交叉互补性，维护国家法制统一和政令

① 政府自觉接受国家权力机关的监督，这是依法行政的新动态。例如，2008年，为汶川地震后的灾后重建，需对2008年中央预算做出调整，为此，国务院于6月向全国人大常委会做了专题工作报告。全国人大常委会经过认真审议，批准了2008年中央预算调整方案，并同意建立灾后恢复重建基金。为应对国际金融危机，中央需采取一系列保持经济平稳较快发展的政策措施，为此，国务院向全国人大常委会做了专题工作报告。经全国人大常委会审议同意，在全国人民代表大会批准2009年中央预算前，国务院可以预拨一定比例的资金，保证重点建设项目的资金需求。该例援引自中国法学会：《中国法治建设年度报告(2008年)》。

畅通，同样也是法规规章备案制度需要扩展的方向，如建立备案档案化和备案警示化制度；此外，明确备案制度的监督位阶，既是拓展政府自身法制监督路径的具体需要，也是处理不适宜或者问题法规规章的合法性来源。

4. 行政复议制度需要加快建设的步伐。《中华人民共和国行政复议法》明文规定“公民、法人或者其他组织认为具体行政行为侵犯其合法权益的，可以向行政机关申请行政复议。行政复议机关经过审理，可以依法决定撤销、变更或者确认该具体行政行为违法，可以责令行政机关在一定期限内履行法定职责或者重新做出具体行政行为”。自该法实施以来，对确立我国行政复议制度奠定了基础。近年来，行政复议制度已经成为维护和监督行政机关依法行使职权，防止和纠正因违法或者不当的具体行政行为侵犯公民、法人和其他组织合法权益的重要法律制度。但是，目前我国行政复议案件的数量呈现高速增长态势，这说明我国行政行为的合法性问题仍令人担忧，需要复议制度以更加公正、公开、公平的机制运行原则，维护行政相对人的合法权益。除此之外，复杂性行政争议为行政复议工作带来更大的不确定性，要求行政复议的法律法规建设和法律人员配备等工作紧密配合。也正是实现政府法治水平提升的重要途径。

5. 行政执法体制的改革和创新需要加快推进。行政执法体制是依法行政、维护国家利益和公共秩序，维护公民、法人和其他组织合法权益，为科学发展创造良好法治环境的根本保障。然而由于两个方面的原因，行政执行体制亟待改变。其一，当前我国行政处罚基准制度刚刚建立，如何实现这一制度的广泛应用，是一项系统建设工程；其二，行政执法的方式方法不但应该遵循法律，而且应该尊重地区和民族习惯。当前行政执法中存在态度差、程序乱、无依据等不良现象，必须引起重视。行政执法体制更需要在体系建设、行政自由裁量权建设和执法的执行力与公信力建设等方面实现理论与实践创新。

（四）司法体制改革需要加快推进步伐

我国现行的司法制度主要包括人民法院制度、人民检察院制度、司法行政制度以及其他司法配套制度（律师制度、人民调解制度、公证制度）等，这些制度都是在新中国成立之后逐步建设和完善起来的。从学理角度看，人民检察院制度、司法行政制度以及其他司法配套制度（律师制度、人民调解制度、公证制度）等均可划入司法体制内在结构和行政法治建设两个方面，其影响力和独立性尚不足以构成司法制度改革的基本面向，本研究中的司法制度的挑战主要针对人民法院制度框架下的司法体制改革过程中面对的挑战①。一般认为，“由于受各种因素的影响，我国现行司法制度因其自身的缺陷已难以适应我国法律的有效实施和建设社会主义法治国家的需要。切实分析当前司法制度存在的问题和不足，从理论上探索未来司法制度的基本框架是依法治国的重要内容”。②具体看来，当前司法体制改革的主要问题和挑战可以从两个层面进行分析。

第一个层面，司法体制改革面临的根本性问题。所谓司法体制改革面临的根本性问题，是指司法制度改革过程中面对的长期性的理念和制度问题，是现阶段司法体制改革的结构性改革。

1．地方司法机关对于地方党委及政府的依附性现象仍十分令人担忧。这是一个长期存在的问题。其主要体现为三个方面的困境：（1）党的领导与地方党委领导、地方行政领导混淆不清。司法机关的工作是在党的领导下，代表国家司法独立意志，依据宪法、法律赋予的权力而实施的国家行为。司法制度是否公正具有两个基本要件：其一是

---

① 最高人民法院已经明确了今后（2008年之后）司法体制改革重点任务，这些任务包括“一是优化人民法院职权配置，完善上下级人民法院之间的审判监督关系；二是进一步完善审判委员会审理案件的范围、程序，规范审判委员会的职责与管理工作，改革和完善合议庭制度、加强合议庭与承办法官的职责；三是进一步落实宽严相济刑事政策，规范自由裁量权，将量刑纳入法庭审理程序，完善刑事诉讼二审、再审程序及死刑复核程序；四是建立刑事被害人救助制度；五是建立健全多元纠纷解决机制，加强诉前调解工作；六是改革和完善人民法院统一管理、统一协调的执行工作体制；七是加强法官的职业保障制度；八是进一步完善人民陪审员制度与司法警察制度；九是建立与完善权责明确、相互配合、相互制约、高效运转的审判管理体系；十是全面落实审判公开原则。”参见《法院司法改革明确十项任务》，人民日报，2008年12月23日，第9版。

② 李龙：《依法治国方略实施问题研究》，武汉：武汉大学出版社，2002年版，第351页。

是否坚定地坚持党的领导，其二是能够坚定地维护司法的相对独立性。司法的相对独立性，就是要求司法机关能够通过正确运用宪法、法律，合法地进行各项司法活动，包括对党政机关、组织和个人的监督和司法审查活动。党的领导不等于党委领导、行政领导，然而在现实中，司法机关的垂直管理和监督机制始终不能充分实现。因此科学地认识党的领导和维护司法工作的独立性是推动司法公正和保障党的领导的关键所在。（2）司法机关的法务人员的工作环境、工作条件及其工作自豪感存在较大欠缺。随着司法体制改革的推进，许多地方的人民法院、人民检察院逐渐改善了自己的工作环境和工作条件。但是，在许多地方，司法机关的环境建设和工作人员的基本待遇仍得不到切实保障，如在苏北某基层法院中近年来竟然出现了长期拖欠法官工资乃至法官集体上访的不良现象。由于司法工作的环境和条件的限制，司法机关的法务人员存在明显的自豪感不足，更多的司法工作人员将其工作更多地视为一种生计手段，失去了法官这一职业的自豪感和尊严感。这一切都是未来司法体制改革面临的“主体”建设问题。（3）司法机关的人、财、物过度受制于地方党委、政府的问题依然存在。为解决该问题，国家先后在财税制度中出台了“分灶吃饭”和“分税制”，但是这一问题并没无根本转机。因此，有学者指出“在这种经济依附、权力隶属的畸形结构中，地方司法机关无力抗衡地方政权的权力干预，其结果除司法独立和国家法制统一遭破坏外，还导致了司法权的地方化。如中央三令五申应克服的地方保护主义、部门保护主义不仅没有得到遏制，相反有愈演愈烈之势。这也暴露了这种体制必然产生的顽疾，进行改革势在必行”。①

2. 当前司法体制改革最为关键的问题是司法机关的法务人员的法律信仰、职业操守、法律业务能力等仍有很大短板。任何制度建设的最终问题都是人的问题，司法体制改革概莫能外。新中国成立之初的“新司法运动”，其成功的关键因素之一就在于对于司法队伍的清

① 李龙：《依法治国方略实施问题研究》，武汉：武汉大学出版社，2002年版，第352页。

理和重建。长期以来，我国司法机关的法务工作人员的专业化、职业化、知识化水平较低，司法工作的独立性、创新性、判例感较差，这既是一个体制的问题，又是一个人的问题。20世纪末，最高人民法院提出并着力进行地方人民法院的队伍建设，通过革新审判组织、建立法官等级以及司法考试准入等手段大幅度提升了法官的素质和专业能力。众所周知，基层人民法院是司法机关直接处理人民群众司法纠纷的“窗口”，然而这些“窗口”的建设中存在着法官的不敬业、不信法、不守法、不学法的现象，导致错案率居高不下，司法工作中的“法笃主义”越来越严重，等等。在提高法官知识化和专业化水平的过程中，学历造假、有学历无学习等现象让圣洁高贵的司法与“买学历”、“混学位”等不良现象交织在一起。必须承认的是，法官是一个特殊的法律职业共同体，自其出现以来，法官就是社会良心和法度的最后一道防线，法官的素质、对法律的信仰和职业操守、自豪感应该超出其他行业从业人员对于法律和其本职工作认知和理解的一般水平。正因为如此，我们认为“法务人员”的信仰操守问题必须认真对待、着力解决。

第二个层面，司法体制改革面临的现实性改造。所谓司法体制改革面临的现实性问题，是指司法制度改革过程中，尤其是近年来司法公正塑造过程中出现的非结构性问题，是局部性和阶段性的革新命题。近年来，中国加快了深化司法体制改革的步伐，从中国的国情出发，注意借鉴国外的有益做法，20世纪50年代中国在移植苏联法律文化时还存在着简单拿来主义的弊病，新时期中国的立法无论在选择蓝本时视野的广阔性，还是在引进先进法律文化时注意从中国的实际情况出发，都有了极大的改进。[①]但是，从具体的司法体制运行的过程来看，我国司法体制改革距离司法公正的要求还有一定差距，主要表现在：1. 司法机关的职权配置还不够优化，工作中心与各个业务部门、管理部门以及上下职权机关之间的关系还需继续合理化。2. 司法

① 李清:《新中国司法制度60年》，国家行政学院学报，2009年第3期，第32页。

机关的相关司法政策仍比较单一，例如刑事司法制度在长期固化的同时，仅仅做罪名方面的改革仍显不足，需要在程序和刑罚、量刑等问题上实现革新。3. 司法机关的人员队伍建设需要继续加强，尤其应开始重视设计和制定引进法律人才的具体策略。4. 司法为民的工作机制还不够完善，多元纠纷解决机制、民意沟通机制、涉诉信访机制、诉讼服务机制和司法救助机制等仍需完善和相互协调化。这些问题都是在近年来司法体制改革中逐渐凸显出来的现实问题，也是对司法体制改革提出的新要求和新挑战。

（五）法治的社会根基和民众认同比较薄弱

法治的社会根基是公民的法律意识，是民众对于法治的认同。法律意识是人们关于法的各种现象的感知、情绪和意志的总和。从内容上看，它包括人们对法律规范和法律行为的把握、评价和态度；从形式上看，它表现为人们对法律现象的理解和认知。作为一种自觉的精神力量，公民法律意识的社会作用是巨大的。[①]法治建设不是一种工具性的形式法治，工具主义的法治观直接会阻碍法治建设的有效性和持久性。随着社会主义法治建设的逐渐深入，人们越来越认识到“法治不仅仅意味着法律秩序和相关的操作技术，而且意味着更多地社会关系有法律调整。对法治价值的实体性理解着眼于法治本身所包含的道德原则和法治所要达成的社会目标，依此，法治被看作一种培育自由、遏制权势的方法，看作人类作为负责任的道德主体或者自由意志主体所从事的一种道德实践”。[②]正因为如此，党的十七大明确提出要“加强公民意识教育，树立社会主义民主法治、自由平等，公平正义理念”[③]，自由平等是法治理念的精神实质，民主法治是法治理念的实践本质，公平正义是法治理念的价值标尺，而在此基础上形成的公民意

① 孙光妍、毕晓棠：《法律意识与法治建设》，人民日报，2002年08月13日，第10版。

② 夏勇：《法治是什么——渊源、规诫与价值》，载于夏勇、李林等：《法治与21世纪》，北京：社会科学文献出版社，2004年版，第61页。

③ 胡锦涛：《高举中国特色社会主义伟大旗帜，为夺取全面建设小康社会新胜利而奋斗》，北京：人民出版社，2007年版，第12页。

识无疑就是公民的法治精神。

弘扬社会主义法治精神，是一种教育过程、理解过程和社会氛围。在法治建设过程中，社会主义法治精神的塑造应当是一项比较艰巨的任务。1. 法治精神的基础薄弱，与西方法治发展不同，我国的法治建设不是一种主体认知到制度建设的社会演进过程，因此公民的法治精神由于宗族、乡土和习俗等多方原因，是制度建构之后不断培育的，这不仅体现在公民的总体法治知识比较薄弱，法治理解力和法治信任度相对较低，而且表现为知识化的法治精英的法治信仰和意志比较片面化。2. 法治精神的实质尚不明确，与立法、执法和司法均具有国家的推进纲领和计划不同，在我国的法治建设过程中，目前尚缺乏一个明确的国家法治理念发展的纲领性意见。3. 法学教育缺乏系统性，法治理性不足。我们可以看到，21世纪初法学教育迎来了的自身的蓬勃发展期，但是法学教育和人才的需求没有转化为对于法学教育质量和层次的提升，而更多地体现在招生数量、设立法学专业的高校数量以及学科点的扩建上。因此，近年来出现了所谓的热门专业的就业冷门，数百法学研究生上大课等怪现象。这不仅没有提升所谓的法治精神，而且还对发展法学教育和尊重法治知识的工作带来了不良影响。4. 在公民的守法认知加强的同时，权利意识尤其是用法维权、公益维权的意识尚有待增强。5. 普法宣传的长期化、规范化建设亟需加强，我国已经进行了5次五年全国普法活动，取得了许多可喜的进步。但是，我们更应该清醒地认识到当前公民的权利意识仅仅仍旧停留在自利，而少于尊重他人权利和关护社会公平上，公益诉讼制度长期未能建立，加之法律和司法过程中的漏洞难免，很难实现社会主义法治理应具有的尊重个人权利、维护公共秩序、质疑公共权威、推进法治自由等法治精神要素，这些都是我们今后法治建设的重大挑战。

第二节　社会主义法治国家建设的新趋势

在新中国的历史上，我们经历了"基本完成社会主义改造的7年"、"开始全面建设社会主义的10年"、"'文化大革命'的10年"、"在徘徊中前进的2年"和"改革开放以来的33年"。[①]新中国的法治建设凝聚着几代中国共产党人巨大的政治勇气、理论智慧和不懈探索的心血。其间虽有曲折和坎坷，但最终社会主义法治理念、法治地位和法律权威得到确立，中国特色社会主义法律体系形成，依法治国、依法执政、依法行政全面推进，法治国家、法治政府、法治社会一体建设，新中国法治建设取得了巨大成就。[②]毋庸置疑，新中国的法治建设是中国特色社会主义事业的有机组成部分，是改革创新的伟大事业。全面实施依法治国基本方略，加快社会主义法治国家建设是党、国家和人民群众需要共同面对的使命。法治建设的任务比过去任何时候都更为繁重和富有挑战性。回顾新中国法治建设历程、成就与经验，展望未来社会主义法治建设的前景，我们认为有六大基本趋势是全面实施依法治国基本方略和加快社会主义法治国家建设的应有之义。

一、法治建设的大众化

法治建设的大众化与法治建设的精英化是相对立的概念，它们是法治建设制度模式的主要选项。法治建设的大众化实际上是政治生活中民众主义（Populism）在法治结构中的具体表现，与之相对应，法治建设的精英化则是精英主义（Elitism）的具体载体。"精英"一词的最初含义是最高级、最好的或最优秀的人，现在仍可以这样解释。然而，从一般意义而言，它指的是在其手中集聚着权力、财富或特权

---

① 李君如:《怎样看待新中国两个30年》，求是，2009年第14期。

② 曹康泰:《新中国60年法治建设的探索与发展》，求是，2009年第14期。

的少数人，而不论这是否正当，精英主义是关于精英统治或少数人统治的观念或者实践。[①]在精英主义的演变历史中主要具有三种历史形态：规范精英主义（Normative populism）、古典精英主义（Classical populism）和现代精英主义（Modern populism），它们同属于精英主义，但是彼此之间具有许多显著的差异。其中一个显著的差异就是，不同类型的精英主义对于法治的态度各有不同。客观地说，精英主义从根本上是怀疑法治主义的，因为他们更加倾向于信任"人的精英化"，因此血统、阶层、宗教、知识和道德等是精英主义理论的主要考量因素。但是，随着社会的发展，法治逐渐成为一种必然的历史发展趋势，对此精英主义的观点也发生了松动，从规范精英主义的哲学王的法律工具论，到古典精英主义的规范信仰的法制经验论，再到现代精英主义的精英统治的法治尊重论。总之，法治建设的精英化基本是指"把视为少数精英群体的事业，主张由精英来主导法治的发展路向并控制法治的实际运作，由精英用法律来治理国家和民众，推行自上而下的法律发展路径"。[②]与精英主义不同，民众主义具有多种内涵、多个流派和多重界定。这也许是由于民主制度和民主文化的复杂性造成的。我们基本认同，"民众主义被人们用来描述一种特殊的政治思想传统和一种特别的政治运动和政治形式。作为一种政治传统，民众主义反映了这样一种观念，即民众的直觉和愿望应该确定为政治行为的主要的合法性指南"。[③]民众主义与现代法治主义是天生的双胞胎，二者都是为了保护在统治体系的较弱者，都强调统治和制度的民众意志决定，都要求民众意志是政治统治的合法性基础，而且它们都是精英主义的怀疑者和批判者。因此，自由、平等、公平、正义的法治理念均产生

① 安德鲁·海伍德：《政治学核心概念》，吴勇译，天津：天津人民出版社，2008年版，第208页。

② 林蕾、黄进喜：《中国法治建设的大众化进路及其推进方式》，东南学术，2008年第5期，第123页。

③ 安德鲁·海伍德：《政治学核心概念》，吴勇译，天津：天津人民出版社，2008年版，第208页。

于民众主义的政治运动中，而人民主权、法律面前人人平等、权力分离与制衡、立宪主义等民主诉求均需要法治主义的制度保障。从基本趋势来看，法治建设必然将从精英主义向民众主义发展。

近代中国的法治探索，实质是探求法治建设精英化。19世纪中后叶以后，随着洋务运动、西学东渐运动的方兴未艾，中国开始在政道和学道两个层面全面学习西方政治经验。西方国家的“天赋人权”、“社会契约”、“人民主权”、“宪政主义”等法治理念和制度模式开始传入我国，为一些开明官僚、留洋学者和职业革命家所推崇。这些西方法治的接受者，莫不是官僚阶层、士绅阶层和知识分子阶层，不论是地位、知识水平还是“血统”，均符合精英的基本要求。他们脱离当时中国实际，企图通过君主立宪、资产阶级立宪或者政治结构的法治化实现中国走向法治道路。事实证明，在人治专制传统根深蒂固的中国社会，仅仅几个精英阶层的有识之士，既没有改变统治阶级的统治模式，也没有改善中国民众的法治认知。事实上，那时的法治精英论者所论证的法治不过就是西方法治的形式，而尚未弄清法治是什么，中国法治建设的立足点何在，西方法治如何产生，中国法治是否需要西方法治模式，中国的法治如何借鉴西方法治成果等一系列根本问题。法治，只不过是那时所谓法治精英的“学术腔调”。我们权且不论旧中国的法治建设的本质属性如何。试想，作为一种文明化产物的法治，何以能在一个90%以上的国民文盲化的国度里生根发芽呢?

新中国成立以来，法治建设走上了建设社会主义法治国家的正确道路。纵然期间存在各种挫折，但是我们建设社会主义法治国家的前提和基础是稳固的，方向是正确的，而任何建设中的“试错过程”并不会影响这一建设的根本属性。毋庸置疑，新中国成立之初轰轰烈烈的“三反”、“五反”运动改变了政治精英对于政治的话语统治，党和国家的方针、路线和政策能够顺畅地通达到基层人民群众，“五四宪法”就证明了社会主义法治建设从一开始就走上了法治建设大众化的道路。客观地说，之所以出现了诸如“文化大革命”期间的法治踯躅不前，其原因并不在法治建设大众化的道路不正确，而是因为指导这种大众化法治的认识、地位和价值是不科学的，而意图根除人治和官僚主义的愿望却成为牺牲法治的错误理由，最终导致了法治建设的挫折。改革开放以来，在党的领导下，国家不断推动法治理念的普及，树立了法治建设的宪法地位，在立法、执法和司法等各个环节不断加快建设步伐，使得法治建设的本质始终坚持人民民主法制不动摇，使得法治建设的精神能够获得人民群众的普遍理解，使得法治建设的制度能够获得人民群众的广泛支持，使得法治建设的措施能够获得人民群众的密切关注，使得法治建设的成果能够为人民群众共同享有。

站在新的历史起点，正反两反面的经验告诉我们社会主义法治建设必须坚持大众化，这是人民民主专政的社会主义国家性质决定的必然道路，是中国特色社会主义政治发展道路决定的正确方向，是发展人权事业、尊重和保障公民人权的现实选择。迈向成熟的社会主义法治建设，必须全面实施依法治国基本方略，必须加快推进社会主义法治国家建设，而实现上述目标就必须使最广大人民群众认同社会主义法治理念、弘扬法治精神，使得一切法律制度建立在尊重和保护人民群众根本利益的基础上，使得更加广泛的人民群众的意见和建议贯彻和体现在法治建设的具体体制设计中，使得更广大的人民群众尤其是弱势群体能够享受到法治建设带来的积极成果——平等地拥有政治权利、公平地享有改革开放成果、自由地表达个人批评意见。社会主义的法治建设之所以是社会主义的，就在于它是阶级性和人民性的有机统一，是国体的根本保障。离开了法治建设大众化方向，法治建设就面临困境和危机，国体的基础就面临动摇的危险。一言以蔽之，新时期的社会主义法治建设的首要趋势就是坚持大众化方向不动摇。

二、法治建设的均衡化

众所周知，均衡是博弈论的核心概念，是指博弈达到的一种稳定状态，没有一方愿意单独改变战略。而在经济学中，均衡一般是指经济体系中变动着的各种力量处于平衡，因而变动的净趋向为零的状态。可见，均衡大概具有稳定、秩序和渐变的特点。在社会政治生活中，法治是一种政治生活的基本模式。一般认为，法治社会的政治建构基础应是稳定、均势的，即社会各阶级、阶层和不同群体、个体之间的矛盾能够通过政治结构、形式和行为得以缓解而控制在一定秩序范围之内；而这种均衡的社会结构和发展状态是法治建设完备化得前提，也是法治建设不断完善的目标。法治社会是追求公正的社会，是一个实践公正的社会。这里的公正就是一种优良的社会状态，即所谓的均衡的社会状态。均衡，即在指社会政治生活布局上公正的三个主要维度[①]内及相互间等量不等形的平衡。所谓等量，指的是在任何一个维度或者维度间存在对公正认知的简单共识、基本制度的架构和政治价值的体现。而所谓不等形，是指这种等量体现并非是1∶1∶1的对称关系。因此，对于法治建设指向的公正社会而言，出现了单维度的超越或者匮乏，就需要在三种维度及其项下要素中探求导致这一现状的原因、合理性，即公正的批判路径；在需要承认等量等形的公正结构是一种彼岸性的乌托邦理想同时，公正需要人们在三种维度间作出一定的优先性选择，即选择何种维度作为公正价值实践在特定时期能够接受的超越，而不致导致其他维度失去均衡可能的匮乏。在这里，矫正意味着选择，而不是对于分配结果的修正。随着主导维度的不断变化，公正的法治化在三个维度上获得了普遍的发展，表现为一种主导维度和辅助维度的动态制衡，即通过约束、促进、沟通和外接的方式方法将公正实践的范畴边界有效扩大，对政治生活的调控层次逐渐深化。

改革开放30多年来，我国的法治建设紧紧围绕经济建设这个中心不动摇，为社会主义市场经济体制的确立和运行提供了重要的制度保障。事实上，中国的法治建设与经济建设之间的联系十分密切。改革开放伊始，党和国家在提出加快经济建设步伐的同时，就提出要建立健全社会主义的法制，使得法制规范化、稳定化。紧接着，在经济建

---

① 根据笔者的区分，一个可以称之为均衡的公正社会，至少是三个基本维度的动态均衡，即政治评价行为、政治生活结构和政治价值构建。

设不断推进的同时，党和国家又提出了“一手抓经济、一手抓法制”的正确主张。党的十三届四中全会后，以江泽民为核心的党的第三代中央领导集体，在继续推进和深化改革开放伟大事业的基础上，明确提出了建立社会主义市场经济体制的改革目标，并围绕这一目标提出实行依法治国的基本方略，开始了中国法治建设的新阶段。[①]进入新世纪以来，随着改革开放和社会主义市场经济体制改革的不断深入，我国的法治建设也出现了新的转变。我们既需要应对社会主义初级阶段基本矛盾的挑战，又要面对经济全球化浪潮带来的经济建设需要；既要因为我国加入WTO而适应新的国际经济的法律规则和体系，又要积极应对两次金融危机带来的制度失灵问题；既需要通过法律促进企业的生产发展，又必须制定《物权法》维护公民的财产权。这一切无不是围绕着经济建设这一社会主义现代化建设的核心而展开的。

在“经济发展——法治保障”的命题下，经济的发展获得更好的保障，取得令世人瞩目的发展速度和建设成效。但是，经济建设的蓬勃发展在促进法治建设的快速发展同时，也带来了许多问题。比如，过分强调GDP等数字政绩，却不重视通过法治来考量这种增长的合理性；很多地方以牺牲法治建设为代价，建立贸易壁垒，实行地方保护主义，在经济增长的虚假繁荣下却失去了规范、守法的市场基础和产业动源；在法律体系建设中，经济法法律部门以及与经济效益、经济发展和经济改善的其他法律部门获得较为充分的发展，而强调公平、均衡和制约的社会法法律部门建设却相对迟缓。例如，职业病防治的法律规定中，要求用人单位向职业病鉴定机构提供职工从事工作的接毒史（可能造成职业病危害的工作记录），却没有规定用人单位如果不配合提供应承担何种法律责任，这就造成了职工成为明显的法律弱势，或者说，用人单位完全可以不顾职工的基本健康而毫无顾忌地削减生产过程中的劳动卫生设备和职业病防护措施，以减少成本获得更大的经济效益。尽管法治建设已经写入宪法，成为国家的基本方略，

---

① 曹康泰：《新中国60年法治建设的探索与发展》，求是，2009年第14期。

但是法治建设与经济建设的“不平等”、“不对称”关系仍比较严重。

今日之法治建设，必须革除极端化或者非均衡化的倾向，更加注重均衡化的发展。社会主义法治建设必须注重任何行为和社会关系在法治建设体系中的地位，即共同考虑该行为可能带来的价值因素、效益因素和人民群众的可接受性因素。既不能放弃经济建设的核心地位，又不能将法治建设沦为经济建设的“傀儡”；既能够在法治建设中体现出更多的社会关怀，又能够使得法治建设真正实现法治经济。新时期的法治建设已经不再是法律体系内部或者为某个建设体系服务的具体手段，而是一种政治生活的结构模式，这就意味着法治本身就应该涵盖经济建设、法制建设、文化建设乃至技术发展，是一个能够调节和配置各种社会主义现代化建设工作的发展均衡器。

三、法治建设的扩散化

从新中国法治建设的动力角度看，中国学术界关于法治建设动力的学术观点有很多，基本都以两个对立的关系出现，主要包括：社会演进型和政府推进型，本土资源型与变法模式型，以及单一推进型与折中主义型，等等。西方国家的法治建设一般采用的是社会演进型，即法治理念和法治诉求首先在乡村共同体、市民社会和社区行会等社会组织中逐渐形成。当某一法治理念发展相对成熟的时候，该理念需要对当时的政治制度和政权统治机制进行反思和批判；先进的法治理念和相对落后的政治统治模式的争论甚至斗争最终以制度符合先进法治理念成为此时法治建设的制度成果，并被固定下来构成某一社会中不同国家的政权组织形式。正如萨维尼所言，西方的“一切法律均缘起于行为方式，在行为方式之中，用习常使用但却并非十分准确的语言来说，习惯法渐次形成；就是说，法律首先产生于习俗和人民的信仰，其次乃假手于法学——职是之故，法律完全是由沉潜其内、默言无声而孜孜矻矻的伟力，而非制定者的专断意志所孕就的；我们须将法典视为对于全部现有法律的宣示，而具有由国家本身赋予的排他性效力”。[①]而我国的法治建设则不同。不论是近代中国法治主义的兴起，还是新中国的法治建设，法治发展的主要动力依靠的都是政府推动。

与旧中国法治建设的政府推动法治建设不同，新中国的法治建设尤其是改革开放以来的法治建设选择政府推动型的法治建设路径，符合中国的社会性质和基本国情，体现了实事求是的精神。邓小平在南巡讲话中特别指出：“实事求是是马克思列宁主义的精髓，要提倡这个，不要提倡本本。我们改革开放的成功，不是靠本本，而是靠实践，靠实事求是。……我读的书并不多，就是一条，相信毛主席讲的实事求是。过去我们打仗靠这个，现在搞建设，搞改革也是靠这个。”[②]正因为如此，新中国的社会主义法治建设特别强调坚持以经济建设为核心。时至今日，全面实施依法治国方略、加快推进社会主义法治国家建设更需要加快经济体制改革，重视加大社会主义市场经济的发展步伐和建设力度。这貌似是一个市场和经济问题，其实是一个政治发展问题。我们必须清醒地认识到：“世界上一些国家发生问题，从根本上说，都是因为经济上不去，没有饭吃，没有衣穿，工资增长被通货膨胀抵消，生活水平下降，长期过紧日子……人民现在为什么拥护我们？就是因为这十年有发展，发展很明显。假设我们有五年不发展，或者是低速度发展……会发生什么影响？这不只是经济问题，实际上是个政治问题。”[③]事实上，社会主义现代化建设的根本问题一是发展社会生产，二是快速地实现社会生产力水平的较大提升，三是扩大改革成果的共享范围，四是设计出能够保障和促进上述工作持续发展的制度体系。新中国的任何建设都必须有一个明确的目标、一个较为紧迫的时间表和一条相对稳定的治理手段。而能够实现这一切的只有政府。这也就是为什么我国需要政府推进型的法治建设原因所在。

从另一个方面看，中国不适合进行社会演进型的法治建设，对

---

① 萨维尼：《论法学与立法的当代使命》，许章润译，北京：中国法制出版社，2000年版，第9、11、15页。

② 《邓小平文选》（第3卷），北京：人民出版社，1993年版，第382页。

③ 《邓小平文选》（第3卷），北京：人民出版社，1993年版，第354页。

此，有的学者指出："可以假设一下，如果我们不争取时间，不能赢得时间，会出现一种怎样的后果。假设中国也能够比较从容地进行法制现代化建设，比较从容地培养人们的行为习惯，在时机完全成熟的情况下建构新的法律制度，让法律制度的变革与人们的行为习惯的演变呈现相互协调、适应的过程，这自然是最理想的。但是，经济发展的速度压力不允许我们那样。如果等待国家行政机关都有了依法行政的意识再制定行政法？等待企业有了环境保护意识再制定环保法？等待国家干部有了廉政意识再制定廉政措施？等待企业老板有了保护劳工权益的意识再制定劳动法？如果真是这样，中国的法治化进程恐怕目前还处于尚未启动状态，中国就有可能在国际社会中丧失生存的机会，就有可能在下一个百年史甚至更长的时期里重新接受被奴役、受欺辱的命运。这是国家所不能容忍的，说到底，是人民不能满意的，是熟知近代百年屈辱历史的中国人所无法接受的。所以，我们做出了加速现代化和加速推进法治的选择，走上了一条政府推进型的法制现代化之路。"[①]事实证明，新中国由政府推动的法治建设取得了长足的进步和发展。确立和巩固了依法治国基本方略，而且各项法治建设事业蒸蒸日上。

不过，我国法治建设已经到了新节点。2010年，我国宣布正式形成社会主义法律体系。这就意味着新中国法治建设正式进入了法治建设的完善期。在进入完善期的法治建设阶段，制度性建设和立法建设更加成熟，趋向于修改和增补，而不会进行重大的立法调整。党和国家将更加重视法治建设的动力向社会演进方向转变。就是要让更多的人民群众开始更加主动、自觉和积极地参与法治建设，加快树立正确的社会主义公民意识和法律精神。马克思主义经典作家曾指出："历史什么事情也没有做，……创造这一切、拥有这一切并为这一切而斗争的，不是'历史'，而正是人，现实的、活生生的人。'历史'并不是把人当作达到自己目的的工具来利用的某种特殊的人格。历史不过是

① 蒋立山:《中国法治道路初探（上）》，中外法学，1998年第3期，第21页。

追求着自己目的的认识活动而已。"[1]随着法治建设的不断深入，法治建设更倾向于法治文化养成和理念塑造，这绝非政府强制机制和严格的时间表所能实现的，需要更广泛和最普通的人民群众参与进来，理解现代法治和我国法治建设的基本状况。必须承认，在人作为主体推动政治生活乃至人类历史不断发展和进步的作用中，人民群众将发挥决定性的作用。"人民群众是指在社会中占居民大多数的人们。人民群众是社会群体中的最大群体，所以他们的力量是巨大的。人民群众作为一个整体，其总是希望过上更加美好生活的根本利益追求，始终是同社会发展的基本趋势相一致的，所以他们在历史上总是起着积极的进步作用。"[2]当法治建设的扩散化逐渐兼顾政府推动和社会演进的彼此交互影响时，法治建设的主体特征社会更加明显，这符合政治建设的文明化和主体性的特征。也是我国法治建设更加牢固地巩固我国法治建设的人民主权地位不动摇，最终实现法治文明的必然要求。

四、法治建设的知识化

在一段时间内的政治学和法学研究中，许多学者认为既然法治是一种文明化的具体形态，那么认识法治和实现法治的过程应该是一种法学（及其交叉学科）的专业化建设过程。客观地说，法治建设专业化的初衷是正确的，因为我国的法治建设需要厘清法治的内涵、法治建设的本质、法治建设的根本路径、法治建设的未来方向和法治建设的机制选择依据等许多重大的理论问题。但是，这种专业化的倾向比较容易演变成为一种法律精英主义，形成某种特殊的以具有法学专业知识为背景的法律职业共同体。例如，在物权法制定的过程中，有的民法学者就曾经针对宪法学者的违宪批判提出不具备民法专业学术背景的人不应参与民法立法的讨论等言论。这就生动地说明了法治建设

---

① 《马克思恩格斯全集》（第2卷），北京：人民出版社，1957年版，第118—119页。

② 王孝哲：《关于社会发展动力之新见》，东南大学学报（哲社版），2008年第5期，转引自《人大复印资料·中国特色社会主义理论》，2009年第1期，第60页。

专业化的取向存在了精英化误区的可能。

旧中国法治专业化的态势十分明显，但却没有建成中国的法治文明。其原因何在？简单地说，就在于这个阶段的法治探索尽管认识到了中西之间贫富、强弱之差距，而且提出应该重视两种政治制度之间的差异，但是这种关注更多的是一种自我陶醉式的“文化器物学习”。换句话说，旧中国的法治探索是在不侵害统治阶级统治的前提下进行法治学习。当然，许多洋务派、维新派甚至革命派人士都曾力拓法治建设的政治改革，但是终究流于朝廷教化和学者相惜，成为旧中国所谓精英文化的一支，只要不侵害到中国人生活方式的内部价值，它就能够言说和“操作”，而只要它意图改弦更张，则必然遭到无情地打击甚至灭顶之灾。按照有的学者的判断，就是“介绍西方的研究成果更多，对中国问题研究得少，特别是研究中国现实政治问题的就更少”。[①]

以史为鉴，与法治建设的专业化相比，法治建设的知识化是一个更加理性和全面的命题。专业化和知识化都是一种认识过程，前者的认识指向“知识本身”，而后者则指向“认识知识”。知识化，是一种认识论或者知识论的动态表达，它是试图回答“人如何知道”这一问题的思考过程。对新中国的法治建设而言，法治发展更多地体现在法治这一模式和理念的出现与宣传，法治对于中国社会的影响，从排斥走向了了解，从了解走向了泛化。我们曾经指出，当今中国社会，法治之名并不匮乏，人皆可言法治如何，但是真正了解法治、尊重法治和信仰法治的人却屈指可数。这是一个信念问题，而信念来自于理解，理解来自于充分的认识。由此可见，未来中国法治的发展，需要法治建设知识论的发展。对于个人的日常生活而言，知识论的要求并不复杂，它“是一个关于如何知道的问题，而不是关于知道本身的问题。当我们问一个人是如何知道某事的时候，我们一般想了解的是他相信

① 赵宝煦:《中国政治学百年历程》，东南学术，2000年第2期。

此事的理由。我们想知道什么东西使他的信念得到辩护”。[①]在法治建设中，这就要求我们更加全面科学地理解社会主义法治建设。

在新时期的法治建设中，把握知识化的趋向至少应该围绕以下几个层次展开。其一，也是最低层次，有效丰富全民的法治知识（而不仅是法律知识）；其二，在法治知识普及的基础上，形成法治理性主义；其三，通过具体法律制度和机制的创立革新，使得法治实践价值融入人民群众的日常生活中，即具有为法治思想和制度进行自觉辩护和遵守的生活习惯；其四，形成较为完备的社会主义法治理念，构建具有开放性和规范性的法治价值体系；最后，法治建设知识化的最终指向是使其成为社会主义法治国家的运行基础，成为具有自发强制性的普遍社会规则的法治标准。

法治建设的知识化趋向将有助于理解依法治国基本方略的根本意义，理解社会主义法治国家的实质；有助于我们更加全面看待自己的思想、行为与法治建设要求之间的差距，并及时矫正自身发展的方向；有助于我们可以用建设性的怀疑眼光去审视我们已有的制度建设，并不断使法制建设的现实符合法治发展的文明化要求；有助于形成独立自主而特色鲜明的中华法治文化，树立并扩大本土化法治文明在全球法治交流中的地位和影响力。

五、法治建设的权威化

一般认为，权威（Authority）是一种特殊形态的权力，或者说是合法性权力（Legitimate power）。一个政治共同体或民族国家能否树立统治的权威，是关系其执政党执政的正当性、国家稳定和政治文明发展的重要依据。人们普遍认识到，权威“是维持秩序的基本条件，因此也是人们摆脱野蛮和不公正的‘自然状态’——一种没有政治统治的社会——的唯一手段。权威还建立了使社会得以凝聚的共同

---

① 约翰·波洛克、乔·克拉兹：《当代知识论》，陈真译，上海：复旦大学出版社，2008年版，第14页。

规范和价值，并因此为人们提供了社会认同和根源感”。[①]近代以来，将权威引入政治生活领域最为著名的理论是马克思·韦伯关于权威三种类型的分析，即传统型权威（Traditional authority）、魅力型权威（Charismatic authority）以及法理型权威（Legal-rational authority）。韦伯认为，这是根据人类社会发展过程中政治社会关于权威形态的分类和研究过程，是按照权力合法性的支撑标准进行的划分，即从历史与传统，到英雄人物（领袖）的人格力量，再到官僚体制下严格的“非人格化规则”或法律规制体系。显然，法理型权威是现代法治在政治统治体系中的表现形式，即法治国家和法治社会。

现代法治国家的法治权威化表现形式基本一致，主要表现为法律至上、法律至圣、法律至贵和法律至信等4个方面。这四个方面共同构成了法治权威的具体内容和建设要求，“法律至上表明了法律的地位，法律至圣展示了法律的威严，法律至贵说明了法律的重要性，法律至信揭示了人们对法律的内心信念”。[②]近代西方法治理论的奠基人戴雪（A. V. Dicey）就是从法治权威化的角度点明了法治的含义：

构成宪法基本原则的所谓“法治”有三层含义，或者说可以从三个不同的角度来看。

首先，法治意味着，与专横权力的影响相对，正规的法律至高无上或居于主导，并且排除政府方面的专擅、特权乃至宽泛的自由裁量权的存在。

其次，法治意味着法律面前的平等，或者，意味着所有的阶层平等地服从由普通的法院执掌的国土上的普遍的法律；……

最后，法治可以用作一种表述事实的语式，这种事实是，作为在外国自然地构成一部宪法典的规则，我们已有的宪法性法律不是个人

① 安德鲁·海伍德:《政治学核心概念》，吴勇译，天津：天津人民出版社，2008年版，第19页。

② 李龙:《依法治国方略实施问题研究》，武汉：武汉大学出版社，2002年版，第99页。

权利的来源，而是其结果，并且由法院来界定和实施；……[1]

在第八届全国人大第五次会议上，江泽民曾经指出“要始终注意维护国家法制的统一性和严肃性。这个问题无论在立法工作还是在执法工作、司法工作中都要加以注意。依法治国是新的历史条件下党领导人民建设和治理国家的基本方略，在我们这样大的国家进行改革和建设，只有各地区各部门都严格按照国家法律法规办事，我们才能步调一致地前进。如果各行其是，对国家法律法规，符合自己利益的就执行，不符合的就不执行，或者打折扣，甚至加以曲解，那就会贻误和损害党和国家的工作，就会干扰正常的经济、政治、社会生活秩序，就可能出乱子”[2]，不断强化法治建设的统一性和严肃性就是必须加强法治的权威性。对此，《中华人民共和国宪法》早已明确宣示：“本宪法以法律的形式确认了中国各族人民奋斗的成果，规定了国家的根本制度和根本任务，是国家的根本法，具有最高的法律效力。全国各族人民，一切国家机关和武装力量、各政党和个社会团体、各企事业组织，都必须以宪法为根本的活动准则，并且负有维护宪法尊严、保证宪法实施的职责。”显然，宪法已经确立包括其自身在内的一切法律在国家生活中的权威地位。新中国法治建设的发展和现状就是法治权威形成的产物。社会主义法治建设已经确立法治权威的目标、原则、价值和准则，这是法治建设的重要成就。与此同时，法治权威的现实应用和社会对法治的实际尊重程度却有待继续加强。宪法的运行状况能够充分说明我国法治权威化进程中的不足。宪法还不能够作为一种正式的司法渊源用来维护公民的合法权益，在法律体系的空白处宪法及其相关宪法法律的作用仍十分有限，人们尊重宪法的宣示仅仅停留在文本或者语词中，而缺乏意识和行为上的宪法尊重。这一切都说明，法治权威化的实践价值没有得到很好的体现。

---

① Albert. V. Dicey, Introduction to the Study of the Law of the Constitution, 转引自夏勇：《法治是什么——渊源、规诫与价值》，载于夏勇等：《法治与21世纪》，北京：社会科学文献出版社，2004年版，第274页。

② 《江泽民文选》（第1卷），北京：人民出版社，2006年版，第644页。

新时期的法治建设，必须坚持发展法治的权威化，理顺法治、权力、合法性之间的科学关系，辩证地审视党和国家在执政兴国的过程中如何更好地贯彻尊重法治、在法律的范围内活动的行动纲领。必须将加强宪法学习，在理解宪法的过程中理解各个法律部门的建设，用宪法的阶级性、一贯性来衡量社会主义法律体系的完备和修缮。必须“使得宪法运行起来”，让宪法更多地、更广泛地、更细致地影响政府、组织和人民群众的日常生活，使得司法体制和机制的改革更加从重视操作而非耽于理想的宪法实践者的角度来走进法治权威、实现法治权威。党的领导、人民当家作主和依法治国的有机统一就是要实现法治权威化，将人民意志、党的领导和法治建设统一在一种直观的、价值性的和信仰型的权威体系之中，这不但是社会主义法治建设的前景，更是是它应该坚持的发展方向。

第三节　法治建设和政治发展的现实使命

本节将论述法治建设和政治发展的现实使命。所谓法治建设和政治发展的现实使命，就是指本章将在前面各章分析内容和结论的基础上，依据我国当前法治建设的新特点和新现象，结合新中国法治建设的基本经验和时代挑战，提供一些有利于社会主义法治建设健康发展的思路和设想。在全面实施依法治国基本方略和加快推进社会主义法治国家建设的基本趋势面前，简要地提出若干完善我国社会主义法治建设，发展社会主义法治文明的具体策略。

首先，继续转变观念，塑造社会主义法治理念。塑造社会主义法治理念是新时期法治建设的首要之务，是社会主义法治建设五大基本趋势所共同指向的发展目标。回顾法治发展的历史，尤其是新中国法治建设的历史发展，我们不难发现：“一个国家的法治是由一个社会包括经济基础在内诸多社会条件决定的，并总是回应了该国或该国特定时期的经济社会发展中的制度需求。如果社会条件不同，那么各国，甚至一国在不同时期的法治实践一定会有不同。此外，即使因相类似的社会条件引发了相类似的法治实践，鉴于思想表达着的特定关注、抽象以及具体表达方式会有差别，以命题和思想反映出来的有关法治的观点和理念也必定有所不同。”[①]新时期中国的法治建设必须坚持从现有法治现状入手，更加全面地审视中国法治理念塑造的突破口。

新时期的法治理念建设必须转变几个错误观念。其一，西方法治理念至上论。事实一再证明，西方的法治理念是一种西方化的语境，是站在西方资本主义国家利益和意识形态基础上的法治观念。近年来发生的一系列事件已经明显体现出西方法治理念的荒谬性。诸如在藏独、疆独的问题上，西方法治传统中的法律至上、人人平等的理念被虚假新闻和狭隘的反共产主义情结所遮蔽；特别是在“7·5”乌鲁木齐打砸抢烧杀恶性暴力事件中，西方国家包庇一个背负刑罚、从事分裂其他主权国家的恐怖分子的做法，既违背了国际法，又再一次向中国人民说明了西方法治理念中人性、自由、平等、尊重法律的虚伪性。因此，批判西方法治理念至上论不但能揭露其虚假性，更是维护国家主权和领土完整和巩固社会主义法治的必然要求。其二，摒弃工具主义的法治观念。经过60多年来的法治建设和探索，我们已经厘清了法、法律和法治的本质区别。这不但意味着，法律的工具中立性不能等同于法的阶级性，也不能等同于法治的阶级性和人民性。新时期的法治建设，特别是社会主义法治应该坚决否弃法律工具论等同于法治工具化得倾向，而应树立公平、正义、民主、自由、平等等正确的法治价值。其三，抛弃实用主义的法治观念。法治建设中的实用主义是一种推崇主观经验，着眼于应付法治环境、强调法制措施的实际效果的法治建设流派。法治建设实用主义利用所谓的“中立”的法治建设的普遍经验，把那些深深植根于所处时代的法治建设成果抽象为所谓的普遍经验。以他们标榜的美国式民主法治来看，如果遵循当时所谓的英国式法治模式和美国邦联的法治传统，就不可能出现美国宪法，

① 朱苏力:《执政党对中国法治的三个核心关注》，人民日报，2008年7月23日，第15版。

而美国宪法的出台则更是"违宪"的产物。实用主义的法治建设是把一些偶然性命题过分上升为结构性命题，这也是我国新时期法治建设必须谨慎防备的错误观念。

正因为如此，我们必须坚持马克思主义对社会主义法治理念的指导地位。为什么必须坚持马克思主义的核心地位，原因在于，马克思主义是被100多年来世界历史发展进程特别是我国革命、建设和改革实践反复证明了的科学真理，具有鲜明的科学性和真理性，是我们认识世界、改造世界的强大思想武器。①坚持马克思主义，必然要求我们在思想和行动上毫不动摇地将法治放在全局性、基础性和战略性地位，将法治作为深入学习贯彻科学发展观的思想支撑，作为发展中国特色社会主义政治发展的理念依据，作为构建社会主义和谐社会的思想基石。为此，新时期我国法治理念的塑造必须从中国的国情和民众的接受程度出发，推动国家发展法治理念的建设工程，鼓励不同法治理念的合理碰撞，科学有效地进行马克思主义法治学说的宣传教育，不断矫正和树立正确的权力和法治关系的认识。与此同时，新时期的法治理念是以人为本的法治理念，以人为本的最本质性要求，就是以每个人的自由而全面的发展为本。马克思恩格斯在《共产党宣言》中描绘了未来的自由人联合体的特征，当每个人的自由都成为其他人自由的条件的时候，那个社会就是最和谐的，这就预示着每个人的自由都得到充分而全面的发展。这是一个理想的目标，是一个最高层次的目标。②在具体实践中，我们应该特别关注人权理念的构建，认真落实国家人权行动计划的发展目标和庄严承诺，从保障人民的生存权、发展权出发，使得全体社会成员认识到拥有平等参与、平等发展、共同享有的基本权益，通过各种具体的制度建设和机制改革，充分体现以人为本和关注民生。

---

① 中共中央宣传部理论局:《六个"为什么"——对几个重大问题的回答》，北京：学习出版社，2009年版，第4页。

② 徐显明:《以人为本：法治观念的革命》，人民日报，2006年12月23日，第13版。

其次，在形成中国特色社会主义法律体系后坚持法律体系的不断完善。历史已经证明，中国特色社会主义法律体系是动态的、开放的、发展的，需要与时俱进，需要适应客观条件的发展变化并不断地加以完善。改革的不断深入，必然带来社会利益格局的深刻调整，必然要求对各方面体制机制进行完善和创新；完善社会主义市场经济体制，转变经济发展方式，贯彻“五个统筹”，从制度上更好地发挥市场在资源配置中的基础性作用，都需要通过法律手段实现体制机制的改革；建设创新型国家，需要从战略角度设计鼓励支持创新、保护知识产权、促进科学合理配置资源的法律制度，把科技决策、科技开发、科技管理、科技成果的运用纳入法制化轨道；发展社会主义民主政治，从各个层次、各个领域扩大公民有序政治参与，保证人民依法管理国家和社会事务、管理经济和文化事业，发展基层民主，推进社会主义民主政治制度化、规范化、程序化，需要我们不断完善相关法律制度，从法律制度上保证人民当家作主的权利。开放和发展是中国特色社会主义法律体系的生命力所在。①

而今，党和国家提出在2010年形成中国特色社会主义法律体系的目标顺利完成，这为今后的法律体系建设提出了更高的要求。如何使中国特色社会主义法律体系更加完备是当前法治工作的重中之重。这就要求我们认真、细致、高效地完成以下法律体系的建设工作。1．在立法原则上，必须坚持从我国国情出发，重视当前国内外的实际情况，坚持以人为本，坚持实事求是，抓紧制定和通过在我国法律体系中占据支架作用的基本法律，如民法典；必须适时修正与经济社会发展不相适应的法律和法规。2．在立法工作的重点建设中，必须加强以民生为核心的社会法法律部门的立法建设，继续完善经济、政治、文化领域立法；如，制定社会保险法、社会救助法、侵权责任法、行政强制法、农村土地承包经营纠纷仲裁法、精神卫生法、国防动员法等法

① 信春鹰：《形成并完善中国特色社会主义法律体系》，人民日报，2009年3月12日，第10版。

律，修改国家赔偿法、保守国家秘密法、选举法、村民委员会组织法、土地管理法、邮政法、统计法等法律。3. 切实落实法典化工作，完成法律清理工作。[①]2009年，中国进行了建国以来第三次法律清理工作，将20世纪50年制订的若干决定和规定决定废止。法律清理工作是形成中国特色社会主义法律体系的重要一环，需要继续加大力度、严格清理“一是有的法律是20世纪80年代或90年代初制定的，现在看来，有些规定已经明显不适应发展社会主义市场经济的需要；二是由于法律制定的时间有先有后，有的后法与前法的一些规定有不尽一致或不够衔接的地方；三是有的法律操作性不强，难以用国家强制力来保证实施”。[②]4. 围绕法律清理工作的展开，持续进行法律的解释工作，促进法律体系的科学、统一和和谐。5. 抓紧研究和认真贯彻立法规划，不断加强立法工作的组织协调，积极推进科学立法、民主立法，加强立法调研和科学论证，广泛凝聚共识，提高立法质量。要继续督促有关方面抓紧制定法律配套法规，保证法律有效实施。6. 进一步扩大公民对立法工作的有序参与，不断实现立法透明性，在巩固和坚持密切关系群众利益的立法过程中的听证制度同时，更大范围和更大力度地向全社会公布法律草案，广泛听取社会尤其是基层人民群众的意

① 吴邦国委员长在2010年全国人大的闭幕式上专门强调“法律清理工作是加强和改进立法工作，保证法律体系自身科学、统一、和谐，如期实现立法目标的一项重要举措。按照常委会的工作部署，从去年开始，法律委和法工委牵头，其他专门委员会和工作机构以及国务院、中央军委、最高人民法院、最高人民检察院等有关方面，按照各自的清理范围和任务分工，对职责范围涉及的法律全面进行梳理分析，查找存在的问题，提出近2000条清理意见和建议。法律委、法工委对这些意见和建议进行了汇总、整理和分类，并在广泛听取意见、反复研究论证的基础上，区分不同情况，提出了分类处理的建议。一是废止部分法律，二是用一揽子打包方式修改一批法律规定，三是要求国务院和有关方面尽快制定现行法律的配套法规。这次会议通过了关于废止部分法律的决定，审议了修改部分法律的决定草案。下一步的工作，除继续审议需修改的部分法律外，重点是督促国务院及其有关部门抓紧法律配套法规的制定工作，力争在今年年底前取得实质性进展。今后在确定立法项目、起草法律草案的同时，要统筹安排制定配套法规，力争与法律同步实施，个别不能同步的也要抓紧出台，以保障法律的有效实施。”

② 吴邦国:《全国人民代表大会常务委员会工作报告——2009年3月9日在第十一届全国人民代表大会第二次会议上》，人民日报，2009年3月17日，第2版。

见；对法律草案中涉及的法律关系复杂、专业性较强的问题，虚心通过立法论证会等民主形式，广泛征求各界意见，深入研究论证。

2010年是形成中国特色社会主义法律体系的关键年。全国人大常委会督促、指导和完成了对现行法规的集中清理工作。特别是针对行政法规和地方法规的清理工作十分艰巨。在2009年完成对现行法律集中清理工作的基础上，在国务院和地方人大的重视和配合下，根据立法权责和管辖范围设定了清理范围，并在全面梳理基础上进行分类处理。截至2010年年底，我国共修改行政法规107件，地方性法规1417件，废止行政法规7件，地方性法规455件，全面完成对现行法规的集中清理任务，保证了到2010年中国特色社会主义法律体系如期形成。

再次，继续积极稳妥地推进法治政府建设。依法行政，建设法治政府，是全面落实依法治国基本方略的重要内容，已经成为中国政府施政的基本准则。随着新中国法治建设的不断发展和深化，依法行政和法治政府的建设不断推陈出新，制度建设日益完善，政府法治水平不断提高。2004年，国务院发布了《全面推进依法行政实施纲要》，更加明确了法治政府建设的基本目标，提出了未来十年间我国依法行政的指导思想、现实目标、根本原则、基本要求、主要任务和关键措施。几年来，我国依法行政建设逐渐步入正轨，实现了许多法治政府建设的重要目标，并且不断加强规范政府权力机器运行，政府建设的基本法律制度和法治轨道基层形成，成为了社会主义法治建设发展的重要推手。

《中国的法治建设》白皮书将依法行政和建设法治政府作为一个专题论述部分，该白皮书提出依法行政和建设社会主义法治政府必须着力建设行政主体法律制度、行政行为法律制度、行政监督和救济法律制度、国家公务员法律制度；务必围绕几个核心法律展开上述建设，如《宪法》、《国务院组织法》、《地方各级人民代表大会和地方各级人民政府组织法》、《行政许可法》、《行政处罚法》、《行政复议法》、《行政监察法》、《审计法》、《公务员法》和《行政机关公务员处分条例》；必须不断加强政府自身法治塑造，进一步转变职能，在应对突发事件、开展政府信息公开和政府行政问责等建设中不断加大法治政府建设的力度；必须更加重视在当前社会转型条件下，社会矛盾不断出现的客观现实，切实从人民群众的利益角度，利用行政法制手段维护人民群众的切身利益；务必不断加强行政监督责任、积极解决行政争议，认真接受人民群众的批评和建议，不断树立法治政府的健康形象。

为此，有的学者指出必须针对行政机构臃肿、政府官员队伍庞大、人浮于事，行政权力的无限扩张和权力滥用，以及政府公仆（公务员）的法治知识匮乏、法治观念淡薄、贪图享乐的不良现象作为法治政府建设的抓手，不断加快行政组织、编制的法定化，严格遵循行政法制的基本准则，将政务公开落到实处、确保行政执法过程中的合法程序，进一步加强和健全行政监督机制。①有的学者认为要全面推进依法行政，必须由政府法制工作机构作为其组织保障，将其视为是一项政治性、专业性都比较强的工作，政府法制工作机构作为政府领导的参谋、助手，发挥越来越重要的作用，并将依法行政建设的改革措施归纳为四点，提出学法懂法是前提，依法决策是根本，依法办事是关键，依法监督是保证。②根据实践和理论的发展，党和国家清晰地认识到法治政府建设的成就与人民的期望之间存在着很大的差距，而这些差距具体内容无疑就是法治政府发展的主要任务，具体说来就是要求党和政府必须“要认真研究妨碍和制约依法行政的关键环节、突出问题，按照建设人民满意政府的要求，从完善体制、机制和制度入手，着力规范和约束行政权力，完善运行机制，强化法律责任，严格责任追究，促进政府职能向创造良好发展环境、提供优质公共服务、维护社会公平正义的根本转变，促进行政运行机制和政府管理方式向规范有序、公开透明、便民高效的根本转变。要认真研究加强和改进政府立法、提高立法质量的新机制、新方法，坚持以人为本，切实维护广

① 严军兴:《中国的行政法治及其改革》，载于夏勇等:《法治与21世纪》，北京：社会科学文献出版社，2004年版，第234—237页。

② 李龙:《依法治国方略实施问题研究》，武汉：武汉大学出版社，2002年版，第322—325页。

大人民群众的根本利益。要完善科学民主决策机制，推进政府决策的科学化、民主化和法治化，确保重大决策真正体现科学发展观的要求，真正体现人民群众的意愿和诉求。要加强和改善行政执法，改革行政执法体制，健全执法机制，严肃执法纪律，确保严格执法、公正执法、文明执法，切实维护社会公平正义。要强化行政监督，及时纠正违法和不当的行政行为，切实维护法制统一和政令畅通，确保人民赋予的权力真正用来为人民谋利益。要大力弘扬法治精神，自觉维护宪法和法律的权威，切实增强行政机关及其工作人员依法行政的理念和能力，着力培养社会公众学法、守法和依法办事的意识和习惯。”①

完成上述任务需要做到四个结合，即政府法治与人民监督的结合、政府立法与立法监督的结合、政府行为与政府问责的结合、政府执法与政府权限缩减的结合。上述四个结合都是从政府法治建设中政府的法治职能和政府法治的责任两个相互制约的方面考虑的。特别需要注意的是，我国法治建设必须坚持政府推进型，但并非各级人民政府推进型，应该强调各级政府和各级人大、司法机构、民间法治组织（如律师协会、公证员协会等）的有效配合。胡锦涛在纪念党的十一届三中全会召开30周年大会上的讲话提出：“我们的伟大目标是，到我们党成立100年时建成惠及十几亿人口的更高水平的小康社会，到新中国成立100年时基本实现现代化，建成富强民主文明和谐的社会主义现代化国家。只要我们不动摇、不懈怠、不折腾，坚定不移地推进改革开放，坚定不移地走中国特色社会主义道路，就一定能够胜利实现这一宏伟蓝图和奋斗目标。”②这就为当前我国依法行政建设提出了更加艰巨的任务。这就要求我们必须在“依法行政，从严治政，建设廉洁、勤政、务实、高效政府”的方针指引下，不断规范行政行为，做到合法行政、合理行政、程序正当、高效便民、诚实守信、权责统一；加

① 马凯：《深入贯彻落实科学发展观，加快法治政府建设》，求是，2008年第18期。

② 胡锦涛：《在纪念党的十一届三中全会召开30周年大会上的讲话》，人民日报，2008年12月19日，第1版。

快深入贯彻行政许可法，继续推进行政审批制度改革，减少行政许可和审批事项；依法促进公平竞争，消除地区封锁，打破行业垄断，组织调动各种社会资源，促进经济增长；更加重视对民生问题的建设，认预防和严肃处理侵害人民群众的违法行径，更加重视社会公平正义，不能因为发展经济建设而忽视政府法制建设和法治正义理念的塑造。唯有如此，依法行政只有获得更广大人民群众的参与和支持，才能够获得进一步完善。

再次，继续推进司法体制改革，深化司法公正建设。全面实施依法治国基本方略，离不开司法体制改革的法治化。司法体制的改革是为了实现司法公正，而司法公正则是社会主义法治建设的实践保障和最后底线，因此，必须不断推进司法体制改革，深化司法公正建设。最高人民法院颁布的第三个五年改革纲要已经为未来的司法体制改革指明了方向，《纲要》详细提出了新时期的司法体制改革必须坚持正确的道路、科学的道路和稳妥的策略。具体说来，包括七个有机组成部分。

一是始终坚持党的领导。司法体制和工作机制改革是我国政治体制改革的重要组成部分，具有很强的政治性、政策性、法律性，必须在党的统一领导下，科学决策、民主决策、依法决策，积极稳妥，循序渐进，自上而下，总体规划，分步推进；必须牢牢把握司法改革导向，确保人民法院司法改革的正确政治方向。二是始终坚持中国特色社会主义方向。司法体制和工作机制改革必须适应人民民主专政的国体和人民代表大会制度的政体，必须以马克思主义法治思想和社会主义法治理念为指导，走中国特色社会主义政治发展、法治建设道路，体现党的事业至上、人民利益至上、宪法法律至上的要求，确保有利于经济社会又好又快发展，有利于维护国家安全和社会稳定，有利于社会主义司法制度的自我完善和发展，有利于加强和改进党对人民法院工作的领导。三是始终坚持从我国国情出发。司法体制和工作机制改革必须立足于我国仍处于并长期处于社会主义初级阶段的基本国情和发展的阶段性特征，既认真研究和吸收借鉴人类法治文明有益成果，又不照抄照搬外国的司法制度和司法体制；既与时俱进，又不超越现阶段实际提出过高要求。四是始终坚持群众路线。司法体制和工作机制改革必须充分听取人民群众的意见，充分体现人民群众的意愿，着眼于解决人民群众不满意的问题，自觉接受人民群众的监督和检验，真正做到改革为了人民、依靠人民、惠及人民。五是始终坚持统筹协调。司法体制和工作机制改革必须立足于提高人民法院履行法律赋予的职责使命的能力，统筹协调中央和地方、当前和长远的关系，统筹协调上下级法院之间、人民法院与其他政法部门之间的关系，确保各项改革措施既适应我国经济社会发展、民主政治建设、公民法律素养的要求，又适应人民法院和法院干警的职业特点，积极推进人民法院事业科学发展。六是始终坚持依法推进改革。司法体制和工作机制改革的各项措施要以宪法和法律为依据，自觉接受人大监督，维护人民法院的宪法地位和司法权威，凡与现行法律相冲突的，应在修改相关法律法规后实施，确保人民法院各项改革措施完全符合宪法精神和法律的规定。七是始终坚持遵循司法工作的客观规律。司法体制和工作机制改革必须结合审判和执行工作自身特有的规律，注重探索司法规律在特定国情、特定环境下的具体应用和体现。坚持以科学发展观统领司法改革全局，建立符合司法规律的科学的审判制度和有效的执行工作机制，完善司法管理体制，努力提高人民法院的司法能力，确保人民法院各项改革措施适应我国经济社会发展和社会主义民主政治建设的要求。”①

为了实现上述目标和原则，法治建设的未来发展必然要求我国司法体系需要建立更加完备的司法运行机制；改革司法审判制度，规范自由裁量权，扩大司法程序公开化，健全相应司法配套制度和保护性程序；改革和完善再审制度、审判组织和民事行政案件的执行力度；改革和完善司法机关的垂直管理和监督机制；加强司法职业保障，严格执行和实现职业准入制度。与此同时，司法公正制度的完善要求必

---

① 参见最高人民法院:《人民法院第三个五年改革纲要（2009—2013）》，法发［2009］14号。

须健全司法为民工作机制，即加强和完善审判与执行公开制度、建立健全多元纠纷解决机制、建立健全民意沟通表达机制、完善涉诉信访工作机制、建立健全诉讼服务机构和便捷的诉讼平台、建立刑事被害人救助制度并且健全赔偿制度。真正实现司法公正、司法为民，使得司法体制成为社会主义法治建设过程中建立法治信任的根本落脚点。

再次，不断加强权力制约和监督，完善监督法治。不论何种性质的权力，只要权力存在就必须受到制约和监督。作为社会主义国家的中国，特别强调一切权力必须受到法治监督。权力行使之所以需要监督，其一是因为我国的根本制度决定的，工人阶级是我国的领导阶级，而任何行使国家权力的主体都是人民群众的代表。必须受到人民群众的监督；其二是因为权力在行使的过程中，由于权力主体的素质、能力、水平等方面的差异，权力能否获得高效、正当且合法的运作是权力运行难以避免的问题，因此，为了保证权力的本质属性不动摇和权力运行的统一性，必须通过法治途径对权力进行全方位的监督和制约；其三是因为权力的运行是一个多层次、跨时间和泛主体的实践过程，在这个过程中会牵涉不同的对象，这就意味着权力运行的过程是一个多因果和复杂化的控制体系，任何一个环节的认知和决策出现偏差都会导致权力运行的偏差，因此，必须加强权力运行的监督和制约以控制权力运行的过程正义。

毋庸置疑，腐败问题是任何一个政治国家的最大敌人。腐败问题是维护党执政地位、人民群众信任和支持以及发展社会主义政治文明及其他现代化建设能与否成功。因此，党和国家从新中国成立伊始就坚定不移打击贪污腐败，严厉惩处一大批党员干部，其中也包括一些党的高级领导干部，这些措施维护了党的纯洁性和先进性。邓小平早就指出，权力腐败现象能够根除、权力制衡能够切实落实是一个“关系党和国家是否改变颜色”[①]的问题。法治建设必须加强时权力的制约和监督，对权力的制约和监督是法治建设的有机组成部分。法治之

① 《邓小平文选》（第2卷），北京：人民出版社，1994年版，第333页。

所以是权力制约和监督的天然盟友，就在于“法律具有其他任何手段都不具有的公开性、国家强制性、国家意志性和普遍约束力。法律是制约权力的最佳手段，但并不是有了法律，就等于有了权力的良好制约。法律必须在法治化的社会状态中才可能发挥出对权力的制约作用，充分实现其权力制约功能。法律对于权力的最佳制约状态，即是法治状态。”[①]在我国，我们曾经尝试过多种权力监督和制约的方式方法，在摸索中最终确立了法治建设对于权力制约和监督的重要地位。

60多年来，有关权力制约和监督的法律制度和法律机制不断创新，当然一些诸如权力腐败之类的权力异化问题极大地阻碍了权力的正当运行，并不断为法律监督和制约权力提出新问题。站在新的历史高度只有不断加强权力制约和监督，才能够更好地实现监督法治的本质要求。

第一，必须加强权力机关的监督力度，强化各级人大及其常委会对“一府两院”的监督。1. 正确认识人大和“一府两院”的基本关系是强化我国权力机关进行权力制约和监督的前提。我国是由人民代表大会统一行使国家权力，“一府两院”由人大产生，对人大负责，受人大监督。各国家机关分工不同、职责不同，都在中国共产党领导下、在各自职权范围内贯彻落实党的路线方针政策和宪法法律，为建设和发展中国特色社会主义服务，不是西方的“三权分立”。人大根据党的主张和人民的意愿，通过制定法律、作出决议，决定国家大政方针，并监督和支持“一府两院”依法行政、公正司法，保障各国家机关协调有效地开展工作，把人民赋予的权力真正用来为人民谋利益。[②]2. 切实落实《监督法》，实现人大监督的系统化、规范化和日常化。客观地说，《监督法》涉及我国政治制度和国家体制，必须坚决予以贯

① 卓泽渊:《法政治学》，北京：法律出版社，2005年版，第198—199页。

② 吴邦国:《全国人民代表大会常务委员会工作报告——2009年3月9日在第十一届全国人民代表大会第二次会议上》，人民日报，2009年3月17日，第2版。

彻执行。[①]3．进一步突出监督重点。权力运行不是抽象的，而是具体的。所以权力监督和制约必然是具体变化的，这就要求权力机关的监督工作与党和国家工作大局紧紧相扣、与人民群众普遍呼声息息相关。在未来相当长的一段时间里，权力机关的权力制约和监督的目光应该集中在预算监督、计划和宏观调控、"三农"、资源环境、国有资产流失、民族区域的发展问题以及突发事件问题。4．不断加强权力机关对权力制约和监督的实效，通过对"一府两院"的监督，推动解决拖欠出口退税、拖欠农民工工资和职工工资、预防和惩处安全生产和责任事故等问题、维护和促进司法公正。使普通人民群众的切身利益能够得到切实的保护。5．跟踪监督，使监督成为解决重点难点问题的有效措施。近两年，全国人大常委会已经在政法机关超期羁押和拖欠农民工工资等几个问题上进行了跟踪监督。事实证明，跟踪监督是最高国家权力机关顺应时代要求而作的新的探索。它通过合理地配置监督资源，实现了人大监督效能的最大化；它使人大监督工作完成了一次重要的跨越；它对于提高监督工作水平、加大监督工作力度，发挥了重要的作用。[②]

第二，完善行政立法、依法进行行政执法、切实维护行政当事人的合法权益。目前针对行政权力运行过程进行的权力制约和监督，主要集中在一个重要建设方向：政府责任制度的建立健全。党和国家很早就认识到必须逐级建立健全用人失察责任追求制度，对选拔干部违法干部政策，不按规定行事造成失误的，要严肃追求责任。近年来，政府责任制度，尤其是政府官员的行政问责制度逐步健全。《干部问责暂行条例》颁布施行，要求按照条例的具体规定不断强化干部问责的监督力度、严格干部问责的标准，落实干部问责的处分（惩罚、刑罚）制度；与此同时，在政府编制法制化建设中，中央人民政府在加大集

---

① 重点规范了各级人大常委会最为关注、最希望规范的问题，正确处理了加强人大监督工作和坚持党的领导的关系，正确处理了加强人大监督工作和支持"一府两院"依法开展工作的关系，充分体现了坚持党的领导、人民当家作主、依法治国有机统一。

② 汪铁民：《增强人大监督实效》，人民日报，2009年7月15日，第17版。

中督察的同时，不断加大督查力度，并开始探索督查的常态化。

第三，加强司法体制内的监督力度，维护司法监督体系的独立。完善司法自觉接受党委对法院领导班子及其成员、党组织、党员干部进行监督的工作机制；健全依法向人大报告工作并接受监督的工作机制；规范人民法院接受检察机关法律监督的内容、方式和程序；规范人民法院接受新闻舆论监督的工作机制；完善法官行为规范。严格执行“五个严禁”规定，落实监督责任，确保司法廉洁；建立健全审判人员与执行人员违法审判、违法执行的责任追究制度和领导干部失职责任追究制度；研究建立审务督察制度，加强督察督办工作，强化对法官违反司法行为规范的惩戒措施；建立健全人民法院科学的选拔任用机制和有效的干部监督管理机制，增强人事管理的透明度和公开性；完善法官及其辅助人员分类管理的制度；改革人民法院司法警察体制，明确司法警察的法律地位、作用、职责和职权，优化司法警察的职能设置，规范人员管理体制和工作机制，建立健全适合审判工作特点的警务保障体系；完善司法技术辅助机构的设置。健全科学、畅通、有效、透明、简便的民意沟通表达长效机制，充分保障人民群众的知情权、参与权、表达权和监督权；完善人民法院与人大代表、政协委员、民主党派和无党派人士、广大人民群众、律师、专家学者等的沟通联络机制；进一步完善人民法院领导干部定期深入基层倾听民意的机制，及时了解人民群众的司法需求。研究建立人民法院网络民意表达和民意调查制度，方便广大人民群众通过网络渠道直接向人民法院提出意见或建议。建立健全案件反馈和回访制度，及时了解人民群众对审判和执行工作的意见或建议；完善对人民群众意见的分析处理和反馈制度。完善社会舆情汇集工作机制，妥善解决司法工作中涉及民生的热点问题。[①]

第四，完善社会监督，在维护法治秩序的范围内扩大监督途径。社会监督包括三种重要力量，即中国共产党的监督、社会组织的监督

---

① 参见《人民法院第三个五年改革纲要（2009—2013）》，法发［2009］14号。

以及社会舆论的监督。在上述三者中，党的监督是一种具有内在力量，对内它能够通过自身的纪律建设对党员干部进行监督管理，对外它能够监督其他监督形式的运行，并将党内监督的方式方法、具体体制拓展到权力制约和监督过程中。社会组织监督则更多地体现在人民政协、民主党派和社会团体的监督，在新时期的法治建设中，社会组织监督的实效性应该不断加强，即通过赋予人民政协等社会组织以更多和更宽泛的监督形式，建立更加通畅的监督意见反馈渠道等办法实现社会监督形式的新拓展。社会舆论监督，应该在理性引导的前提下，充分利用不同媒介特别是网络媒体的监督作用。有的学者提出，“网络监督的作用和意义就在于为反对腐败、调节社会、构建和谐提供一种新的动力机制。我们党要保持先进性和纯洁性，一方面要建立健全拒腐防变机制，另一方面也要注重开发反腐败的动力资源。依靠群众反腐败是我们党一贯坚持的拒腐防变机制，网络舆论监督无疑为这一机制的建设提供了新的动力源泉。网络爆料、网络调查、网络舆论等网络监督形式在反腐败斗争中发挥着多方面的作用。”①今后，人民群众监督更多依赖于网络渠道，因此，倾听民意、关注民声、尊重民愿需要更加有效利用网络监督形式。

最后，继续深化普法教育，改革法学教育体制。当今中国，普及法律知识已经成为全社会共同参与的行动。中国共产党第十六次全国代表大会召开以来，中共中央政治局先后组织了20多次与法治相关的集体学习，对推动全社会特别是国家公务人员学习法律知识、树立法治观念，起到良好示范作用。全国人民代表大会常务委员会、国务院常务会议、全国政协常务委员会组成人员举行了一系列法治学习，各级党组织和国家机关集体学习法律知识已形成制度。国家组织开展各种形式的法治宣传教育活动。每年的12月4日即现行宪法颁布日被确定为中国的法制宣传日。3月15日国际消费者权益保护日、6月5日世界环境日、6月26日国际禁毒日，以及重要法律颁布实施纪念日等，

① 傅丁根：《舆论监督的广阔平台》，人民日报，2009年2月3日，第8版。

都把法治作为宣传教育的重要内容。各级各类学校把法治教育纳入必修课程，广播、电视、报刊、网络等新闻媒体加强了法治宣传，目前已有300多家省级、市级电视台开设了法治栏目，一些地方还开办了法治宣传教育网站。①

必须明确，法治建设的根本是“人”的建设。没有人民群众的法治认同，就不会有法治建设的推动力量。而人民群众对法治的认同，必须建立在一个科学的法治建设体系基础上，依赖于法治观念的正确传播、法治信仰的养成和法治意识在生活中的潜意识化。这就要求我们必须继续加强法制宣传教育，积极推动和顺利完成“五五”普法，把关系群众切身利益的法律作为重点，普及法律知识，解读立法原意，运用法律解决实际问题，切实增强全社会的法律意识和法治观念。与此同时，必须将法治理念的生成与政治发展、国家稳定联系起来，树立正确和科学的法治观念；更加广泛地宣传马克思主义法的学说，使得马克思主义法的学说成为推动社会主义法治建设的指导思想和理论基础。

与此同时，社会主义法治建设需要大量合格的法律工作者和法学研究者。法治建设离不开蓬勃发展的法学教育。新时期的法学教育必须坚持法学专业教育和法律通识教育的统一，坚持学位化的法学教育和法学知识轮训教育的统一，坚持法学理论研究和法律的职业教育的统一，坚持法学教育与其他学科教育——如政治学、行政学、历史学、哲学等——的统一。在法学教育注重学校普及法学专业的同时，注重集中优势力量建设有一定影响力的法学院系，并且重视特色法学教育对于法治建设的具体（具有时空特殊性）建设任务的支撑作用，认真对待跨学科和交叉科学的法学研究。除此以外，需要加大引进高水平法学人才的力度，并适当扩大法学教育国际化的发展，并推动中国法治教育的国际交流。

江泽民在1996年中央领导第三次法制讲座上不但提出了依法治国

① 国务院新闻办公室:《中国的法治建设》，人民日报，2008年2月29日，第15版。

的伟大设想，而且对这一设想的实现进行了科学的预判，他指出："一种观念的树立，一种意识的培养，需要一个相当长的过程。要充分认识法制宣传教育的长期性和艰巨性，并逐步使之制度化、规范化。特别是各级领导干部务必加强对法律和法学知识的学习，努力掌握和提高运用法律手段管理经济社会事务的本领，以自身的实际行动带动广大干部群众，在全社会形成学法、用法的良好风气，为坚持依法治国打下坚实的思想基础。"[①]我们的法治建设探索了很多年了，明确目标、加快建设仍只有十几年，我们需要探索和实现的法治建设的理论和现实问题还有很多，社会主义法治建设的任务还十分繁重，实现社会主义法治国家的目标仍需党、国家和全国各族人民进行的法治建设的任务还很艰巨，仍需我们齐心协力、共同奋斗。

毋庸置疑，笔者提出的意见和建议仅仅是一家之言，甚至会相当片面，而且我们的确无力在这里提供绝对系统和完备的建设路径和策略。我们所选取论述的未来法治建设的革新内容是根据法治建设的基本结构、核心内容、主要困境和新生问题等多方面有机结合后遴选的，在尊重和遵循党和国家全面实施依法治国基本方略和加快社会主义法治国家建设的大政方针和战略指南基础之上，管中窥豹，撷取一二而论之，仅能成一孔之见。

全书至此，我们已经回顾了新中国法治建设的历史，体味了这段波澜壮阔的历史过程中所取得的辉煌成就，面对那些经过实践、人民、历史检验的业绩和法治建设历程中无法抹去的彷徨与踯躅，我们认真地总结和阐明新中国法治建设的基本经验。在此基础上，本书将视线投向当代，简明扼要地分析了我国法治建设的时代挑战、历史趋势和所面临的问题。我们清醒地认识到实现全面建设社会主义法治国家的目标还需要继续奋斗，必须战胜困难、挑战风险，在复杂的社会历史条件下继续坚定地探索中国特色社会主义法治建设的发展道路，不断普及和强化社会主义法治理念，不断健全和维护社会主义法律制度，

① 《江泽民文选》(第1卷)，北京：人民出版社，2006年版，第513页。

不断全面实施依法治国基本方略，不断推动各项法治建设事业的稳步前进和协调发展。

“实践永无止境，创新永无止境。全党同志要倍加珍惜，长期坚持和不断发展党历经艰辛开创的中国特色社会主义道路和中国特色社会主义理论体系，坚持解放思想、实事求是、与时俱进，勇于变革、勇于创新，永不僵化、永不停滞，不为任何风险所惧，不被任何干扰所惑，使中国特色社会主义道路越走越宽广，让当代中国马克思主义放射出更加灿烂的真理光芒。”[①]今年是建党90周年，让我们高举中国特色社会主义伟大旗帜，更加紧密地团结在党中央周围，不断实现我国法治建设的历史性跨越，谱写社会主义法治建设美好的篇章。

① 胡锦涛:《高举中国特色社会主义伟大旗帜，为夺取全面建设小康社会新胜利而奋斗》，北京：人民出版社，2007年版，第12页。

参考文献

⊙ 书 目

《马克思恩格斯选集》(第1—4卷)，北京：人民出版社，1995年版。

《毛泽东选集》(第1—4卷)，北京：人民出版社，1991年版。

《毛泽东选集》(第5卷)，北京：人民出版社，1977年版。

《建国以来毛泽东文稿》(第1册)，北京：中央文献出版社，1987年版。

《建国以来毛泽东文稿》(第3册)，北京：中央文献出版社，1989年版。

《邓小平文选》(第1、3卷)，北京：人民出版社，1993年版。

《邓小平文选》(第2卷)，北京：人民出版社，1994年版。

《江泽民文选》(第1—3卷)，北京：人民出版社，2006年版。

胡锦涛:《高举中国特色社会主义伟大旗帜，为夺取全面建设小康社会新胜利而奋斗》，北京：人民出版社，2007年版。

《刘少奇选集》(下卷)，北京：人民出版社，2001年版。

《周恩来选集》(下卷)，北京：人民出版社，1984年版。

《董必武选集》，北京：人民出版社，1985年版。

《谢觉哉文集》，北京：人民出版社，1989年版。

《中国共产党中央委员会关于建国以来的若干历史问题的决议》，北京：人民出版社，1981年版。

《三中全会以来重要文献选编》(上、下)，北京：人民出版社，1982年版。

《十三大以来重要文献选编》（上、中、下），北京：人民出版社，1991年、1992年、1993年版。

《十四大以来重要文献选编》（上、中、下），北京：人民出版社，1996年、1997年、1999年版。

《十五大以来重要文献选编》（上、中、下），北京：人民出版社，2000年、2001年、2003年版。

《十六大以来重要文选选编》（上、中、下），北京：中央文献出版社，2005年、2006年、2008年版。

薄一波:《若干重大决策与事件的回顾》（上、下），北京：中共中央党校出版社，1991年版。

彭真:《论新时期的社会主义民主与法制建设》，北京：中央文献出版社，1989年版。

彭冲:《民主法治论集》，北京：中国民主法制出版社，1993年版。

万里:《万里论人民民主与法制建设》，北京：中国民主法制出版社，1996年版。

肖扬:《依法治国论》，北京：法律出版社，1997年版。

《钱端升学术论著自选集》，北京：北京师范大学出版社，1991年版。

《张友渔文选》（上、下），北京：法律出版社，1997年版。

《王惠岩文集》（第1—4卷），北京：中国大百科全书出版社、党建读物出版社，2007年版。

陶希晋:《新中国法制建设》，天津：南开大学出版社，1988年版。

陈守一:《法学研究与法学教育论》，北京：北京大学出版社，1996年版。

刘海年、李步云、李林:《依法治国建设社会主义法治国家》，北京：中国法制出版社，1996年版。

李步云:《论法治》，北京：社会科学文献出版社，2008年版。

李龙:《依法治国方略实施问题研究》，武汉：武汉大学出版社，2002年版。

李龙:《新中国法制建设的回顾与反思》，北京：中国社会科学出版社，2004年版。

刘瀚:《依法治国基本方略》，北京：学习出版社，2001年版。

王人博、程燎原:《法治论》，济南：山东人民出版社，1989年版。

夏勇:《依法治国：国家与社会》，北京：社会科学文献出版社，2004年版。

夏勇等:《法治与21世纪》，北京：社会科学文献出版社，2004年版。

苏力:《法治及其本土资源》，北京：中国政法大学出版社，2004年版。

卓泽渊:《法治国家论》，北京：法律出版社，2008年版。

杨海蛟:《回顾与展望：改革开放以来的中国政治发展》，北京：人民出版社，2008年版。

郑慧:《社会主义政治文明若干问题研究》，北京：人民出版社，2004年版。

何勤华:《法治境界的探求》，上海，上海人民出版社,2008年版。

⊙ 论　文

徐显明:《论“法治”构成要件——兼及法治的某些原则及观念徐显明》，法学研究，1996年第3期。

李林:《法治社会与弱势群体的人权保障》，前线，2001第5期。

苏力:《变法，法治建设及其本土资源》，中外法学，1995第5期。

苏力:《二十世纪中国的现代化和法治》，法学研究，1998年第1期。

钱颖一:《市场与法治》，经济社会体制比较，2000年第3期。

马长山:《公民意识：中国法治进程的内驱力》，法学研究，1996年第6期。

夏勇:《法治是什么——渊源、规诫与价值》，中国社会科学，1999年第4期。

姚建宗:《信仰:法治的精神意蕴》,吉林大学社会科学学报,1997年第2期。

信春鹰:《后现代法学:为法治探索未来》,中国社会科学,2000年第5期。

郑成良:《论法治理念与法律思维》,吉林大学社会科学学报,2000年第4期。

郭道晖:《法治行政与行政权的发展》,现代法学,1999年第1期。

姜明安:《公众参与与行政法治》,中国法学,2004年第2期。

孙笑侠:《法治国家及其政治构造》,法学研究,1998年第1期。

夏锦文、蔡道通:《论中国法治化的观念基础》,中国法学,1997年第5期。

郝铁川:《论依法治国与以德治国》,求是,2001年第6期。

郝铁川:《中国依法治国的渐进性》,法学研究,2003年第6期。

韩大元:《依法治国与完善监督机制的基本思路》,法学论坛,2000年第5期。

张文显:《加强法治,促进和谐——论法治在构建社会主义和谐社会中的地位和作用》,法制与社会发展,2007年第1期。

郭济:《建设法治政府:中国近十年来依法行政回顾和展望》,中国行政管理,2006年第1期。

谢鹏程:《论社会主义法治理念》,中国社会科学,2007年第1期。

曹康泰:《新中国60年法治建设的探索与发展》,求是,2009年第14期。

后 记

本书是《新中国政治发展》历程丛书之一。从接到任务、到确定提纲，再到撰写、修改和最终定稿，笔者始终感到一种历史责任感和民族自豪感。时代赋予我们一个系统回顾新中国法治建设和政治发展的最佳时机。笔者始终认为，我国的法治建设正是中国特色社会主义现代化建设重要组成部分，是一部恢弘的史诗、一幅壮美的画卷、一座丰富的宝库。本书在整理大量历史资料的基础上，描述了新中国法治建设的伟大历程，论述总结了新中国法治建设的辉煌成就，总结新中国法治建设的基本经验，分析了我国法治建设的挑战和趋势，提出了一些建设社会主义法治国家的意见和建议。

在本选题的立项和研究过程中，我的先生杨海蛟教授给予我极大地鼓励和支持，在百忙之中为本书撰写了前言，并字斟句酌地修改了整个书稿，没有先生的信任、敦促和雕琢，就没有这本小书。在本书的撰写过程中，我的友学武汉大学哲学系博士研究生的卢德友，中国矿业大学文法学院的硕士研究生王谦同学和张姝同学在资料收集、整理和校对等方面提供了无私的帮助，对此深表谢忱。

本书即将就要出版了。我相信这将是我求学生涯中，乃至整个人生旅程里的一次重要尝试。客观地说，完成书稿并没有带给我如释重负感，反而总是感觉自己需要再补充、再修改、再讨教，毕竟国内有着太多造诣高超、学识渊博、资历深厚的前辈学者。不过，假如该书能够起到抛砖引玉和征求意见的作用，我想它的价值就已经实现了。

最后，请允许我向张贤明教授表达深挚的感谢，他们的支持和帮助是本书得以出版的重要原因。

亓 光 谨识